清華大学中国农村研究院
China Institute for Rural Studies, Tsinghua University

加快建设农业强国的战略实践

杨　斌　王亚华　主编

ACCELERATING
THE CONSTRUCTION
OF AGRICULTURAL POWERHOUSE

中国发展出版社
CHINA DEVELOPMENT PRESS

图书在版编目（CIP）数据

加快建设农业强国的战略实践 / 杨斌, 王亚华主编.
北京：中国发展出版社, 2025. 1. -- ISBN 978-7-5177-1469-9

Ⅰ. F323

中国国家版本馆CIP数据核字第20251P9L14号

书　　名：加快建设农业强国的战略实践
主　　编：杨　斌　王亚华
责任编辑：王　沛
出版发行：中国发展出版社
联系地址：北京经济技术开发区荣华中路22号亦城财富中心1号楼8层（100176）
标准书号：ISBN 978-7-5177-1469-9
经 销 者：各地新华书店
印 刷 者：北京博海升彩色印刷有限公司
开　　本：710mm × 1000mm 1/16
印　　张：34.25
字　　数：490千字
版　　次：2025 年 1 月第 1 版
印　　次：2025 年 1 月第 1 次印刷
定　　价：118.00元

联系电话：（010）68990625 68360970
购书热线：（010）68990682 68990686
网络订购：http://zgfzcbs.tmall.com
网购电话：（010）68990639 88333349
本社网址：http://www.develpress.com
电子邮件：330165361@qq.com

序

党的二十大报告中首次提出“加快建设农业强国”。建设农业强国是党中央立足全面建设社会主义现代化国家、着眼统筹“两个大局”作出的重大决策部署，明确了新时代新征程上推进农业农村现代化的主攻方向。习近平总书记强调，强国必先强农，农强方能国强。没有农业强国就没有整个现代化强国；没有农业农村现代化，社会主义现代化就是不全面的[①]。我们必须深刻领会党中央这一战略部署，把加快建设农业强国摆上建设社会主义现代化强国的重要位置。

本书是清华大学中国农村研究院关于农业强国建设最新科研成果的汇编，收录了加快建设农业强国重点问题的研究报告，研究内容重点围绕农业强国战略、农业农村现代化、粮食安全、农业经营体系、乡村产业、农业科技、智慧农业、乡村建设、城乡融合发展、减贫与共同富裕等方面，揭示和梳理了加快实施农业强国建设战略中亟待解决的问题，提出了具有前瞻性、系统性和针对性的政策建议。

在2022年中央农村工作会议上，习近平总书记就加快建设农业强国作了战略部署。由此，建设农业强国被正式纳入事关国家发展大局的强国战略框架，成为中国农业发展的长期性战略性举措。本书从“什么是农业强国”“为什么要建设农业强国”进行理论透视，对中国“建设什么样的农业强国”“如何建设农业强国”的实践路径进行分析和探讨。作为国家现代化不可或缺的重要组成部分，农业农村现代化在我国现代化进程中具有举足轻重的地位。本书在探究农业农村现代化历史进程的基础上，阐明农业农村现代化的内涵特征，构建中国式农业农村现代化的评价指标体系，明确农业农村现代化的

① 习近平：《加快建设农业强国 推进农业农村现代化》，《求是》2023年第6期。

目标任务以及推进农业农村现代化面临的问题挑战，进而提出加快推进我国农业农村现代化的实践路径和主要措施。

党的二十届三中全会的《中共中央关于进一步全面深化改革 推进中国式现代化的决定》指出，城乡融合发展是中国式现代化的必然要求。本书的研究揭示，城乡融合发展，一方面要破除二元体制，让愿意进城、能够进城的农业转移人口更加顺利地转为市民；另一方面要把城市在经济社会发展中产生的新质资源不断输入乡村，和乡村原有的资源要素相结合，发展出新的生产方式和生产行为。2024年中央一号文件指出，要学习运用“千万工程”蕴含的发展理念、工作方法和推进机制。本书的研究基于“千万工程”的深刻内涵和经验启示指出，要以县域基本单元为主要载体和突破口，推进城乡社保制度和产权制度的联动改革，彻底破解城乡二元结构，实现城乡基础要素、赋能要素以及产业、市场、政策等多方位的城乡互通和融合发展，以不断提升县域综合承载能力和治理能力。

保障粮食和重要农产品稳定安全供给始终是建设农业强国的头等大事。本书研究指出，当前国际形势发生深刻复杂变化，国际粮价高位波动，农资价格大幅上涨，农民种粮成本快速上升，农民种粮收益不断受到挤压。新时期保障粮食安全的关键在于保证粮食稳定供给，而粮食供给能力的提升直接依赖于当地农民的积极性。只有切实保障农民的种粮收益，调动农民种粮积极性，才能“将饭碗牢牢端在自己手中”，真正把牢强国复兴主动权。

构建中国特色农业经营体系，是同步实现新型城镇化、工业化、信息化和农业农村现代化的关键所在。本书研究指出，在小农户基础上建设农业强国，必须及时推动农业经营方式变革，以推动农业综合竞争力提升和发展方式的转型升级。本书研究指出，正确处理好农业绿色发展与农村经营体制改革的关系，对推进乡村全面振兴、加快建设农业强国关系重大。从托管半托管实践，审视我国农业规模化经营的实现路径，通过分析推进服务带动型规模经营面临的障碍，提出针对性策略。本书研究还揭示，完善国家及区域水网实现水资源空间均衡，大力发展以高效节水灌溉和高效旱作农业为支撑的适水农业，对于加强中国农业强国建设中的水利保障至关重要。

全面推进乡村振兴是新时代建设农业强国的重要任务。产业振兴是乡村振兴的重中之重，也是实际工作的切入点。本书从动力问题和关键要素、核心体现和关系构建、升级展现和目标关联这三个维度，构筑起农业产业韧性的基本内涵。研究基于农业产业韧性的基本内涵，探寻农业产业韧性提升路径和优化对策。在建设农业强国的背景下，各地结合自身优势，基于产业发展、利益联结与分配机制，衍生出先进要素集聚型、多环节合作共赢型、功能复合利益共同体型、党支部引领的一主多元型等多元化模式，并基于模式分析提出路径优化建议。

促进产业振兴，必须落实产业帮扶政策。巩固拓展脱贫攻坚成果是全面推进乡村振兴的底线任务。本书的研究从巩固脱贫攻坚衔接乡村振兴阶段的财政效果、财政专项扶贫资金的经济效果评估和财政涉农支出的投入绩效评估等角度，对巩固脱贫攻坚成果的财政投入进行绩效评估，并基于“中外减贫案例库”对全球减贫实践进行经验分析。实现全体人民共同富裕是中国式现代化的本质要求。本书研究指出，要深入研究乡村振兴与农民农村共同富裕的理论和实践关系，充分发挥政府、市场和社会力量，打通乡村振兴促进共同富裕的理论机制和现实途径，助力实现中国式现代化。

依靠科技和改革双轮驱动加快建设农业强国。建设农业强国，利器在科技，关键靠改革。本书研究提出科技自立自强支撑农业强国建设的评价标准，并以此标准为依据分析我国科技自立自强支撑农业强国的现状及问题，结合对世界农业科技强国的典型案例分析，提出增强科技自立自强水平支撑农业强国建设的政策建议。本书研究还指出大食物观对农业科研提出的新要求，梳理中国农业科研管理体系和政策的演变，分析中国公共农业科研的投入和产出特征，总结国际农业科研转型的经验，并得出大食物观下中国农业科研转型的优化路径和政策建议。

农业进入数字化时代，智慧农业科技已成为国际发展前沿和世界农业科技竞争的制高点。智慧农业是中国从农业大国走向农业强国的必由之路，将在促进农业生产方式变革、建设现代农业、实现高质量发展和乡村振兴方面发挥重要作用。本书研究揭示，在数字经济时代，以大数据、人工智能、区块链等为核心的数字技术为农牧业高质量发展带来新的机遇。信息技术在我国农村减贫实践中发挥了作用。

习近平总书记指出，农业强国是社会主义现代化强国的根基。我们要建设的农业强国、实现的农业现代化，既有国外一般现代化农业强国的共同特征，更有基于自己国情的中国特色[①]。清华大学中国农村研究院将继续围绕“三农”领域重大问题，凝聚涉农领域专家学者的智慧，通过广泛调查和深入研究，为政策制定提供科学依据，为实践探索提供理论指导，使理论创新更好地服务于实践发展，为加快建设农业强国、实现中国农业农村现代化贡献力量。

清华大学副校长　杨　斌

① 习近平：《加快建设农业强国 推进农业农村现代化》，《求是》2023年第6期。

目 录

城乡融合发展*

城乡融合发展是实施乡村振兴战略的应有之义。所谓城乡融合发展，一方面要破除二元体制，让愿意进城、能够进城的农业转移人口更加顺利地转为市民；另一方面要把城市在经济社会发展中产生的新质资源不断输入乡村，和乡村原有的资源要素相结合，发展出新的生产方式和生产行为，具体包括五个重点方面。

一、促进农业转移人口市民化

改革开放以来，我国常住人口城镇化率明显提升，目前已经超过66%。但是，户籍人口城镇化率仍然不到50%。常住人口和户籍人口的城镇化率大概有16 ~ 17个百分点的差距，估计来看，在城镇工作但没能在城镇落户的农民工及其家属大约有2.6亿~ 2.7亿人。近十年来，国家和各级地方政府推出了一系列城镇户籍制度改革的具体措施，但是城镇户籍人口比重提高的效果并不明显。根据现有观察来看，城镇户籍人口比重提高的主要途径是行政

* 作者：陈锡文，第十三届全国人大农业与农村委员会主任委员。本报告根据作者在“清华三农论坛2024”上的演讲整理，经本人确认并授权。

区划的变更，即通过将乡镇改为街道、村民委员会改为居民委员会的方式，将乡村人口变为城镇人口，而非大量农业转移人口市民化。其根本原因是农业转移人口市民化的难点和痛点问题还没有得到真正解决。

没有可供落户的稳定住房是农业转移人口市民化的主要难点。从全国农民工住房情况调查来看，农业转移人口进入城市后，在城镇购买自有产权商品房的比例不足 10%，由工作单位为进城务工农民（如建筑工人、保安、保洁员等）提供集体宿舍的比例约为 15% ~ 17%，还有部分直接住在城市雇主家中的农业转移人口（如住家保姆或家政服务员），以上三部分农业转移人口占比之和不足 1/3，其余超过 2/3 的农民工基本是租赁城乡居民的住房。尽管中央和地方政府已经出台了“租售同权”等相关政策，但就目前情况来看，除了政府提供的保障性租赁住房（如廉租房、公租房）有部分可以落户之外，出于产权考虑，房东很难同意租户落户。此外，即便农业转移人口将户口落到单位或居民小区等集体户，一些提供基本公共服务的部门也很难承诺集体户口能够享受城市的基本公共服务和社会保障。因此，如果住房问题解决不了，农业转移人口市民化就很难。

农民工随迁子女是否能够享有在当地参加中考和高考的权利是农业转移人口市民化的关键痛点。农民工进城落户后应当享受到与本地市民同等的低保、救助、养老、医疗等政策，但他们最迫切希望解决的是随迁子女在当地参加中考和高考的问题。这个问题不解决，随迁子女在即将参加中考或高考的关键时期要回到原籍，生活上能否适应、学习上能否衔接、心态上能否调整，这是他们面临的痛点问题。

从目前的情况看，这两个痛点和难点问题不能指望短期内予以解决。原因主要有两点：一是如果给农民工提供大量可供落户的保障性租赁住房，会涉及大量资源投资；二是在高中、大学教育资源难以大幅增加的背景下，如果大量新落户的农业转移人口子女可以享受和原有的城市市民子女同等的教育权利，可能会引发新的社会矛盾。因此，城镇化问题仍然是一个艰巨且长期的任务，需要通过不断增强国家的经济实力，不断增强各级城镇政府的财政实力来解决，只有做到“不论他们在农村还是在城市，该提供的公共服务都要切实提供，该保障的权益都要切实保障”[①]，农业转移人口市民化的难点和痛点问题才能真正解决。

从世界范围看，根据基本公共服务和社会保障制度均等化的发展历程，大致可以分为两类国家。一类是早发的现代化国家，由于各种原因，财力普遍较为雄厚。这些国家大多是在先做到城乡基本公共服务均等化以后，人口才开始大规模聚集。另一类是后发的发展中国家，这些国家的人口城镇化一般先于基本公共服务均等化，部分国家的城市甚至存在大量贫民窟，其原因就是大量农业转移人口涌入城市就业，但城市基本公共服务供给能力有限。我国正处在发展转型的关键时期，2022 年我国人均 GDP 是 12720.2 美元[②]，发达国家一般在 3 万美元以上，我国目前的人均 GDP 水平只相当于发达国家的 40%，经济实力还不允许满足全部人口的需要，但也不允许出现像巴西、墨西哥这样的大规模贫民窟陷阱。因此，对于城镇化问题，一方面要坚定不移地推进，另一方面也不能操之过急，要通过扎实的经济发展来解决现有的经济问题、现实问题、社会问题。

二、以县域为基本单元推进城乡融合发展

从空间层面看，大、中城市和乡村不在同一个空间，这些大、中城市除了在吸收农业转移人口方面要充分发挥作用之外，还需要认真研究如何实现城乡融合发展。但是，县城、乡镇、村庄都在县域空间之内，因此，“把县域作为城乡融合发展的重要切入点”具有现实的必要性和必然性。

---

① 习近平：《在中央城镇化工作会议上的讲话》（2013年12月12日），《十八大以来重要文献选编（上）》，中央文献出版社2014年版。

② 数据来源：世界银行。

2021年4月通过的《中华人民共和国乡村振兴促进法》中，总则第二条明确规定，“本法所称乡村，是指城市建成区以外具有自然、社会、经济特征和生产、生活、生态、文化等多重功能的地域综合体，包括乡镇和村庄等”。通俗来讲，即除了城市建成区以外的其他地域，只要有人聚集并在此生产生活，就叫乡村。乡村不仅指村庄，也包括乡镇。中国目前有3万多个乡镇，其中2万多个是镇，但镇是坐落在乡村之中的，即便是县城，也通常被称为城关镇，抑或是县级市的城区，下设几个街道，归根结底也是镇。所以，从这个角度看，在县域范围内，城、镇、村是可以融为一体的。正因为如此，习近平总书记要求“要把县域作为城乡融合发展的重要切入点，推进空间布局、产业发展、基础设施等县域统筹，把城乡关系摆布好处理好，一体设计、一并推进”①。要强化基础设施和公共事业县乡村统筹，加快形成县乡村功能衔接互补的建管格局，推动公共资源在县域内实现优化配置。要赋予县级更多资源整合使用的自主权，强化县城综合服务能力，把乡镇建设成为服务农民的区域中心。以县域为基本单元推进城乡融合发展，要注重以下方面。

（一）加大基础设施和公共服务建设力度

习近平总书记指出，现阶段，城乡差距大最直观的是基础设施和公共服务差距大。农业农村优先发展，要体现在公共资源配置上②。同时还要求推动农村基础设施建设提档升级……逐步建立健全全民覆盖、普惠共享、城乡一体的基本公共服务体系。要优先发展农村教育事业……要健全农村基层医疗卫生服务体系……要完善城乡居民基本养老保险制度，完善农村最低生活保障制度，统筹城乡救助体系，织密兜牢困难群众基本生活的安全网。要健全

---

① 习近平：《坚持把解决好“三农”问题作为全党工作重中之重 举全党全社会之力推动乡村振兴》，《求是》2022年第7期。

② 习近平：《走中国特色社会主义乡村振兴道路》（2017年12月28日），《论坚持全面深化改革》，中央文献出版社2018年版。

农村留守儿童和妇女、老年人关爱服务体系[①]。习近平总书记还特别强调，要把那些农民最关心最直接最现实的利益问题，一件一件找出来、解决好，不开空头支票，让农民的获得感、幸福感、安全感更加充实、更有保障、更可持续[②]。

党的十九大提出乡村振兴战略，其背景就是中国特色社会主义进入了新时代，其中一个关键论述是，进入新时代以后，我国社会主要矛盾已经转化为人民日益增长的美好生活需要和不平衡不充分的发展之间的矛盾。城乡融合发展最重要的是要下决心把基础设施建设和基本公共服务向农村倾斜，解决好农民“急难愁盼”的问题，让城乡在基础设施、基本公共服务、基本社会保障等方面能够逐步实现均等化。当然，这需要从党中央到省、市、县、乡镇各级政府共同努力，也需要全体人民共同建设。只有实现了这个目标，才能说乡村也真正实现了现代化。

（二）促进乡村产业发展

乡村振兴关键在于乡村的产业兴旺。从国家大局看，农业是基础，粮食是根本。因此，乡村产业发展要本着强农的宗旨，在农业不断强化的基础上促进一二三产业融合发展，这样的新产业才是有根基的，才是有源头的活水，才能够长期兴旺。从这个角度看，大致可以将乡村产业发展概括为四种类型。

1. 延伸型产业

农业产业的核心是种植业和养殖业，在种养业的基础上可以延伸到加工、储存、营销，甚至延伸到采用高新科技提取一些新的生物质原料。但是，这种延伸方式光靠一个村是远远不够的。例如，即便有些农产品的品质非常好，但是由于地域、小气候等特定原因，产区小、产量低，产出规模难以满足大型商业和加工业的需要，导致产业发展受限。所以，从这个角度看，乡村产

①② 习近平：《走中国特色社会主义乡村振兴道路》（2017年12月28日），《论坚持全面深化改革》，中央文献出版社2018年版。

业的发展要延伸，需要有规划和相互联合。

2. 嵌入型产业

简单来说，就是要把智慧农业、数字农业最新的科技成果嵌入传统农业中，改变传统农业以手工和劳动力为主的生产方式，进而大幅度提高农业产业的效率和效益。

3. 替代型产业

过去的农业生产经营主要由承包农户开展，近年来，农业社会化服务体系发展迅速，截至2023年，全国农业社会化服务组织已经超过107万个，服务覆盖面积超过19.7亿亩次，覆盖农户约9100万户。从土地流转层面看，虽然中央出台了“三权分置”政策，但是农村土地流转的势头并未加速。从调研情况看，主要有两方面原因：一是外部形势的变化使农民感觉到不确定性，一旦不外出务工，家里的土地就是保障，加上租出去费用较低，所以宁愿将土地经营权攥在手里也不愿意往外流转；二是地租的上升速度非常快，导致租入土地的经营户收益下降，新型农业经营主体也不愿意租入更多土地开展农业经营。在这两方面原因的共同作用下，土地流转势头放缓。但值得注意的是，土地流转速度放缓并没有妨碍农业现代化进程的加速推进，农业科技进步反而加速提升。分析来看，主要原因是农业社会化服务体系的迅速发展。根据农业农村部每年对稻谷、小麦、玉米三种主要粮食作物开展的调查结果来看，对比自种、流转、农业社会化服务三种经营模式的成本、收益、产量发现，农业社会化服务体系在三个指标表征上都是最好的，即产量最高、成本最低、收益最大。在农田的劳作层面上，农业社会化服务大量替代了传统劳作，大量小农户不必投资购买现代农业技术装备，只需支付服务费用就可以使用到最先进的农业技术装备，经营效率得到很大提升。相比于流转土地，新型农业经营主体如果开展农业社会化服务，能够节省千元左右的土地租金，经营收益也得到显著增加。所以，从这个角度看，农业社会化服务体系所发挥的现代农业技术装备对传统劳作的替代作用巨大，未来农业社会化服务体系应该是前途无量的，这不仅体现在耕、种、收等田间环节，还可以进一步向前、向后各环节延伸。

4. 溢出型产业

其中最典型的就是乡村旅游。目前大家对乡村旅游存在一定程度的误解，认为需要把乡村打造成旅游景点。但实际上，如果单纯发展旅游，单个村庄的发展难度很大。只有让村庄真正“活”着，农民在村子里生产生活，有农家味、烟火气，才能对城里人有吸引力；只有在乡村整治的过程中，让当地农民真正改善生产生活和环境条件，才能产生旅游的溢出效应，否则就只能是“盆景”或“橱窗”，不会有持久的生命力。

三、优化国家产业布局和人口合理分布

城乡融合发展，要放在优化国家产业布局、人口合理分布的大背景下考虑，放在实现国家全域现代化、实现全体人民共同富裕的大背景下考虑。一方面，近年来我国经济发展持续向好；另一方面，区域之间的不平衡也越来越突出，尤其是一些中西部地区，甚至开始出现“空心镇”“空心县”。如果将来这种情况成为一种普遍现象，那么我国的现代化能不能被称为全域性的现代化，现代化成果到底是不是让全体人民共享，这是值得深思的。所以，下一步如何寻求新的可持续动力，形成新的格局，实现高质量发展，需要研究产业的合理布局和人口的合理分布。

从 20 世纪末到 21 世纪初，农业农村领域的学者们关于小城镇和县域经济这两个概念的讨论频次是很高的，但是似乎近 20 年来讨论重点转向了大城市、都市圈、城市带等领域。需要认识到，都市圈、城市带不能将 14 亿多人完全覆盖，总有相当一部分人要在县及县以下的地域工作和生活。从这个角度看，产业发展不能完全由市场决定，一定要有主动的、科学的布局。当然，也不是都由政府来干预市场，而是要从全域现代化和让全体人民共同富裕的

角度来考虑。县城要能够成为城乡融合发展的关键点，县域内一定要有产业、有就业、有收入、有财政，这个县才能兴旺起来，才能发挥综合性服务功能，同时实现人口的合理分布。

此外，很多沿海发达城市、一线城市都面临城市规模扩张所滋生的“大城市病”，企业的经营成本上升，老百姓的生活成本上升，员工的前景堪忧。这些问题要从国家发展空间规划的角度综合考虑，要适当让适宜的产业内移、下沉，不能将产业都放在沿海地区，而内地是“空”的；不能将产业都放在大、中城市，而县、乡是“空”的。

四、抓住信息化发展契机，推进“四化同步”发展

按照习近平总书记的要求，按照“四化同步”的发展理念，要抓住信息化带来的重大契机。习近平总书记有一段话讲得非常深刻，指出：我国现代化同西方发达国家有很大不同。西方发达国家是一个“串联式”的发展过程，工业化、城镇化、农业现代化、信息化顺序发展，发展到目前水平用了二百多年时间。我们要后来居上，把“失去的二百年”找回来，决定了我国发展必然是一个“并联式”的过程，工业化、信息化、城镇化、农业现代化是叠加发展的①。

西方的工业化、现代化从18世纪中叶就已经开始，那时还没有信息化。直至20世纪七八十年代，信息化才开始出现。西方国家的“四化”在次序上先后是工业化、城镇化、农业农村现代化、信息化。我国作为后发的现代化大国，在工业化与城镇化推进中期、农业农村现代化刚刚起步的时候就迎来了信息化，所以我们存在把信息化嵌入工业化、城镇化、农业农村现代化的

① 《习近平新时代中国特色社会主义思想学习纲要》，学习出版社、人民出版社2019年版。

可能性，可以实现“四化同步”发展。中国的“四化”在次序上和西方国家的“四化”也不一样，我们是工业化、信息化、城镇化、农业农村现代化。我国的“四化”是“并联式”的现代化，是一种叠加发展的过程。

正是有这样的大好机会，我们才有可能实现“四化”的“弯道超车”，借助信息化力量，使乡村融合发展取得更加明显的效果。

五、激励知识和人才下乡，培养乡村本土人才

城乡融合发展更本质、更重要的是知识要下乡、人才要下乡，同时要努力培养乡村的本土人才。没有人才，一切皆为空谈。所以，从这个意义上看，要努力培养人才，让知识渗透各个行业、各个方面。现在最需要知识和人才的地方就是乡村，应该尽各种努力去满足乡村对人才、对知识的渴望，实现乡村振兴，实现城乡融合发展。

推进农业绿色发展与农村经营体制改革*

科技与改革始终是农业现代化的基本动力，不同阶段呈现不同的特点和方式。进入乡村全面振兴的新阶段，正确处理好农业绿色发展与农村经营体制改革的关系，对推进乡村全面振兴、加快建设农业强国关系重大。推进农业绿色发展对农村经营体制创新具有重要理论、实践和政策意义。农业绿色发展为农村家庭经营注入了新活力，要不断深化农村经营体制改革，更好推进农业绿色发展。

一、农业绿色发展赋予农村经营体制改革新意义

农业绿色发展是以新发展理念为引领，以尊重自然、顺应自然、保护自然为前提，以统筹经济、社会、生态效益为基本原则，以绿色科技创新与体制机制创新为驱动，实现增产增收、资源高效、环境友好、富裕健康多目标协同发展的农业变革过程。农业绿色科技是农业绿色发展的核心动力，是依托生物、数字、先进装备制造等新技术手段融合协同，以最小的资源投入、

---

* 作者：余欣荣，中国农业绿色发展研究会理事长，农业农村部原党组副书记、副部长。本报告根据作者在“清华三农论坛 2024”上的演讲整理，经本人确认并授权。

最小的生态环境代价，实现农业最好的产出、最好的效率、最好的收益的农业科技活动与发展过程。农业绿色发展对深化农村经营体制改革具有重要意义。

（一）农业绿色发展对农村经营体制创新的理论意义

首先，农业绿色发展的性质对农村经营体制改革产生深刻的影响。习近平总书记指出，推进农业绿色发展是我国农业发展观的一场深刻革命[①]。这要求我们不仅要重视农业绿色发展对农业生产力变革的作用，还要重视农业绿色发展在变革农业生产关系，重点是农村经营体制创新中的重要作用。

其次，从农村经营体制的演变历史来看，认识农业绿色发展与农村经营体制创新之间的重要意义。新中国成立以来，我国农村经营体制改革主要经历了农户互助合作经营，农村集体统一经营，以及以家庭承包经营为基础、统分结合的双层经营三个阶段。这些改革与当时的生产力状况是否协调，对能否实现党和国家农业发展目标关系重大，要实现建设农业强国的目标，必须重视研究“以农业绿色科技进步为核心的”农业绿色发展与农村经营体制演进之间的关系，正确指导和推进农业绿色发展和农村经营方式创新，从而形成相互适应、协同发展的格局。

（二）农业绿色发展对农村经营体制创新的实践意义

习近平总书记指出，建设农业强国，利器在科技，关键靠改革[②]。一方面，党的十八大以来，随着农业绿色发展上升为国家战略，农业绿色科技的研发应用，农业可持续发展取得了明显成效，集中体现在农业绿色转型迈出新步子。我国在农业连年增产增收的同时，全国农用化肥施用量已经连续 7 年保

① 《全面推进农业绿色发展这场深刻革命》，《农民日报》2017年10月19日。
② 习近平：《加快建设农业强国 推进农业农村现代化》，《求是》2023年第6期。

持下降趋势，2022 年比 2015 年减少了 15.7%。另一方面，农村经营体制改革呈现机遇与挑战并存的新形势。农业绿色技术的开发应用，不断促进农业发展节本提质增效，催生农业农村新产业、新业态、新模式，促进农业劳动力从第一产业向第二、第三产业加速转移，从而为农村改革与发展增添了新的活力。但同时也要看到，全国以家庭承包经营为基础的双层经营体制在保持稳定的同时，时常会有对小农户与大市场的矛盾片面的认识，进而否定家庭承包经营，侵害农民利益的问题还时有发生。为此，要统筹好农业绿色发展与农村改革的关系，保障中国式农业现代化的顺利进行。

（三）农业绿色发展对农村经营体制创新的政策意义

习近平总书记强调，农户分散经营仍然是我国农业经营的基本面，农业科技推广任务很重，必须政府和市场协同发力①。推进农业绿色发展需要兼顾经济、社会、生态效益。加快转变一个时期以来“大水大肥”的粗放式的生产方式，迫切需要发挥政府在政策激励等方面的作用，有效引导农户提升农业绿色发展的素质和能力。

这几年各地都出台了一些绿色支持政策，如轮作休耕、秸秆还田、畜禽粪污治理、扩大大豆种植等，干部和群众都很拥护，但也有个别地方没有达到预期效果。究其原因，是新阶段我国农村经营体制、农业经营主体发生了一些新变化，要求绿色支持政策的实施对象、标准、方法和手段等更加精准。党的二十大对完善支持绿色发展的财税、金融、投资、价格政策提出明确要求，我们要在推进农业绿色发展的过程中，更加注重对农业经营方式及经营主体等变化规律的系统研究，努力提高各项绿色支持政策的精准高效性，更好地调动农民和其他各类经营主体投身绿色发展的积极性、主动性和创造性。

---

① 习近平：《加快建设农业强国 推进农业农村现代化》，《求是》2023年第6期。

二、农业绿色发展为农村家庭经营注入新活力

当前，绿色健康消费引领农业绿色科技迅猛发展，生物技术、智能装备制造技术和数字技术相贯通，正深刻而持久地改变中国乃至世界农业的发展。农业绿色科技发展呈现如下新特点。

（一）农业绿色科技促进农村经营体制更加充满活力

我国农村改革以来建立并不断巩固完善以家庭承包经营为基础、统分结合的双层经营体制，促进了农业生产力的持续进步。但随着人口增加、需求增长、资源环境硬约束等因素的出现，如何促使小农户和现代农业发展有机衔接以及提高资源环境利用效率等问题日益突出，农户家庭经营的市场条件不对称、信息不对称、风险不对称、资源不对称等短板一直难以补齐。当前和今后很长一个时期，小农户家庭经营仍将是我国农业的主要经营方式。近年来，随着农业绿色转型步伐的加快，农业绿色技术加速在农业各环节各领域渗透应用，全方位的农业社会化服务为农户家庭生产经营活动提供了便捷、高效、周到的服务，带动提升了小农户发展能力，有效解决了“小农户”与“大市场”的矛盾，为以家庭承包经营为基础、统分结合的双层经营体制巩固和完善提供了长期强劲的支撑力。

据统计，2023 年农业社会化服务总面积超过 19.7 亿亩次，服务小农户 9100 多万户[①]。近些年出现的订单农业服务平台，以“先找订单、再抓生产、产销挂钩、以销定产”为目标，为涉农群体提供种苗、农业设施、农资、农

① 数据来源：农业农村部。

技指导等，通过线上线下对接，为解决长期以来困扰小农户“种什么、怎么种、卖给谁”的难题提供了有效方案。

（二）农业绿色科技促进农业新产业新业态又好又快地发展

1. 生产要素全链聚合优势

以互联网为核心的信息技术发展催生了农村电商、乡村旅游等新业态。各地因地制宜，发挥生产要素的集合作用，发展现代农业产业园。这些产业园推动科技集成、产业融合、创业平台、核心辐射和综合服务的实现，促进了农业生产、加工、物流等领域的融合，形成了现代农业产业集群。

2. 跨产业集约化配置优势

通过绿色技术对农村一二三产业的渗透，实现资金、技术、劳动力等资源要素的跨产业集约化配置，形成较为完整的产业链条。这些变革推动了农业生产方式和组织方式的更新，从而提升了农业产业链和供应链的现代化水平，使更多农户共享增值收益。截至 2022 年 6 月，我国农村地区网络支付用户规模已达 2.27 亿。全国农产品网络销售额超过 5300 亿元，农村网络零售额达到 2.17 亿元，同比分别增长了 9.2% 和 3.6%。在 2021 年，银行业金融机构和非银行业金融机构处理的农村地区移动支付业务同比分别增长了 2.2% 和 23.5%①。

3. 城乡要素双向流动优势

农业绿色技术作为数字桥梁，促进城乡要素双向流动，推动加快形成工农互促、城乡互补、协调发展、共同繁荣的新型工农城乡关系。

① 农业农村部信息中心：《中国数字乡村发展报告（2022年）》。

（三）农业绿色发展有利于形成“政府—市场—农民”协同发展新机制

农业绿色发展有利于形成“政府—市场—农民”协同发展新机制，统筹经济、社会、生态效益，平衡短期与长期、局部与全局、安全与发展的关系。在这种情况下，农业走绿色发展之路代表了最广大人民的根本利益，政府、市场、农民在绿色健康共同价值理念引领下，有利于形成科学高效的运行机制，协力推进农业高质量发展，实现农业增产增收、资源高效利用、生态环境改善、农民富裕健康的目标。《中国农业绿色发展报告》显示，2021 年我国农业绿色发展指数为 77.53，比 2015 年提高了 3.1%，农业绿色发展水平稳步提升。

三、深化农村经营体制改革，更好推进农业绿色发展

党的十八大以来，党中央高度重视生态文明建设，农业绿色发展取得积极进展，但整体上仍处于起步阶段。当前工作中，关注农业生产方式范畴的事情多，关注农业经营方式范畴的事情少；用行政手段推动农业绿色发展的措施多，用经济手段调动农民和新型农业经营主体参与农业绿色发展的措施少；开发推广农艺性的绿色技术模式多，开发应用智能装备性的绿色技术模式少；支持农业绿色发展泛化性的政策多，精准性的政策少。为此，要充分发挥农业绿色发展对农业发展方式的变革作用，系统推进农村改革。要深入践行“绿水青山就是金山银山”的理念，推进机制创新，形成政府引导、市场主导、社会参与的新格局。

第一，坚持家庭经营基础性地位，构建绿色发展制度环境。自古以来，我国农民就有精耕细作、趋利避害、顺应自然的传统美德。今天，农业绿色

科技赓续农耕文明的精髓，赋予农户家庭经营新的强劲动力。必须毫不动摇长期坚持、巩固完善以家庭承包经营为基础、统分结合的农村基本经营制度。调动农民的生产积极性，赋予农户充分的经营自主权。同时，鼓励开展多种形式的合作与联合，发展适合绿色生产的适度规模经营，并完善支持政策。强化粮食主产区利益补偿、耕地保护补偿、生态补偿、金融激励等政策支持，构建标准明确、激励有效、约束有力的绿色发展制度环境。

第二，推动农业绿色科技创新与现有农村经营体制创新深度融合，支持发展绿色化、数字化、集成化的新技术、新产业、新业态。一是不断强化主体带动，支持绿色生产技术、装备在家庭农场、农民合作社等新型农业经营主体中广泛应用。二是建立健全促进现代农业产业园区、产业强镇、产业集群等绿色发展机制，支持联盟带动平台经济做强做大，建设一二三产业联动发展的现代复合型的经济体系。三是建立农业绿色发展技术体系，加快绿色农机装备创制，开展产学研企联合攻关，加快突破农业绿色发展技术瓶颈。

第三，以建设农业绿色发展及绿色技术标准化体系为支撑，构建精准高效的支持农业绿色发展政策体系。一是培育“领跑者”。坚持分类指导，因地制宜，推动制定农业绿色化、数字化分级分类标准及园区标准、企业标准等。二是引导“生产者”。实施农业标准化提升计划，推动新型农业经营主体按标准生产，发挥示范推广作用。三是强化“支持者”。完善以绿色生态为导向的农业补贴制度，创新绿色金融政策，引导社会投入。

第四，坚持政府引导、市场主导、农民主体，支持形成“政府—市场—农民”协力推进农业绿色发展的高效机制。强化制度约束，完善市场机制，引导社会参与。加强国家农业绿色发展先行区建设。支持发展家庭农场和农民合作社，培育农业产业化联合体。支持新型农业经营主体带动普通农户发展绿色种养，提供专业化全程化绿色技术服务。

这些措施将有利于践行“绿水青山就是金山银山”的理念，推动农业绿色发展进程，促进乡村全面振兴。

智慧农业展望*

党的二十大报告提出建设农业强国。建设农业强国的基本要求是实现农业现代化。中国实现农业现代化的重点是解决效率问题，关键在于科技创新，发展智慧农业。农业进入数字化时代，智慧农业科技已成为国际发展前沿和世界农业科技竞争的制高点。智慧农业是中国从农业大国走向农业强国的必由之路，将在促进农业生产方式变革、建设现代农业、实现高质量发展和乡村振兴方面发挥重要作用。

一、关于智慧农业

世界农业发展经历了以矮秆品种为代表的第一次绿色革命、以动植物转基因为核心的第二次绿色革命，随着新一代信息技术的全面应用，农业的第三次革命——“农业数字革命”正在到来，其典型代表是智慧农业。智慧农业是一种综合利用生物技术（BT）、信息技术（IT）、智能装备（IE）的全新农业生产方式，其快速发展对传统农业产生了深刻影响，极大地提高了农

* 作者：赵春江，中国工程院院士、国家农业信息化工程技术研究中心主任。本报告根据作者在“清华三农论坛 2024”上的演讲整理，经本人确认并授权。

业生产率和资源利用效率。2023 年，美国农业部（United States Department of Agriculture，USDA）发布的报告显示，分析制图、自动导航系统对大豆产量有 10% 以上的增产效果，分析制图、变量施肥、自动导航技术对玉米产量有 22.85% 的增产效果；基于多组学大数据和 AI（人工智能）进行模型预测的方法不断发展，如 AlphaFold 基于人工智能预测蛋白质结构技术，极大地提升了计算效率，打破了结构生物学持续 50 多年的研究困境。另外，加拿大科学家基于系统模型的作物光合效率改良（Realizing Increased Photosynthetic Efficiency，RIPE），进行表型信息高通量获取，通过大数据建模、优化与计算实现高光效理想代谢模式，优化植物的光合效率，可显著提高全球粮食生产力。

从全球范围来看，美国、欧洲经过了农业机械化、农业绿色革命、精准农业等不同的历史发展阶段，已经走向了以数据为基础的智慧农业发展阶段。美国、欧盟、日本等多个发达国家和地区均对智慧农业发展进行了前瞻性的战略部署，相继推出了智慧农业发展计划。比如，日本的“下一代农林水产业创造技术”，包括农业 AI、农业机器人、农业自主无人系统；欧盟的“农业科技 2030”，包括农业大数据 AI、农机物联网与智能装备；美国的“面向 2030 年食品农业科技发展战略”，包括农业传感器、农业数据科学、农业 AI、食品与农业信息学。联合国粮食及农业组织（FAO）也制定了“农业机器人与自动化支持可持续作物生产”计划，提出发展农业机器人、自动化设备和农业大数据。

2022 年，联合国粮食及农业组织发布《全球食物与农业展望报告》，认为智慧农业技术发展的里程碑式事件包括：① 1974 年动物电子耳标研制成功；② 20 世纪末全球卫星导航系统（GNSS）出现；③美国大型拖拉机企业约翰迪尔公司的自动驾驶拖拉机生产，再到无人农场建立。同时，提出作物、水产、畜牧业是未来智慧农业发展的重要领域。

二、中国智慧农业发展情况

《中华人民共和国国民经济和社会发展第十四个五年规划和2035年远景目标纲要》（以下简称“十四五”规划）中明确提出建设智慧农业，加快推进农业农村现代化。智慧农业作为生物技术、信息技术、智能装备三大生产力要素的统一，大体上可分为信息获取、数据利用、数据应用、知识服务等四大类，形成了从信息获取到田间生产实践的闭环发展。以下重点从四个维度介绍中国智慧农业发展情况。

（一）农业传感器

农业传感器是智慧农业信息之源。在全球农业传感器产业布局中，北美占43.3%，欧洲占29.7%，日本占19.8%，而中国只占4.2%。当前，中国每年进口约600万只高端农业传感器，金额高达约460亿元。相较于国际水平，中国农业传感器制造业尚显薄弱，存在众多技术“卡点”，亟须在传感机理、敏感材料、模型算法、核心器件及生产工艺等多个关键领域实现突破。比如，在农产品加工中，中国尚未能制造与低温高压食品加工技术相关的高质量传感器，全球仅有德国具备生产此类传感器的能力。目前，传感器在我国农业育种、种植养殖、加工等全环节中的需求均较为强烈。在育种方面，利用传感器可构建多尺度、多维度、高通量的作物“室内—温室—田间”全链条表型数据获取技术装备体系，有利于提高作物育种质量；在环控方面，利用传感器监测甲烷、氨气、硫化氢气体，有利于动物健康生长；在农业测土配方施肥中，利用传感器进行现场监测土壤，可节省时间和资金成本。现阶段，传感器技术正在经历利用激光光谱替代声学光谱的重大变革，提高了对微量气体的传感能力，实现了甲烷、氨气、硫化氢等气体的高灵敏监测，并将灵敏度和精度提高到两个数量级。比如，监测硫化氢，原有的监测线是4ppm

（Parts Per Million，百万分之一），用激光光谱技术监测后，监测线可以达到±0.2ppm。

（二）农业大数据智能

由于我国农业具有地域性、季节性、多样性、周期性等特征，农业农村的大数据体量浩大、模态繁多、生成快速、时空属性显著。目前，农业农村的数据量大约是8000PB（1PB=1048576GB），并以每年34%的速度增长。这些大数据可用于发现对象之间的客观规律，构建基于人工智能和机器学习的知识服务模型，提供以知识为基础的服务，准确服务农业和农民。利用大数据智能分析，可解决当前产业发展中面临的诸多问题。一是利用农业跨媒体数据挖掘和深度学习，可以进行作物病害图像识别和自动诊断，可优化常规检测方法存在的主观性强、工作量大、覆盖范围窄、效率低等缺点。二是可低成本获取动物行为视频，利用计算机神经网络深度学习，识别畜禽面部外貌、纹理、面部特征，构建面部模型库，开展畜禽面部外貌、纹理、面部特征识别与分析，此方法更符合人工检视方法与思路，将视频非结构化大数据与物联网结构化数据进行整合，可进一步提高分析精度与准确度，如当前多角度猪脸识别准确率可以达到97.66%。同时，在此基础上，通过构建云平台知识图谱，可以向各类农业生产经营主体提供以知识为基础的服务。

（三）高端智能农机装备

智能农机装备是智慧农业发展的重要支撑，是把人从繁重的农业劳动生产中解放出来的主要工具。以约翰迪尔、凯斯纽荷兰、爱科集团为代表的农机巨头一直致力于改进与提升智能农机通用数字底盘、智能感知、智能决策等关键核心技术。如今，中国已经攻克了300马力以上的大型智能化农机装备研制瓶颈，并研发了一批适合丘陵山区的高效、绿色、智能型机械，解决了丘陵山区“无机可用”的难题。中国一拖集团有限公司自主研制了国内首台 400 马力无级变速拖拉机——东方红 LW4004，电动拖拉机、氢能源拖拉机、油电混合动力拖拉机、新型动力拖拉机等我国企业自主研发的高端绿色智能农机也相继问世。同时，随着基于北斗的农机自动导航与作业精准测控关键技术趋于成熟，面向复杂作业场景并具有精准感知、自主决策、智能控制与自动执行能力的多自由度自主作业装备研制突飞猛进，如国家农业信息化工程技术研究中心在国内首创的“采—收—运”一体式果园多臂采摘机器人，采摘作业空间覆盖率≥ 85%，成功采收率≥ 80%，采摘综合效率≥ 800 果 / 时（人工采摘效率的 5 倍），综合性能与国外产品相当。

（四）智慧农场

智慧农场是先进智能技术、工业技术和工程科技等高度集成，实现农业全程高效无人化的农业生产方式，对解决劳动力短缺具有重大意义。2017 年，世界著名农业机器人专家、英国哈珀亚当斯大学的 Simon Blackmore 教授发布了 1 公顷大麦从种植到收获全程无人参与的研究成果，使无人农场迅速走在国际现代农业科技前沿。智慧农场关键技术主要包括：复杂环境下自主感知与理解技术、行为决策与轨迹规划技术、自主导航与定位技术、多场景自主技能学习与智能控制技术、无人集群协同控制技术、自然人机交互技术等。

目前，我国智慧农场的发展重点应包括两方面。一是构建农田智能信息感知技术体系，深入开展基于视觉和激光雷达的农田地块边界、田间障碍物感知等农机自动驾驶与自主行走环境感知技术研究；二是建设露天蔬菜无人农场，重点突破无人化农机路径规划算法、路径跟踪控制、多机协同路径规划与主从协同控制等决策模型构建。

三、未来智慧农业发展展望

联合国粮食及农业组织近期发布了《农业技术促进粮食和水安全》（*AgriTech for Food & Water Security*）报告，提出未来影响农业农村发展的六大技术：农业生物技术、数字化技术、可再生能源、农业机械化、灌溉技术、食品加工技术装备，认为科学、技术和创新可以加快农粮系统的转型，使其成为更高效、更具包容性、更有韧性和更可持续的农粮系统。

党的二十大报告指出，强化农业科技和装备支撑。我国“十四五”规划提出“推进数字产业化和产业数字化，提高农业质量效益和竞争力，发展智慧农业”，发展智慧农业对实现农业现代化、建设农业强国、实现乡村全面振兴意义重大。现代农业发展已经由机械化向数字化、自动化、智能化过渡，智慧农业正在将数字科技和先进的工业技术整合到农业中，极大地提高了农业技术水平和效率。未来，智慧农业无人作业系统将形成播种（深松翻地、平地、播种）、管理（精量施肥、中耕除草）、收获（协同收获、产量估测）全环节、全过程的闭环应用与发展，并将助推新农业生产模式的创造，比如，无人化垂直植物工厂。同时，要立足“大食物观”，充分发挥数字科技的赋能增效作用，“向森林要食物，向江河湖海要食物，向设施农业要食物”。

加快中国式农业农村农民现代化 *

2023 年中央农村工作会议提出，坚持农业农村优先发展，坚持城乡融合发展，把责任扛在肩上、抓在手上，结合实际创造性开展工作，有力有效推进乡村全面振兴，以加快农业农村现代化更好推进中国式现代化建设。农业农村农民现代化（以下简称“三农”现代化）是中国式现代化的重要组成部分，是难点焦点，也是成功特色。中国“三农”现代化取得了重大进展，为加速推进中国式现代化作出了突出贡献。

一、“三农”现代化与中国式现代化

“三农”现代化是中国式现代化的重要组成部分，也是中国式现代化最大的难点和工作重点。新中国成立之前，美国时任国务卿艾奇逊就预言，中国的人口是“不堪重负的压力”，中国无法解决“吃饭问题”。为了驳斥艾奇逊，毛泽东写了《唯心历史观的破产》这篇评论文章，他指出，中国人口众多是一件极大的好事。再增加多少人口也完全有办法，这办法就是生产。我们相信革命能

---

* 作者：胡鞍钢，清华大学文科资深教授、清华大学国情研究院院长。本报告根据作者在“清华三农论坛2024”上的演讲整理，经本人确认并授权。

改变一切，一个人口众多、物产丰盛、生活优裕、文化昌盛的新中国，不要很久就可以到来，一切悲观论调是完全没有根据的[①]。新中国成立之后，农业现代化作为社会主义国家建设的重要方面，位列“四个现代化”建设的首位。1957年3月12日，毛泽东在中国共产党全国宣传工作会议上讲话指出，我们一定会建设一个具有现代工业、现代农业和现代科学文化的社会主义国家[②]。1982年，党的十二大报告提出，到2000年，力争使全国工农业的年总产值翻两番，我国主要工农业产品的产量将居于世界前列的核心目标。回过头来看，2000年，中国农业增加值（以2015年美元计价）已经达到5107亿美元，占世界总量的比重为24.4%，高于中国人口占世界的比重；谷物总产量占世界的比重为19.7%，接近中国总人口占世界比重的20.6%；人均农业增加值、谷物产量均达到世界人均水平。中国已经成为世界主要农产品生产大国、农业增加值最大国。2012年，党的十八大提出，必须在工业化、信息化、城镇化深入发展中同步推进农业现代化，而农业现代化依然是薄弱环节。没有农业现代化，没有农村繁荣富强，没有农民安居乐业，中国式现代化是不完整、不全面、不牢固的。因此，中国“三农”现代化取得重大进展，是中国式现代化的重大标志之一。

二、中国农业现代化取得重大进展

中国式现代化首先是产业现代化，也就是毛泽东提出的农业现代化，同时，农业现代化也是实现“四个现代化”的最大短板，既是难中之难，也是重中之重。这是由我国基本国情决定的。我国的基本国情是总人口占世界的比重为17.8%（2022年），年度淡水资源抽取量占世界的比重为14.6%[③]，耕地

---

① 《毛泽东选集第四卷》，人民出版社1991年版。

② 《建国以来重要文献选编（第十册）》，中央文献出版社1994年版。

③ 数据来源：世界银行。

面积占国土面积的比重为 11.6%，比美国的这一比重（17.2%）少了 5.6 个百分点，比印度的这一比重（51.9%）少了 40.3 个百分点，可谓人口多、耕地少、水资源少。但是经过不懈努力，到 2022 年，中国农业现代化取得重大进展，中国已经成为世界最大的农业生产国，以较高的人均农产品水平养活了 14 亿多人口。

一是农业增加值跃居世界前列。从表 1 可以看出，2000—2022 年，中国的农业增加值年均增速达到 4.0%，高于美国的年均增速（0.5%）、经济合作与发展组织（OECD）国家的年均增速（0.7%）和世界的年均增速（2.8%）。中国的农业增加值占世界的比重从 2000 年的 24.4% 提高到 2022 年的 31.9%，已经远远高于中国人口占世界的比重，同时也高于美国农业增加值占世界的比重（4.8%）、OECD 国家农业增加值占世界的比重（19.1%）。

表1　中国、美国、OECD的农业增加值及占世界的比重

	2000年	2010年	2022年	2000—2022年年均增速或变化量
农业增加值（$\times 10^3$亿美元）				
中国	0.51	0.76	1.22	4.0%
美国	0.16	0.17	0.18（2021年）	0.5%
OECD	0.61	0.64	0.71（2021年）	0.7%
世界	2.09	2.74	3.82	2.8%
占世界的比重（%）				
中国	24.4	27.7	31.9	7.5个百分点
美国	7.7	6.2	4.8（2021年）	−2.9个百分点
OECD	29.2	23.4	19.1（2021年）	−10.1个百分点

注：农业增加值为2015年美元价格。

资料来源：世界银行数据库，https://data.worldbank.org.cn/indicator/NV.AGR.TOTL.KD?end=2022&locations=CN-1W-US-OE&most_recent_value_desc=true&start=2000。

二是中国谷物生产总量居世界首位。从表2可以看出，中国谷物产量占世界的比重从2000年的19.7%小幅上升到2021年的20.6%。但是从谷物产量的增速来看，过去21年的年均增速已经高达2.1%，高于美国和世界的平均增速。括号里列示了中国、美国谷物产量对世界的贡献，可以看到，2000—2021年，中国对世界谷物产量的贡献率达到22.3%，而美国的贡献率只有10.8%。

表2　中国、美国谷物产量及占世界的比重

	2000年	2010年	2021年	2000—2021年年均增速或贡献率
谷物产量（亿吨）				
中国	4.05	4.96	6.32	2.1%（22.3%）
美国	3.43	4.01	4.53	1.3%（10.8%）
世界	20.54	24.61	30.7	1.9%（100.0%）
占世界的比重（%）				
中国	19.7	20.2	20.6	0.9个百分点
美国	16.7	16.3	14.8	-1.9个百分点

注：括号内为对世界谷物产量增长的贡献率。

资料来源：世界银行数据库，https://data.worldbank.org.cn/indicator/AG.PRD.CREL.MT?end=2021&locations=CN-1W-US&start=1961。

三是中国农业综合生产能力显著增长。从表3可以看出，以2014—2016年的畜牧业生产指数为100，2020年中国畜牧业生产指数为98.3，美国为110.9，可见中国和美国在畜牧业生产方面都处于世界前列。2000—2020年，中国畜牧业生产指数增加了30.2%，年均增速达到1.9%，高于美国的22.4%和1.1%。

表3　中国、美国畜牧业生产指数（2014—2016年生产指数=100）

	2000年	2010年	2020年	2000—2020年变化量及年均增速
中国	68.1	92.5	98.3	30.2（1.9%）
美国	88.5	96.3	110.9	22.4（1.1%）

资料来源：世界银行数据库，https://data.worldbank.org.cn/indicator/AG.PRD.LVSK.XD?end=2020&locations=CN-US&most_recent_value_desc=true&start=1961。

四是中国农产品进出口贸易持续扩大。我国农产品2022年出口总额达到982.6亿美元，进口总额达到2360.6亿美元，贸易逆差为1378.0亿美元，占全国出口、进口贸易总盈余（8776亿美元）的15.7%。作为世界第二大货物进口国，中国仍有进口各类农产品的巨大潜力。从进口潜力来看，2022年中国外汇储备高达3.13万亿美元，仍有扩大农产品进口的能力，可以有效利用世界市场增加我国的农产品供给。

五是农业水利现代化取得重大进展。全国耕地灌溉面积从2000年的5382万公顷增加至2022年的7036万公顷，年均增速为1.4%。全国农业用水总量于2013年达到顶峰，为3922亿立方米，到2021年降至3644亿立方米，比2013年减少了7.1%。其中发展节水农业、滴灌农业、设施农业发挥了很大的作用。截至2022年，我国设施农业种植面积4270多万亩，占世界设施农业总面积的80%以上，用3%的耕地生产出25.3%的蔬菜产品。这表明，中国农业增加值增长与农业用水量首次脱钩，进而使全国用水总量达到峰值（2017年），随后开始下降。2017年，工业用水量也提前达峰，随后开始下降。由此可以看到，这两个达峰使我们在水资源用量大体平衡的情况下，仍然可以实现第一个百年奋斗目标，也为第二个百年奋斗目标作出重要安排。

六是农业机械化取得重大进展。全国农业机械总动力从2000年的5.26亿千瓦上升到2022年的11.06亿千瓦，年均增速高达3.4%。我国农作物机械化作业水平从2010年的52%上升至2022年的72.8%，累计上升了20.8个百分点。此外，中国农用化肥施用量于2015年达到峰值6022.6万吨，率先脱钩，到2022年已降至5079.2万吨，减少了15.7%。也就是说，中国农业产值持续上升，但是农业化肥施用量开始下降的局面出现了。用水量脱钩、化肥使用量脱钩，是中国农业现代化的重要标志。

七是良种革命取得重大进展。农业现代化，种子是基础。中国进行了一场长期持续的良种革命，实现种业科技自立自强、种源自主可控。纵观整个良种革命的发展历程，先后经历了“户户留种”“四自一辅”“四化一供”、种业产业化发展及种业现代化发展五个阶段，到目前为止，主要农作物良种覆盖率稳定在96%以上，自主选育品种面积占比超过95%，反映了中国农业科技自主创新取得重大进展。

八是农业科技进步率不断提高。根据农业农村部的数据，我国农业科技进步率从2010年的52%上升至2022年的62.4%，我国农业科技创新整体水平已经迈入世界第一方阵。另外，根据钱加荣等（2023）研究结果显示，1990—2020年中国农业技术年均进步速度为2.44%。2000—2020年，中国农业科技进步贡献率从35%快速上升至超过60%的水平，农业发展方式已逐步实现由早期的要素依赖型向科技驱动型转变①。对标农业科技进步贡献率，表4还列出了生猪养殖规模化率。从表4可以看出，2021年生猪养殖规模化率已达到62%。

表4　农业科技进步贡献率、生猪养殖规模化率（2012—2021年）

年份	农业科技进步贡献率（%）	生猪养殖规模化率（%）
2012	54.5	38.4
2013	55.2	40.8
2014	55.6	41.8
2015	56.1	43.3
2016	56.7	44.9
2017	57.5	46.9

① 钱加荣，赵芝俊，毛世平：《中国农业科技进步贡献率结构演变及提升路径》，《农业经济问题》2023年第2期。

续表

年份	农业科技进步贡献率（%）	生猪养殖规模化率（%）
2018	58.3	49.1
2019	59.2	53.0
2020	60.7	57.1
2021	61.5	62.0

资料来源：农业农村部。

更有意义的是，农业劳动生产率持续提高。从表 5 可以看出，按照 2015 年美元价格进行国际比较，中国农业劳动生产率在 2000—2019 年的年均增速达到 7.4%，而同期 OECD 国家农业劳动生产率年均增速仅为 1.9%。

表5　中国、OECD国家农业劳动生产率（2015年美元价格）

	2000年	2010年	2019年	2000—2019年年均增速或变化量
中国	1437	2795	5609	7.4%
OECD国家	16773	20144	24029	1.9%
中国/OECD国家	8.6%	13.9%	23.3%	14.7个百分点

资料来源：世界银行数据库，https://data.worldbank.org.cn/indicator/NV.AGR.EMPL.KD?end=2019&locations=CN-OE&most_recent_value_desc=true&start=1991。

三、中国农村现代化取得重大进展

一是农村基础设施投资力度不断加大。国家加大了农村基础设施投资力度，直接覆盖农村全体人口。从交通运输部的数据来看，2023 年 1—11 月全国农村公路建设总投资超过 4555 亿元，新改建农村公路里程超过 16 万公里，到 2023 年底，全国农村公路总里程达到 453 万公里，计划到 2024 年底基本实现农村公路危桥全部整治完毕。

二是农村地区初步实现现代化的生产生活方式。国家统计局的数据显示，

2021 年全国农村地区分别有 99.9%、99.8% 和 99.9% 的户所在自然村实现通电话、通有线电视信号和通公路，全国通电的村占全部村的比重达到 99.7%；农村居民安全饮用水占全部家庭户的比重为 97.0%；农村地区有 94.8% 的户所在自然村有卫生站，农村居民能够享有的医疗公共服务水平逐步提高。以农村通电率这一指标来对比中国与印度、OECD 国家以及世界的情况，从表 6 可以看出，2000 年中国农村通电率已经高达 94.9%，远高于印度，但略低于 OECD 国家。到 2021 年中国农村通电率已经达到 100%，和 OECD 国家一样。从这个角度来看，农村的现代化凸显为它的全覆盖以及农村通电率。

表6 世界、中国、印度、OECD国家农村通电率

	2000年（%）	2010年（%）	2021年（%）	2000—2021年变化量（个百分点）
世界	49.2	68.4	99.3	50.1
中国	94.9	99.4	100.0	5.1
印度	66.5	72.9	84.5	18.0
OECD国家	98.8	99.2	100.0	1.2

资料来源：世界银行数据库，https://data.worldbank.org.cn/indicator/EG.ELC.ACCS.RU.ZS?end=2021&locations=1W-CN-IN-OE&start=2000。

四、中国农民现代化取得重大进展

一是农民健康人力资本水平持续提高。2022 年，中国卫生费用占 GDP 的比重为 7.05%，远低于美国的 17%（2019 年水平）。从健康资本水平来看，中国农村地区婴儿死亡率从 1991 年的 37.9‰下降至 2021 年的 3.6‰，已经低于美国 2021 年的 5‰，也低于 OECD 国家的 6‰；农村地区孕产妇死亡率从 1991 年的 100.0/10 万下降至 2021 年的 16.5/10 万，已经低于美国 2021 年的 21/10 万，也低于 OECD 国家的 22/10 万；农村地区 5 岁以下儿童死亡率从

1991 年的 71.1‰下降至 2021 年的 8.0‰，已接近美国和 OECD 国家 2021 年的 6‰（见表 7）。

表7　中国城乡与美国、OECD国家、世界主要健康指标比较

年份	国家	婴儿死亡率（‰）	5岁以下儿童死亡率（‰）	孕产妇死亡率（/10万）
1991	中国城市	17.3	20.9	46.3
	中国农村	37.9	71.1	100.0
	美国	9	11	/
	OECD国家	17	21	/
	世界	64	92	/
2000	中国城市	11.8	13.8	29.3
	中国农村	37.0	45.7	69.6
	美国	7	8	12
	OECD国家	11	14	23
	世界	53	76	339
2010	中国城市	5.8	7.3	29.7
	中国农村	16.1	20.1	30.1
	美国	6	7	14
	OECD国家	8	9	19
	世界	37	51	254
2021	中国城市	3.2	4.1	15.4
	中国农村	3.6	8.0	16.5
	美国	5	6	21
	OECD国家	6	6	22
	世界	28	38	223

资料来源：1.美国、OECD国家、世界数据：世界银行数据库。婴儿死亡率：https://data.worldbank.org.cn/indicator/SP.DYN.IMRT.IN?end=1991&locations=US-OE-1W&start=1960；5岁以下儿童死亡率：https://data.worldbank.org.cn/indicator/SH.DYN.MORT?end=2021&locations=US-OE-1W&start=1960；孕产妇死亡率：https://data.worldbank.org.cn/indicator/SH.STA.MMRT?end=2020&locations=US-OE-1W&start=2000。

2.中国数据来自国家统计局编：《2023中国统计年鉴》，中国统计出版社2023年版。

二是农民教育人力资本持续提高。从教育资本水平来看，我国学前教育毛入园率从2009年的50.9%上升到2022年的89.7%，超过了原定2020年的目标（70.0%），2021年农村地区有90.1%的户所在自然村可以便利地上幼儿园或学前班，有91.3%的户所在自然村可以便利地上小学；我国九年义务教育巩固率2022年为95.5%，达到了原定2020年的目标（95%）；全国高中阶段（15 ~ 17岁）毛入学率从1995年的33.6%提升至2022年的91.6%，基本接近美国以及OECD国家的平均水平；农村新生劳动力平均受教育年限达到12年。

三是农村居民居住条件明显改善。2019年，农村居民人均住房建筑面积为48.9平方米，比2000年增长97.2%；农村厕所革命取得重大进展，2021年，农村居民使用卫生厕所的户比重为82.6%，农村居民使用水冲式卫生厕所的户比重为67.1%，农村居民使用本户独用厕所的户比重为96.8%；农村居民饮用水得到极大改善，农村地区有80.4%的户所在自然村饮用水经过集中净化处理。

五、中国式“三农”现代化是“人间正道”

我国的基本国情始终是“人口多、耕地少、水资源更少”，这决定了必须创新中国式农业现代化的独特道路。70多年来中国现代化的实践表明，中国式现代化的难点、焦点始终集中在“三农”现代化，成功和特色也充分体现在“三农”现代化。这是中国式“三农”现代化的长期战略目标又成为长期主义的最好的实践。中国经历了第一阶段工业化（1953年开始），第二阶段就业非农化（2003年非农业就业比重开始超过农业就业比重），第三阶段人口城镇化（2011年城镇人口比重开始超过农村人口比重）。我们发现，中国“三农”现代化的逻辑就是产业结构非农化先于就业结构非农化，就业结构非农化先于人口结构非农化，而人口结构非农化（即城镇化）仍将是长期的发展过程。

由此，我们可以知道，党的二十大，包括党的二十届二中全会的精神，就是要更加突出地把推进乡村全面振兴作为新时代新征程“三农”工作的总抓手。展望2035年中国基本实现社会主义现代化，这将是“三农”现代化的加速阶段，常住人口城镇化率大幅提升，从2022年的2/3达到2035年的3/4以上，以人为核心的新型城镇化基本实现，乡村全面振兴取得决定性进展，农业综合生产能力明显提高，国家粮食安全和重要农产品供给得到有效保障，现代乡村产业体系基本形成。从更长远发展来看，不断增强农业创新力、国际竞争力、可持续发展能力，继续提升产业链、供应链韧性和安全水平，进而使得我们在中华大地创造中国式“三农”现代化的百年“人间正道”。

学习运用好“千万工程”经验*

中央农村工作会议于2023年12月在京召开，会议强调，要学习运用“千万工程”蕴含的发展理念、工作方法和推进机制，从农民群众反映强烈的实际问题出发，找准乡村振兴的切入点，提高工作实效。要深刻领会“千万工程”的内涵与精髓，从自身实际与特点出发，学习运用好“千万工程”经验，扎实推进宜居宜业和美乡村建设与城乡融合发展。

“千万工程”（“千村示范、万村整治”工程）是习近平总书记2003年在浙江担任省委书记时亲自谋划、亲自部署、亲自推动的一项重大决策和乡村建设工程。[①] 习近平总书记始终高度重视“千万工程”，党的十八大以来多次就“千万工程”作出重要批示，强调浙江“千村示范、万村整治”工程起步早、方向准、成效好，不仅对全国有示范作用，在国际上也得到认可。[②] 2023年中央农村工作会议再次将学习浙江“千万工程”作为一个核心主题。

从实践看，浙江“千万工程”的实施与深化，具有多方位的关联效应，对全面推进乡村振兴的效应尤为显著。20年来，“千万工程”贡献巨大，意义

---

* 作者：黄祖辉，浙江大学求是特聘一级教授，浙江大学中国农村发展研究院创始院长、首席专家。本报告根据作者在“清华三农论坛2024”上的演讲整理，经本人确认并授权。

① 中共浙江省委：《在深入践行“千万工程”上走前列作示范》，《求是》2023年第12期。

② 《中共中央办公厅 国务院办公厅转发〈中央农办、农业农村部、国家发展改革委关于深入学习浙江“千村示范、万村整治”工程经验扎实推进农村人居环境整治工作的报告〉》，新华社，2019年3月6日。

深远，不仅造就了浙江万千美丽乡村，而且造福了万千农民群众，取得了明显成效。2018 年 9 月 26 日，“千万工程”荣获联合国“地球卫士奖”。“千万工程”不仅是乡村人居环境整治与改善的乡村建设工程，而且也是惠民工程、民心工程和共富工程，是乡村振兴发展和城乡融合发展的基础性、枢纽性工程。

一、“千万工程”的深刻内涵

领悟“千万工程”的深刻内涵是学习应用的前提和基础。2003 年 6 月，在习近平同志的倡导和主持下，浙江启动“千万工程”，从全省选择 1 万个左右的行政村进行全面整治，把其中 1000 个左右的中心村建成全面小康示范村。20 年来，“千万工程”既经历了示范引领、整体推进、深化提升等阶段，又经历了从温饱需求型向小康发展型的演变，使浙江乡村实现了从新农村建设向美丽乡村建设、和美乡村建设的演进，取得了显著成效。随着农村经济社会的不断发展，“千万工程”不断迭代升级，其内涵不断深化。数字乡村、文化乡村、共富乡村等乡村范畴正在融入“千万工程”，并且成为“千万工程”的重要内涵和建设重点。

乡村振兴实际上有两个关键问题：一是产业振兴，二是乡村建设。二者之间存在着深刻的逻辑关系。乡村建设做得好，能推动整个乡村产业发展；产业发展得很好，反过来带动乡村建设却比较难。乡村建设发展的关键是要惠及民生，从而转变老百姓的发展心态，激发他们发展的内生动力。浙江的实践表明，“千万工程”不仅是乡村人居环境建设工程，同时也是乡村建设的惠民工程、民心工程，是“切口小、格局大”、具有显著正向溢出效应的“大工程”。“千万工程”给浙江的乡村人居环境、公共服务、产业发展、农民收入等方面带来了显著的正向效应。

学习运用好“千万工程”经验，必须深化对“千万工程”内涵的认识，要学习运用“千万工程”蕴含的发展理念、工作方法和推进机制。由于中国农村巨大的区域差异，很多东西都不能简单照搬，所以关键要学习浙江省在发展过程中蕴含的理念：新发展理念和联动发展、转化发展、实干发展的发展理念；领导重视与群众参与相结合、规划先行与迭代升级相结合、示范引领与整体推进相结合的工作方法；因地制宜、分类施策、聚焦重点、循序渐进，以“千万工程”推进产业振兴以及多元主体参与和多种机制协调的推进机制。

二、“千万工程”的经验启示

“千万工程”就乡村建设与治理而言，有六点重要启示。

（一）乡村建设既要明确重点，又要坚持久久为功

坚持“一张蓝图绘到底、一任接着一任干，久久为功”是浙江“千万工程”最根本、最重要，也最不容易学的经验。“千万工程”之所以能一以贯之、一抓到底，一任接着一任干，久久为功不停步，关键在于发挥党政合一的垂直治理的制度功能，也就是坚持党管干部，通过一级抓一级、一级管一级、一级带一级，把党管干部的原则落到实处。第一，坚持“一把手”亲自抓。始终把“千万工程”列为“书记工程”，落实“一把手”责任制，形成省、市、县、乡、村“五级书记”共抓共管的推进机制，建立各级党政主要领导联系一个村制度。第二，坚持各方协同抓。各级政府均成立“千万工程”领导小组，建立党委政府领导、职能部门负责、镇村实施、多方共同参与的工作推进机制。第三，坚持分级联动抓。建立“第一书记亲自抓、分管领导

直接抓、一级抓一级、层层抓落实”的分级负责制度；在各级职责分工方面，省级层面主抓顶层设计、服务指导与监督落实，市、县层面主抓统筹协调、资源整合与组织实施，镇、村层面主抓政策落实、具体实施和建设管护。

（二）乡村建设既要坚持政府主导，又要重视引入市场机制和社会力量

大力实施乡村建设行动，资金需求量很大，单纯依靠政府的力量是不够的。必须在加大政府对乡村建设投入的同时，创新乡村建设思路，发挥政府财政金融政策“四两拨千斤”的杠杆作用，引入市场机制，建构利益机制，吸引企业、社会、村集体和村民多元主体共同投资和参与乡村建设，这将是解决乡村建设供给不足、资金短缺问题的重要路径。市场机制和社会力量的介入，是乡村建设和环境治理有效、持续的重要因素。

（三）乡村建设既要力求有效供给，又要重视对建成项目的有效管护

对于具有公共属性的乡村建设设施，有效的营运管护是乡村公共设施可持续利用的重要保障，必须重视多元主体参与公共设施维护。实践中，乡村社区公共基础设施建设滞后于发展需要，不仅与供给乏力有关，而且与这些基础设施的营运和管护不力有关。因此，必须解决好政府、企业、集体、农民等主体“谁来营运与管护乡村社区公共基础设施”的问题。基本的思路是：明确相关公共设施的产权归属及其管护主体；强化公共设施规制及其监督监管；发挥乡村社区治理体系中的自治功能；在乡村公共基础设施营运管护中导入市场机制。

（四）乡村建设既要防止大拆大建，又要适应村庄布局与公共服务优化趋势

乡村建设既要防止脱离实际和侵害农民权益、损害乡村生态环境的大拆大建，也要适应乡村人口变化趋势以及乡村空间布局与公共服务优化的需要。乡村建设不仅要防止脱离乡村自然与文化特点，甚至侵犯农民权益的大拆大建，也要避免忽视乡村公共基础设施具有空间效应与规模效应特征，避免守成不变的低效配置。往村覆盖、往户延伸的乡村建设并不是静态的过程，而是动态的过程，是在乡村规划引领下，体现乡村人口相对集聚、空间布局不断优化、公共服务效率不断提升的过程。

（五）乡村建设既要注重普惠性、基础性和兜底性，又要重视区域差异性和动态发展性

不同地区的乡村建设，要从自身发展的实际出发，在体现乡村建设普惠性、基础性和兜底性的同时，也要重视体现乡村建设的动态发展性，使乡村建设能更好地体现乡村发展功能。乡村建设对产业发展有直接溢出效应，对乡村建设赋予发展功能尤为重要。在温饱社会阶段，乡村建设主要着眼于基础性、普惠性、兜底性的生存型乡村建设，但到了小康社会乃至更高社会阶段，乡村建设应体现发展性特点。我国现阶段的乡村建设，大部分地区重视体现乡村的多功能发展，乡村建设要与乡村的产业、生态、文化、治理以及公共服务相结合，促进乡村价值的转化与提升，实现乡村更快更好发展。浙江“千万工程”经验表明，与乡村发展阶段和乡村发展功能有机结合的乡村建设，能包容多元建设主体和多种运行机制，是有效解决乡村建设供给乏力、管护不力、形态单一、活力不足的重要路径。

（六）乡村建设既要运用刚性制度治理，又要运用柔性制度治理

刚性治理与法治有关，柔性治理与村民自治和德治有关。对乡村建设项目的治理与管护，也可以引入市场制度，将社区建设公共产品转化为市场产品，使乡村建设项目的治理与管护形成“领导重视、群众参与”相结合、多种机制相协调的治理格局。不仅要发动和带动群众，更要通过合适的制度安排来激励，其中德治与自治是关键。首先是深化村民自治。建立村民互助会、议事会、乡贤促进会等相关自治组织，推动乡村公共事务自我管理、自我监督、自我服务。其次是增强法治保障。引导干部群众形成自觉守法、全民懂法、遇事找法的乡村法治秩序。最后是激发德治活力。将乡风文明与乡村治理相结合，发挥优秀传统文化等对村民行为的引导作用，用崇德向善的力量，调动群众参与的积极性。

三、学习运用好“千万工程”经验

学习运用好“千万工程”经验，不是简单照搬照抄他人的做法，而是要深刻领会“千万工程”的内涵与精髓，从自身实际与特点出发，将“千万工程”蕴含的发展理念、工作方法和推进机制学习好，并且有所创新。重点体现在四个方面。

（一）学习运用好“千万工程”经验，力求实现“三大效应”

“三大效应”具有内在关联性，需要通过系统思维把握。一是乡村人居环境的改善效应，二是乡村营商环境改进的叠加效应，三是乡村自然与人文生

态优势转化为经济社会发展优势，进而促进产业振兴的联动溢出效应。

（二）学习运用好“千万工程”经验，扎实推进宜居宜业和美乡村建设

推进宜居宜业和美乡村建设，要重视乡村“外在美”与“内在美”的融合，重点是在“和”字上下功夫。关键要很好体现三对关系之“和”：一是很好体现乡村人居硬环境与软环境之“和”；二是很好体现乡村多元文化之“和”；三是很好体现乡村治理体系之“和”。

（三）学习运用好“千万工程”经验，进一步推进城乡融合发展

“千万工程”不仅改变了乡村人居环境，而且在很大程度上也改善了城乡关系，促进了以城带乡和城乡融合发展。这从“千万工程”的“三大效应”可以看出。接下来，要以县域基本单元为主要载体和突破口，通过“千万工程”的不断深化，推进城乡社保制度和产权制度的联动改革，彻底破解城乡二元结构，实现城乡基础要素、赋能要素以及产业、市场、政策等多方位的城乡互通和融合发展，以不断提升县域综合承载能力和治理能力，同时提升与实现乡村价值，促进新型农村集体经济的健康发展，农村居民的持续增收和共同富裕发展。

（四）学习运用好“千万工程”经验，弘扬“一张蓝图绘到底、一任接着一任干，久久为功”的敬业精神

实践证明，“千万工程”是实实在在的民生工程和实事工程，是需要“干在实处、持续不懈”“把责任扛在肩上、抓在手上，结合实际创造性开展工

作”的乡村建设与发展工程。“千万工程”是民生实事，它“切口虽小”，但是“以小见大”，体现的是乡村建设的整体格局。建设“千万工程”必须干在实处，持续不懈，地方政府要把责任扛在肩上、抓在手上，结合实际创造性开展工作。从这个意义上讲，“千万工程”是一个大的系统工程。因此，学习运用好“千万工程”经验，一定要坚持“一张蓝图绘到底、一任接着一任干，久久为功”的敬业精神。要下决心消除工作中的官僚主义和形式主义，改变干部政绩考核和职位晋升方式，扭转浮夸、虚假、卸责、“躺平”的工作态度和风气，切实转变干部工作作风，坚持求真务实、守正创新、踔厉进取，集中力量、持续不懈地抓好办成群众可感可及的实事、难事，形成干部群众齐心协力克难关、坚定不移向前行的新风貌。

面向新征程，浙江不断深化与提升“千万工程”，以“千万工程”为牵引和龙头、美丽乡村为底色、未来乡村为愿景、共同富裕为追求，致力于宜居宜业和美乡村建设，构建“千村向未来、万村奔共富、全域呈和美”的乡村发展新格局，全方位推动乡村产业、人才、文化、生态、组织振兴，加快走出全面推进乡村振兴、实现农业农村现代化的实践新路径。

中国式农业农村现代化实现路径研究 *

作为国家现代化不可或缺的重要组成部分，农业农村现代化在我国现代化进程中具有举足轻重的地位，是全面建设社会主义现代化国家的重大历史任务。本研究的主要目的是在探究农业农村现代化历史进程的基础上，阐明农业农村现代化的内涵特征，构建中国式农业农村现代化的评价指标体系，明确农业农村现代化的目标任务以及推进农业农村现代化面临的问题和挑战，进而提出加快推进我国农业农村现代化的实现路径和主要措施，以期在既定的社会经济条件下为政府制定相关政策提供一定的参考和借鉴。

一、新中国成立以来的探索与实践

作为世界上最大的发展中国家，中国在不可逆转的现代化潮流中不断探索自己的现代化道路。新中国成立后，中国共产党创造性地完成了由新民主主义到社会主义的过渡，确立了社会主义基本制度，为当代中国一切发展进

---

* 本报告是清华大学中国农村研究院重点研究课题“中国式农业农村现代化实现路径研究”的研究成果，报告观点仅代表课题组的看法。课题负责人：宋洪远，华中农业大学乡村振兴研究院院长。报告执笔人：宋洪远、江帆。

步奠定了根本政治前提和制度基础，开启了在社会主义道路上推进现代化建设的历史征程。中国共产党基于民族、国家、人民的整体利益与长远利益，借鉴历史经验，克服西方现代化道路存在的缺陷，团结带领中国人民走出了一条独具特色的中国式现代化道路（张明皓，2024），并重点强调农业农村现代化在更好推进中国式现代化建设中的关键作用。

（一）新中国成立后农业现代化的初步探索

新中国成立之初，我国农业人口占全国总人口的比重超过 80%，农业产值占工农业总产值的比重达到 70%（宋洪远等，2019）。针对当时农业发展落后的现实背景，毛泽东、周恩来等国家领导人在不同场合论及未来中国的建设时，多次提及农业现代化发展的目标问题。

1949 年 3 月，毛泽东指出，占国民经济总产值百分之九十的分散的个体的农业经济和手工业经济，是可能和必须谨慎地、逐步地而又积极地引导它们向着现代化和集体化的方向发展的[①]。同年 12 月，周恩来在对参加全国农业会议、钢铁会议、航务会议人员的讲话中指出：必须把城市工业组织起来发挥领导作用，才能使农业现代化、机械化[②]。之后，周恩来在第一届全国人民代表大会第一次会议上明确提出，要通过建设起强大的现代化的工业、现代化的农业、现代化的交通运输业和现代化的国防，实现摆脱落后和贫困的目的[③]。自此，农业现代化被纳入“四个现代化”战略框架。与此同时，毛泽东提出的“土肥水种密保管工”[④]进一步深化了农业现代化发展的内涵。1963 年 1 月，周恩来在上海科技工作会议讲话中完整阐述了“四个现代化”思想，即“要实现农业现代化、工业现代化、国防现代化和科学技术现代化，把我们祖

---

① 《毛泽东选集（第4卷）》，人民出版社1991年版。

② 《周恩来经济文选》，中央文献出版社1993年版。

③ 周恩来：《1954年国务院政府工作报告——1954年5月23日在中华人民共和国第一届全国人民代表大会第一次会议上》，《人民日报》1954年9月24日。

④ 《农业八字宪法》，《经济参考报》2011年4月13日。

国建设成为一个社会主义强国”[①]。

在这个时期，党和国家领导人从我国人多地少、农业技术水平落后的实际状况出发，对农业现代化有了较为深刻的认识，为后来的农业发展奠定了重要的思想来源和理论基础。

（二）改革开放以后农业现代化的丰富发展

1979 年 9 月，党的十一届四中全会通过的《中共中央关于加快农业发展若干问题的决定》不仅拓展了农业现代化的内涵，而且提出了发展农业生产力的二十五条具体措施，对实现农业现代化进行了总体部署，要求走出一条适合我国情况的农业现代化道路。

在深刻总结历史经验的基础上，邓小平强调要以农业为基础发展国民经济、实现四个现代化，认为只有占人口 80% 的农村实现了现代化，全国的现代化才能最终实现。邓小平指出，我国农业现代化，不能照抄西方国家或苏联一类国家的办法，要走出一条在社会主义制度下合乎中国情况的道路[②]，提出了农业的发展一靠政策、二靠科学[③]的论断；在发展机械化的基础上，邓小平还将应用和发展科学技术等纳入农业现代化的范畴[④]。1990 年 3 月，邓小平在谈到农业问题时指出，中国社会主义农业的改革和发展，从长远的观点看，要有两个飞跃。……第二个飞跃，是适应科学种田和生产社会化的需要，发展适度规模经营，发展集体经济[⑤]。邓小平关于农业现代化的基本思想，打破了过去就农业论农业的传统观念，将农业现代化的内涵拓宽到科学技术、生产经营方面，紧扣中国特色社会主义，科学地揭示了现代农业发展的客观规律和趋势，对推动农业发展迈上新台阶具有重要指导作用。

党的十三届四中全会以后，以江泽民同志为主要代表的中国共产党人进

---

① 《周恩来经济文选》，中央文献出版社1993年版。
②④ 《邓小平文选第二卷》，人民出版社1994年版。
③⑤ 《邓小平文选第三卷》，人民出版社1993年版。

一步深化了对农业现代化的认识，在继续把农业放在国民经济发展首要位置的基础上，从战略的高度丰富了农业现代化的发展目标和实现路径。1991 年 11 月，党的十三届八中全会审议通过了《中共中央关于进一步加强农业和农村工作的决定》，明确提出没有农业的现代化，就不可能有整个国民经济的现代化。1997 年 9 月，党的十五大报告强调，要加强农业基础地位，调整和优化经济结构，要求积极发展农业产业化经营……推进农业向商品化、专业化、现代化转变[①]。在此基础上，提出利用地域性差异加快农业现代化发展，要求东部地区要充分利用有利条件，在推进改革开放中实现更高水平的发展，有条件的地方要率先基本实现现代化[②]。党的十五届三中全会通过的《中共中央关于农业和农村工作若干重大问题的决定》对实现农业现代化的路径作出了进一步说明，提出农业的根本出路在科技、在教育。

党的十六大以后，以胡锦涛同志为总书记的党中央，立足全面建设小康社会新阶段，从科学发展观的高度拓展了对中国特色农业现代化的认识，对实现农业现代化提出了更高的要求。2007 年中央一号文件明确提出，要用现代物质条件装备农业，用现代科学技术改造农业，用现代产业体系提升农业，用现代经营形式推进农业，用现代发展理念引领农业，用培养新型农民发展农业，提高农业水利化、机械化和信息化水平，提高土地产出率、资源利用率和农业劳动生产率，提高农业素质、效益和竞争力。同年 10 月，党的十七大报告强调，坚持把发展现代农业、繁荣农村经济作为首要任务，要加强农业基础地位，走中国特色农业现代化道路。胡锦涛同志立足我国国情、顺应世界农业发展普遍规律，将走中国特色农业现代化道路作为基本方向，明确了农村改革发展的总体思路，为加快形成城乡经济社会发展一体化新格局、推动农村经济社会又好又快发展奠定了重要基础。

---

①② 《江泽民在中国共产党第十五次全国代表大会上的报告》，新华社，2008年7月11日。

（三）党的十八大以来农业农村现代化的确立

党的十八大以来，中国特色社会主义进入新时代，以习近平同志为核心的党中央高度重视农业农村农民问题，对农业农村现代化提出了新要求，赋予了新内涵。

2013 年 11 月，习近平总书记在山东省农业科学院同有关方面代表座谈时指出，农业出路在现代化，农业现代化关键在科技进步……农业增长必须更多依靠技术进步、走内涵式发展道路①。2014 年 12 月，习近平总书记在江苏调研时的讲话提出，没有农业现代化，没有农村繁荣富强，没有农民安居乐业，国家现代化是不完整、不全面、不牢固的②。党的十九大报告指出，要坚持农业农村优先发展……加快推进农业农村现代化。

围绕农业农村现代化这一重大理论和实践问题，习近平总书记明确提出中国式农业农村现代化，既有各国现代化的共同特征，又有基于我国国情农情的中国特色；“既包括‘物’的现代化，也包括‘人’的现代化，还包括乡村治理体系和治理能力的现代化”③。提出“必须向农村全面发展进步聚焦发力，推动农业农村农民与国家同步基本实现现代化”，要“把农业农村优先发展作为现代化建设的一项重大原则”，“新时代‘三农’工作必须围绕农业农村现代化这个总目标来推进”④。强调推进农业现代化，要“走产出高效、产品安全、资源节约、环境友好的现代农业发展道路”⑤；推进农村现代化，要“走中国特色社会主义乡村振兴道路”⑥。强调农业农村现代化的关键在教育、科技、人才，要推进乡村治理体系和治理能力现代化，要推进“四化同步”和城乡融合发展。

党的十八大以来，习近平总书记关于农业农村现代化问题作出的一系列重要论述，提出的一系列新理念新观点新判断，深刻阐述了什么是农业农村

---

①③⑤⑥ 习近平：《论“三农”工作》，中央文献出版社2022年版。

②④ 中共中央党史和文献研究院：《习近平关于“三农”工作论述摘编》，中央文献出版社2019年版。

现代化、怎样推进农业农村现代化、如何实现农业农村现代化等重大理论和实践问题，丰富了中国式现代化的内涵特征，拓展了中国式现代化的发展路径，为新时代新征程加快农业农村现代化、全面建设社会主义现代化国家提供了理论指引和行动指南。

二、中国式农业农村现代化的内涵特征

与英国式的“小国大农”、美国式的“大国大农”、日韩式的“小国小农”不同，独特的资源禀赋决定了中国的农业农村现代化道路与发达国家存在明显差异（陈龙，2024）。对于“大国小农”如何实现农业农村现代化问题，中国共产党人通过从实践到理论再到实践的不断认知求索，以马克思主义中国化的形式做出了回答，即要走独具特色的中国式农业农村现代化道路（于安龙，2024）。习近平总书记在“物”的现代化的基础上，强调“现代化的本质是人的现代化”[①]，并要求推进国家治理体系和治理能力现代化。依据习近平总书记提出的新概念新观点，可以将农业农村现代化的内涵概括为农业现代化、农村现代化、农民现代化、乡村治理现代化等四个方面。

（一）农业现代化的内涵要求

农业现代化的实质是传统农业向现代农业演进的历史过程。中国早期近现代农业是从西方发达国家引进的，改革开放以后，中国农村率先改革，科技进步推动农业生产率持续提高，并开始进入全面推进农业现代化阶段。从这一角度看，中国的农业现代化与西方国家的发展轨迹类似，但需要注意的

① 习近平：《论“三农”工作》，中央文献出版社2022年版。

是，我国人多地少的矛盾十分突出，户均耕地规模仅相当于欧盟的四十分之一、美国的四百分之一[①]。农业家庭经营占主导地位，大国小农基本国情农情将长期存在，需要加快发展农业社会化服务，将现代生产要素导入小农户，提升农业科技水平和生产效率。

从我国农业发展的实际情况看，农业生产地域特色鲜明，不同地区资源禀赋差异大，需要因地因时制宜发展特色优势产业。农业生产面临自然和市场双重风险，需要加强农业支持保护，强化防灾减灾能力建设，健全完善市场调控体系。农业科技成果运用具有很强的外部性，实现科技进步需要更多依靠农业企业和农业社会化服务组织的引领带动。农业是近 2 亿人就业的产业，农业产业链和价值链仍处于低端，需要加快提升农业现代化水平，打造农业全产业链，拓展农业增值增效空间。

立足农业产业特征，推进农业现代化，要坚持以家庭承包经营为基础、统分结合的双层经营体制，在保障国家粮食安全的前提下，加快转变农业发展方式，着力构建现代农业产业体系、生产体系、经营体系，增强农业产业链供应链韧性和安全性。

（二）农村现代化的内涵要求

在现代化进程中，西方发达国家较少关注农村现代化问题，虽然部分国家较早地进行了一些探索实践，例如，德国提出“城乡等值化”理念、韩国开展“新村运动”等，但是在资本主导下农村逐渐沦为城市的附庸，城乡之间的不平等依附关系广泛存在（张蕴、孙道进，2023）。我国在推进农业农村现代化进程中，致力于从根源上破解城乡之间的发展不平衡问题，推进传统乡村向现代化乡村转变，促进城乡融合发展。

从我国农村发展的现实情况看，农村是具有自然、生态、经济、社会、

① 习近平：《把乡村振兴战略作为新时代“三农”工作总抓手》，《求是》2019年第11期。

文化等特征的地域综合体，是近5亿农民常住的家园。村庄集生产、生活功能于一体，要按照农村基本具备现代生活条件的要求，统筹考虑产业发展、人口布局、公共服务、土地利用、生态保护等，科学合理规划农村生产、生活的空间布局和设施建设。村庄风貌各具特色，不能简单照搬城市的做法，要保留民族特点、地域特征、乡土特色。村庄与自然生态融为一体，保留大量优秀传统乡土文化，需要发掘乡村多元价值，推动乡村自然资源增值，赓续传承农耕文明，促进传统农耕文化与现代文明融合发展，让乡村文明展现出独特魅力和时代风采。

基于农村地域特征，推进农村现代化，要把乡村建设摆在社会主义现代化建设的重要位置，统筹农村基础设施和公共服务布局，建设宜居宜业和美乡村。要加强村庄规划建设管理，强化农村公共基础设施建设，建立健全城乡公共资源均衡配置机制，全面提升农村人居环境质量。

（三）农民现代化的内涵要求

在现代化进程中，代表资产阶级利益的资产阶级政党基本忽视底层人民的利益诉求，“以资本为中心”的思想理念引致西方国家财富两极分化，现代化成果基本被少数资产阶级蚕食。中国式现代化摒弃了西方的资本逻辑，把人的现代化置于现代化建设的突出位置，要求在农业农村现代化进程中着力推进农民现代化，促进农民全面发展并使之共享现代化发展成果。这充分体现了“以人民为中心”的发展思想，是中国式现代化对西方式现代化的本质性超越，实现了对西方式现代化“以物的依赖性为基础的人的独立性”的重大突破。

我国农村人口规模较大，提高农村居民现代化水平，是实现人口规模巨大现代化的必然要求。我国农村居民收入和消费水平较低，城乡居民收入和消费水平差距较大，提升农村居民收入和消费水平，缩小城乡居民收入和消费差距，是实现全体人民共同富裕的现代化的本质要求。我国农村人口和农业劳动力文化程度不高，农村科学普及程度和农民科学素养较低，全面提升农民科技文化素质，是实现农业农村现代化的关键。我国农村人口老龄化和农业劳动力老龄化问题突出，部分农民卫生习惯差、身心健康状况不良等问题较为严重，全面提升农村人口和农业劳动力素质、提高农民身心健康素质，是实现农业农村现代化的重点。

基于农民群体特征，推进农民现代化，要促进农村物质文明和精神文明协调发展，让广大农民平等参与现代化进程、共同分享现代化成果。要不断提高农民物质生活水平，让广大农民过上更加富裕更加美好的生活；要深入推进农村精神文明建设，提高农民社会文明程度；要着力提升农民思想道德素质、科学文化素质和身心健康素质，实现农民全面发展；要加强农村人才队伍建设，充分发挥各类人才助力农业农村现代化的支撑作用。

（四）乡村治理现代化的内涵要求

西方式现代化鼓吹“新自由主义”思潮，放任资本野蛮侵蚀农民生产生活空间，加剧了土地私有化和阶层固化。与之相反的是，中国农业农村现代化聚焦社会公平正义，要求推进乡村治理体系和治理能力现代化建设，并将其视为实现乡村全面振兴、巩固党在农村执政基础、满足农民群众美好生活需要的必然要求。

我国有 3 万多个乡镇、50 多万个村民委员会，加强农村基层基础工作，是国家治理现代化的根基。从我国当前的情况看，部分地区存在基层党组织软弱涣散、村级组织工作事务和工作机制不规范、农村集体经济组织薄弱、村干部队伍青黄不接、少数基层干部作风不实等突出问题。乡村治理体系不健全，乡村治理能力不强，迫切需要完善乡村治理体系，创新乡村治理方式，加快推进乡村治理体系和治理能力现代化。

立足乡村治理结构特征，推进乡村治理现代化，要坚持党对乡村治理的全面领导，把党的领导贯穿乡村治理全过程、各方面，建立健全党组织统一领导、政府依法履责、各类组织积极协同、群众广泛参与，自治、法治、德治相结合的乡村治理体系。要完善党全面领导的乡村治理制度和党建引领的社会广泛参与制度，健全村党组织领导的村级组织体系。要健全基层群众自治制度，推进基层法治和德治建设，加强基层智慧治理能力建设，推动“三治融合”发展。

三、中国式农业农村现代化的指标体系

我国农业农村现代化的历史进程表明，推进农业农村现代化是党关注“三农”实际、统筹“三农”领域、解决“三农”问题的基本实践途径和关键理论积淀。同时，推进农业农村现代化是未来一个时期党和政府在“三农”领域持续坚持的关键目标和发展道路，能够为我国实现第二个百年奋斗目标作出“三农”贡献。2021 年 11 月，国务院印发《“十四五”推进农业农村现代化规划》，对“十四五”时期推进农业农村现代化的主要指标进行了明确说明。立足我国新发展阶段农业现代化、农村现代化、农民现代化、乡村治理现代化的内涵特征和基本要求，遵循代表性和可比性、精确性和可操作性相结合的基本原则，构建我国农业农村现代化的指标体系。

（一）农业现代化的指标体系

根据 2021 年中央一号文件的有关要求和《“十四五”推进农业农村现代化规划》的有关安排，参考借鉴专家学者的已有研究成果，围绕农业产业体系现代化、农业生产体系现代化、农业经营体系现代化三个方面，构建农业现代化指标体系。

在农业产业体系现代化方面，现代畜牧业是现代农业发展的重要标志；

发展农产品加工业是延长现代农业产业链条、提高农产品附加值的重要途径。随着农业产业化水平不断提高，农村一二三产业融合程度不断加深，休闲农业和乡村旅游业蓬勃发展。参考借鉴国际经验并依据我国农业产业实际发展状况，选用畜牧业产值与农林牧渔业总产值之比、农产品加工业产值与农林牧渔业总产值之比、休闲农业与乡村旅游年接待人次来表征农业产业体系现代化。

在农业生产体系现代化方面，粮食总产量是反映一个国家（地区）农业生产能力和经济效益的重要指标；高标准农田面积是我国农业设施化水平的重要体现；农作物耕种收综合机械化率是衡量农业现代化的重要指标；农业科技进步贡献率和农业科研经费投入强度能够反映农业的科学化水平；农业生产信息化率是反映智慧农业发展水平的重要指标；农产品质量安全例行检测合格率是衡量我国农业发展质量的重要指标；畜禽粪污综合利用率、农田灌溉用水有效利用系数、主要农作物化肥利用率、主要农作物农药利用率等是反映农业可持续发展能力、体现农业绿色化水平的主要指标。在加快推进农业高质量发展和发展生态低碳农业的现实要求下，选用上述指标来表征农业生产体系现代化。

在农业经营体系现代化方面，发展多种形式土地适度规模经营是农业现代化的必由之路；农业社会化服务是推动小农户与现代农业发展有机衔接的重要路径；发展农民专业合作社是提高农业产业化经营水平的重要环节和促进农村经营体制创新的有效形式；提高农业劳动生产率是提高农业竞争力、增加务农劳动力收入的根本途径。综合考虑我国经济发展、科技进步、组织化程度等因素，选用土地适度规模经营比重、农业社会化服务覆盖小农户比例、农民合作社辐射带动小农户比例、农业劳动生产率来衡量农业经营体系现代化。

（二）农村现代化的指标体系

根据现有文献的研究经验，可以将农村现代化分为农村基础设施现代化、农村基本公共服务现代化、农村居民生活质量现代化三个方面。

在农村基础设施现代化方面，农村水、路、电、气、网等基础设施建设直接关系到农村现代化的实现。结合我国农村基础设施建设的现实情况与国家相关部署和安排，选用农村自来水普及率、较大人口规模自然村（组）通硬化路比例、农村居民年人均生活用电量、农村燃气普及率、农村互联网普及率等作为农村基础设施现代化的衡量指标。

在农村基本公共服务现代化方面，选用乡村义务教育学校专任教师本科以上学历比例、乡村医生中执业（助理）医师比例、乡镇（街道）范围具备综合功能的养老服务机构覆盖率、城乡居民基本养老保险参保率等指标进行衡量。

在农村居民生活质量现代化方面，生态宜居是实施乡村振兴战略的总要求之一，农村污水处理、垃圾处理、卫生厕所建设等是乡村生态宜居的重要表现形式，住房安全是农村居民生活质量的重要体现。对标全面实现现代化的目标要求，选用农村生活污水处理率、农村生活垃圾处理率、农村无害化卫生厕所普及率、农村居住在钢筋混凝土或砖混材料结构住房的住户比重等作为农村居民生活质量现代化的衡量指标。

（三）农民现代化的指标体系

“人”的现代化是社会主义现代化的重要组成部分，农民的现代化是构成农业农村现代化的根本体现，可以通过物质生活水平、科学文化素质、身心健康素质等方面进行衡量。对标“全民富裕”“全面富裕”的目标要求，未来一个时期，在物质生活水平方面，农村居民人均可支配收入和人均消费支出应保持较快增长，城乡居民收入比逐步下降，农村居民教育文化娱乐支出逐步增加，农村居民家庭对汽车的需求不断增加；在科学文化素质方面，农村学前教育毛入园率、农业生产经营人员平均受教育年限不断提高；在身心健康素质方面，农村居民平均预期寿命不断延长。

（四）乡村治理现代化的指标体系

乡村治理现代化既是农业农村现代化的目标，也是手段。乡村治理现代化能够为农业农村现代化提供制度保障。通过建立健全乡村治理体系，可以确保农业农村现代化的各项政策措施得到有效落实，为农业农村现代化提供有力支持。因此，在推进农业农村现代化的过程中，应高度重视乡村治理现代化的建设和发展。根据乡村治理的概念界定，结合国际治理评估的一般做法、现有政策要求和地方实践，可以将乡村治理现代化分为党建引领能力、基层自治能力、德治能力、法治能力、智治能力等方面。党建引领能力主要考察基层党组织的领导能力，包括行政村党组织覆盖率、村党组织书记大专及以上学历占比、建有综合服务站的村占比等 3 项指标。基层自治能力包括实行财务公开村覆盖率、民主理财小组覆盖率、集体收益 5 万元以上的村占比等 3 项指标。德治能力、法治能力、智治能力分别用县级及以上文明村占比、乡镇所执业的基层法律服务工作者占比、实行会计电算化的村占比进行衡量。

农业现代化、农村现代化、农民现代化、乡村治理现代化的评价指标具体如表 1 所示。

表1　农业农村现代化指标体系

一级指标	二级指标	三级指标	资料来源
农业现代化	农业产业体系现代化	畜牧业产值占农林牧渔业总产值比重	国务院发展研究中心农村经济研究部课题组（2021）
		农产品加工业产值与农林牧渔业总产值之比	《农业农村部关于拓展农业多种功能 促进乡村产业高质量发展的指导意见》
		休闲农业与乡村旅游年接待人次	
	农业生产体系现代化	粮食总产量	《“十四五”推进农业农村现代化规划》
		高标准农田面积	
		农作物耕种收综合机械化率	
		农业科技进步贡献率	
		农业科研经费投入强度	官方统计数据
		农业生产信息化率	《“十四五”全国农业农村信息化发展规划》
		农产品质量安全例行检测合格率	《“十四五”推进农业农村现代化规划》
		畜禽粪污综合利用率	
		农田灌溉用水有效利用系数	《“十四五”全国农业绿色发展规划》
		主要农作物化肥利用率	
		主要农作物农药利用率	
	农业经营体系现代化	土地适度规模经营比重	国务院发展研究中心农村经济研究部课题组（2021）
		农业社会化服务覆盖小农户比例	《中国农村合作经济统计年报》《中国农村政策与改革统计年报》
		农民合作社辐射带动小农户比例	国务院发展研究中心农村经济研究部课题组（2021）
		农业劳动生产率	

续表

一级指标	二级指标	三级指标	资料来源
农村现代化	农村基础设施现代化	农村自来水普及率	《“十四五”推进农业农村现代化规划》
		较大人口规模自然村（组）通硬化路比例	
		农村居民年人均生活用电量	国务院发展研究中心农村经济研究部课题组（2021）
		农村燃气普及率	《中国城乡建设统计年鉴》
		农村互联网普及率	《中国互联网络发展状况统计报告》
	农村基本公共服务现代化	乡村义务教育学校专任教师本科以上学历比例	《“十四五”推进农业农村现代化规划》
		乡村医生中执业（助理）医师比例	
		乡镇（街道）范围具备综合功能的养老服务机构覆盖率	
		城乡居民基本养老保险参保率	《中华人民共和国国民经济和社会发展第十四个五年规划和2035年远景目标纲要》
	农村居民生活质量现代化	农村生活污水处理率	官方统计数据
		农村生活垃圾处理率	
		农村无害化卫生厕所普及率	《全国人民代表大会常务委员会执法检查组关于检查〈中华人民共和国乡村振兴促进法〉实施情况的报告》
		农村居住在钢筋混凝土或砖混材料结构住房的住户比重	官方统计数据
农民现代化	物质生活水平	农村居民人均可支配收入	《中国统计年鉴》
		城乡居民收入比	
		农村居民人均消费支出	
		农村居民教育文化娱乐支出占比	《“十四五”推进农业农村现代化规划》
		农村居民家庭汽车普及率	官方统计数据
	科学文化素质	农村学前教育毛入园率	
		农业生产经营人员平均受教育年限	国务院发展研究中心农村经济研究部课题组（2021）

续表

一级指标	二级指标	三级指标	资料来源
农民现代化	身心健康素质	农村居民平均预期寿命	《“十四五”国民健康规划》
乡村治理现代化	党建引领能力	行政村党组织覆盖率	《中国共产党党内统计公报》
		村党组织书记大专及以上学历占比	官方统计数据
		建有综合服务站的村占比	《中国农村合作经济统计年报》
	基层自治能力	实行财务公开村覆盖率	《中国农村政策与改革统计年报》
		民主理财小组覆盖率	
		集体收益5万元以上的村占比	《“十四五”推进农业农村现代化规划》
	德治能力	县级及以上文明村占比	
	法治能力	乡镇所执业的基层法律服务工作者占比	官方统计数据
	智治能力	实行会计电算化的村占比	《中国农村政策与改革统计年报》

资料来源：作者根据相关资料整理。

四、中国式农业农村现代化的目标任务

中国之所以能走出一条独具特色的现代化道路，一个重要原因在于其既遵循了现代化发展的普遍规律，又立足和遵从了现实国情和农情的需要，在发展中实现了普遍性与特殊性的有机统一（于安龙，2023）。从普遍性的角度看，中国的农业农村现代化是中国式现代化的重要组成部分，遵循生产力与生产关系矛盾运动规律。从特殊性的角度看，不同于西方发达国家先发内源性现代化，中国的现代化属于后发外源性现代化，表现出发展任务叠加、目标实现同步、时间高度压缩等“并联式”现代化的超越性特征（张蕴、孙道进，2023）。正因如此，我国农业农村现代化进程面临的风险和挑战是西方国家无法比拟的，需要科学规划、阶段式推进。参考借鉴有关规划确定的指标及其参数，对已构建形成的我国农业农村现代化指标体系进行指标赋值，科学确定到2030年、2035年、2050年的农业现代化、农村现代化、农民现代化和乡村治理现代化的目标任务。

（一）农业现代化的目标任务

为推进农业产业体系现代化，基于前文设置的评价指标体系，参考借鉴国际经验，依据我国发展状况，预测到2025年我国畜牧业产值占农林牧渔业总产值的比重保持在30%左右，到2030年达到35%，到2035年达到40%，到2050年达到50%；未来一个时期，我国农产品加工业产值与农林牧渔业总产值之比将进一步提高，到2025年达到2.8，到2030年达到3.0，到2035年达到3.3，到2050年超过发达国家达到4的水平；到2025年我国休闲农业与乡村旅游年接待人次将超过40亿，到2030年达到45亿，到2035年达到50亿，到2050年达到60亿。

为推进农业生产体系现代化，按照供需大体平衡、适当留有余地的原则，结合人口预期增长与人均粮食需求量，2025年粮食总产量应不低于7.07亿吨，2030年、2035年和2050年分别不低于7.45亿吨、7.5亿吨和7.4亿吨；到2025年我国高标准农田面积应达到10.75亿亩，到2030年达到12亿亩，到2035年达到13亿亩，到2050年达到16亿亩。到2025年农作物耕种收综合机械化率需要达到75%，2030年达到80%，2035年达到85%，2050年达到95%。农业科技进步贡献率到2025年需要达到64%，到2030年达到68%，到2035年达到72%，到2050年达到80%；农业科研经费投入强度到2025年需要达到1%，到2030年达到1.25%，到2035年达到1.5%，到2050年达到2%；农业生产信息化率到2025年需要达到27%，到2030年达到30%，到2035年达到35%，到2050年达到50%。农产品质量安全例行检测合格率到2025年需要达到98%，2035年之后保持在99%以上。“畜禽粪污综合利用率”“农田灌溉用水有效利用系数”“主要农作物化肥利用率”“主要农作物农药利用率”等指标，到2025年需要分别达到80%、0.57、43%、43%，到2035年分别达到88%、0.65、52%、48%；到2050年畜禽粪污综合利用率达到95%，农田灌溉用水有效利用系数达到0.7，主要农作物化肥、农药利用率分别达到60%、55%。

为推进农业经营体系现代化，依据我国实际发展状况，综合考虑未来小农户退出和土地流转情况，到2025年多种形式土地适度规模经营占比达到50%，到2030年达到55%，到2035年达到60%，到2050年达到85%。农业社会化服务覆盖小农户比例到2025年达到45%，到2030年达到53%，到2035年达到60%，到2050年达到90%。农民合作社辐射带动小农户比例到2025年达到55%，到2030年达到62%，到2035年达到70%，到2050年达到85%。综合考虑我国经济发展、科技进步、组织化程度等因素，到2025年我国农业劳动生产率达到6万元/人，到2030年达到7万元/人，到2035年达到8万元/人，到2050年达到12万元/人（见表2）。

表2　农业现代化的阶段性目标任务

一级指标	二级指标	三级指标	2025年	2030年	2035年	2050年
农业现代化	农业产业体系现代化	畜牧业产值占农林牧渔业总产值比重	30%	35%	40%	50%
		农产品加工业产值与农林牧渔业总产值之比	2.8	3.0	3.3	4
		休闲农业与乡村旅游年接待人次	40亿	45亿	50亿	60亿
	农业生产体系现代化	粮食总产量	≥7.07亿吨	≥7.45亿吨	≥7.5亿吨	≥7.4亿吨
		高标准农田面积	10.75亿亩	12亿亩	13亿亩	16亿亩
		农作物耕种收综合机械化率	75%	80%	85%	95%
		农业科技进步贡献率	64%	68%	72%	80%
		农业科研经费投入强度	1%	1.25%	1.5%	2%

续表

一级指标	二级指标	三级指标	2025年	2030年	2035年	2050年
农业现代化	农业生产体系现代化	农业生产信息化率	27%	30%	35%	50%
		农产品质量安全例行检测合格率	98%	98.5%	99%	>99%
		畜禽粪污综合利用率	80%	85%	88%	95%
		农田灌溉用水有效利用系数	0.57	0.6	0.65	0.7
		主要农作物化肥利用率	43%	48%	52%	60%
		主要农作物农药利用率	43%	45%	48%	55%
	农业经营体系现代化	土地适度规模经营比重	50%	55%	60%	85%
		农业社会化服务覆盖小农户比例	45%	53%	60%	90%
		农民合作社辐射带动小农户比例	55%	62%	70%	85%
		农业劳动生产率	6万元/人	7万元/人	8万元/人	12万元/人

资料来源：参考有关规划确定的指标及其参数估算所得。

（二）农村现代化的目标任务

在农村基础设施现代化方面，基于农村实际情况，根据国家相关部署和安排，到2025年农村自来水普及率应该达到88%，到2030年达到90%，到2035年达到92%，到2050年达到100%。依据《“十四五”推进农业农村现代化规划》，到2025年我国较大人口规模自然村（组）通硬化路比例要超过85%。对标农村现代化的相关要求，到2035年这一比例应该达到90%，到2050年全部实现通硬化路。考虑现有水平和增长趋势，到2025年我国农村居民年人均生活用电量应超过1000千瓦时，农村燃气普及率需要超过45%，农村互联网普及率需要达到70%；到2030年分别达到1300千瓦时、53%、75%；到2035年分别达到1500千瓦时、60%和80%；到2050年分别达到

2000千瓦时、80%和95%。

在农村基本公共服务现代化方面，到2025年我国乡村义务教育学校专任教师本科以上学历比例需要达到62%，到2030年达到65%，到2035年达到67%，到2050年达到72%；乡村医生中执业（助理）医师比例到2025年需要达到45%，2030年达到53%，2035年达到60%，2050年达到70%；乡镇（街道）范围具备综合功能的养老服务机构覆盖率到2025年需要达到60%，2030年达到65%，2035年达到70%，2050年超过80%；城乡居民基本养老保险参保率到2025年需要达到95%，到2030年达到96%，2035年达到97%，2050年超过99%。

在农村居民生活质量现代化方面，根据生态环境部的有关部署和要求，到2025年我国农村生活污水处理率需要提高至40%，到2035年基本实现现代化目标时，我国农村生活污水处理率需要达到60%，到2050年全面实现现代化目标时，农村生活污水全部能够得到处理；我国农村生活垃圾处理率到2025年需要达到95%，到2030年达到97%，到2035年达到98%，到2050年全部得到处理；我国农村无害化卫生厕所普及率到2025年需要达到78%，到2030年达到82%，到2035年达到85%，到2050年农村无害化卫生厕所全面普及；农村居住在钢筋混凝土或砖混材料结构住房的住户比重到2025年达到85%，到2030年达到90%，到2035年达到93%，到2050年全覆盖（见表3）。

表3　农村现代化的阶段性目标任务

一级指标	二级指标	三级指标	2025年	2030年	2035年	2050年
农村现代化	农村基础设施现代化	农村自来水普及率	88%	90%	92%	100%
		较大人口规模自然村（组）通硬化路比例	>85%	88%	90%	100%
		农村居民年人均生活用电量	>1000千瓦时	1300千瓦时	1500千瓦时	2000千瓦时
		农村燃气普及率	>45%	53%	60%	80%
		农村互联网普及率	70%	75%	80%	95%

续表

一级指标	二级指标	三级指标	2025年	2030年	2035年	2050年
农村现代化	农村基本公共服务现代化	乡村义务教育学校专任教师本科以上学历比例	62%	65%	67%	72%
		乡村医生中执业（助理）医师比例	45%	53%	60%	70%
		乡镇（街道）范围具备综合功能的养老服务机构覆盖率	60%	65%	70%	>80%
		城乡居民基本养老保险参保率	95%	96%	97%	>99%
	农村居民生活质量现代化	农村生活污水处理率	40%	50%	60%	100%
		农村生活垃圾处理率	95%	97%	98%	100%
		农村无害化卫生厕所普及率	78%	82%	85%	100%
		农村居住在钢筋混凝土或砖混材料结构住房的住户比重	85%	90%	93%	100%

资料来源：参考有关规划确定的指标及其参数估算所得。

（三）农民现代化的目标任务

为推进农民现代化，在物质生活水平方面，未来一个时期农村居民人均可支配收入增速需要保持稳定，到 2025 年达到 2 万元，到 2030 年达到 2.8 万元，到 2035 年达到 3.5 万元，到 2050 年达到 6 万元；对标共同富裕的目标要求，到 2025 年城乡居民收入比达到 2.2：1，到 2030 年达到 2.0：1，到 2035 年达到 1.8：1，到 2050 年达到 1.5：1；预计到 2025 年农村居民人均消费支出达到 1.8 万元，2030 年达到 2.2 万元，2035 年达到 2.5 万元，2050 年达到 3.5 万元；农村居民教育文化娱乐支出占比到 2025 年达到 11.5%，到 2030 年达到 11.8%，到 2035 年为 12%，到 2050 年为 15%；随着农村道路建设的完善和农民收入水平的增长，农村居民家庭对汽车的需求增加，对标农业农村现代化的要求，到 2025 年我国农村居民家庭汽车普及率应该达到 40%，到 2035 年达到 55%，到 2050 年达到 80%。

在科学文化素质方面，根据《“十四五”推进农业农村现代化规划》提出的目标要求和农业农村现代化建设的需要，2025 年我国农村学前教育毛入园率需要达到 87%，到 2035 年达到 95%，到 2050 年达到 100%；第三次全国农业普查数据显示，农业生产经营人员平均受教育年限仅为 7.7 年，而发达国家普遍在 13 年以上，综合多方面因素，将 2025 年、2030 年、2035 年、2050 年该指标的目标分别定为 9 年、10 年、11 年、13 年。

在身心健康素质方面，考虑到农村医疗条件的不断改善和农村居民生活条件的不断提高，将 2025 年、2030 年、2035 年、2050 年农村居民平均预期寿命的目标值分别定为 78 岁、79 岁、80 岁、84 岁（见表 4）。

表4　农民现代化的阶段性目标任务

一级指标	二级指标	三级指标	2025年	2030年	2035年	2050年
农民现代化	物质生活水平	农村居民人均可支配收入	2万元	2.8万元	3.5万元	6万元
		城乡居民收入比	2.2∶1	2.0∶1	1.8∶1	1.5∶1
		农村居民人均消费支出	1.8万元	2.2万元	2.5万元	3.5万元
		农村居民教育文化娱乐支出占比	11.5%	11.8%	12%	15%
		农村居民家庭汽车普及率	40%	48%	55%	80%
	科学文化素质	农村学前教育毛入园率	87%	91%	95%	100%
		农业生产经营人员平均受教育年限	9年	10年	11年	13年
	身心健康素质	农村居民平均预期寿命	78岁	79岁	80岁	84岁

资料来源：参考有关规划确定的指标及其参数估算所得。

（四）乡村治理现代化的目标任务

在党建引领能力方面，截至 2022 年底，我国行政村党组织覆盖率达到

99.9%，未来一个时期基层党组织需要覆盖所有行政村；我国村党组织书记大专及以上学历占比到 2025 年应达到 45%，到 2030 年达到 50%，到 2035 年达到 55%，到 2050 年达到 70%；到 2025 年建有综合服务站的村占比达到 80%，到 2030 年达到 83%，到 2035 年达到 85%，到 2050 年达到 100%。

在基层自治能力方面，根据《中国农村政策与改革统计年报》，2022 年我国实行财务公开村覆盖率和民主理财小组覆盖率分别为 97.6% 和 97.3%，未来一个时期财务公开和民主理财将基本覆盖所有村集体。近年来，我国农村集体经济取得了较快发展，2022 年我国集体收益 5 万元以上的村占比达到 60.3%，到 2025 年需要达到 65%，到 2030 年达到 70%，到 2035 年达到 75%，到 2050 年达到 90%。

在德治能力方面，到 2025 年我国县级及以上文明村占比需要达到 60%，到 2030 年达到 65%，到 2035 年达到 70%，到 2050 年达到 80%。

在法治能力方面，截至 2022 年底，我国在乡镇所执业的基层法律服务工作者占全国基层法律服务工作者中的比重为 43.07%，到 2025 年占比达到 48%，2030 年达到 52%，2035 年达到 55%，2050 年超过 70%。

在智治能力方面，《中国农村政策与改革统计年报》数据显示，2022 年我国实行会计电算化的村占比为 84.9%，到 2025 年占比达到 88%，2030 年达到 90%，2035 年达到 92%，2050 年超过 95%（见表 5）。

表5 乡村治理现代化的阶段性目标任务

一级指标	二级指标	三级指标	2025年	2030年	2035年	2050年
乡村治理现代化	党建引领能力	行政村党组织覆盖率	100%	100%	100%	100%
		村党组织书记大专及以上学历占比	45%	50%	55%	70%
		建有综合服务站的村占比	80%	83%	85%	100%
	基层自治能力	实行财务公开村覆盖率	100%	100%	100%	100%
		民主理财小组覆盖率	99.5%	99.8%	100%	100%
		集体收益5万元以上的村占比	65%	70%	75%	90%

续表

一级指标	二级指标	三级指标	2025年	2030年	2035年	2050年
乡村治理现代化	德治能力	县级及以上文明村占比	60%	65%	70%	80%
	法治能力	乡镇所执业的基层法律服务工作者占比	48%	52%	55%	>70%
	智治能力	实行会计电算化的村占比	88%	90%	92%	>95%

资料来源：参考有关规划确定的指标及其参数估算所得。

五、推进农业农村现代化面临的问题与挑战

全面建设社会主义现代化国家，最艰巨最繁重的任务在农村，最大的潜力和后劲在农村，最广泛最深厚的基础在农村。从“三个大局”看“三农”，加快农业农村现代化对全面建设社会主义现代化国家具有深远历史意义和重要现实意义。必须充分认识推进农业农村现代化对全面建设社会主义现代化国家的必要性和紧迫性，新时代的“三农”工作要以全面推进乡村振兴为重心、以加快农业农村现代化为总目标来推进。

（一）与深入发展的新型工业化相比，农业现代化基础仍然薄弱

在农业产业体系方面，我国农业产业结构还有待进一步优化。例如，我国畜牧业产值占农林牧渔业总产值比重不到30%，发达国家一般在50%以上；我国农产品加工业产值与农业总产值的比为2.5∶1，低于发达国家的3∶1～4∶1[①]；农村一二三产业融合发展水平不高，产业链条较短，融合层次较浅，要素活力不足，农产品深加工程度较低，农业质量效益和竞争力不强，

① 刘瑾：《土特产不再甘当“隐藏款”》，《经济日报》2024年3月26日。

产业支撑政策不健全，自我升级发展困难，辐射带动能力弱，制约了农村产业的融合发展。

在农业生产体系方面，我国企业主导的农业科技创新模式发展尚未成熟，涉农企业科技创新能力偏弱，农业科技型企业数量较少；仍存在农业科技创新有效供给与有效需求不匹配、农业科技成果在转化过程中缺乏相应的能力和条件等问题。数据显示，我国的农业科技进步贡献率于2022年达到62.4%[①]，但同期荷兰的农业科技贡献率达到97%，美国、德国等发达国家的农业科技贡献率也都超过了90%；我国涉农企业科技创新投入占比不到3%，低于欧美等国的投入水平，农业企业科技创新难度大、创新链难以反哺产业链等问题突出。

在农业经营体系方面，与世界平均水平相比，农业生产经营规模普遍较小是我国农业发展面临的突出问题，农户经营的土地面积有限且农业生产组织化程度较低，制约了土地适度规模经营的发展；我国农业劳动生产率水平较低，与发达国家差距明显。

（二）与快速推进的新型城镇化相比，农村现代化仍存在短板

由于城市工业发展的污染物排放以及农用工业品的回收问题未能得到较好处理，我国农村生态环境治理任重而道远。由于农村地域广阔、人口居住分散，农村在交通、能源、水利、通信等基础设施建设方面还存在比较明显的短板，城乡教育、医疗、养老、社会保障等公共服务的差距较大，民生保障还存在不少弱项。虽然近年来国家不断增加对农村的资金投入和项目供给，但农村公共服务和基础设施建设投资欠账还很多。制约城乡要素双向流动和平等交换的障碍依然存在，农村储蓄和投资不足、金融缺口较大，在一定程度上阻碍了农村现代化的发展。

---

① 《国务院新闻办举行发布会 介绍2022年农业农村经济运行情况》，中国政府网，2023年1月18日。

（三）与市民现代化的进程相比，农民现代化是重点和难点

长期以来，我国更多关注农业发展和农村建设问题，对农民自身发展的重视程度不够，农村精神文化生活缺乏，积累了较多的矛盾和问题。第一，农民收入增长速度明显减缓。数据显示，“十三五”时期，农民人均可支配收入的年均增速为8.4%（名义增速），低于“十二五”时期12.8%、“十一五”时期13.3%的年均增速。第二，农民的科技文化素质不高。多数农民受教育程度相对较低，难以掌握和运用先进的农业技术和装备，不能适应现代农业发展的要求。第三，农民的现代公民意识比较淡薄。人情礼法至上的思想观念普遍存在，现代民主法治观念和社会责任意识在农民群体中还未普遍形成。

（四）与国家治理现代化的要求相比，乡村治理现代化是根基

乡村治理体系和治理能力能否实现现代化，直接影响国家治理体系和治理能力现代化的质量和成色。从当前情况看，乡村“三治融合”机制尚不健全，村民自治活力不足，村规民约缺乏有效的执行规范，乡村治理体系中的法治支撑不足。具体表现为：第一，村民自治缺少活力。部分软弱涣散村党组织基础差、底子薄，村“两委”班子成员存在综合素质不高、履职能力不强、联系服务群众不紧密等问题；个别村干部违规违纪，导致村干部队伍公信力、号召力下降。第二，法治权威未能彰显。村民对国家法治的认知度不高，传统的“讲人情、讲关系”的思想仍然存在，法律还未成为指导和约束农村居民行为的“第一准则”。第三，德治方式有待完善。部分地区乡村德治的推进多以口号式的宣传为主，未形成科学有效的工作机制。少数基层干部思想认识不到位，抓农民群众思想教育工作的积极性不高、投入精力不足。

六、推进农业农村现代化的实现路径

新时代新征程推进农业农村现代化，要坚持农业农村优先发展，坚持城乡融合发展，走中国特色农业现代化道路，走中国特色乡村振兴道路，走中国特色乡村善治之路，以保障国家粮食安全和促进农民增加收入为根本要求，以促进乡村产业发展、推进乡村建设、强化科技人才支撑、改进乡村治理为重点任务，以全面深化农村改革和促进城乡融合发展为重要举措，突出强弱项、补短板、抓重点、固根基，加快推进农业、农村、农民以及乡村治理现代化。

（一）加快推进农业现代化

1. 保障国家粮食安全

各级党委和政府要切实扛起粮食安全政治责任，实行粮食安全党政同责，严格粮食安全责任制考核。实行耕地保护党政同责，严守 18 亿亩耕地红线。深入实施高标准农田建设规划，健全种粮农民收益保障机制和粮食主产区利益补偿机制，健全粮食等重要农产品全产业链监测预警体系。深入推进产运储加销全链条节粮减损，反对食物浪费。

2. 推进乡村产业发展

第一，推进农业绿色高质量发展。强化资源保护与节约利用，降低耕地利用强度，健全节约高效的农业用水制度。加强产地环境保护与治理，建立工业和城镇污染向农业转移防控机制，健全农业投入品减量使用制度，强化畜禽粪污资源化利用，建立农药包装废弃物等回收和集中处理体系。打造绿色低碳农业产业链，健全创新驱动与约束激励机制。第二，推进一二三产业融合发展。实施农业生产“三品一标”行动，大力发展现代畜牧业，提升农产品加工业，拓展乡村特色产业，发展休闲农业和乡村旅游产业，推进乡村新型服务业发展，促进乡村产业深度融合发展。

3. 强化农业科技支撑

统筹农业农村科技创新基地建设，实施创新驱动县域发展科技行动，落实支持科研成果转化及农业科技创新激励政策。构建多元化农业农村科技社会化服务体系，促进农业农村科技成果转化。加强农机装备薄弱环节研发，推进农业机械化全程全面发展，不断提高农机装备研发应用能力。通过建立差别化的评价制度、健全和落实科研成果转化及农业科技创新激励机制等方式，强化农业农村科技保障措施。

4. 健全现代农业经营体系

实施家庭农场培育计划，完善家庭农场名录制度。实施农民合作社规范提升行动，支持农民合作社联合社加快发展。完善新型农业经营主体金融保险、用地保障等政策。建立科研院所、农业高校等社会力量对接服务新型农业经营主体的长效机制。发展壮大农业专业化社会化服务组织，开展农业社会化服务创新试点示范，鼓励市场主体建设区域性农业全产业链综合服务中心。推进农业社会化服务标准体系建设，建立服务组织名录库，加强服务价格监测。

（二）加快推进农村现代化

1. 加强村庄规划建设管理

根据实际情况分类编制和实施村庄规划，强化县域国土空间规划管控，统筹县城、乡镇、村庄规划建设，明确村庄分类布局。

2. 加强农村基础设施建设

深入实施农村道路畅通工程、乡村清洁能源建设工程、农产品仓储保鲜冷链物流设施建设工程、数字乡村建设发展工程、农房质量安全提升工程等，强化农村防汛抗旱和供水保障。

3. 加强农村基本公共服务体系建设

实施村级综合服务设施提升工程，推进“一站式”便民服务；加强村级综合服务设施建设，进一步提高村级综合服务设施覆盖率。加快推动基本公共服务城乡制度并轨和标准统一，进一步加强农村义务教育建设，改革完善乡村医疗卫生体系，完善养老助残服务设施，适当提高城乡居民基本医疗保险财政补助和个人缴费标准，合理提高农村低保等社会救助水平。

4. 深入开展农村人居环境整治

扎实推进农村“厕所革命”，加快推进农村生活污水治理，全面提升农村生活垃圾治理水平，改善村庄公共环境，大力推进村庄整治和庭院整治。建立健全长效管护机制，持续开展村庄清洁行动。

（三）加快推进农民现代化

1. 促进农民增加收入

加大农业基础设施投入，改善农业生产条件，提高农业生产能力，促进家庭经营性收入稳定增长。加强新型职业农民培育，完善城乡劳动者平等就业制度和覆盖城乡的公共就业服务制度，实施农民工等人员返乡创业培训行动计划，促进农民工资性收入较快增长。改革完善农业补贴政策，加快建立农业保险大灾风险分散机制，完善涉农贴息贷款政策，促进农民转移性收入增长。深化农村集体产权制度改革，引导农民以多种方式流转承包土地经营权，促进农民财产性收入增长。完善农村社会保障制度，健全特困人员救助供养制度，建立针对经济困难、高龄、失能老年人的补贴制度。

2. 强化农村人才支撑

实施现代农民培育计划和农村实用人才培养计划，加快培养农业生产经营人才。深入实施农村创业创新带头人培育行动，加快培养农村第二、第三产业发展人才。加强乡村教师、乡村卫生健康人才、乡村文化旅游体育人才和乡村规划建设人才等队伍建设。加强乡镇党政人才队伍建设，加快培养乡村治理人才。培养农业农村高科技领军人才、科技创新人才和技术推广人才，发展壮大科技特派员队伍。充分发挥各类主体在乡村人才培养中的作用，建立健全乡村人才工作体制机制，通过加强乡村人才投入保障、完善乡村人才奖补政策等方式，强化乡村人才支撑保障措施。

3. 提升农民科技文化素质

建立短期培训、职业培训和学历教育衔接贯通的农民教育培训制度，促进农民终身学习。充分发挥农业广播电视学校、农业科研院所、涉农院校、农业龙头企业等作用，引导优质教育资源下沉乡村，推进教育培训资源共建共享、优势互补。深化农业职业教育改革，扩大中高等农业职业教育招收农民学员规模。健全完善农业高等院校人才培养评价体系，定向培养一批农村高层次人才。

4. 加强农村道德建设和文化建设

以农民群众喜闻乐见的方式，深入开展学习贯彻习近平新时代中国特色社会主义思想主题教育，加强爱国主义、集体主义、社会主义教育，弘扬和践行社会主义核心价值观，建设基层思想政治工作示范点，培养新时代农民。创新实施文化惠民工程，加强基层文化体育设施建设。发展乡村特色文化产业，健全支持开展群众性文化活动机制，满足农民群众多样化、多层次、多方面的精神文化需求。

（四）加快推进乡村治理现代化

1. 完善党全面领导基层治理制度

健全在基层治理中坚持和加强党的全面领导制度；积极推行村党组织书记通过法定程序担任村民委员会主任、村“两委”班子成员交叉任职；创新党组织设置和活动方式，推动全面从严治党向基层延伸。

2. 加强农村基层政权治理能力建设

增强乡镇行政执行能力，加强乡镇党（工）委对基层政权建设的领导。

优化乡镇政务服务流程，完善基层民主协商制度，构建多方参与的社会动员响应体系。

3. 健全农村基层群众自治制度

坚持党组织领导基层群众性自治组织的制度，规范村民委员会换届选举，完善党务、村务、财务公开制度。推进城乡社区综合服务设施建设，加强乡镇综治中心规范化建设。

4. 推进农村基层法治和德治建设

提升基层党员、干部法治素养，引导群众积极参与、依法支持和配合基层治理；完善基层公共法律服务体系和社会力量参与基层治理激励政策，健全村道德评议机制。

5. 加强农村基层智慧治理能力建设

统筹推进智慧城市、智慧社区基础设施、系统平台和应用终端建设，健全基层智慧治理标准体系。推进农村数据资源建设，加快全国一体化政务服务平台建设。

（五）全面深化农村改革

1. 深化农村土地制度改革，赋予农民更加充分的财产权益

深入开展第二轮土地承包到期后再延长 30 年试点工作，保持农村土地承包关系稳定并长久不变。稳慎推进农村宅基地制度改革试点，深化农村集体经营性建设用地入市试点，探索兼顾国家、农村集体经济组织和农民利益的土地增值收益调节机制。明确农村一二三产业融合发展用地范围，优化用地审批和规划许可流程，强化用地监管。

2. 坚持和完善农村基本经营制度，发展农业适度规模经营

统筹培育新型农业经营主体和扶持小农户，促进小农户和现代农业发展有机衔接。通过提供贷款担保服务、落实和完善相关税收优惠政策等方式，扶持发展新型农业经营主体。加快发展农业社会化服务，支持具有资质的经营性服务组织从事农业公益性服务。通过经营权流转、股份合作、农业生产托管等方式加快发展多种形式适度规模经营。

3. 深化农村集体产权制度改革，发展新型农村集体经济

巩固提升农村集体产权制度改革成果，探索多样化途径发展新型农村集体经济。探索农村集体公益性资产产权制度改革，允许农村集体在农民自愿的前提下，依法把有偿收回的闲置宅基地、废弃的集体公益性建设用地转变为集体经营性建设用地入市。

4. 完善农业支持保护制度，健全农村金融服务体系

健全“三农”投入稳定增长机制，完善财政支农政策。稳定种粮农民补贴，完善补贴办法，优化补贴兑付方式。积极发展农业保险和再保险，优化完善“保险 + 期货”模式。健全主产区利益补偿机制，完善区域合作与利益调节机制。通过完善金融支农激励机制、提高农业信贷担保规模等方式，健全农村金融服务体系。

（六）促进城乡融合发展

1. 健全城乡要素合理配置体制机制

深化户籍制度改革，加快实现城镇基本公共服务常住人口全覆盖。建立健全城乡人才合作交流机制，允许农村集体经济组织探索人才加入机制，制定财政、金融、社会保障等激励政策，吸引各类人才返乡入乡创业。建立科技成果入乡转化机制，允许农技人员通过提供增值服务合理取酬。

2. 健全城乡基本公共服务普惠共享体制机制

加快推进城乡教育资源均衡配置，健全乡村医疗卫生服务体系，推动文化资源重点向乡村倾斜，完善城乡统一的社会保险制度，统筹城乡社会救助体系。

3. 健全城乡基础设施一体化发展体制机制

以市县域为整体，统筹规划城乡基础设施，支持有条件的地方政府将城乡基础设施项目整体打包，实行一体化开发建设。

4. 推进以县城为重要载体的新型城镇化建设

创新政策支撑机制和项目投资运营模式，稳步有序推动县城建设。分类推动县城发展，扩大县城就业岗位。完善市政设施体系，强化公共服务供给，提升县城人居环境质量。促进县乡村功能衔接互补，推动建立多元可持续的投融资机制和集约高效的建设用地利用机制。

主要参考文献

[1] 陈龙.小农视角下中国特色农业农村现代化的内在逻辑与路径选择[J].经济问题，2024（4）：92–98.

[2] 国务院发展研究中心农村经济研究部课题组，叶兴庆，程郁.新发展阶段农业农村现代化的内涵特征和评价体系[J].改革，2021（9）：1–15.

[3] 宋洪远，谭智心，张振.发展探源：如何构建农业现代化政策体系[M].北京：中国农业出版社，2019.

[4] 孙贺，傅孝天.农业农村现代化一体推进的政治经济学逻辑[J].求是学刊，2021，48（1）：81–89.

[5] 于安龙.论新阶段推进农业农村现代化的价值意蕴、特征规律与实践路径——基于中国式现代化的视角[J].经济社会体制比较，2023（5）：1–9.

[6] 于安龙.习近平关于农业农村现代化的重要论述：逻辑进路、主要论域与价值意蕴[J].农村经济，2024（2）：1–11.

[7] 张明皓.走自己的路：中国式农业农村现代化的理论建构与路径选择[J].中国农业大学学报（社会科学版），2024，41（1）：5–18.

[8] 张蕴，孙道进.中西比较视野下中国农业农村现代化的特色与优势[J].探索，2023（6）：120–133.

[9] 郑有贵.问题视域下新中国70年“三农”的转型发展[J].当代中国史研究，2019，26（5）：177–185+254.

农业强国的理论逻辑与实践路径*

党的二十大报告明确提出“加快建设农业强国”重大战略任务。在2022年中央农村工作会议上，习近平总书记就加快建设农业强国作了战略部署。由此，建设农业强国被正式纳入事关国家发展大局的强国战略框架，成为中国农业发展的长期性战略性举措。为什么在此时间节点作出建设农业强国的战略部署？农业强国背后蕴含着什么样的理论内涵，与乡村振兴、农业现代化等重大战略安排是什么关系？中国的农业强国建设之路，与当今世界农业强国相比，有哪些共性要求和特殊要求？对“什么是农业强国”“为什么要建设农业强国”进行理论透视，构成了本研究的逻辑起点；进而对中国“建设什么样的农业强国”“如何建设农业强国”实践路径的分析探讨，则是本研究的目标指向所在。

一、提出农业强国战略的深刻背景与战略考量

党中央在百年变局加速演进的关键时期，在推进中国式现代化总体布局

* 本报告是清华大学中国农村研究院重点研究课题“农业强国建设的基本遵循与实现路径研究”的研究成果，报告观点仅代表课题组的看法。课题负责人：张红宇，中国农业风险管理研究会会长。报告执笔人：张红宇、张海阳、郭静威。

下，提出加快建设农业强国的战略任务，有着深刻的时代背景和战略考量，对此可以从三个维度来理解。

从国家战略维度看，建设农业强国是中国发展整体战略的重要组成部分。实现中华民族伟大复兴、建成社会主义现代化强国，是近代中国革命、建设与改革始终不变的目标指引。2020年全面建成小康社会之后，中国踏上了全面建成社会主义现代化强国、实现第二个百年奋斗目标的新征程。社会主义现代化强国是一个全面的整体性概念，有着丰富的内涵。农业是国民经济基础产业，中国特色社会主义现代化强国必须以强大的农业作为支撑，农业强国是强国建设的应有之义。正如习近平总书记深刻指出，农业强国是社会主义现代化强国的根基[①]。党中央把农业强国作为强国战略的重要内容，与制造强国、质量强国等13个强国目标一道，共同构成了中国强国建设体系。从新中国成立初期把农业现代化作为“四个现代化”之一，到把农业强国作为社会主义现代化强国的重要内容，体现了国家对农业的重视一以贯之，始终把农业作为国家发展战略的重要内容统筹布局。

从农业自身维度看，建设农业强国是中国农业发展自然逻辑的展开。改革开放以来，中国农业取得了举世瞩目的伟大成就，但农业现代化步伐始终滞后于工业化、城镇化和信息化，农业“大而不强”格局尚未根本改观。中国式现代化要实现“并联式”发展，必须切实加快建设农业强国，补齐农业现代化的短板。2013年底，习近平总书记在中央农村工作会议上指出，“中国要强，农业必须强”[②]；2018年9月21日，习近平总书记在中共中央政治局第八次集体学习时强调，要坚持农业现代化和农村现代化一体设计、一并推进，实现农业大国向农业强国跨越[③]；2022年10月16日，党的二十大报告中正式提出：“加快建设农业强国”。这一过程充分说明，建设农业强国战略思想经

① 习近平：《加快建设农业强国 推进农业农村现代化》，《求是》2023年第6期。

② 习近平：《在中央农村工作会议上的讲话》（2013年12月23日），《十八大以来重要文献选编》（上），中央文献出版社2014年版。

③ 《习近平在中共中央政治局第八次集体学习时强调 把乡村振兴战略作为新时代“三农”工作总抓手 促进农业全面升级农村全面进步农民全面发展》，新华社，2018年9月22日。

历了充分的酝酿，建设农业强国部署的提出是水到渠成的结果，是中国农业发展到一定阶段的必然要求。

从外部环境维度看，建设农业强国是应对不确定性增加的强基固本之策。从党的十九大提出实施乡村振兴战略，到党的二十大提出加快建设农业强国，五年间中国发展的外部环境发生了深刻变化。如果说提出实施乡村振兴战略主要针对的是国内发展的不平衡不充分问题，那么提出建设农业强国则更多有了外部因素考虑。近年来，以中美贸易摩擦为标志，我国在国际经济、公共安全与地缘政治等方面都面临前所未有的严峻挑战，不稳定不确定性因素陡然增加，农业作为发展“稳定器”的作用凸显。尤其是俄乌冲突发生后，国际粮食生产链受损严重、供应链出现断裂、价格大幅波动，世界饥饿人口增多。面对外部环境变化带来的巨大不确定性，中国要实现强国建设、民族复兴的目标，必须统筹发展和安全，树立底线思维、极限思维，打牢农业基础、稳固粮食底盘，以农业发展的确定性来应对外部环境的不确定性。

概而言之，我国提出加快建设农业强国，是农业发展指导理念和战略部署的重大创新，既体现了目标引领也体现了问题导向，既是国家整体战略的重要组成部分又是农业发展的重大战略部署，既是大势所趋又是时之所至。加快建设农业强国是我国迈向全面现代化进程中的重要战略，是中国共产党“三农”指导思想的重大创新。

二、农业强国与农业现代化：建设农业强国的理论检索

建设农业强国的战略部署提出之后，相关研究成果密集涌现。概览各家之言，既有就农业强国本身进行的深入挖掘，也有不少从更为宽广的视野探讨农业强国与乡村振兴、农业农村现代化、城乡融合发展等重大命题的关系，

更有一些研究试图以农业强国为统领、将“三农”问题囊括于此框架下解决，其中既有不少真知灼见，也不乏逻辑含混不清、观点相互冲突之处。因此，研究农业强国问题应正本清源，廓清农业强国的本质属性。

（一）农业强国本质上体现的是一种产业形态

1. 建设农业强国与一系列重大问题密切关联

作为新时代新征程“三农”工作的战略部署，农业强国与乡村振兴、农业现代化、农村现代化、城乡融合发展等“三农”工作重大部署存在密切联系。陈锡文（2022）认为，“五大振兴”是乡村振兴的总要求，“加快建设农业强国”是总目标。马晓河（2023）认为，农业强国必须与农业现代化一体化推进，应将乡村振兴考虑在内。金文成（2023）认为，农业强国与全面推进乡村振兴是目标和路径的关系，农业强国与农业农村现代化是一外一内、一体两面的有机统一体。黄承伟（2023）认为，全面推进乡村振兴是新时代建设农业强国的重要任务。姜长云（2023）则认为，建设农业强国和建设宜居宜业和美乡村存在一定交集，二者不是简单的包容或从属关系。其间既有不少共识，也有一些争议甚至矛盾之处。

2. 农业强国本质上是国家农业发展所处状态

回归农业强国概念本身，现有研究大体从两种角度进行阐释：一种基于国际比较视野，如魏后凯等（2022）认为，一国农业现代化处于世界领先地位，并且能引领世界农业发展，则可称得上农业强国；王亚华（2023）认为，农业强国是一个国际比较概念，在世界各国的比较中，农业强国在农业方面展现出较强的国际竞争力和比较优势。另一种基于目标愿景视野，从供给保障、产业体系、科技水平、设施装备、经营制度、国际竞争、可持续发展等方面，对农业强国应该达到的状态进行界定（叶贞琴，2016）。综合两种思路，本研究认为，一个国家通过先进的农业科技、先进的生产方式以及有力的农业支持保护共同作用，实现较高的农业劳动生产率、土地产出率、资源利用率，并最终表现出强大的农产品产出能力、供给能力，以及在全球农业格局中有充分的产品竞争力和强大的贸易话语权，构成所谓农业强国最凝练的表达。总而言之，农业强国本质上体现的是一种产业形态，是农业现代化持续推进呈现的产业运行表现结果。

3. 以产业属性为原点开展农业强国问题研究

从对农业强国概念解析看，农业强国无疑与乡村振兴、农村现代化等概念紧密联系，农业强、农民富、农村美交叉融合、有机统一。但追根溯源、正本清源，农业首先是产业概念，建设农业强国首先是产业发展问题。正如农业与农民、农村问题紧密联系、不可分割，但不能就此把农民、农村问题与农业问题混为一谈，将“三农”问题简化为“一农”，研究农业强国既不能割裂其与乡村振兴等范畴的内在联系，也不能把农业强国视作无所不包的“筐”，将所有“三农”领域相关问题都寄希望于建设农业强国的框架下来研究解决，从而使建设农业强国成为一个泛化概念。从纷繁复杂的事物广泛联系中回归农业产业属性这一根本，抽象提炼农业强国最本质、最核心的精髓，有助于聚焦农业强国的关键要害，找准建设农业强国的发力点。探寻建设农业强国的理论渊源，首先应从与其关系最为密切的农业现代化问题入手。

（二）建设农业强国的基础是实现农业现代化

1. 农业强国与农业现代化同根同脉、一体两面

首先，建设农业强国与农业现代化的根基都在农业产业。农业强国是对一国农业在国际农业比较中所处优势地位的认定，是农业所处的一种状态；农业现代化指的是从传统农业转变为现代农业，是农业发展的一个过程。农业强国与农业现代化是对农业同一产业的不同表达，两者根出一脉、有机统一，而非“两张皮”。其次，建设农业强国和农业现代化具有共性要求。2007

年中央一号文件将发展现代农业总体要求概括为“六用三提高”①，这同样是建设农业强国的基础性、普遍性要求。最后，建设农业强国和实现农业现代化的过程内在一致。当今世界公认的农业强国，都是实现农业现代化的国家。一个国家只有大力推进农业现代化，使农业产业形态由传统农业转变为现代农业，才能具备成为农业强国的基础条件。换言之，实现农业现代化是建成农业强国的必要条件，推进农业现代化的过程同样是建设农业强国的过程。就我国而言，这一过程表现为到2035年基本实现农业现代化，到21世纪中叶建成农业强国。

2. 农业强国与农业现代化视角不同、侧重点不一样

首先，两者的侧重点不一样。建设农业强国是从国与国之间比较的视野看农业，参照系是农业大国、农业弱国，目标指向是农业强国。农业现代化是从发展自身的视野看农业，参照系是传统农业，目标指向是现代农业。其次，两者的要求不一样。在实现农业现代化的普遍性要求上，建设农业强国有着更高要求和更为个性化的表述。我国政府明确将农业强国的特征表述为供给保障强、科技装备强、经营体系强、产业韧性强、竞争能力强等“五强”，一些学者也对此进行了概括。无论是哪种概括，农业强国都体现出比农业现代化更高、更聚焦的要求。体现在实践中就是：农业现代化是全球农业发展的普遍要求，但只有少数国家能够成为农业强国；农业强国必然已经实现了农业现代化，但实现农业现代化并不意味着自然成为农业强国，还需要为此付出更多的努力、达到更高的目标要求。农业现代化是建设农业强国的前提和基础，农业强国则是农业现代化推进的终极目标和最高要求。

概言之，建设农业强国与实现农业现代化有同有异、同大于异，“同”主要在于农业产业根基以及发展的基本要求，“异”主要在于两者的视角与侧重不同。农业现代化是农业产业发展的一个过程，农业强国是农业产业运行表

---

① 即用现代物质条件装备农业，用现代科学技术改造农业，用现代产业体系提升农业，用现代经营形式推进农业，用现代发展理念引领农业，用培养新型农民发展农业，提高农业水利化、机械化和信息化水平，提高土地产出率、资源利用率和农业劳动生产率，提高农业素质、效益和竞争力。

现出的一种形态，一个国家结合国情农情不断推进农业现代化，在农业领域形成相对于其他国家的优势地位，就成了所谓的农业强国，这是对农业强国与农业现代化关系的核心表达。

（三）以农业现代化理论为基座构建农业强国理论

1. 建设农业强国要遵循农业现代化一般理论

在世界农业现代化过程中，相关理论研究不断丰富和深入，从多要素、多角度对农业现代化进行深入剖析和阐释，与此相关的技术进步、制度创新、结构转换等各种农业发展理论，构成了建设农业强国的理论基座。相关核心理论，可从以下 5 个视角进行分析。

一是从技术进步角度。各种先进技术的不断引入是农业现代化最突出的表征，从技术进步角度的阐释是农业现代化主流理论之一。典型如舒尔茨的改造传统农业理论，速水佑次郎和拉坦提出的诱致性技术变迁理论等。此外，还有大量关于具体技术，诸如农机农艺、化肥农药、生物技术、数据技术等如何促进农业现代化的理论。

二是从制度创新角度。农业现代化不仅是技术进步过程，也是制度创新过程。舒尔茨强调要建立一整套适合传统农业改造的制度。速水佑次郎和拉坦将其诱致性技术变迁理论的研究范围扩展到制度变迁上，形成诱致性制度变迁理论。林毅夫则提出了强制性制度变迁理论。基于制度创新视角对农业现代化的理论阐释，为在建设农业强国进程中加强制度建设提供了重要借鉴。

三是从地理区位角度。为何有的国家农业现代化步伐较快而有的国家较慢，有的国家能够成为农业强国而有的国家却徘徊不前？区位理论对此进行了一定的解释，典型如杜能的农业区位理论，俄林的地域分工理论等。我国的“胡焕庸线”、长城线、秦岭—淮河线等地理分界线，不仅深刻影响乃至决定了中国农业的历史版图，也是当前和未来中国农业规划布局的重要依据。地理区位相关理论的解释，为一国或地区确定在农业强国建设中的定位提供了重要依据。

四是从经营主体角度。关于农户、家庭农场、合作社、农业企业的各类理论层出不穷，其中关于小农的理论尤为丰富，典型如马克思主义经典作家的“小农消亡论”，恰亚诺夫的“生存小农论”，舒尔茨等的“理性小农论”。我国建设农业强国要实现“经营体系强”的目标，需要从农业经营主体相关理论中寻求借鉴。

五是从工农关系角度。农业现代化过程中伴随着经济结构的巨大变化，如何认识和处理农业和工业之间的关系？有不少研究由此切入进行阐释。一方面，以刘易斯的二元结构理论为代表，把农业作为经济发展的消极被动部门。另一方面，以舒尔茨的改造传统农业理论和乔根森的农业基础论为代表，强调农业是现代部门发展的基础。工农关系的相关理论研究，有利于全面认识农业强国在中国式现代化进程中的角色和定位。

2. 建设农业强国要嵌入我国国情农情特色

农业现代化一般理论与各国国情相结合，形成各具特色的农业现代化模式。建设农业强国不仅要遵循农业现代化的一般规律，还要体现中国特色，在中国国情农情基础上寻求建设农业强国之道。

一是将农业现代化基本理论与我国发展中大国的国情农情相结合。中国有世界最多的人口、最大规模的农产品消费，因而中国农业具有明显的大国特征，最核心的就是需求规模大（张红宇等，2015）。这就意味着立足国内生产基本自给将始终居于农业现代化目标优先序之首，不能仅仅用经济效益来衡量，而是一个超经济目标，乃至社会目标、政治目标的实现要求。

二是将农业现代化基本理论与我国以农户小规模家庭经营为基本面的国情农情相结合。农户家庭承包是中国农业生产经营的长期性、基础性制度，在可预见的将来不会发生根本性变化。中国农业现代化只能是带动、提升、服务、改造小农户，绝不是挤出、替代、抛弃小农户。我国只能在农户小规模家庭经营的基础上，依托双层经营体制实现农业现代化。

三是将农业现代化基本理论与我国发展不平衡、区域差别大的国情农情相结合。大部分国家都有一个主导型农业现代化模式，但中国幅员辽阔，地形地势复杂，气候、物种、资源等具有显著的多样性，加之经济发展不平衡、农耕文化传统不同，造成不同区域之间农业发展模式的差异不逊于一些国家之间的差异，因而中国农业现代化注定不是单一模式，要有多元模式、多条路径。

四是把农业现代化基本理论与我国农业仍是“四化同步”短板的国情农情相结合。虽然中国农业现代化取得长足进展，但总体上农业基础仍然薄弱，是“四化”中明显的短板。“四化”之间不同步、匹配性差的特点，决定了中国农业现代化必须伴随着工农城乡关系的深刻调整，搭上信息化“快车”，着力补齐农业现代化的短板。

此外，在诸如坚持生态绿色可持续、赓续农耕文明等方面，也要体现中国的国情特色。简言之，建设农业强国之路，既是符合一般规律的农业现代化道路，更是有中国特色的农业现代化道路。

3. 建设农业强国要叠加大国复兴崛起的要求

我国是农业大国，我国农业是大国农业，必须打造与大国地位、强国目标相称的强势农业（张红宇，2016）。在迈向全面现代化的新阶段，要将大国复兴、强国建设相关要求与农业强国建设有机结合起来。

一是建设农业强国要与现代化强国战略总体部署相衔接。我国2020—2035年要基本实现社会主义现代化，从2035年到21世纪中叶要建成富强民主文明和谐美丽的社会主义现代化强国。农业强国建设要体现与此相衔接，按照到2035年基本实现农业现代化，到21世纪中叶建成农业强国的总体要求谋划推进。

二是建设农业强国要体现中国式现代化特色。中国式现代化是人口规模巨大的现代化，要求始终将保供给作为农业强国建设的首要任务。中国式现代化是全体人民共同富裕的现代化，要求在农业强国建设中促进农民农村共同富裕。中国式现代化是物质文明和精神文明相协调的现代化，要求将农耕文明优秀遗产和现代文明要素有机结合。中国式现代化是人与自然和谐共生的现代化，要求走绿色生态的农业强国之路。中国式现代化是走和平发展道路的现代化，要求平等互惠参与国际农产品贸易，并为全球粮食安全、减少饥饿作出贡献。

三是建设农业强国要发挥其对全面现代化的支撑作用。“农业强国是社会主义现代化强国的根基。农业是基础，基础不牢大厦不稳”[①]。在实现全面现代化进程中，农业强国不仅是基础支撑，也是发展的安全保障。面对公共安全、国际经济与地缘政治的巨大不确定性，建设农业强国是确保国家安全的重要途径，要通过加快建设农业强国来确保农业产业安全，以农业产业安全来保障经济安全、国家安全。

总而言之，建设农业强国与农业现代化同根同脉，建设农业强国理论源自农业现代化理论但又不简单等同于农业现代化理论，而是以农业现代化理论为基座，将我国基本国情农情、强国建设目标等特殊性，与农业现代化理论的一般要求相结合，实现创新和升华，为建设农业强国提供系统理论支撑。

三、农业强国的全球表现与经验启示

一些国家由于资源、科技、市场、战略等方面因素，走在世界农业现代化前列，成为主导或引领世界农业格局的农业强国。这些农业强国具有一些共性特征，对其他国家建设农业强国具有重要借鉴意义。

（一）农业强国的全球表现

农业强国并没有所谓的官方认定和权威排名，而是一个基于比较研究的

① 习近平：《加快建设农业强国 推进农业农村现代化》，《求是》2023年第6期。

概念。一些学者依据人均GDP、城市化率、农产品产出率、农业劳动生产率等关键指标，对哪些国家可以称得上农业强国进行了研究。比如，魏后凯（2022）认为，美国、加拿大、澳大利亚、法国、德国、意大利、荷兰、丹麦、以色列、日本等10国为世界农业强国；姜长云等（2022）认为，美国、加拿大、法国、德国、意大利、澳大利亚、新西兰、丹麦、荷兰、以色列、日本属于农业强国[①]。而且相关研究大都赞同把农业强国分为综合型农业强国和特色型农业强国，前者的特点在于农产品质量高、种类丰富，占据全球农产品贸易主导地位，后者的特点在于其特定农业产业或部门在世界具有强大的竞争力。虽然这些国家国情农情以及农业强国建设模式各异，但也表现出一些共性特征。

1. 普遍实现了现代化，工农城乡关系协调

全球200多个国家和地区，真正称得上农业强国的全部产生于发达国家。根据国际货币基金组织数据，2022年，美国、加拿大、澳大利亚、荷兰、以色列、日本人均GDP分别为7.63万美元、5.51万美元、6.55万美元、5.65万美元、5.47万美元、3.38万美元，均远超发达国家平均水平。同时，这些国家城镇化水平也很高，2022年美国城镇化率为83%、加拿大为82%、荷兰为93%、以色列为93%、日本为92%，远超世界平均水平[②]。较高的经济发展和城镇化水平，为农产品提供了强劲的需求和广阔的市场空间，为农业劳动力转移就业和提高农业劳动生产率创造了重要条件，为国家对农业进行支持保护提供了有力支撑，使农业强国建设有了坚实的经济基础。

2. 农业所占比重不高，但农业所处地位不低

农业强国的农业增加值在国民经济中占比普遍已经下降到很低水平。以色列、日本、法国、加拿大、德国、荷兰农业增加值占GDP的百分比已经分别下降到1.3%（2021年）、1.0%（2021年）、1.8%（2021年）、1.7%（2019年）、1.1%（2022年）、1.7%（2022年）[③]。但这些国家并没有因此忽视农业，而

① 对于日本是否属于农业强国范畴，相关研究者存在较大争议。

②③ 数据来源：世界银行数据库。

是普遍将农业作为国民经济的重要支撑，以政府行为的调整来支持农业发展，通过推动前联、后联等相关产业发展，以及农业多功能性发挥，使农业产生了远大于其占 GDP 比重的价值，通过多种形式为国民经济作出贡献。

3. 能够保障粮食和农产品供给，有效解决吃饭问题

农业强国都有能力保障自身的粮食和重要农产品有效供给，但不同国家实现保障的方式有所不同。综合型农业强国如美国、加拿大、法国、澳大利亚等本身就是农产品生产大国，不仅能够依靠自身力量解决吃饭问题，而且还是世界主要的农产品出口国。特色型农产品强国受自身资源禀赋等因素影响，不一定能够完全依靠国内生产解决吃饭问题，但由于其需求体量相对有限，凭借强大的经济实力和资源动员能力、市场调控能力，也能够通过国际贸易等方式实现保障供给的目标。比如，荷兰国土面积 4.15 万平方公里、人口 1744.11 万人，谷物自给率只有 9.4%，自 2010 年以来谷物年均净进口 1128.05 万吨[①]。

4. 农业现代化达到较高水平，发达程度位居世界前列

农业强国是农业现代化的先行者，农业现代化水平遥遥领先。表现在生产力层面，农业强国的农业劳动生产率和农业比较劳动生产率往往位居全球前列，甚至多数农业强国的农业劳动生产率明显高于高收入国家平均水平（姜长云等，2022）。在产业链层面，农业强国的农业产业化水平高，呈现产业融合化、产业链一体化趋势，农业新产业、新业态、新模式层出不穷。表现在生产关系层面，农业强国大都构建了与其国情农情相适应的农业经营体系，各类农业经营主体各就其位，成为支撑农业强国的主体力量。

5. 从业者收入水平较高，农业成为有吸引力的职业

农业强国通过农业规模经营产生规模效益，或通过精细化农业生产产生集约效益，使农业从业人员获取了与从事非农产业大体均等的收益，有的国家农业从业人员收入水平甚至高于非农产业。1972 年，美国农户家庭收入首

① 姜长云、李俊茹、巩慧臻：《全球农业强国的共同特征和经验启示》，《学术界》2022年第8期。

次超过普通家庭，此后多数年份均维持此状态，2016 年，美国农户家庭平均收入是普通家庭平均收入的 1.41 倍[①]。同时，政府对传统农户进行改造，培养高素质职业化农民，如日本的“新农人计划”、欧盟的“年轻农民融资计划”等，使农业成为有吸引力的职业。

6. 引领农业发展国际潮流，主导农产品国际贸易格局

农业强国倡导的优质化、安全化、品牌化、标准化等理念，研发的尖端农业科技、农机装备，引领着全球农业发展方向。农业强国普遍重视提高农业可持续发展能力，倡导绿色有机生产方式，推动产业发展与生态环境保护的平衡。以美国为代表的规模化农业强国在农产品数量、价格等方面具有优势，全球市场大约 1/3 的大豆、1/3 的玉米、1/3 的棉花由美国供给（张红宇，2023）；精细化农业强国则在某些高端、特色农产品市场占据优势，如荷兰花卉等设施园艺产业以及乳制品在全球享有盛誉。主要来自农业强国的跨国农业企业，是国际农产品贸易的主导力量。

（二）建设农业强国的经验启示

1. 判断农业强国有客观指标体系，农业强国是一国农业整体实力的综合体现

判断一国是否为农业强国，或者一国农业强国建设的实现程度，有其可操作、可量化的指标体系。典型如魏后凯等（2022）通过农业供给保障能力、农业竞争力、农业科技创新能力、农业可持续发展能力等 4 个方面的关键指标来测度农业强国的实现程度；刘同山等（2023）提出了由生产和出口能力、产业结构升级、对全球生产和贸易的影响、可持续发展能力 4 个维度的 6 个指标构成的农业竞争力绩效指标体系。不同研究者提出的指标体系虽略有差异，但都包括衡量农业发展的关键指标，是一国农业实力的综合体现。

---

① 刘景景：《美国农业补贴政策演进与农民收入变化研究》，《亚太经济》2018年第6期。

2. 建设农业强国没有固定道路，要结合国情农情探索符合实际的实现路径

当今世界农业强国既有农业大国也有农业小国，既有资源丰裕者也有禀赋不足者，国情农情差别很大。这些国家大都根据自身资源禀赋、发展道路、国际关系等因素确定农业强国建设道路，实现路径是多元化的，没有一定之规。比如，澳大利亚人均土地资源高居世界前列，走的是机械替代劳动力的路子。与之相比，荷兰国土面积较小、农业资源禀赋不足，却以其花卉产业和设施农业闻名于世。因此，建设农业强国不能邯郸学步、亦步亦趋，要因地制宜、实事求是，根据自身条件选择建设模式和路径。

3. 农业强国不完全是自发演进的结果，建设农业强国要充分发挥“有形之手”作用

优越的资源禀赋是成为农业强国的重要优势，但资源禀赋优越的国家并不必然能够成为农业强国，一些农业资源丰富、农产品产量大的国家如巴西、阿根廷、乌克兰等，并未跻身农业强国之列。成为农业强国还需要国家从指导思想上高度重视农业，从政策导向上支持保护农业。以色列、荷兰等先天资源禀赋不足甚至短缺的国家之所以能够成为农业强国，都离不开政府“有形之手”的关键作用。建设农业强国既要立足资源禀赋，更要充分发挥政府作用，加强对农业强国建设的系统谋划、顶层设计，为农业强国建设提供政策支持和制度保障。

4. 农业强国都拥有核心竞争力，建设农业强国要掌握属于自己的“撒手锏”

世界农业强国大都是特定领域的“领跑者”，拥有一些其他国家难以企及的“一招鲜”。比如，丹麦人口不足 600 万，但年出栏生猪 3300 万头左右，猪肉出口全球第一（张红宇，2023）；以色列作为水土资源最匮乏的国家之一，凭借独步天下的节水农业技术创造了“沙漠奇迹”，在短短几十年里成功步入世界农业强国行列。建设农业强国要充分发挥比较优势，走差异化、个性化发展道路，在全球农业竞争中找准自身定位，着力打造属于自身的优势，培育“人无我有、人有我强”的核心竞争优势。

概而言之，农业强国有客观评价标准，“供给保障强、科技装备强、经营体系强、产业韧性强、竞争能力强”作为农业强国的基本要求，可以表征为一系列具体指标。但每个国家有不一样的国情农情，建设农业强国有不一样的起跑基点、路径选择和实现形式，通往农业强国的道路不止一条。这是世界农业强国表现出来的普遍规律，也是我国建设农业强国的重要遵循。

四、建设农业强国的目标愿景与现实基础

依据建设农业强国相关理论，结合我国民族复兴、强国建设的战略安排，可以描绘出我国农业强国的理想景象。对我国农业发展现状进行分析，则可以明晰推进农业强国建设的基础起点，找到努力的方向和要点。

（一）建设农业强国的目标愿景

我国建设农业强国是在不断推进农业现代化这个时代要求的基础上，就民族复兴、强国建设对农业提出的特殊要求作出的回应。首先，就强国建设对农业的要求而言，任何情况下都能依靠自身力量解决吃饭问题，把粮食安全主动权掌握在自己手中，守牢国家发展和安全的底线，这是建设农业强国的首要和底线任务。其次，就农业产业自身发展而言，要求增强产业发展韧性，既善于顺风驶船，也能够逆水行舟，在遭遇逆境和困难的情况下能够挺得过去，实现发展的自立自强，把主动权掌握在自己手里，这是中国农业由大到强的必由之路。最后，就中国农业的全球表现而言，要求充分发挥比较优势、全面提升农业竞争力，成为全球农业发展的重要引领者之一。简言之，就是作为强国建设的底线不可突破，农业发展的自身短板必须补齐，参与国际

竞争的优势不断强化。围绕此要义，中国建设农业强国要着力达到 6 个目标。

1. 能够保障粮食和重要农产品稳定安全供给，这是我国建设农业强国最基本最重要的任务

作为发展中的人口大国，14 亿多中国人的粮食和重要农产品供给无法寄望于他人，唯有依靠自己的力量端牢饭碗。尤其是在复杂多变的外部环境条件下，粮食和重要农产品供给一旦出了问题，就可能被“一剑封喉”受制于人。因此，必须把保障粮食和重要农产品稳定安全供给作为农业强国建设的首要任务，不断筑牢基础、抬高底部，把粮食安全主动权牢牢掌握在自己手中。

2. 能够平衡与竞争性产业的关系，充分发挥中国农业比较优势

保供给是农业强国建设的首要和底线任务但远非全部任务，建设农业强国不仅要守牢底线也要拓展上限。要平衡资源性产业与竞争性产业的关系，积极发展“菜篮子”“果盘子”“肉案子”“海鲜池”等各类农产品生产。要以农业为基本依托，促使农产品生产、加工和销售、餐饮、休闲以及其他服务业有机整合，促进农业与第二、第三产业融合发展。要在充分发挥农业保障供给核心功能的基础上，释放农业的多功能性。

3. 能够促进农业从业者增收，获得社会平均工资水平以上的收入

农业发展与农民增收是一个问题的两个方面，都是农业强国建设的应有之义：只有能够获得比较满意的收益，从业者才有积极性从事农业；只有让从业者合理分享农业收益，农业才能实现持续健康发展。要推动农业生产、加工、物流、营销、服务等全产业链高质量发展，提升农业标准化、品牌化水平，不断延伸产业链、提升价值链、紧密利益链，充分发挥农业及相关产业带动就业增收作用，促进农业强国建设和农民增收良性互动，补齐全体人民共同富裕的短板。

4. 能够实现农业可持续发展，实现人与自然和谐共生

人与自然和谐共生的现代化决定了我国农业要走绿色生态可持续发展道路，可持续发展能力强是建设农业强国的必然要求。中国要建设的农业强国，是“五谷丰登、六畜兴旺”与“绿水青山”并重，发展生产与保护资源、改善环境有机结合的农业强国。要坚持产业生态化和生态产业化并重，探寻“绿水青山”与“金山银山”相互转化通道，将绿色发展理念贯穿农业生产、分配、流通、消费全过程，走生产发展、生活富裕、生态良好的发展道路。

5. 能够做到农业科技自立自强，把农业发展主动权掌握在自己手里

中国农业“大而不强”的重要表现，就是农业科技创新能力不强，部分关键环节和重点领域存在短板。实现农业大国向农业强国转变的根本途径是靠自主创新打破“卡脖子”制约，克服人口、资源、环境等方面压力和限制。要坚持农业科技自立自强，抢抓新一轮科技革命有利时机，加快建设世界重要农业人才中心和创新高地，完善国家农业科技创新体系，加快农业发展急需的新品种新装备新技术攻关。

6. 能够提升农业国际竞争力，在全球竞争中掌握充分话语权

中国农业发展巨大成就是在改革开放过程中取得的，农业强国也必然要在继续深化对外开放、构建国内国际双循环相互促进的新发展格局中得以建成。要着力发挥需求大、市场大、影响大等方面优势，提升劳动密集型、技术密集型乃至资本密集型农产品的出口竞争力，增强农产品进口定价权和资源控制权，提高农产品贸易规则制定权，在激烈国际竞争中争取获得比较优势。

（二）建设农业强国的现实基础

经过40多年持续不懈的努力，中国农业发展取得了长足进步，为由农业大国向农业强国跨越奠定了坚实基础。与此同时，中国农业“大而不强”特征仍然突出。建设农业强国需要准确把握国情农情，充分认识有利条件与短板弱项。

1. 农业综合生产能力持续增长，但粮食安全基础仍不牢固

21世纪以来，我国粮食生产已实现“二十连丰”，产量连续9年稳定在

1.3万亿斤以上，谷物、花生、茶叶、籽棉、肉类、水产品、羊毛、经济林产品等产量多年稳居世界第一。我国人均粮食占有量为487公斤（2022年），高于国际公认的400公斤安全线。这说明中国有能力依靠自身力量确保粮食和主要农产品稳定供给。但也要看到，未来我国对粮食的成长性需求、转变性需求和安全性需求都还在增加，粮食和重要农产品稳产保供仍面临挑战（张红宇，2023）。粮食安全问题任何时候都不能轻言过关，确保粮食安全将是农业强国建设面临的长期性任务。

2. 农业适度规模经营加快发展，但小农经营状态将长期存在

这些年来，我国新型农业经营主体不断发展壮大，小农户分化加剧，多种形式农业适度规模经营正在兴起，农业经营模式发生了深刻变化。但我国家庭承包经营的农户仍达2.2亿，占农业经营主体的95%以上[①]。即便未来一个时期，我国常住人口城镇化率达到80%左右水平，普通农户数量减少一半，但仍将占农业经营主体的大多数。大量农户小规模家庭经营，不仅是中国农业的“过去时”，也是中国农业的“现在时”和“将来时”。建设农业强国不能背离这一基本农情，而是要帮助、提高、发展、富裕小农，以有中国特色的农业生产方式来实现农业强国建设的目标。

3. 耕地、水资源和生态环境约束严重，但农业资源禀赋丰富多元

中国农业发展面临人均水土资源短缺的“先天不足”劣势，而且农业面源污染、耕地贫化、水土流失等问题突出，这决定了在全面现代化进程中，我国只能在资源不足和生态环境制约的条件下谋划农业强国建设。但同时也要看到，我国农业区域发展不均衡，各地区农业资源条件千差万别、农业科技进步程度不一、农业生产经营方式各异、农业人力资本参差不齐。不同区域自然资源禀赋与经济社会发展条件相结合，产生了丰富多样的排列组合，使中国农业发展的道路和模式有了更多可能性，农业强国建设有着更加多元化的选择。

---

① 《2021年中国农村政策与改革统计年报》，中国农业出版社2022年版。

4. 农业现代化水平持续提高，但仍是“四化同步”的短板

改革开放以来，我国农业现代化水平不断提升。到 2020 年，全国农业基本现代化实现度为 57.3%，有 10 个省份超过 70%（国务院发展研究中心农村经济研究部课题组，2023）。但截至 2022 年，第一产业劳动生产率仍大大低于第二、第三产业，第一产业人均增加值仅相当于第二产业的 22.25%、第三产业的 26.87%[①]，农业现代化仍然是“四化同步”薄弱环节。只有着力补齐农业现代化的短板，才能为推进“并联式”现代化提供有效支撑。

5. 农业科技支撑作用不断增强，但关键领域仍有软肋

2022 年，我国农业科技进步贡献率达 62.4%，农业科技创新和推广应用取得长足进步。但与此同时，农业科技重大原创成果和产业核心关键技术成果供给明显不足，大型农机装备和智能设备核心部件受制于人，部分畜禽核心种群严重依赖进口。发达国家农业科技进步贡献率普遍达到 80% 左右，部分农业强国甚至达到 90% 以上，我国还有很大提升空间。农业科技成果转化率不高，农技推广“最后一公里”问题仍比较突出。加快建设农业强国，要着力推进农业科技创新和成果推广应用，开辟农业高质量发展的新领域新空间。

6. 农业产业结构与形态不断优化，但产业链短板还较多、韧性不够强

我国农业在国民经济中比重由 1978 年的 27.7% 下降到 2022 年的 7.3%，农业产业内部结构也不断优化。但与世界农业强国相比，我国农业标准化、品牌化水平还比较低，农产品加工深度仍有较大差距，农业产业链条还比较短，农业龙头企业与农民合作社、家庭农场以及农户之间的利益联结机制不够完善，农产品期货市场发育不足，尤其是农业风险监测预警与防范化解机制尚不健全，防灾减灾救灾和风险管理手段不足、能力还不强，是农业强国建设的突出短板。

---

① 根据国家统计局相关数据计算。

7. 农业国际竞争力整体不强，与农业强国的要求存在较大差距

中国仅在园艺产品等个别领域在国际上占据一定比较优势，农业国际竞争力整体不强的问题一直比较突出。2022 年，我国农产品出口额达 982.6 亿美元，其中水产品、蔬菜、水果占将近一半，粮食、棉花、油料、糖料等资源性农产品则一直处于净进口状态，农产品贸易逆差达 1378.0 亿美元[①]。对国际市场挖掘还不够、供应渠道掌控能力不强、产品进口集中度过高，在国际农产品价格谈判、贸易摩擦处理和贸易规则制度建设等方面缺少应有的话语权。此外，缺乏具有全球影响力的企业。

总而言之，中国农业发展虽然成就巨大，但与世界农业强国相比差距仍是全方位的，中国要实现建成农业强国的目标还有很长的路要走。要正视我国与农业强国之间的巨大差距，充分认识到农业强国建设的艰巨性和复杂性。

五、建设农业强国的推进路径与保障措施

要锚定建成农业强国的战略目标，找准突破方向，明确工作时间表、任务书、施工图，稳妥有序地将农业强国建设推向前进。

（一）建设农业强国的总体思路

1. 坚持优先发展

建设农业强国，首先要在国民经济社会战略框架和全球农业发展格局中准确定位，与我国保生存、保安全、保发展的要求紧密结合，从战略上把农业置于优先发展地位，着力补齐农业短板与弱项，促进“四化同步”发展。

---

① 农业农村部贸易促进中心：《2022年1—12月我国农产品进出口情况》，农业农村部网站，2023年1月18日。

加强顶层设计，建立健全支撑农业强国建设的政策体系、工作体系、制度体系，引导土地、资金、人才等各类资源优先向农业倾斜。把加强农业基础作为重点投入领域，谋划建设一批打基础、利长远的重大项目，夯实农业强国建设的根基。

2. 坚持中国特色

加强党对农业强国建设的全面领导，强化农业强国建设的根本保障。坚持社会主义公有制不动摇，巩固和完善农村基本经营制度，依托双层经营体制建设农业强国。把建设农业强国与促进农民农村共同富裕结合起来，让农民充分分享农业强国建设成果。立足人多地少资源禀赋，始终把保障粮食和重要农产品稳定安全供给作为建设农业强国的头等大事。立足农耕文明的历史底蕴，深入挖掘农耕文化内涵及其当代价值。立足人与自然和谐共生的时代要求，探索农业可持续发展路径。

3. 坚持多元道路

要立足资源禀赋多元特征，发挥不同区域农业比较优势，因地制宜确定产业发展方向。立足产业形态多元特征，全面培育发展各类传统产业和新产业新业态，为农民提供广阔的就业增收空间。立足经营主体多元特征，发挥各类主体差异化功能定位，激活农业发展所需各种资源要素。立足贸易格局多元特征，既主动扩大紧缺农产品进口，又积极推动中国农业资源、技术、产品和服务走出去。

4. 坚持双轮驱动

通过科技发展生产力，依托改革优化生产关系，促使科技创新与改革创新协同发展，以生产力和生产关系矛盾运动的螺旋式上升推动实现农业强国建设目标。要大力推进农业科技创新，瞄准农业发展重大需求，发挥新型举国体制优势，不断提高农业全要素生产率。继续把住“处理好农民和土地关系”这条主线深化农村改革，以改革激活主体、激活要素、激活市场，着力破解“谁来种地”“怎么种地”等问题。

（二）建设农业强国的推进路径

1. 加强统筹谋划，制定农业强国建设规划

建立由“一个战略规划 + 若干阶段性实施规划”构成的农业强国建设规划体系，把远大目标和宏伟蓝图转化为可操作可量化的具体任务。战略规划主要对标全面建成社会主义现代化强国的要求，对农业强国建设作出框架性顶层设计。实施规划要与国民经济和社会发展规划相衔接，把战略规划转化为若干具体操作性规划，一步一步把农业强国建设深入推进。建立健全农业强国建设评价指标体系，确定农业强国建设的重点省份。

2. 明确区域定位，因地制宜探索建设道路

在基础条件好、发展潜力大的省（自治区、直辖市）布局，把农业强国建设任务像国土空间规划那样落实到具体区域。一是大宗农产品强省，以黑龙江省为典型代表。在建设“现代化大农业”上先行一步，着力发展粮食等重要农产品生产，努力成为保障国家粮食和重要农产品稳定安全供给的中坚力量。二是特色农业强省，以云南省为典型代表。定位于满足多样化农产品需求，发挥在特色农产品生产上的特殊优势，成为我国农产品多元化供给体系的重要一级。三是综合性农业强省，以江苏省为典型代表①。这类省（自治区、直辖市）在具有大宗农产品生产优势的同时，特色农业资源也比较丰富，有的地区经济发展水平高、科技创新能力强、资本资源相对充足，有的地区依托大都市适宜发展都市农业，因此宜结合区域特点来建设综合性农业强省。

3. 聚焦核心目标，构建多元化食物供给体系

把提升粮食产能作为重中之重，夯实耕地和水资源基础，提升农业科技和装备水平，完善价格、补贴、保险“三位一体”政策体系，持续提高粮食生产“底部”。加强统筹协调，处理好主产区、主销区与产销平衡区粮食生产的关系，粮食生产与其他农产品生产的关系，土地规模经营和服务规模经营

---

① 江苏省已经发布《高水平建设农业强省行动方案》，明确到2030年在全国率先基本实现农业现代化。

的关系，农业产出与农民增收的关系，平衡不同产业、不同行为主体及不同制度安排之间的重大利益，努力做到增产增收可持续。坚持对外开放的基本国策毫不动摇，最大化开辟国际资源、国际市场。促进粮食应急储备、加工、配送、供应各环节有效衔接，增强粮食应急保供能力。

4. 促进分工分业，提升农业从业者收入水平

大力促进农民分工分业，力争农业就业占比到2035年下降至10% ~ 15%，到2050年下降至5%左右，在继续减少农民的基础上持续增加农业从业者收入。在农业强国建设中充分释放农业的就业增收功能，确保广大农民在优势特色产业发展、农业多功能拓展、农业全产业链打造和一二三产业融合中能够充分参与并合理分享成果。拓宽农村劳动力转移就业渠道，依法保障农民工农村财产权益，使兼业农户能够多渠道增加收入。持续推进新型工业化和新型城镇化，使转向非农领域、转向城镇的人口和劳动力群体融入城镇。

5. 补齐短板弱项，突破农业发展硬约束

守住18亿亩耕地红线，坚决制止耕地“非农化”、严格管控耕地“非粮化”，通过保护耕地数量、提升耕地质量来保障粮食产量。打好关键核心技术攻坚战，狠抓粮油作物大面积单产提升，坚持良种良法良技良机配套，依靠农业科技来挖潜能、拓边界。抢抓农业数字化变革历史机遇，推动中国农业迈向数字化的农业3.0版和智能化的农业4.0版[①]。把“双碳”目标纳入农业强国建设规划，健全绿色低碳循环发展的农业产业体系。

6. 增强产业韧性，推动农业产业链转型升级

延长农业产业链条，贯通产加销服，融合农文旅教，立足生产中心环节向产前、产后不断延伸。发挥农业多功能性，促进农业与其他产业互促互进、互惠共赢、高效融合。积极发展农业众筹、订单农业、社区支持农业、农产品私人定制、会展农业等新业态。完善农业产业链利益联结机制，把产业链

---

① 张红宇：《农业工业化：关于农业现代化的另一种解释》，《企业家日报》2022年11月24日。

增值收益更多留在生产环节、留给普通农户。健全农业产业链风险监测预警机制，提升农业产业链抗风险能力和稳定性。

7. 塑造竞争优势，凸显农业强国国际地位

巩固我国水产、蔬菜、水果等具有比较优势的传统农产品出口，增强劳动密集型、技术密集型乃至资本密集型农产品的出口竞争力，提高出口农产品的规模化、标准化、品牌化水平，促进中国农业向全球农业产业链和价值链的顶端攀升。着力打造“中国价格”与贸易规则、贸易标准、贸易平台，提升中国在农产品进出口方面的话语权。继续鼓励和支持中国农业“走出去”，加快培育具有国际影响力的大粮商和跨国农企，建立衔接各国和地区的全球农产品流通网络，在全球农业竞争中凸显大国地位。

（三）建设农业强国的制度保障

1. 创新农村土地制度

以“三权分置”为制度内核，在保护各利益主体权利边界的基础上，实现由“农地农用农民用”向适应现代农业发展方向的“农地农用全民用”的历史性跨越。健全承包地“三权分置”制度体系，进一步明晰各项权利权能、边界和实现形式。进一步用好用活经营权，农地只要没有非农化、非粮化，在严格维护原集体所有权益、承包农户利益以及严格遵循国家法律法规要求之下，“谁愿种地、谁来种地”都应该持欢迎态度。保持农村土地承包关系稳定并长久不变，给农业生产经营者稳定预期。探索建立进城落户农民土地承包权转让制度，鼓励进城落户农民依法自愿有偿退出土地承包权。

2. 创新农业经营制度

在农户拥有承包权并有回乡务农可能的前提下，培养一批专职农业生产经营的从业队伍，形成“家庭传承者兼业 + 外来从业者专业”的普适性农业生产经营格局。构建“家庭农场 + 合作社 + 社会化服务”模式，家庭农场要成为农业的未来基本经营单元，合作社要服务于农业从业者全部产业经营所需，农业企业要做大做强。因地制宜通过单环节、多环节、全程托管等形式为小农户提供社会化服务，在土地不流转的情况下实现适度规模经营。鼓励农村集体经济组织开展居间服务，实现双层经营体制“统”的形式创新。

3. 创新支持保护制度

以强化生产性补贴为重点优化农业补贴政策，充分发挥补贴对农业生产的引导调节作用。继续坚持和完善农产品价格支持政策，健全农产品价格形成机制，完善农产品市场调控体系。顺应世界贸易组织规则要求和市场化配置资源的方式，将农业支持保护的“增量”放到金融保险政策上来，建立商业金融、政策金融、合作金融有机统一、协作高效的农村金融体系，创新服务产业、服务主体的金融产品和金融工具，发展数字金融，构建“大宗农产品保险 + 特色农产品保险”的农业保险体系。

4. 创新农业科技体制

贯彻落实党和国家机构改革部署，推进政府农业科技管理体制改革，加快农业科技管理职能和队伍整合。发挥新型举国体制优势，构建梯次分明、分工协作、适度竞争的农业科技创新体系，强化企业科技创新主体地位。建立健全以产业需求为导向的科研选题、立项机制和以产业发展贡献为导向的评价机制，激发科研人员创新创业活力。打通从实验室“最先一公里”到田间地头“最后一公里”，为农业经营者提供多元化生产经营问题解决方案。

5. 创新人才培育制度

大规模增加农业人力资本投资，培育造就有爱农情怀、有工匠精神、有创新意识、有社会责任感，富有人力资本的大规模高素质农民队伍。大规模开展各种类型农民培训，面向种养大户、家庭农场经营者、农民合作社带头人和返乡入乡创业人员等重点群体开展全产业链培训，形成科学、合理的农民培训管理体系。建立农业职业经理人培育机制，支持农业职业经理人领办创办家庭农场、农民合作社和各类农业企业。

主要参考文献

［1］国务院发展研究中心农村经济研究部课题组. 中国农业现代化与农村现代化协调发展战略研究[J]. 农业经济问题，2023（3）：13–27.

［2］黄承伟. 全面推进乡村振兴是新时代建设农业强国的重要任务[J]. 红旗文稿，2003（2）：25–28.

［3］姜长云. 农业强国建设中需要澄清的几个重要关系[J]. 农村金融研究，2023（2）：3–11.

［4］姜长云，李俊茹，巩慧臻. 全球农业强国的共同特征和经验启示[J]. 学术界，2022（8）：127–144.

［5］刘同山，陈斯懿. 农业强国的测度指标、国际比较与中国选择[J]. 东岳论丛，2023（7）：5–14.

［6］马晓河. 推进农业农村现代化与加快建设农业强国[J]. 农村金融研究，2023（5）：3–15.

［7］王亚华. 推进乡村振兴与建设农业强国[J]. 求索，2003（1）：113–119.

［8］魏后凯. 农业现代化和农业强国的联系与区别[N]. 光明日报，2022–12–1（15）.

［9］魏后凯，崔凯. 建设农业强国的中国道路：基本逻辑、进程研判与战略支撑[J]. 中国农村经济，2022（1）：2–23.

［10］魏后凯，崔凯. 农业强国的内涵特征、建设基础与推进策略[J]. 改革，2022（12）：1–11.

［11］习近平. 加快建设农业强国 推进农业农村现代化[J]. 新长征，2023（7）：4–11.

［12］叶贞琴. 现代农业强国有五大重要标志[J]. 农村工作通讯，2016（23）：1.

［13］张红宇，张海阳，李伟毅. 中国特色农业现代化：目标定位与改革创新[J]. 中国农村经济，2015（1）：4–13.

［14］张红宇. 强势农业需要经营主体支撑[J]. 农村经营管理，2016（11）：1.

［15］张红宇. 农业强国的全球特征与中国要求[J]. 农业经济问题，2023（3）：13–20.

［16］张红宇. 强国农业：多元服务与金融支撑[J]. 中国农村金融，2023（12）：39–43.

［17］中国乡村发现网，陈锡文. 只有建成农业强国，才能在现代化建设上真正掌握主动权[EB/OL]. [2022–12–28]. https://www.zgxcfx.com/sannonglunjian/121491.html.

［18］中国合作经济学会，金文成.建设农业强国要体现中国特色[EB/OL]. [2023-01-31]. https://mp.weixin.qq.com/s?__biz=MzAxODIxNjI5NA==&mid=2649967741&idx=1&sn=a8c53af2560f480fb3dfb73b058aff64&chksm=83de4874b4a9c16251e03a64e8be7ae22f0441ce39a85c11cb713be95495f855230c106cae00&scene=27.

构建中国特色农业经营体系问题研究*

党的二十大报告提出，以中国式现代化全面推进中华民族伟大复兴。在“大国小农”基础上建设农业强国，需要新型城镇化、工业化、信息化和农业农村现代化的协调同步，面临的挑战前所未有。构建中国特色农业经营体系，是同步实现新型城镇化、工业化、信息化和农业农村现代化的关键所在。一方面，兼具封闭细碎、分散粗放特征的传统农业经营方式已经严重滞后于现代化经济体系运行的现实需求，以农业内卷化、农民兼业化、农地细碎化、生产非粮化为特征的农业经营方式直接导致农业不断“被边缘化”，“弱者种地”“差地种粮”的现象广泛存在。另一方面，构建新型工农城乡关系，推动城乡融合发展，意味着以城乡“两栖”为主的小农户会长期存在，并成为主要的农业经营主体。在小农户基础上建设农业强国，必须顺应这种动态变化，及时推动农业经营方式变革，以推动农业综合竞争力提升和发展方式的转型升级。

---

* 本报告是清华大学中国农村研究院重点研究课题“构建中国特色农业经营体系问题研究”的研究成果，报告观点仅代表课题组的看法。课题负责人：张宇，中国农业科学院农业经济与发展研究所副研究员。报告执笔人：史鹏飞、芦千文。

一、中国特色农业经营体系

（一）概念内涵

1. 中国农业现代化与农业经营体系的关系

农业现代化是中国式现代化的关键，构建中国特色农业经营体系伴随现代农业发展全过程。作为世界上人口最多的国家，中国要实现粮食等重要农产品稳产保供，不仅要充分利用国际资源和国际市场，还要加快自身的农业现代化建设，但组织化、社会化程度是最薄弱环节（陈锡文，2013）。在这一时代背景下，党的十八大报告首次提出培育新型经营主体，发展多种形式规模经营，构建集约化、专业化、组织化、社会化相结合的新型农业经营体系。党的十八届三中全会强调，坚持家庭经营在农业中的基础性地位，推进家庭经营、集体经营、合作经营、企业经营等共同发展的农业经营方式创新。党的十九大报告提出构建现代农业经营体系，并发展多种形式适度规模经营，培育新型农业经营主体，健全农业社会化服务体系，实现小农户和现代农业发展有机衔接。党的二十大报告进一步强调，发展新型农业经营主体和社会化服务，发展农业适度规模经营。

2. 中国农业经营体系的主要特征

农业经营体系具有中国特色。陈锡文（2013）认为，在构建新型农业经营体系和推进农业现代化上，务必立足人多地少的国情以及我国各地资源禀赋和发展水平差异明显的实际，不能照抄别国的做法，也不能以一时一地的经验到处推行。张红宇（2018）指出，新型农业经营体系的形成发展与土地制度变迁密切相关。农村土地家庭承包制的制度安排，彻底颠覆了人民公社时期土地集体所有、集体经营“两权合一”的土地制度，取而代之以土地集体所有、家庭承包经营“两权分离”以及土地制度向所有权、承包权、经营权“三权分置”的转变。

农业经营体系包含多元主体。不同于过去依靠众多同质的小农户从事农业生产活动的经营方式，主体多元既是中国现代农业经营体系最重要的基础特征，也是传统农业向现代农业演进中的必然现象（陈锡文，2013）。鉴于此，张红宇（2016）认为，新型农业经营主体包括家庭农场、种养大户、从事农业服务的农业合作社、工商资本注入的各种农业产业化经营组织以及公益性服务组织等。郭玮（2016）指出，构建现代农业经营体系，要大力发展多种形式的适度规模经营，积极培育新型农业经营主体，并使其逐步成为发展现代农业的主导力量。要大力发展农业产前、产中、产后服务业，健全农业社会化服务体系。

农业经营体系呈现区域和产业差异（周应恒，2016）。从区域上看，我国是一个地域辽阔、区域自然禀赋和经济发展水平差异较大、多民族、多人口的国家，区域农业发展不均衡。从产业上看，不同产业的特点决定了不同的生产经营组织形式。例如，土地密集型的粮棉油产品主要在广阔的田野上种植；劳动密集型的果蔬园艺产品经营向设施化的方向发展，受自然因素影响的程度有所降低，但大部分产品具有易腐性；资本密集型的畜禽产品经营十分依赖资本设备的投入。

农业经营体系不断动态演进。张红宇（2018）认为，在农业内部生产效率提升对农村劳动力的推力以及工业化对农村劳动力的拉力共同作用下，我国新型农业经营体系得到发展和完善。一方面，工业化极大地改善了农业生产条件，为减少务农劳动力数量、降低农业生产成本创造了条件。另一方面，工业化对劳动力的巨大需求，加之城镇化对农村人口的引力作用，促进了农村劳动力的转移。随着农业产业形态的拓展和产业链条的延伸，普通农户、家庭农场、农民合作社、农业企业、社会化服务组织等各类农业经营主体由于各异的组合方式而具有不同的功能定位，不同主体的融合发展也表现出鲜明的渐进性。

（二）国际对比

1. 美国

美国农业经营体系主要包括农业经营主体（如家庭农场、农业合作社等）和公共服务体系。据统计，2016 年，美国农场数量约 246 万个。其中，家庭农场数量约 210 万个，合作农场约 26 万个，公司农场约 10 万个。美国农业合作社共有 1953 个，主要为农场提供生产、营销、仓储和融资等多种服务，农业合作社加工的农产品占农产品总量的 80%。公共服务体系主要由农业相关部门和农业协会构成。其中，农业相关部门是指美国联邦政府农业部、州农学院以及县农业推广站集农业科研、教育及技术推广于一体的科技成果推广体系；农业协会为农户提供售前和售后服务，涵盖经营管理、科技推广和政府公关等专项服务，解决会员在日常生产经营管理中遇到的实际问题。

2. 澳大利亚

澳大利亚农业经营体系主要包括家庭农场、合作社、公司、协会等。家庭农场是农业生产、经营和发展的基本单位，可细分为农业生产型农场和非农业生产型农场。2014 年，澳大利亚小麦种植农场平均规模为 1500 公顷，以养羊和养牛为主的牧场平均规模分别为 6000 公顷和 30000 公顷，奶牛牧场平均规模为 180 公顷。合作社、私营农业公司和公有农场总量仅占澳大利亚农场总数的 5%。其中，合作社类型多样，包括完全合作制、股份合作制、企业管理制，并为社员提供生产性、销售性和社会化三类服务（游锡火，2019）。澳大利亚政府牵头成立了小麦委员会（AWB）、大麦委员会（ABB）、肉类与家禽委员会（AMLB）、奶业委员会（ADC）等行业协会。其中，澳大利亚国家农民联合会（National Farmer Federation，NFF）是澳大利亚最大、最受欢迎的组织，其主要职责是向成员提供技术、市场和政策等信息，协调各行业产品的国内外促销活动，对成员进行生产、销售和管理等技术培训，开展研究和推广工作。

3. 日本

日本农业经营体系包含农业生产经营体系和农业社会化服务体系。农业生产经营体由家庭经营体和组织经营体两部分构成。其中，家庭经营体数量呈减少趋势，经营规模不断扩大；组织经营体数量逐渐增加，法人化程度不断增强。2019 年，日本农业生产经营体有 118.88 万个，家庭经营体有 115.28 万个，组织经营体有 3.6 万个（经营耕地面积 270.9 万公顷、约占全国耕地面积的 20.1%，平均经营面积为 19.69 公顷）。在日本政府主导的普及指导与农协主导的营农指导的农业社会化服务体系中，政府负责出台调动农户积极性的支持政策，农业科研院负责提供家庭农场向生态农业发展的技术支撑，农协作为日本农业政策的传递者和执行者，为家庭农场、经营主体提供服务。

4. 德国

德国农业经营体系主要包括家庭农场以及农业社会化服务体系两部分。2013 年，德国家庭农场达到 38 万个。其中，经营规模在 100 公顷以上的大型农场共有 2.93 万个，30 ～ 100 公顷的中型农场有 10.4 万个，2 ～ 30 公顷的小型农场有 21.85 万个，2 公顷以下的微型农场有 2.67 万个。德国农业社会化服务体系主要由合作社联盟、农民联合会、农业联合会以及农业协会构成，各个服务组织都是民间的、由农户自愿参与组建。其中，合作社联盟主要解决农产品生产、销售、贷款等问题；农民联合会主要处理农民家庭和家庭之间、农民与政府之间的矛盾，并提供农民生活所需的服务；农业联合会主要负责农民职业教育，当好农业生产的科技顾问，侧重提供农业技术方面的服务；农业协会主要通过举办各种农业展览会、新技术研讨班等，促进农民开阔视野、促进农业发展。

5. 荷兰

“家庭农场＋农业合作社”的农业经营体系对荷兰农业发展起到了极其重要的作用。其中，家庭农场主要从事种植养殖业生产，提供初级农产品；农业合作社负责将农民的初级农产品集合起来，统一收储、统一销售。值得一提的是，农业合作社细分为信用合作社、供应合作社、加工合作社、销售合作社、服务合作社等。一般情况下，农民参加 3 ～ 4 个农业合作社，通过缴纳会费与农业合作社确定联盟关系，并从农业合作社获得个体难以实现的帮助和服务，从而减少生产、加工、销售过程中的成本。然而，合作社与非合作社企业在不同行业的市场占有率有所不同。以供应行业为例，合作社在化肥和精饲料市场的占有率为52%。在销售和加工行业中，合作社的市场占有率较高，例如，甜菜的占有率为63%、牛奶的占有率为82%、蔬菜的占有率为70%、花卉的占有率为95%、马铃薯的占有率达到100%。

6. 丹麦

丹麦是世界公认的“养猪王国”，形成了以家庭农场为基础、以合作社为核心、以各类协会和联合会为依托、以咨询服务机构为支撑的猪产业组织体系。具体而言，丹麦养猪和屠宰联合会是一个合作社性质的农民互助组织，负责种猪培育、生猪饲养、生猪屠宰、市场营销、检疫防疫、猪舍建设、动物福利等工作的组织协调；所有农民均为农民协会或家庭农场联合会会员，接受其提供的专业技术和职业技能；丹麦农业咨询服务中心由丹麦农民协会和丹麦家庭农场联合会共同所有并派代表（农民）组成董事会，其主要职责是向地方咨询服务中心提供专业支持，并促进地方咨询服务中心与农业研发机构联系。丹麦农业理事会是丹麦猪肉产业组织体系的最高机构，也是农民政治利益和经济利益的代言人，参与农业相关的政策制定、立法、对外谈判，在政府、议会中都有一定的影响力。

7. 法国

法国农业经营体系主要由个体农场、农业合作社、农业资本公司组成。其中，个体农场是法国农业最为基础的经营组织形式，总数约66万个，其中60%经营谷物、11%种植花卉、8%种植蔬菜、5%经营养殖和水果。具有三大特征：一是以家庭经营方式存在，经营规模小；二是专业化程度高，绝大部分个体农场只生产一种产品；三是经营自有土地，以使用家庭成员的劳动力为主，很少或基本不雇用家庭外劳动力。农业合作社具有四大特征：一是由2个以上、10个以下的农业经营者联合而成，按会员制方式组织；二是参与组合的所有成员都必须参加劳动；三是在不改变所有权的前提下联合使用农机具等重要资源；四是确保参与者的个人自由，可随时退出组合并支配属于自己的那一部分财产。而农业资本公司包括农业有限责任经营单位、农业经营公司和某些农工商综合体，属于现代企业组织范畴。

二、中国特色农业经营体系的发展背景和现状

农业经营体系是农业经营主体结构及相互关系的组织制度体系，表现为农业生产经营过程中人员的从业状态、要素的配置方式、产业的组织方式、收益的分配机制。中国特色农业经营体系呈现的以农户家庭经营为基础、合作与联合为纽带、社会化服务为支撑的立体式复合型特征，是在经历社会主义改造形成的农村土地集体所有制基础上，统分结合的双层经营体制与城乡二元结构下渐进性城镇化相互作用形成的。中国特色农业经营体系在不同农业产业领域具有不同的表现形式，在演变过程中形成了多元、灵活、动态的经营组织和方式，形成了家庭经营、集体经营、合作经营、企业经营共同发展的新格局，并以组织化、服务化、产业化等多元化联结机制衔接带动小农户发展现代农业，进而构成了中国特色农业现代化制度优势的重要组成部分。

（一）中国农业经营体系的演变历程

新中国成立以来，中国农业经营体系演变，与发展阶段、体制机制、城乡关系和人口变化等相互作用，呈现了明显的阶段性特征。总体来看，中国农业经营体系经历了农民集体统一生产经营方式的确立、人民公社时期农民集体统一生产经营方式的调适、家庭承包制改革完善过程中复合型经营方式的探索、探索构建立体式复合型现代农业经营体系等 4 个阶段。

1. 从新中国成立到 1958 年：农民集体统一生产经营方式的确立

经过社会主义改造，农业经营体系实现了从土地等生产资料农民个人所

有制的分散生产经营向农民集体所有制的统一生产经营转变，奠定了中国特色农业生产经营体系演变的制度起点。新中国成立后，经过土地改革绝大多数农民分配到了土地所有权，但伴随着农民家庭农业生产经营的迅速发展，农村人口的迅速增长加剧了人地矛盾，出现了农户分化和土地兼并趋势。部分农户受生产水平、经营能力、意外冲击或发展诉求的影响，把土地卖掉重新成为租佃户、无地户，其中部分农户进城谋生成为无业游民。这种趋势在一定程度上推动了以合作化为主要内容的农业社会主义改造。农业社会主义改造启动后，各地沿着互助组、初级社、高级社的路线实现了农户家庭分散经营向高级社的集体统一生产经营转变，农民组织化程度有所提升。同时，农村人口也处于快速增长状态，农产品及农业发展积累对城市和工业支持的压力逐步显现，这推动着农业生产经营管理体制向兼顾提升农业生产力和便于农产品及农业发展积累调出的方向调整。一方面，国家借鉴苏联和东欧社会主义国家经验，建立了农机、农技、供销、信用、管理等政府主导的服务体系，启动了以机械化、化学化、水利化等为主要内容的农业现代化进程。另一方面，从互助组、初级社向高级社转变的递进过程使农民集体所有制和农业生产的集体统一经营体制逐步确立，同时与计划经济体制相适应的统购统销体制逐步建立，以高级社为主的农业经营主体变成计划管理下的农业生产单元，使得农产品和农业积累的制度性调出通道形成。然而，随着制度性的农民进城数量增多和城市人口的迅速增长，以及对国家重大发展战略的支持，需要以农产品和农业积累调出支持城市建设和工业发展。这迫切需要降低集体统一经营对农民农业生产劳动积极性的抑制，推动农业生产经营管理体制继续向激发农民积极性和增强对农业生产计划管控的方向调整。

2. 1958—1978 年：人民公社时期农民集体统一生产经营方式的调适

人民公社时期，中国建立了与社会主义制度相匹配的农业经营制度，核心是土地、农具等生产资料实行“三级所有”的农民集体所有制和农业生产劳动的集体组织及统一分配制度。与同一时期苏联和效仿苏联国家建立的集中统一、计划管理体制不同之处在于，该时期的农业生产经营管理体系为社队兴办农业服务、多种副业以及农民自留地经济和集市交易保留了一定的灵活空间。在高级社推广过程中，以互助组或初级社为基础建立起来的高级社的农业生产经营规模仍然过小，这催生了由多个高级社组成的规模更大、集中程度更高的“工农商学兵”合一的人民公社。这一时期，城乡分割的二元制度基本建立起来。持续加大农产品和农业积累调出，持续强化农业生产计划管控，使人民公社“一大二公”的制度设计初衷在短时间内失效，反而造成了对农业生产力的破坏和农村发展的抑制。因此，一系列政策调整逐渐铺开。把生产管理单元和基本核算单位由人民公社缩小为生产队（小队），分层赋予一定的经营管理自主权和劳动分配激励权限；把农机、农技、信用、供销等部分农业生产服务整合到人民公社内部，实行经济核算、成本控制和盈亏管理，允许跨队、跨社提供有偿服务；采用农林牧副渔并举方针，实施农工商综合经营，允许和鼓励举办社队企业，满足农业生产和农民生活需要，并为城市提供部分生产生活资料；小范围内允许农民在自留地、房前屋后和庭院进行种养发展副业，通过集市交易部分农产品和生活用品；少数地方还探索开展了以劳动力、家庭或小组为单位的农业生产责任制，出现了短暂的“包产到户”。这些调整措施的共同特征都是围绕着调动农村经济主体、农民个体或家庭的积极性展开的，以解决人民公社体制的激励失灵、管理低效等问题。但实际上，这一时期为了维持以城市为中心和重工业优先的发展战略，对农产品和农业积累的调出力度不断加大，使得对人民公社农业生产经营管理体系的调整仅发挥了稳定这一体制的作用，并没有在实质上提高农民收入和生活水平，对农业发展水平的提升作用也相当有限。农村发展滞后以及城乡发展矛盾积累，必然要求对农业生产经营管理体制，以及围绕农业生产经营的计划经济管理制度进行改革。

3. 1978—2002 年：家庭承包制改革完善过程中复合型经营方式的探索

党的十一届三中全会召开后，以安徽省凤阳县小岗村“大包干”为标志的改革率先在农村开启，多种形式的农业生产责任制迅速推开，最后统一为以“大包干”为主要形式的家庭联产承包责任制。农户家庭承包经营使农户获得了内在的发展激励，在当时极大解放了农业生产力。但随着国家发展战略和城乡工农关系的调整，农村人口动态变化从单纯的数量增长转向工农城乡流动，农村人地矛盾关系诱导农户家庭经营方式不断发生变化，改变了集体统一经营基础，给农业生产和农村经济发展带来新的挑战。因此，在家庭联产承包经营普及基础上建立统分结合的双层经营体制并发展成农村基本经营制度后，中国以巩固和完善农村基本经营制度为主线，探索适应农村人口变化的农业家庭承包经营形式及配套制度体系。

一是家庭联产承包责任制普及后，适应农村人口迅速增长和农户家庭成员数量分化，允许种田能手流转缺乏劳动力承包户的土地，取消统购统销扩大农产品市场流通范围，并以农户增收为导向出现了兼业户、专业户、多种经营户的初步分化。由于农户家庭人口数量、劳动力结构和质量不同，起点基本一致的家庭承包户迅速出现分化，典型情形是缺乏劳动力的承包户无人种地，人口数量多的承包户不断分户降低土地规模。加上农村人口总量仍保持迅速增长态势，新增人口不断获得承包地，导致农户家庭经营的土地细碎化、规模细小化、经营多样化（Nguyen et al.，1996）。国家加快了农村市场化改革进度，逐步取消了大部分农产品的统购统销，鼓励发展城乡集市贸易，允许农户开展农工商多种经营、种田能手转入土地扩大规模。同时，恢复重建了农机、农技、信用等农业生产服务体系，撤销人民公社管理体制，为农业家庭承包经营或拓展多种经营及专业化发展创造了有利条件。部分获得农机等生产资料的农户以及在农业生产服务体系中独立出来的农户，迅速成为农业服务专业户。农户家庭经营呈现了向专业户、多种经营户以及农工商兼业经营分化的新趋势，显现了农户家庭经营的广泛适应性。

二是乡镇企业和非农产业迅速发展带动农村劳动力非农化，影响土地承包关系和农业生产稳定，推动农业家庭生产向规模化、组织化、服务化、综合化的经营方式调整，弥补农业生产和农民发展的要素短缺，不断探索农村基本经营制度的完善路径。家庭联产承包责任制普及一段时间后，农村集体经济组织统一经营的难度越来越大，社队统一经营职能和人民公社体制撤销后的村集体农业生产服务能力迅速弱化。乡镇企业异军突起，推动了乡村工业化，吸纳了大量农村劳动力就业，却出现了无人种地等现象。因此，中央基于各地实践探索试点推广完善农业经营体系的有效做法，如选择部分乡村工业发展快的地方，开展土地规模经营试验，通过村集体统一经营、发展种养大户、成立专业服务队等形式，把承包地经营权或农业生产作业集中到种田能手手中。贵州省湄潭县还开展了“增人不增地、减人不减地”的土地制度试点；总结和推广农民技术协会、农业生产资料和农产品购销合作组织等农业专业合作形式，引导农户在要素获取和市场竞争中“抱团取暖”；对农机、农技、供销、信用等农业生产服务体系实行承包制、举办实体等市场化改革，初步培育了以产前和产后服务为主的农业生产服务市场。可见，乡镇企业发展带动的农村劳动力非农化，成为松动农民与土地矛盾的关键变量，也为完善农村基本经营制度，推动农业规模化、组织化、服务化、综合化发展创造了有利条件，并以市场机制为牵引诱发农户家庭经营的分工与专业化路径，衔接第二、第三产业创造了机会机遇。

三是围绕调动农民积极性的农业产业化经营方式迅速发展起来，并通过市场化驱动的农业社会化服务和农业组织化创新初步构建起立体式复合型农业经营体系。到了20世纪80年代后期，改革开放的重心转向城市，城镇化、工业化不断加速，国家逐步放开城市劳动力市场。农村劳动力进城务工，部分地区出现无人种地等现象，农户老弱化加大了生产经营决策的盲目性，农业生产易受市场波动影响，粮食等重要农产品产量处于波动或徘徊状态，农产品“卖难”频繁发生。为应对这些局面，各地开展了推动农业规模化、专业化、集约化、组织化生产的经营方式创新。如不少地方探索了“两田制”“反租倒包”、联耕代种等规模经营形式，发展土地承包经营权流转市场，推动细碎土地互换、合并，引导农户由多种经营向专业化规模经营转型；国家明确提出建立农业社会化服务体系，加快推动农技、供销、信用等服务体系改革，发展多元化、市场化农业生产服务，农业服务户、服务型合作社以及服务公司迅速发展起来；推动以技术和购销互助为主要内容的专业合作领域向生产环节延伸，发展从事规模化种养的农民专业合作社；大力发展市场导向的“公司 + 农户”“公司 + 基地 + 农户”“公司 + 中介组织 + 农户”的农业产业化经营模式，形成了以订单为核心的价格、农资、服务、技术等多重利益联结方式。

这一时期，适应农村人口变化的农业经营体系调整路线，主要是不断巩固农户家庭经营的基础地位，通过农村要素配置的市场化改革，激发农民自主和市场驱动的要素投入内生动力，推动农村土地经营权流转，发展农业社会化服务和组织化、产业化经营，逐步培育多种形式规模经营主体，初步形成了以家庭承包经营为基础，种田能手、种养大户专业化经营，土地承包户兼业化经营，农业社会化服务与组织化、产业化共同支撑的复合型农业经营体系，初步显现出对城乡二元结构下农村人口非农化和向城市转移的农业现代化特殊需求的适应性。这一过程中，农村人口从城乡流动限制到逐步放开，逐步形成了非农化和向城市务工转移的新趋势，并出现了农村常住人口总量、第一产业从业人员总量的“拐点”。以农户家庭经营为基础、多种形式规模经营主体加快发展、社会化服务和产业化经营为支撑的立体式复合型现代农业经营体系已初见雏形，虽然基本上适应了农村人口的新变化，维持了农业农村总体稳定发展，但对于克服农户分散生产经营的弊端、加快推进农业现代化而言，发挥的作用仍然有限，需要进一步创新。

4. 2002 年至今探索构建立体式复合型现代农业经营体系

伴随着城镇化迅速推进，不少地方“无人种地”隐忧凸显。但城乡二元结构和农民流动状态使土地作为兜底保障的功能始终存在，农民保留土地承包权或承包经营权的意愿强烈。这决定了小农户作为主要的农业经营主体将贯穿农业现代化全程，也决定了农户家庭经营方式的多元化、分层式分化发展方向，迫切需要在小农户基础上创新现代农业经营体系。党的十八大提出“构建集约化、专业化、组织化、社会化相结合的新型农业经营体系”。党的十八届三中全会就加快构建新型农业经营体系，强调坚持家庭经营在农业中的基础性地位，推进家庭经营、集体经营、合作经营、企业经营等共同发展的农业经营方式创新。2013年中央农村工作会议强调，加快构建以农户家庭经营为基础、合作与联合为纽带、社会化服务为支撑的立体式复合型现代农业经营体系。党的十九大提出，促进小农户与现代农业发展有机衔接。这一时期的农业经营体系调整，基本上沿着推进农业现代化的方向，以巩固和完善农村基本经营制度为基础，培育多元化新型农业经营和服务主体，提高农业要素市场水平，推进灵活多样的适度规模经营形式，发挥组织化、产业化、服务化等相互促进的综合效能，全方位、全要素带动小农户衔接现代农业，初步形成了包容小农户的中国特色农业经营体系。

一是顺应农户多元分化和分层发展趋势，培育规模经营主体和服务主体，支撑农民稳步增收和农业现代化顺利推进。外出务工农户的土地承包经营权转出需求迅速显现，留守在村的农户迅速分化为专业户和兼业户。中央一号文件开始持续关注“三农”后，出台了大量的惠农政策，取消了农业税，实施种粮农民补贴和各种农业支持政策。但中国加入世界贸易组织后，农业对外开放程度迅速提升，农业市场竞争加剧。各地更多发挥市场机制作用推动农业经营体系调整，如从允许和鼓励到明确支持种养大户流转集中土地从事规模化经营；2006年，国务院颁布《中华人民共和国农民专业合作社法》，把各类农民专业合作组织规范为农民专业合作社；将农业社会化服务体系建设明确为公益性和经营性分别发展的思路；完善农业产业化发展机制，培育壮大龙头企业，规范订单合同、组织机制和利益联结。这些实践探索，拓展了农户家庭承包经营在农村劳动力加速外流背景下的适应性，也进一步明晰了以合作联合为纽带、社会化服务为支撑的立体式复合型现代农业经营体系建设方向。

二是应对“无人种地”“谁来种地”隐忧，重视培育新型农业经营主体，探索多元化土地规模经营实现形式（高鸣等，2023），形成了一批具有地域特色的现代农业经营模式。各地从发展现代农业的迫切需求出发，支持发展种养大户、农民专业合作社等规模经营主体，并引导和鼓励工商企业进入现代农业领域从事规模化经营。不少地方探索土地集中、服务供给、要素赋能、产业衔接和多方共赢机制，涌现了一批区域性现代农业经营模式。如四川省崇州市的农业共营制、安徽省宿州市的农业产业化联合体以及一些地方发展起来的现代农业综合体、家庭农场联盟等。这些区域型现代农业经营模式的共同特征是围绕新型农业经营主体和职业农民发展，整合区域资源，集成化供给土地、政策、服务、资金、市场等要素，解决土地细碎化、农户分散化生产经营难题，实现规模化、产业化的现代农业经营方式。

三是为化解小农户与现代农业发展矛盾，探索包容小农户、组织小农户、带动小农户的现代农业经营方式，凸显了中国特色农业现代化道路的制度优势。党的十八大以来，健全现代农业经营体系的重心转到促进小农户发展现代农业上，党的十九大明确提出“促进小农户和现代农业发展有机衔接”。在农业现代化全局视野下推动小农户发展现代农业，就是要为小农户提供多元化、多渠道的农业现代化衔接路径。如实行农村承包地“三权分置”改革，强化农村土地集体所有权、严格保护农民土地承包权、有序放活土地经营权，建立规范的土地流转市场，保障小农户土地权益（房绍坤等，2023）；明确以家庭农场和农民合作社为重点扶持发展新型农业经营主体，注重提升新型农业经营主体对小农户的示范带动能力（苑鹏，2021）；明确农业社会化服务为小农户与现代农业发展有机衔接的主要机制和基本途径，推广灵活多样的农业生产托管模式；发挥村集体经济组织的组织优势，组织小农户流转土地、对接农业生产服务和产业资源；推动农村一二三产业融合发展，建立区域性综合性服务平台，为包括小农户在内的各类农业经营主体提供服务支撑保障（陈龙，2024）。这些适应小农户发展需求的调整，提高了现代农业经营体系对小农户的包容性，完善和丰富了立体式复合型现代农业经营体系，并使其成为农业现代化取得明显进展的基础支撑，构成了中国特色农业现代化道路的核心特征。

（二）我国农业经营体系的现状

目前，农业经营主体形成了以小农户为农业生产环节主力、新型农业经营主体为骨干、多元化主体广泛带动小农户发展的新格局，农村基本经营制度和农业生产的家庭经营基础性地位得到进一步巩固。农业经营体系中多种形式的联结机制，如“家庭农场 + 合作社 + 龙头企业 + 农户”“农业社会化服务组织 + 农户”等，以及“订单收购 + 分红”“农民入股 + 保底收益 + 按股分红”等多种利益联结方式，发挥了联农带农助农作用。

一是粮油作物。小麦、水稻、玉米、大豆等大田粮油作物，机械化程度相对较高，劳动强度越来越低，老龄化、服务化程度较高。经营主体以老弱化小农户为主力，以青壮年为主的规模经营主体为骨干。优质、专用粮油种植一般由龙头企业以加价收购、保底收益等形式带动家庭农场、种粮大户、农民合作社、农业生产性服务组织等经营主体联合发展。在收储政策、价格政策的支撑作用下，组织化、产业化经营方式覆盖面较低，多数经营主体把原粮直接卖给收储机构或市场。粮油作物的经营体系在经济发展分化的不同地区显现出不同特征。在大中城市周边、工业相对发达的县市，种植粮油作物的土地流转率达到 80% 以上，经营主体基本是家庭农场、种粮大户和农业公司，与龙头企业、收购企业建立订单关系，种植优质、专用粮油品种的比例也较高。在粮食主产区和传统农业区域，农村劳动力外出务工较多，农业老龄化明显，农民合作社、家庭农场和种粮大户等迅速发展，但小农户仍是种粮的主力军，农业生产社会化服务作用突出，形成了土地流转和生产托管相互促进、相互支撑的多种形式适度规模经营。在丘陵山区，家庭农场、农民合作社等新型经营主体以及农业社会化服务发育滞后，仍然是以小农户分散生产经营为主，而且自给自足的粗放经营模式占比很高。

二是经济作物。蔬菜、瓜果、花卉等附加值较高的经济作物，有一定的技术门槛和投资要求，专业化、集约化程度较高，但机械化水平低，主要由专业户种植。经济作物的经营体系，以专业户种植为基础，以加工或购销公司、农民合作社为纽带，对接各级各类市场。经济作物产品的价格波动幅度大，经营风险较高，需要实力较强、渠道稳定的加工或购销主体主导形成产业化经营机制，通过统一品种、技术、农资等实现质量均匀，通过订单、加价、分红等稳定收购关系。为适应市场对质量越来越高的要求，经济作物产品的加工或购销主体正从与专业种植户的利益联结关系转变为产业链合作关系，把专业种植户变成“生产车间”，以综合技术方案和专业生产服务介入农户生产过程，做到全程标准规范、信息追溯、统一结算。为扩大市场销售范围，满足消费者差异化需求，电商平台正加速嵌入经济作物的产业链，改变着产业链经营方式和农户组织方式。

三是畜禽养殖。相比其他产业，畜禽养殖是规模化、专业化、集约化程度最高的农业产业领域。在环境保护、市场波动、疫情冲击等多种因素下，从事畜禽养殖的小农户加速退出，规模化、专业化程度高的养殖农场、合作社、公司等发展迅速。畜禽养殖不仅是向规模主体集中，也呈现加速向区域集中的态势。如从事鸡鸭等禽类养殖的企业规模可达到年出栏上亿只，从事生猪养殖的企业规模可达到年出栏几百万头，从事肉牛养殖的企业规模年出栏可达到几十万头。散养户在加速退出的过程中，规模养殖户以新的形式加入到畜禽养殖产业链中。为了适应防疫和品控需要，大型企业集团建设标准化养殖小区，吸引规模养殖户入驻，或者提供养殖场地、技术、物料等标准化方案及配套服务，把规模养殖户变成“养殖车间”。企业与养殖户的利益联结机制基本上以“固定利润或保底收入 + 二次分红”的形式稳定养殖户收益，形成紧密稳固的利益联结关系。

（三）我国农业经营体系的独特性

中国农业经营主体的独特性，根植于中国特色社会主义理论与实践，是公有制经济、农村土地制度和基本经营制度、保障粮食安全、农民农村共同富裕发展导向等综合作用的结果。

一是坚持以农民土地集体所有制为底线。农村土地的农民集体所有制，是中国特色农业经营体系的制度根基，是中国农业经营体系演变的底线，是与发达国家农业经营体系的根本区别所在。坚持农民土地集体所有制，一方面从制度根源上消除了土地兼并诱发的社会矛盾和动荡隐患；另一方面，发挥了农业农村对经济社会稳健发展的“蓄水池”“稳定器”作用。

二是坚持统分结合双层经营体制。深化农村改革以“处理好农民与土地关系”为主线，不断巩固和完善以统分结合双层经营体制为基本内容的农村基本经营制度。一方面，通过承包地“三权分置”改革，保留农户承包权，做活土地经营权，兼顾了土地保障功能和规模经营机制；另一方面，通过发挥集体经济组织的统一经营功能，应对老龄化、空心化地区“谁来种地”的挑战。

三是建立了小农户衔接现代农业机制。小农户贯穿农业现代化全程是中国式农业现代化的核心特征，即使是家庭农场、农民合作社等新型经营主体，相比发达国家的农业经营主体体量，也是小规模经营者。这就必然要求通过产业链不同环节的专业化分工，把小农户卷入现代农业发展轨道，成为现代农业经营主体。这与发达国家主要依靠市场力量把小农户排斥在现代农业体系之外形成鲜明对比。中国农业经营体系演变过程中，发挥带动小农户发展现代农业的主要机制是产业化经营和社会化服务。产业化经营主要是发挥龙头企业带动作用，以多重利益联结方式，把小农户变成现代农业产业链中的“生产车间”。如到2021年9月底，全国县级以上龙头企业9万家、联合体7000多个，辐射带动农户1700万户[①]。社会化服务尤其是生产托管服务，形成了服务规模经营方式，有力促进了小农户农业生产环节的规模化、规范化、集约化和绿色化。2022年，农业社会化服务组织总数达到107万个，服务小农户数量达到9156.4万户[②]。

四是国营农场发挥了产业安全保障作用。国营农场是中国农业经营体系中的关键力量，一直发挥着保障粮食安全和战略产品保供的重要作用。抗日战争时期和解放战争时期，中国共产党就创办了国营性质的农场。新中国成立后，全国各地普遍建立起国营农场。农村改革启动后，国营农村实施了类

① 邓小刚：《国务院关于加快构建新型农业经营体系 推动小农户和现代农业发展有机衔接情况的报告》，中国人大网，2021年12月21日。

② 农业农村部农村合作经济指导司：《2022年中国农村合作经济统计年报》，中国农业出版社2024年版。

似家庭承包制的改革，把土地等农业生产资料承包给农场职工经营，部分国有农场率先探索统一经营机制，整合分散在职工家庭的零碎土地，引进大型机械装备、推广集约高效种植模式，走上了现代化大农业发展道路。2022年，全国农垦系统有国有农场1787个，职工228.5万人，经营耕地面积1.06亿亩、茶桑果橡胶园面积1158.8万亩，猪牛羊肉产量183.4万吨，牛奶产量570.2万吨、禽蛋产量45.9万吨、水产品产量180.0万吨[①]。北大荒集团、江苏农垦集团、广东农垦集团、海南农垦集团、安徽农垦集团等已经成为在行业或区域具有影响力的战略型农业企业。

五是以动态式演变适应发展形势变化。发达国家和农业发达国家的现代农业经营体系已经基本成形，中国的农业经营体系一直处于动态变化过程中，多元化、多样式的经营主体和服务主体结构始终处于演变过程中。这是适应中国“亦城亦乡、亦工亦农”的渐进性城镇化道路的结果。这种动态性更是中国特色农业经营体系的重要内容。未来，中国现代农业经营体系，仍然会随着渐进性城镇化道路的阶段递进而出现匹配性的动态变化。

三、完善中国特色农业经营体系方向

（一）重大挑战

1. 国际形势变化

一是全球粮食安全形势严峻。2014年以来，全球长期性饥饿人口一直在上升，中度或重度粮食不安全发生率在2020年大幅增长，几乎相当于之前5年增幅的总和。国际粮食市场的波动表现出创历史新高、“慢涨快跌”、金融

---

① 农业农村部农垦局：《2022年全国农垦经济发展统计公报》，农业农村部网站，2023年5月25日。

化趋向更加显著等特征。2020 年 3 月，国际市场粮价开始上涨并持续了两年。2022 年 2 月底，俄乌冲突爆发，进一步加剧国际社会对粮食供需不平衡的担忧，粮食价格加速上行（钟钰等，2022）。同年 3 月，FAO 食品价格指数已经达到 159.3，较 2020 年 5 月上涨 74.86%，月均涨幅 2.57%。但从 2022 年 4 月开始，国际粮食价格进入下行通道，油和油脂、谷物跌幅普遍较大。这引起了国内粮价上扬、进口成本高企、进口渠道不畅、种植成本走高、养殖利润下降等不利影响。二是国际贸易环境日趋复杂。2008 年国际金融危机和 2009 年欧债危机后，全球化开始放缓，特别是近年来世界经济政治格局快速演变，“逆全球化”不断升温，对全球贸易体系造成显著冲击（樊胜根等，2019；董琴，2018）。近几年，主要经济体之间的贸易摩擦和争端频发，背后除了经济因素考量，更服务于内外政治目的。与此同时，双边与区域合作意愿更强，新型贸易秩序加速建立。短期内，全球贸易环境将处于激烈变化的调整波动期，贸易摩擦和保护主义可能加剧；长期内，新的贸易秩序伴随大小不等的“贸易圈”诞生，将呈现“圈内更开放、圈外更排他”的贸易环境。这些变化可能会对中国农业的国际竞争力产生影响。

2. 保障国家粮食安全任务依然艰巨

粮食安全是“国之大者”。党的十八大以来，我国针对粮食安全问题提出了一系列战略目标和政策举措，走出了一条中国特色粮食安全之路。2023 年，我国粮食总产量达到 13908.2 亿斤。但在我国现代化进程中的粮食安全体系仍面临一系列问题和挑战。近年来，种粮收益不断收窄抑制了农民的种粮积极性。一方面，粮食生产成本“地板”不断攀升。根据《中国农村统计年鉴》数据显示，2012—2021 年，我国稻谷、小麦和玉米三大主粮平均成本由 2.03 元 / 公斤上涨至 2.33 元 / 公斤，增长 14.78%。另一方面，粮食出售价格面临“天花板”。2021 年，我国三大主粮每公斤平均出售价格为 2.57 元，较 2012 年仅增长 7.21%，其中 2016—2019 年粮食的平均出售价格更是低于平均成本。经济激励不足使得农地“非粮化”趋势日益明显，粗放经营甚至土地撂荒问题较为严峻，这在很大程度上影响了粮食安全形势。

3. 区域、城乡发展不均衡仍是突出问题

一是东西部地区发展绝对差距仍然较大。东部地区结构调整步伐快于西部，发展质量和效益优于西部。且西部地区经济增长速度快于东部的优势在弱化，经济总量的绝对差距仍在扩大。二是北方部分地区经济发展活力不足。东北地区多年来经济增速低于全国平均水平，老龄化程度高于全国平均水平。西北地区资源环境保护压力突出，经济发展基础较为薄弱，经济转型升级相对滞后。三是特殊类型地区振兴发展仍有困难。欠发达地区人均可支配收入仍然较低，革命老区基础设施和公共服务水平有待提升，边境地区人口流失、边境村“空心化”等问题突出，资源型地区产业转型发展面临技术、人才、资金等要素资源制约。四是区域生产力布局调整任务艰巨。部分关键产业、产业链关键环节分布过于集中，一些地区产业布局与资源环境的匹配性不足，差别化的区域产业政策亟待完善。地方保护和区域壁垒在一定程度上仍然存在，地区间产业同质化发展、低水平重复建设等问题仍然突出。区域发展不平衡的原因，从客观因素看，我国国土广阔，不同地区的自然资源禀赋、经济发展基础和功能定位等存在较大差异；从主观因素看，一些省份市场化进程相对滞后，粮食主产区和主销区之间、资源输出地和输入地之间、生态保护地和受益地之间的市场化多元化的利益补偿机制尚未完全建立，生态产品价值实现缺乏有效途径，产业转移、园区共建等跨区域合作缺乏利益分享机制。

4. 小农户和现代农业衔接存在内生障碍

一是实力太弱，兼业经营，难以应对市场竞争。目前，工商资本凭借资金、技术、信息、渠道的优势进入农业农村，对小农户生存与经营形成“压倒性”优势（桂石见等，2023），小农户成为利益盘剥和风险转嫁的对象，经营风险加大、经营收入减少。二是分散经营，难以参与现代农业发展（Streletskaya et al.，2020）。由于规模较小、分散经营，小农户不能实现标准化生产、品牌化经营、批量性供应，很难满足城市对食品安全的需要、参与现代农业发展。而且在分散经营的条件下，小农户无法采用先进的生产技术，机械化水平难以提高（Schulz et al.，2023）。三是生产资金获取难，人才劳力均缺失。小农户往往因为土地经营规模较小、经济实力较弱、缺乏合格有效的担保物，难以获得贷款等金融支持。

（二）重要任务

1. 促进农业经营主体自身发展

一是提升农业经营主体的科技含量。农业经营主体科技含量的提升，要从外部推动与内部升级同时进行。在外部推动方面，各级政府结合本地区的产业特色与地理优势完善优化对新型农业经营主体的支持政策。进一步加强与高校、农业科研机构的合作，以农业经营主体为桥梁，加速科研成果的应用转化。在内部升级方面，通过宣传教育、实地考察和示范引领等多种方式更新农民的传统经营观念，让农民成为新型农业发展的参与者和受益者。

二是建立绿色长效发展机制。新型农业经营主体的发展，要以绿色发展为理念，建立有效的农业经营防污染措施。在保障粮食产量的基础上，发展农产品的半成品和成品的粗加工与深加工产业。充分利用现代农业机械和生产技术，控制农药、化肥等的使用量。以优质农产品进行差异化竞争，既满足国内需求，又积极谋求外向型发展，通过新型农业经营主体带动农业竞争力的提升。

三是引导多元化的经营主体培育。应引导和加强农业技术服务、产品销售和农村文化建设等方面的经营主体培育。首先，在农业技术服务方面，培育包括种植技术、病虫害防治技术、农机技术和信息技术等方面的经营主体。其次，在产品销售方面，规范化发展的农业电商可以加快产品流通速度，减少销售环节，同时平抑农产品物价，大幅增加农民的收入。最后，应注重农村文化建设以及农村传统文化的保护与传承，提升农村的文化内涵，增强农村的品牌影响力，使其具备更高的文化自觉性和社会责任感。

2. 推动农业经营体系深度融合

一是创新农业产业组织模式，深化产业融合程度。充分发挥合作社中间组织作用。将合作社视为联结弱势主体（小农户、家庭农场、种养大户）与强势主体（龙头企业）的重要桥梁。在农村产业融合初期，推动农户加入合作社实现吸附式的融合，构建生产环节的“环融合”；在农村产业融合中期，推动合作社再组织化实现“互利共生型融合”，基于资源禀赋差异选择“社企联合”“社村联合”“社社联合”等不同模式，围绕补短板、强优势，构建围绕农业产业链上下游的“链融合”；在农村产业融合后期，推动成熟联合社围绕不同供应链协同发展实现空间融合，其融合功能拓展到生产、供销、信用多元服务，构建异构性产业联盟性质的“层融合”。同时，创新主体融合模式。推进“龙头企业＋合作社＋农户＋N”的现代农业产业联盟建设，因地制宜开展如浙江“三位一体”农合联、四川崇州“农业共营制”等模式的探索与试点，进行“抱团经营”，形成强大合力，为做优特色产业、促进共同富裕闯出一条新路子。

二是完善互利共赢利益联结，稳定主体间融合成效。建立龙头企业、合作社与农户风险共担的利益共同体，探索“产业联盟一体运营”“订单收购＋分红”“土地入股＋保底收益＋按股分红”等互惠共赢、风险共担的利益联结机制，推动价值分配向上游农户倾斜。同时，以德治、法治、自治、智治“四治融合”的社会治理思维，完善以价格和质量为基础的市场治理、以正式书面合约为保障的契约治理、以共同价值理念乡村行为规范为手段的关系治理、以清晰和流动产权为依托的产权治理。同时，要强化互联网思维，节约交易费用，推进“订单农业”“菜单农业”“基地农业”等稳定交易关系的发展。

3. 提升农业经营体系抗风险能力

一是加强基础设施建设，提高农业风险事前管理水平。深入实施“藏粮于地、藏粮于技”战略，加强高标准农田建设，完善农田水利基础设施。与此同时，进一步强化科技创新，着力实现农业适应气候变化相关技术的突破，比如培育气候适应型作物品种，推广节水灌溉、抗旱保墒等气候适应技术，全方位夯实农业生产的防灾抗灾能力。

二是提升农业保险服务广度和深度，提高农业保险服务质量。扩大农业保险的覆盖面，调整和完善森林、草原保险制度，鼓励各地因地制宜开展优势特色农产品保险，将农机库棚、仓储冷库等农业生产设施设备纳入保险范围；增加农业保险品种，探索构建涵盖财政补贴基本险、商业险和附加险等农业保险综合产品体系，创新开展农村环境污染责任险、农产品质量险、农民短期意外伤害险等险种，积极发展适应各类农业经营主体需求的多元化、多层次保险产品；提高农业保险保障标准，逐步提高保险保障水平，并尽快建立农业保险保障水平动态调整机制；发挥再保险的引导作用，构建风险分担机制，合理确定分保比例，进一步提升农业保险保费的财政补贴资金的惠农效率，降低经营主体对直保业务的逐利预期。

4. 培养稳定的农业经营队伍

一是大力培养农业生产经营骨干队伍。聚焦吸引人、留住人、培养人，打造一支农业生产经营骨干队伍。在引人育人方面，坚持内培和外引相结合，有针对性地选拔专业对口的农业技术人才输送到基层，实施人才购（租）住房、安家补贴、人才奖补等优惠政策，健全教育培训、认定管理、政策扶持“三位一体”的培育体系。在留人用人方面，探索实行支持新型农业经营主体符合条件的从业人员参加城镇职工社会养老保险政策，完善返乡入乡农民职称评定、社会保障、职业发展、荣誉激励制度。

二是改善农村生产、生活、生态环境。以村庄整治和建设为突破口，加快农村基础设施、公共服务和人居环境建设，改善农村生活条件。健全完善农村路、水、电、气、物流、通信网络等促进农村基础设施提档升级。推动农村社会保障、养老托育、教育、医疗等服务体系建设，促进农村公共服务扩容提质。持续巩固农村污水、垃圾、厕所“三大革命”成果，健全长效管护机制。

（三）构建中国特色农业经营体系的主要思路与路径

1. 构建中国特色农业经营体系的主要思路

从现代农业经营体系的作用看，其实质在于推动农村基本经营制度的发展，能够实现“统”和“分”层面上的农业经营体制机制创新，进而推动农业生产转到以提高土地生产率、劳动生产率和资源利用率为导向的现代生产方式上来。具体来看包括以下 4 个方面。

一是以小农家庭经营为基础，培育壮大新型农业经营主体。要以吸引年轻人务农、培育职业农民为重点，在造就形成高素质农业生产经营者队伍的同时，充分发挥新型农业经营主体对小农户的引领带动作用，不断提升小农户发展能力，提高小农户组织化程度，拓宽小农户增收空间。

二是以适度规模经营为路径，有序推进土地经营权流转。要从我国客观现实和农业发展规律出发，在充分尊重农民意愿的基础上，推动经营规模同农村劳动力转移规模、新型经营主体产业特性和经营能力、农业社会化服务水平等相适应。

三是以农业经营增效为引擎，充分调动农民种粮积极性。要完善粮食价格形成机制，培育粮食生产经营新业态、新模式，拓展延伸粮食产业链条，提高粮食产业附加值。此外，研发推广粮食新品种、新技术、新机械，通过提高粮食产业科技含量，拓宽小农户和新型农业经营主体的种粮收益空间。

四是以市场导向为原则，正确处理政府和市场的关系。要坚持市场导向，根据市场变化及时调整经营规模、经营方式、经营范围、管理策略、销售模式等。同时，更好地发挥政府作用，加强政府对各类经营主体的引导和支持，通过制定相关政策、完善制度法规、健全发展规划等途径，推动各类经营主体公平参与市场竞争，营造良好的营商环境和社会氛围。

2. 构建中国特色农业经营体系的路径

一是以土地经营权流转提高规模化水平。建立健全各级综合性交易平台，完善土地流转市场管理办法，规范引导农村土地经营权有序流转，发展多种形式的适度规模经营。引导农户采取转包、出租、转让及入股等方式流转承包地；鼓励村集体采取土地整村入股、统一经营等方式，壮大集体经济；支持各类社会化服务组织开展全程托管、土地托管、劳务托管和订单托管等托管服务。运用农村土地确权登记颁证成果，探索股份合作、委托流转等流转方式，提高土地适度规模经营率。支持农投公司对农村土地的储备和流转，鼓励开展农村承包土地经营权和农民住房财产权“两权”抵押试点工作。

二是以壮大新型农业经营主体提高组织化水平。推动家庭农场提质升级，重点扶持特色化、示范型的家庭农场。积极开展农民专业合作社“空壳社”专项清理，提升农民专业合作社发展质量。鼓励有条件的农民专业合作社，以特色农产品、土地、资金为重点组建专业合作社联合社，探索发展公司化专业合作社。通过扶持本土企业、招商引资等途径，加快农业龙头企业培育，并与农民专业合作社、家庭农场等合作经营，健全土地、资金、科技、信息、品牌等资源要素共享机制，完善利益共享机制。加快落实财政、税收、土地、信贷、保险等支持政策，扩大新型农业经营主体承担涉农项目规模。

三是以建立小农户与现代农业衔接机制提高市场化水平。开展种植技术、经营管理、科技应用等方面的培训，改善小农户生产设施条件，提升小农户发展能力，支持小农户运用优良品种、先进技术、物质装备等发展现代农业。支持小农户通过土地、劳动、技艺、产品等多种方式，发展多样化的合作与联合，鼓励新型经营主体与小农户建立契约型、股权型利益联结机制，提高小农户组织化程度。支持小农户在种植生产基础上，充分利用农业、生态、文化等资源，发展特色手工和乡村旅游等。开展农超对接、农校对接、农社对接等多种形式农产品产销对接活动，引领小农户对接市场。培育适应小农户需求的多元化农业生产性服务组织，积极拓展服务领域，增强有效服务能力。

四是以培育专业化服务组织提高社会化水平。全面推进农民专业合作、供销合作、信用合作“三位一体”农民合作体系建设。培育专业化市场化多元化服务组织，探索建立集农经农技指导、信用评价、保险推广、产品营销于一体的公益性、综合性农业公共服务组织和市场。发展农机作业、统防统治、加工储存等生产性服务组织，推进专业服务和生产托管等农业生产全程社会化服务。培育农机租赁市场，提升农机集约利用效率。支持农村集体经济组织、服务型农民合作社等服务主体，开展以土地流转、单环节托管、多环节托管、关键环节综合托管和全程托管等农业社会化服务。探索政府购买农业公益性服务机制，创新有效路径。

四、相关政策建议

我国实现农业强国目标的关键绝非要改变工业化和城镇化的发展大势，而是通过体制机制设计、经营体系建设、生产条件改善、人力资本提升等方面汇聚合力。通过积极的政策设计增强资本、劳动力、土地等生产要素的协同和整合，构建中国特色农业经营体系，逐步解决农业生产中“有效劳动力不足”问题。

（一）推动建立新型主体和传统农户共同发展的农业支持保护政策体系

构建更加协同和包容的农业支持体系，既要考虑规模经营主体的需要，也要关注小型农户的发展。区分发展农业生产、保障农民收入等不同政策目标和支持对象，分类完善补贴政策，稳定对小农户的存量补贴，同时调整增量支持政策，向新型农业经营主体和农业社会化服务体系倾斜。支持规模经营主体的主要方向是，建立巩固提升粮食等大宗农产品产能的政策体系，促进家庭农场、农民合作社形成适度的经营规模。探索农业生产资料信贷支持体制机制。推出针对粮食等大宗农产品生产的专项贷款和低利率信贷产品，帮助大型农户应对季节性资金需求和扩大再生产。加强银保联动，提升保险机构为大型农户应对大灾的赔付能力。完善粮食生产和收入保险等种粮收益保障体系。保障小农户的主要方向是，支持小农户发展适合家庭经营的精细化种养和庭院经济，改善生产基础设施，加强科技装备应用，提高生产经营效率。优化其从事多种经营的政策环境，降低小农户转型发展的门槛。稳定和完善普惠性的、直接对农民的补贴政策，健全精准发放、精细管理制度。利用税收优惠、财政补贴等激励机制，支持小农户发展成为家庭农场或加入农民合作社，鼓励新型农业主体与传统农户开展合作与协同发展。支持农业企业与农户建立订单生产、保底分红、股份合作等合作方式，把产业链增值收益更多留在农村、留给农民。

（二）稳定土地承包关系并巩固完善农村基本经营制度

稳定土地承包关系。扎实推进第二轮土地承包到期后再延长30年试点，坚持“大稳定、小调整”，确保绝大多数农户原有承包地继续保持稳定。在农民自愿前提下，鼓励有条件的地方通过承包权不变、经营权互换的方式，以村组为单位开展解决农户承包地细碎化问题试点。规范土地经营权流转。创新“三权分置”实现路径，坚持依法、自愿、有偿原则，把握好土地经营权流转、集中、规模经营的度，与城镇化进程和农村劳动力转移规模相适应，与农业科技进步和生产手段改进程度相适应，与农业社会化服务水平提高相适应。强化农村集体经济组织功能。发挥集体在保护提升耕地质量、防止和纠正长期撂荒承包地等方面的作用，支持有条件的地方开展土地经营权入股发展农业产业化经营试点。

（三）提高农业社会化服务体系与农业生产经营体系协同性

搭建平台载体连接社会化服务主体和农业生产经营主体，探索建设多种类型的农业综合服务中心，提供集农资供应、技术集成、农机作业、仓储物流、农产品营销等服务于一体的农业生产经营综合解决方案。发挥农村集体经济组织独特优势作用，支持集体经济组织为小农户和新型农业经营主体提供生产、劳务等居间服务，有条件的地方可以探索抱团发展。充分利用农村集体自身资源条件、经营能力，探索资源发包、物业出租、居间服务、资产参股等多样化途径，发展壮大新型集体经济。创新金融产品引导主体融合发展，鼓励金融机构围绕农业社会化服务，创新开发托管贷、托管险等产品和服务，推动多元服务主体加强合作，扩大服务半径，强化服务力量，拓展服务领域。推进农业保险提质增效，提高保险理赔精准性，鼓励地方发展特色农产品保险，引导小农户和新型农业经营主体“应保尽保”。

（四）建立服务于全产业全链条的综合性社会化服务体系

适应多元化服务需求，创新组织形式和服务模式，加快健全公益性服务和经营性服务相结合、综合服务和专项服务相协调的综合性社会化服务体系。鼓励各类服务主体巩固扩大粮棉油糖服务规模，向经济作物、畜禽水产、设施农业等行业拓展。持续强化产中服务，向产前投入品供应、集中育秧育种、技术集成和产后秸秆处理、畜禽养殖废弃物利用、烘干仓储、冷链物流、市场营销等环节延伸，因地制宜发展单环节、多环节、全程托管等服务模式，增强社会化服务对农业生产各环节的支撑能力。发展农村数字普惠金融，推进农村信用体系建设，探索面向小农户和新型农业经营主体的纯信用、基准利率的信贷产品。发挥农业信贷担保体系作用，依法合规开展农村承包土地经营权、存货、订单、应收账款等抵质押融资服务，加大对新型经营主体信贷支持。

（五）以高标准农田建设和农机补短板为抓手推动要素协同配套

加快建设灌区骨干输水工程，实施小型农田水利设施提升工程，完善山塘、堰坝、提水泵站等小型水源设施，科学衔接田间灌排设施，加快接上末端渠系断点，提高农田灌溉用水保障能力。支持分级布局建设一批区域性粮食烘干仓储设施，鼓励共建共用。鼓励农村集体经济组织、新型农业经营主体、农户等直接参与高标准农田建设管护。鼓励有条件的地方结合高标准农田建设、土地整治等，开展丘陵山区农田宜机化改造。研发推广应用大型农机装备以及适用丘陵山区的小型机械和园艺机械。鼓励在农机技术研发中整合现代信息技术等。优化农机购置补贴政策，确保补贴政策能够更好满足各地农民的实际需求。重点培育一批设施完备、功能齐全、效益良好的农机服务组织，提供定制化的农机作业解决方案。加大科技强农力度，打通科技进村入户通道，加快熟化优化的高产高效关键技术推广应用，分区域、分品种开展大面积单产提升技术攻关，集成推广综合性技术解决方案。

（六）加快培育高素质现代农业人才队伍

以“内培外引”为导向，加快培育农业科技应用人才和经营管理人才。积极开展职业农民技能培训，赋予农技推广机构、科研院所和高校更多参与高素质农民培育的职责和任务，有序引入社会机构参与农民培训工作，强化过程监督和质量考核，整体提升农业从业人员技能水平和综合素质，推进农民培训、职业技能等级与学历教育融合贯通。鼓励农业企业、农民合作社、家庭农场等新型农业经营主体带头人参与培训并承担对其他农民的实习实训任务。有序加大“公费农科生”培养力度，实行定向式、订单式人才培养，明确基层服务年限。充分利用专家服务基层、大学生志愿服务西部计划、高校毕业生“三支一扶”等人才支持计划，从薪资待遇、职称评定、专业职位任用等方面予以激励。全面实施“公费农科生”政策，面向农村基层订单定向培养紧缺急需专业人才。加强农业职业经理人培养体系建设。鼓励有条件的地方探索青年农民支持计划、老年农民退休制度。完善高素质农民发展激励机制，建立符合农民特点的职业体系、职称评定和晋升标准。支持符合条件的新型农业经营主体带头人和从业人员参加城镇职工养老保险。

主要参考文献

［1］陈龙. 小农视角下中国特色农业农村现代化的内在逻辑与路径选择[J]. 经济问题，2024（4）：92–98.

［2］陈锡文. 构建新型农业经营体系 加快发展现代农业步伐[J]. 经济研究，2013，48（2）：4–6.

［3］陈锡文. 构建新型农业经营体系刻不容缓[J]. 求是，2013（22）：38–41.

［4］董琴. “逆全球化”及其新发展对国际经贸的影响与中国策略研究[J]. 经济学家，2018（12）：91–98.

［5］樊胜根，张玉梅，陈志钢. 逆全球化和全球粮食安全思考[J]. 农业经济问题，2019（3）：4–10.

［6］房绍坤，路鹏宇. 促进新型农业经营主体发展的法治思考[J]. 理论学刊，2023（3）：131–139.

［7］高鸣，江帆. 回答“谁来种地”之问：系统推进现代农业经营体系建设[J]. 中州学刊，2023（12）：45–53.

［8］桂石见，钱朝琼. 新型农业经营主体与小农户协同发展的现实价值及实践路径[J]. 农业经济，2023（8）：67–69.

［9］郭玮. 着力构建现代农业产业体系、生产体系、经营体系[J]. 中国合作经济，2016（2）：22–23.

［10］苑鹏. 推动小农户与现代农业有机衔接[J]. 红旗文稿，2021（2）：23–26.

［11］张红宇. 中国现代农业经营体系的制度特征与发展取向[J]. 中国农村经济，2018（1）：23–33.

［12］钟钰，陈希，崔奇峰. 俄乌冲突对世界粮食安全的影响[J]. 世界农业，2022（10）：18–27.

［13］周应恒. 新型农业经营体系：制度与路径[J]. 人民论坛·学术前沿，2016（18）：74–85+95.

［14］Nguyen T, Cheng E, Findlay C. Land fragmentation and farm productivity in China in the 1990s[J]. *China Economic Review*, 1996, 7(2): 169–180.

［15］Schulz D, Boerner J. Innovation context and technology traits explain heterogeneity across studies of agricultural technology adoption: a meta-analysis[J]. Journal of Agricultural Economics, 2023, 74(2): 570–590.

[16] Streletskaya N A, Bell S D, Kecinski M. Agricultural adoption and behavioral economics: bridging the gap[J]. Applied Economic Perspectives and Policy, 2020, 42(1): 54–66.

从托管半托管实践看我国农业规模化经营的路径选择*

新中国成立以来，我国农业农村在为工业化和城市化作出重要贡献的同时，也实现了自身的发展进步，不断朝着现代化的方向迈进。但在这一进程中，经营规模小一直是制约我国农业现代化的突出问题，如农业生产效率不高、农业先进技术装备推广慢、农民经营性收入低等，都和经营规模小有直接关系，影响了农业部门长期支持国民经济发展的能力。与全球农业现代化先行国相比，我国农业经营规模过小，即便在人多地少的东亚地区也呈现明显劣势，这导致我国大宗农产品在国际市场上缺乏竞争力，在农业贸易中经常陷于被动。如果能够在经营规模上缩小同其他国家的差距，不仅可以进一步释放我国农业自身的发展潜力，优化农业部门在国民经济中的作用，还可以提高农业的国际竞争力。然而，经营规模的扩张与一个国家的人地关系、非农部门对劳动力的吸纳能力、农业要素市场的发育程度、社会保障体系的健全程度密切相关。考虑到上述因素，我国推进农业规模化经营的战略必须与发展阶段相适应。这也是中央提出推进多种形式适度规模经营政策主张的主要原因。

---

* 本报告是清华大学中国农村研究院青年课题“从托管半托管实践看我国农业规模化经营的路径选择”的研究成果，报告观点仅代表课题组的看法。课题负责人：胡凌啸，中国社会科学院农村发展研究所助理研究员。报告执笔人：胡凌啸、刘余、曹丹丘。

近年来，随着农业社会化服务体系不断完善，各地政府和农业从业者在农业经营流程上进行了大量创新探索，我国农业规模经营模式呈现更加多样化的特征。农业全托管、半托管的发展和由此衍生出的服务带动型规模经营现象具有十分重要的价值。从理论层面看，这一现象提供了认识农业规模化经营内涵和实现路径的新视角；从实践层面看，以农业社会化服务为支撑推进农业规模化经营有可能成为破解我国现阶段农业小规模经营难题的路径选择。本研究从全托管、半托管实践审视我国农业规模化经营的实现路径，重点从服务带动型规模经营视角认识农业规模化经营的实现逻辑，通过分析推进服务带动型规模经营面临的障碍并提出有针对性的策略，为我国推进农业规模化经营提供启示。

一、我国推进农业规模化经营的实践探析

新中国成立后不久，我国农业很快以集体化的方式实现了规模化，但由于集体经营的种种弊端最终在20世纪70年代末被分田到户后的小规模家庭经营所取代。进入20世纪80年代，我国在家庭经营基础上再次踏上了推进农业规模化经营的道路。在40多年的探索过程中，土地流转型规模经营路径无论在政策上还是在实践中都占据主导地位，服务带动型规模经营路径则在过去十年愈发得到政策的重视。这两种路径为农业规模化经营提供了不同的推进逻辑，同时二者之间也有着密切的联系。

（一）推进土地流转型规模经营的先行探索

20世纪70年代末的农村改革奠定了家庭承包经营制度在我国农业农村的基础性地位。但随着农业生产力的发展，小规模、分散经营的生产方式对我

国农业劳动生产率的制约开始显现。因此，中央在 1984 年就提出，帮助农民在家庭经营的基础上扩大生产规模，并在 1986 年明确了“鼓励耕地向种田能手集中，发展适度规模的种植专业户”的政策思路。此后，“发展农业适度规模经营”成为我国推进农业规模化经营的主要路径，并一直延续至今。遵循这一政策理念，我国从 1987 年开始在一些地区有计划地兴办具有适度规模的家庭农场或合作农场，部分农村改革试验区对此开展了各具特色的试验并取得了实质性进展。扩大经营规模的关键是通过有效的方式实现土地集中，在我国农村土地集体所有的制度安排下，土地的买卖不被允许，租赁成为主要选择[①]。20 世纪 90 年代，学界呼吁建立农村土地流转制度，推动土地流转的市场化（杨学成等，1994），以构建扩大经营规模的市场化基础。但由于产权制度等方面的制约，我国农地流转市场发育并不理想（叶剑平等，2006），土地经营规模的扩张相对缓慢。进入 21 世纪，农地产权制度不断完善，农地流转市场快速发展，参与流转农户的比例越来越高，农地集中化趋势初步显现（何欣等，2016），始于 2014 年的农地“三权分置”改革更是对土地流转发挥了重要助推作用（Zhang et al.，2023）。经过 40 多年的持续探索，到 2023 年末，纳入全国家庭农场名录管理的家庭农场接近 400 万个，经营土地超过 4.7 亿亩，其中种粮家庭农场占 44%，场均种粮面积 148.8 亩[②]。尽管我国培育了一批具有适度经营规模的种植大户，但小规模农户的数量仍十分庞大，近 2 亿农户经营规模依然在 10 亩以下[③]。

（二）推进服务带动型规模经营的最新实践

过去的 40 多年，依靠土地流转实现土地经营规模扩张的实践路径取得了

---

① 基于某些历史原因，社会各界习惯以“土地流转”来表达（陈锡文等，2018）。

② 农业农村部新闻办公室：《新型农业经营主体保持良好发展势头》，农业农村部网站，2023年12月19日。

③ 农业农村部政策与改革司：《中国农村政策与改革统计年报（2022年）》，中国农业出版社2023年版。

一定效果，但还远未实现我国农业规模化经营的愿景。从我国的国情出发，土地的大规模流转和规模化经营仍需要一个长期过程。日本自 20 世纪 60 年代就致力于扩大农地经营规模，效果同样十分有限，农业小规模经营问题至今未得到有效解决。由此，我国一方面需要继续探索有利于土地集中的制度设计，另一方面也需要探索其他可能的规模化手段。以托管半托管为基础的服务带动型规模经营在经过长时间的发展后得到了政策上更大的关注。早在 20 世纪 80 年代末 90 年代初，一些地方开始探索“代营制”。这是一种在农户对土地拥有经营权的前提下，委托他人代为经营农业生产某些环节的经营方式，通过各农业生产环节上的规模经营，来实现农业生产的规模经营（王富玉等，1989）。在一些商品经济比较发达的地区，发展出单环节代营、多环节代营和全部生产经营过程代营三种形式（张权柄等，1988）。代营制的实现，需要农地制度从“两权分离”向“三权分离”演变，赋予承包权以独立属性（田则林等，1990）。代营制可以看作是服务带动型规模经营的萌芽，但由于只在部分地区出现，所以没有引起政策上的普遍关注。随着农机装备水平快速上升以及农机服务的产业化特征愈发明显，我国传统农业生产方式发生重大变革，农业社会化服务程度逐渐提高，实现了生产环节规模经营。农地“三权分置”改革后，承包权与经营权分别具有独立属性，通过服务外包发展服务带动型规模经营的条件更加成熟。2017 年中央一号文件正式提出加快发展服务带动型规模经营，这种农业规模化经营方式是对细分的农地经营权进行优化配置（胡凌啸等，2019），并不触及土地权属，在实践中的表现形式也很丰富，托管半托管即是最典型的代表。以农业社会化服务为逻辑起点推动农业规模经营，实现了农业服务的规模化，在适应中国国情和对接小农户方面具有显著优势，被部分学者视为提升我国农业规模报酬的最好选择（刘守英，2015）。

（三）深刻认识两种规模经营实践的逻辑意蕴

发展土地流转型规模经营和发展服务带动型规模经营已经成为我国推进农业规模化经营的两条主要路径，但从学理上认识二者的区别和相互关系时存在不同的观点。有不少研究将二者视为两种可以相互替代的路径，实际上是忽视了二者之间密切的关联，没有从农业规模化经营的整体视角和本质特征对二者加以把握（见图1）。

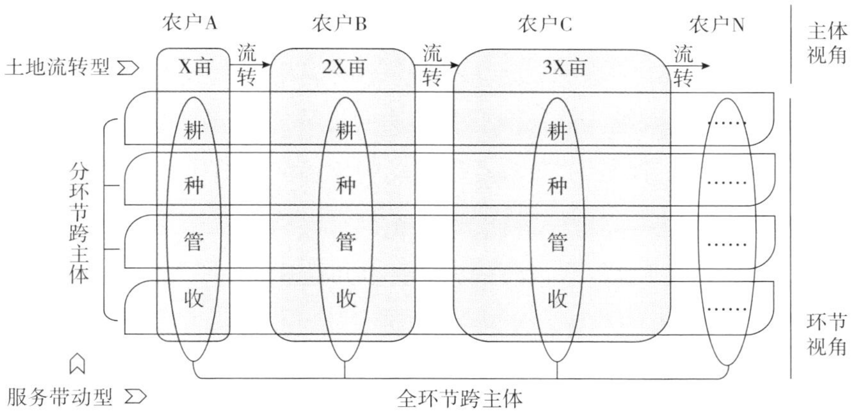

图1　认识我国农业规模化经营实现路径的框架

资料来源：课题组绘制。

土地流转型规模经营和服务带动型规模经营是建立在两种不同逻辑之上的农业规模化经营实现路径。土地流转型规模经营是一种从经营主体逻辑出发的横向推进思路，强调农户个体的经营规模。由于农业生产具有自然生产特点，这一特征导致雇佣劳动易引发劳动监督问题，因而实现剩余控制权和剩余索取权对称配置的家庭经营成为最有效的生产组织形式（韩朝华，2017）。我国小农户就是建立在家庭经营基础上的经营主体，在“家庭经营”这一特征上和发达国家规模较大的家庭农场并无二致，只是经营规模要小得多。所以，从经营主体的横向比较看，扩大土地经营规模成为推进我国农业规模化经营的核心问题，由此决定了土地流转型规模经营路径的主导地位。服务带动型规模经营则是一种从生产环节逻辑出发的纵向推进思路，强调生产环节的作业规模。简单地看，农业生产具有耕、种、管、收等不同环节，不同经营主体的同类型农作物在同一季节下都将处于相同的生产环节，对同一环节进行大规模的农机作业将会形成一种生产环节的作业规模化。这种作业的规模化打破了经营主体间的边界，是农业纵向分工深化的结果，服务带动型规模经营路径便由此而来。从这个意义上讲，两种规模经营实现路径的着眼点并不相同，不能进行简单的优劣判断。

土地流转型规模经营和服务带动型规模经营为实现规模经济提供了不同的突破口和着眼点，二者并不独立，更不对立。发展土地流转型规模经营和发展服务带动型规模经营都是推进农业规模化经营的手段，而非目的。农业规模化经营的根本目的是实现农业领域的规模经济，即通过规模的扩张实现效益提升或成本下降。这种规模的扩张不仅仅意味着只是集中土地或其他某种要素，因为单个要素投入规模的大小，并不能决定综合效益的高低和生产方式的先进程度（陈锡文等，2002）。因此，站在规模经济的目标上看，土地流转型规模经营和服务带动型规模经营强调的是分别以扩大土地规模和扩大作业规模为突破口去撬动规模经济的实现，但这并不意味着扩大了土地规模或作业规模就等同于实现了规模经济，这一过程也依赖于其他要素的规模能够发生同方向变化。具体地说，在各地探索扩大农地规模的实践中，农业生产环节的社会化服务始终是必不可少的支撑条件（解安，2002）；农业作业环节的规模经济性与区域集中且专业化的种植经营状况和集中专业化种植地区所涉及的分散小农户参与作业的集体行动有关，即只有形成现实意义上的土地集中，服务规模经济才有实现基础（胡凌啸等，2018）。基于对规模经济的整体性把握，不能孤立地看土地流转型规模经营和服务带动型规模经营，更不能对立地看，其根本内涵是以土地或服务为着眼点，带动各要素共同发挥作用以实现规模经济。对两条路径进行强行划分可能割裂农业规模化经营各要素之间的关联，但在发展服务带动型规模经营的过程中，土地流转的重要作用不容忽视，反之亦然。

服务带动型规模经营有两种模式和特点。对土地流转型规模经营实践模式的认识已经相对成熟，但对服务带动型规模经营模式的总结和认识还不够深入。从图1看，服务带动型规模经营总体上可以划分为两种类型。第一种是分环节跨主体的服务带动型规模经营，通俗讲为半托管。这种模式打破了经营主体的边界，可以由服务主体提供单个环节的作业服务，如只针对作物的收割环节；也可以提供多个环节的作业服务，如作物的播种和收割。当作业服务覆盖所有生产环节时，就演变成了第二种类型，全环节跨主体的服务带动型规模经营，通俗讲为全托管。对于第一种类型，最典型的案例是我国自20世纪80年代后期发展起来的粮食收割跨区作业服务，农机手根据我国农作物成熟期的时间差自南向北提供收割服务，形成了巨大的服务规模效应。近20年来，随着各地农机装备的配置日益健全，“本土化”的半托管服务在很大程度上挤出了跨区作业服务的空间，但也使得多环节的服务更具可行性。对于第二种类型，从全国不同地区的调研看，与半托管相比相对少见，这和全托管的实现条件更为苛刻有很大关系。现实中比较典型的是服务组织为具有较大经营规模的种植大户或家庭农场提供全托管服务，实现了规模化经营与专业化服务的有机结合，而面向小农户的全托管服务还十分有限。服务带动型规模经营所带来的规模经济效应主要体现为生产环节的作业规模经济，即与一家一户单独进行农机作业相比，专业化的服务由于服务规模更大因此成本更低。与此同时，服务带动型规模经营还能在某种程度上促进土地流转型规模经营的实现，产生更加综合的规模经济效应。

二、服务带动型规模经营的实现逻辑

选择我国农业规模化经营的路径要尤为关注规模化经营的实现逻辑。从实现机制和实现条件出发，服务带动型规模经营之所以能够上升为农业规模化经营的路径之一，既需要有农业经济的发展基础，也离不开政府的政策支持，更重要的是激活各类服务主体发挥创造力，推动产生各类服务形式。

（一）农业服务外包的兴起是基础

服务带动型规模经营的核心在于生产环节的专业化与作业的规模化，农业服务外包的兴起则为其有效实现提供了不可或缺的前提条件。

1. 青壮年劳动力转移催生了农业服务的市场需求

伴随着我国经济的高速发展，工业化和城镇化进程中所产生的“虹吸效应”吸引了大量农业劳动力转投非农产业。国家统计局发布的 2023 年中国经济数据显示，农民工总量达 29753 万人。劳动力转移结构呈现明显的代际差异，即年青一代进城务工，而年长者留守务农。《2022 年农民工监测调查报告》显示，40 岁及以下农民工占比约为 47.0%，外出农民工的平均年龄仅为 37.4 岁。青壮年劳动力的大规模转移显著影响了农业生产的劳动力供应，加之农业生产固有的季节性和时效性特点，进一步加剧了农业劳动力的短缺状况，从而普遍出现了以农机服务弥补劳动力缺口的需求。

2. 农机服务市场的发育为农业社会化服务创造了有利条件

我国自 2004 年开始实施农机购置补贴政策，极大地促进了农机装备的发展和应用。截至 2022 年，全国农机总动力达到了 11.06 亿千瓦，相较于 2004 年的 6.40 亿千瓦，增长了约 72.81%。可以说，我国农业生产进入了一个以机械化为主导的新阶段。但是，我国农业机械化并未遵循单一的“自购自用”发展模式，而是在农业分工深化和大型农机提供专业化服务的基础上，逐步实现了服务外包，这与农机服务主体的出现和其追求服务收益最大化的目标紧密相关（胡凌啸等，2016）。我国的农机购置补贴政策倾向于大型农机，较小的经营规模使得大型农机无法在单一主体内部实现充分利用，因此，通过打破地块边界的方式提供农机服务成了有效替代方式，由此催生出专门从事农机服务的服务主体。随着越来越多的农机服务主体参与其中，农机作业服务市场逐渐形成，成为后续驱动服务规模经营实现的发展动力（胡凌啸、武舜臣，2019）。

3. 要素比价变化与成本优势促使理性农户采纳农业社会化服务

过去十年间，我国三大主粮的雇用工价由2010年的20.63元/亩上升到2020年的41.11元/亩。相比之下，同一时期的机械要素价格增速明显低于农业劳动力价格增速。劳动力与机械两种生产要素的价格差距持续扩大激发了农户对农机服务的旺盛需求，并因农村劳动力老龄化、女性化趋势的加强而得到进一步强化。由于农业经营规模过小，以自购农机的方式满足农机服务的需求成本高昂，驱使小农户选择相对成本较低的农机要素配置方式，即在农机服务市场上购置各类服务。

（二）农业社会化服务体系的构建是支撑

改革开放以来，我国始终致力于在农业领域构建系统的社会化服务体系。尤其是2000年后，在政策认识上不断丰富完善农业社会化服务体系的内涵，将农业生产性服务业上升为独立产业加以发展，把培育各类农业服务主体作为构建新型农业社会化服务体系的主要手段，为服务带动型规模经营的实现提供了重要支撑。

1. 不断丰富农业社会化服务体系的内涵

1983年，中央一号文件首次引入“社会化服务”概念，并于1990年12月首次提出“大力发展农业社会化服务体系”。随后，国务院于1991年发布《关于加强农业社会化服务体系建设的通知》，阐明了农业社会化服务体系的总体框架，即以乡村集体或合作经济组织为基础，以专业经济技术部门为依托，以农民自办服务为补充，形成涵盖多经济成分、多渠道、多形式、多层次的农业社会化服务体系。进入21世纪，2008年，党的十七届三中全会通过的《中共中央关于推进农村改革发展若干重大问题的决定》提出，构建新型农业社会化服务体系，并将“全程覆盖、综合配套、便捷高效”作为其基本架构，明确了新型农业社会化服务的发展方向。2013 年中央一号文件进一步倡导“加速构建公益性服务与经营性服务相结合、专项服务与综合服务相协调的新型农业社会化服务体系”。2016 年 3 月通过的《中华人民共和国国民经济和社会发展第十三个五年规划纲要》再次将“健全农业社会化服务体系”列为构建现代农业经营体系的关键内容。可以看出，我国高度重视构建完善的农业社会化服务体系，将其作为实现农业现代化的重要前提，并根据农业发展的阶段性变化不断丰富和优化其内涵。

2. 将农业生产性服务业上升为独立产业

长期以来，我国主要把社会化服务作为发展现代农业的支撑手段，并未将其视为一类独立的产业。随着农业社会化服务规模的扩大，2016 年中央一号文件提出，加快农业生产性服务业发展和培育新型农业服务主体的战略方向，要求支持新型农业经营主体和新型农业服务主体成为建设现代农业的核心力量，进一步提升了农业社会化服务的重要地位。2017 年，《关于加快发展农业生产性服务业的指导意见》和《关于大力推进农业生产托管的指导意见》等重要文件的出台，标志着农业社会化服务从农业生产经营过程的依附产业逐渐蜕变为独立完整的战略性产业（张红宇，2019）。2019 年 6 月，国务院印发《关于促进乡村产业振兴的指导意见》，明确提出“培育乡村新型服务业，支持供销、邮政、农业服务公司、农民合作社等开展农资供应、土地托管、代耕代种、统防统治、烘干收储等农业生产性服务业”。将农业生产性服务业上升为独立产业，吸引了更多经营主体参与农业服务的供给和创新发展过程，对推动农业社会化服务体系构建有深远意义。

3. 大力支持各类农业服务主体的发展

构建农业社会化服务体系的关键是培育各类农业服务主体。2013 年中央一号文件提出，构建农业社会化服务新机制，大力培育发展多元服务主体，强调发挥经营性服务组织的生力军作用。2016 年中央一号文件提出，支持新型农业经营主体和新型农业服务主体成为建设现代农业的骨干力量，同时支持多种类型的新型农业服务主体开展代耕代种、联耕联种、土地托管等专业化规模化服务。党的十九大提出，实现小农户与现代农业发展有机衔接。为贯彻落实这一要求，2019年中央一号文件明确提出，加快培育各类社会化服务组织，为一家一户提供全程社会化服务。与此同时，支持供销、邮政、农业服务公司、农民合作社等开展农资供应、土地托管、代耕代种、统防统治、烘干收储等农业生产性服务。同年2月，中共中央办公厅、国务院办公厅印发《关于促进小农户和现代农业发展有机衔接的意见》，多次提及要加强农业社会化服务、建立健全农业社会化服务体系，特别是要完善面向小农户的社会化服务体系。2020年，农业农村部专门制定了《新型农业经营主体和服务主体高质量发展规划（2020—2022年）》，指出应按照“主体多元、形式多样、服务专业、竞争充分”的原则，加快培育各类服务组织，充分发挥各类服务主体的独特优势和功能。2021年7月，农业农村部进一步印发《关于加快发展农业社会化服务的指导意见》，不仅提出了当前发展农业社会化服务的主要任务是推动共同发展、拓展服务领域、创新服务机制、推进资源整合、提升科技水平，还对各类服务主体进行部署，明确了以多元主体为中心的发展方向。

（三）农业社会化服务主体的多元化发展是关键

服务带动型规模经营实现的驱动力和实现形式的多样性来源于各类农业社会化服务主体对服务效益的追求，服务主体类型、服务内容、服务模式的多元化为服务带动型规模经营提供了创新发展的不竭动力。

1. 服务主体多元

目前，我国已经形成了多元化的农业服务供给主体，主体类型主要包括公益性服务组织（如农业农村系统的农技推广站）、经营性服务组织（如农民合作社、农村集体经济组织、供销社、国有或私有企业）、个体农机户三种，不同主体之间也逐渐形成有效的竞争格局。数据显示，截至2023年9月底，全国农民合作社、家庭农场分别超过222万个、400万个，农业社会化服务组织超过107万个[①]，服务带动小农户9100多万户，覆盖面积超过19.7亿亩次[②]。

2. 服务内容多元

基于农业服务主体的快速增长和服务能力的稳步提升，面对差异化的服务需求，农业社会化服务的内容已经不局限于产中环节的农机作业服务，正在不断向产前、产后两头拓展。例如，在产前环节开展信息共享，在生产环节统一为组织成员提供种子、化肥、农药等生产资料供给服务，减少农资投入成本，同时利用现代技术推动产后环节服务升级，为相关主体提供农产品研发、品牌、营销、创意等方面服务，帮助提高农业比较收益和农产品附加值，促进小农户向现代农业发展转型。此外，从服务环节看，基本发展形成了单环节、多环节、关键环节综合服务和全程服务等多样化服务环节选择，满足了各类农户的需求。

3. 服务模式多元

在实践过程中，我国不同地区、不同服务主体针对不同的服务对象形成了差异化的服务模式。例如，东北地区农业生产经营规模效益显著，产业类型单一，服务的半托管特征明显，部分大型农场的自我服务趋势明显；在东部沿海地区，工业化城镇化程度高，劳动力就业机会多，农业兼业化明显，对生产性服务业的综合性服务和全程托管服务需求旺盛，职业经理人代理农业生产经营有市场基础；在西南山区，小农户生产经营方式导致自我生产、自我服务普遍，又构成了另一种服务需求。各类服务主体发展形成了多元的农业社会化服务模式，在不同区域、不同产业找到了自己的生存空间，充分表明多元的农业社会化服务格局在我国有强大的发展动力和成长潜力。

概而述之，服务带动型规模经营是在农业服务外包兴起的基础上实现的，符合要素比价变化、推动技术变迁的一般经济规律。同时，我国在构建农业

---

① 国务院新闻办公室：《国务院新闻办就2023年前三季度农业农村经济运行情况举行发布会》，2023年10月23日。

② 朱隽，李晓晴，方圆：《把农业建设成为大产业》，《人民日报》2023年10月29日。

社会化服务体系方面的努力为其发展创造了良好的政策环境，加速了社会化服务在农业领域的推广和应用。最为重要的是，追求服务利益的多元化服务主体对服务内容和服务模式的创新构成了服务带动型规模经营实现的核心动力。因此，服务带动型规模经营路径是发挥市场配置资源的决定性作用的产物。

三、推进服务带动型规模经营面临的障碍

在我国人多地少、区域间农业资源禀赋差异巨大的背景下，农业社会化服务具有以迂回生产实现服务规模经营的优势（郭晓鸣等，2023），表现出较强的适用性。这赋予了服务带动型规模经营在我国更强的生命力。但是，推进服务带动型规模经营也面临一些障碍，主要反映在农业要素市场不完善、主体服务能力有短板、农机装备配置不健全、相关支持政策需优化等方面。

（一）农业要素市场不完善

服务带动型规模经营不是简单的农机服务交易问题，而是综合利用劳动力、资本、技术、土地等各类农业要素共同推动实现的结果。农业要素市场的不完善会使这些关键要素的获取与优化配置受到制约，进而限制服务内容的完整性、服务质量水平以及服务辐射范围，影响服务带动型规模经营的效果。

1. 劳动力要素结构失衡

依靠农业社会化服务实现服务带动型规模经营，必须依赖高素质的农业生产经营队伍。然而，伴随着新型工业化和新型城镇化的推进，农业高素质劳动力流失问题严重。其中，困扰农机服务高质量发展的难点之一就是操作技能水平较高的青年农机手数量严重不足，农机手队伍缺乏稳定性。另外，

农业社会化服务所需劳动力的价格受市场供求、政策变动、季节性变化等多种因素影响而波动剧烈，导致服务成本稳定性减弱，影响了服务规模经营的长远发展。

2. 资本要素获取通道不畅

农业社会化服务的发展通常伴随着高额的初始投资和较长的投资回收期，具有明显的资本密集型特性，这对资金储备和金融支持提出了更高要求。清华大学中国农村研究院 2021 年针对新型农业经营主体的调查显示，平均每家农业社会化服务主体拥有各类农机设备 14.1 台（套），单个组织的平均总资产额约 152.28 万元，农业社会化服务主体投资规模较大且对资金支持的需求极为强烈。然而，现行农村金融服务体系普遍存在农业信贷准入门槛较高、利率设置不尽合理、保险覆盖不够全面等问题，很难给予农业社会化服务主体长期稳定的资金支持，对服务主体的发展积极性造成一定程度的抑制。

3. 技术要素应用受阻

农业技术是支撑服务带动型规模经营实现的重要投入要素，农业社会化服务主体对技术的推广应用直接影响规模经营的效率。一方面，农业社会化服务主体内部的技术人员知识结构老化，掌握最新农业科学技术的专业人才储备不足，技术转化机制尚未健全，技术要素在农业社会化服务领域的潜在效能未能得到充分释放。另一方面，尽管农业社会化服务力求通过扩大服务规模实现规模经济，但小农户对新技术的接受意愿较低，导致农业社会化服务主体在推广新技术时遭遇规模受限的困局。

4. 土地要素难以集中连片

随着农业社会化服务的快速推进，其对农业现代化潜力的深度挖掘仍高度依赖土地要素的进一步集约整合。根据《中国农村政策与改革统计年报（2021 年）》，我国土地流转增速呈放缓趋势，2021 年中国耕地流转面积增速仅为 4.7%，土地要素整合的空间日趋紧张。同时，当前很多地区的土地流转并未实现集中连片，土地碎片化问题仍然严峻，规模化服务的开展条件尚未充分创造出来。

5. 市场信息供需匹配不畅

在农业社会化服务市场中，服务主体与农户间的信息传递存在不畅现象。农户往往难以及时、准确地获取所需的服务信息，而服务提供方也同样无法精准把握农户的真实需求。双方信息沟通不畅、对接机制不完善的问题导致决策失误频发，不仅降低了服务效率，还导致高交易成本，从某种程度制约了农业社会化服务的稳健发展。

（二）主体服务能力有短板

各类服务主体的服务能力是影响服务带动型规模经营实现程度和发展质量的核心变量。尽管全国范围内各类农业服务组织的数量稳步增长、服务质量持续提升，但各类服务主体的服务能力仍未得到充分挖掘。

1. 服务效率有待提高

作为农业社会化服务体系的核心载体，服务主体的专业知识储备、技术水平及管理理念直接关乎服务的效率与质量。然而，当前我国农业社会化服务主体的培养体系尚不完善，人力资源素质的局限性制约了农业社会化服务整体效能的提升。特别是在农业信息化、数字化转型的时代背景下，如何创新服务供给方式、提高社会化服务的效率和精准度，对我国农业社会化服务主体提出了更为严苛的考验。此外，受制于我国地域间农业资源配置、经济发展水平和社会条件的差异，农业社会化服务资源在全国范围内的分布呈现明显的梯度性（姜长云，2016）。与发达地区相比，欠发达地区由于资本、技术和人才资源的匮乏，服务供给能力和水平相对低下，加大了地区间的“服务鸿沟”，使得经济欠发达地区和偏远地区的农户多元化服务需求难以得到充分满足，限制了服务带动型规模经营的实现。

2. 服务内容有待拓展

当前，我国农业社会化服务在全产业链上的发展并不均衡。具体来说，在栽种、施肥、打药等产中环节的服务覆盖比例仍有待提升，产前的农资供应、市场信息获取、技术服务，以及产后的运输、加工、仓储和销售服务，乃至金融、保险等方面的有效供给匮乏。此外，覆盖程度较高的社会化服务环节也存在服务流程的标准化和规范化程度偏低、服务质量存在较大差异等问题。

3. 服务模式有待健全

首先，农业社会化服务资源分布零散，加之服务主体间的信息共享、设施共用和技术交流等协作机制尚不健全，跨区域、跨行业的服务联盟尚未普遍建立，影响了农业社会化服务的效率和效果。其次，服务供需双方之间缺乏稳固、互利的利益联结机制（孔祥智等，2018），这导致紧密型利益联结的服务模式推行面临困难。最后，部分农业社会化服务组织早期由村干部或村集体经济组织发起成立，还有许多农业社会化服务组织对政府推出的购买公共服务、补贴支持等政策具有较高依赖性，致使服务供给尚未能完全转变为市场化运作模式。

（三）农机装备配置不健全

农机装备是实现服务带动型规模经营的主要工具。当前，我国农机总动力迅速提升，构成我国发展服务带动型规模经营的重要基础，但也存在农机装备配置尚待完善等问题。

1. 农机利用受地形制约大

服务带动型规模经营在我国平原地区得到了较快发展，但在丘陵、山地、高原等地区的发展仍较为滞后，这和农机设备的适应性发展有直接关系（陈义媛，2024）。以丘陵地区为例，由于缺乏针对丘陵山区小麦、玉米、水稻规模化生产作业的机械化装备，制约了丘陵山区的农业规模经营发展和生产效率提升。2019 年丘陵山区县（市、区）农作物耕种收综合机械化率仅为 48%，明显低于全国 70% 的平均水平[①]。能否研发出适用于这些地区进行规模化作业

① 乔金亮：《不同产业、不同区域间发展不平衡——农业机械化瞄准三大领域补短板》，《经济日报》2020年10月12日。

服务的农机装备成为至关重要的问题。

2. 农机农艺协同配套不足

即便在平原地区，农艺的多样化和农机的标准化之间也经常会产生矛盾，影响服务带动型规模经营的实现效果。一方面，农机设计与农艺需求脱节。我国农作物品类繁多、种植模式多样，不同品种在生长周期、生理特性上的差异形成了对农机作业的特定要求。但是当前市场上的农机产品往往难以兼顾不同地域、不同品种的个性化农艺需求，影响了农业生产的精细化和标准化，也制约了服务规模经营的发展。另一方面，农艺规程更新滞后于农机技术创新。相比之下，农艺规程的更新往往难以跟上农机技术快速迭代的步伐，规程中推荐的种植模式、作业方法等可能已无法适应新农机的工作特性，难以充分发挥先进农机设备的技术优势。

3. 农机创新存在技术瓶颈

让更多先进农机应用到农业生产过程是提高服务带动型规模经营效率的重要前提。我国是农机制造大国，但目前农机装备主要呈现小功率、中低端以及单一功能特点，大型化与高端农机装备、高效复式作业农机装备较少，部分关键技术和设备仍依赖进口。以拖拉机为例，国外拖拉机多采用动力换挡和无级变速，而国内拖拉机以中小马力和机械换挡为主，无级变速器技术研究和产品开发刚刚起步。课题组调研发现，不少从事农机服务的合作组织更倾向于购买国外农机产品，但高昂的价格给组织的经营管理带来较大压力。如果国内能够通过技术研发提高国产农机的性能，降低先进农机的采购成本和维修成本，将会对农机服务组织开展更大范围的农机服务活动产生积极作用。

（四）相关支持政策需优化

农业社会化服务体系构建是服务带动型规模经营实现的支撑，由此衍生出的支持政策对服务带动型规模经营的发展方向发挥着重要的引导作用。在同一些农业主管部门座谈后发现，当前对农业社会化服务的支持政策仍需在发展性、协同性方面进行提升，从而实现政策效果的总体提升。

1. 政策支持的发展性不足

党的十八大以来，我国对农业社会化服务的财政支持力度显著增强。2017 年，国家设立了财政专项资金扶持以生产托管为核心的农业社会化服务，资金规模已由初设时的 30 亿元递增至 2021 年的 55 亿元[①]。尽管资金投入不断增大，但服务主体获取政策扶持资金的频次与力度尚不稳定，这种状况难以激发服务主体进行长期性、战略性的资本投入。同时，政策在对不同农作物种类、地理区域及服务主体类型的差异化与精准扶持上表现得并不充分，在提升服务主体自身生存与创新能力的支持方面尚显乏力，使得服务市场依然呈现规模小、分布散、竞争力弱的特点。

2. 政策协同效应亟待强化

农业社会化服务体系横跨农业、科技、财政等多个部门，各部门相关政策间的协作目前仍处于初级阶段，可能导致政策目标过于分散甚至相互矛盾。以粮食生产支持政策为例，实际种粮农民一次性补贴政策明确将开展粮食耕种收全程社会化服务的个人和组织纳入补贴对象，这一举措展现出良好的政策协同效果。至 2021 年，全国 13 个粮食主产区的粮食作物托管服务面积已达 11.4 亿亩次，占全国同类服务面积的 84.4%，占全部托管服务总面积的 60.9%[②]。然而，除生产环节外，农业社会化服务与产前、产后关联政策的协同进展相对滞后。诸如农资供应、土壤深耕等农业社会化服务，本应与耕地质量保护提升、耕地轮作休耕等政策形成紧密联动，但实际操作中尚存较大整合空间（郭晓鸣等，2023）。

---

① 2017—2020年数据来自《中央财政支持农业生产社会化服务 加快推进小农户和现代农业发展有机衔接》，财政部网站，2020年9月17日；2021年数据来自《对十三届全国人大五次会议第1739号建议的答复》，农业农村部网站，2022年9月2日。

② 农业农村部农村合作经济指导司：《中国农村合作经济统计年报（2021年）》，中国农业出版社2022年版。

3. 政策执行效果有待提升

政策自上而下的有效传导，关键在于地方政府如何开展有效执行。以中央财政资助的农业生产托管项目为例，其实施应聚焦于填补农业社会化服务供给缺口或针对农业生产薄弱环节，并遵循“耕（0.36）、种（0.27）、管（0.10）、收（0.27）”的服务面积折算原则。但在一些以非粮食产业为主的丘陵山区，即使基层政府在方案中明确将当地农业生产薄弱环节作为政策支持重点，但由于折算系数较小或薄弱环节覆盖面积不足，为了完成农业社会化服务面积的绩效考核指标，基层政府往往被迫将资金转向补贴非核心、非薄弱环节，从而降低了政策实施的精准度与质量。加之配套政策涉及多个部门，虽然有农业主管部门负责统筹协调，但农业社会化服务主体在享受优惠政策过程中仍面临较高的信息检索成本，这进一步制约了政策的有效落地。

四、推进服务带动型规模经营的政策建议

推进农业规模化经营是我国农业现代化的长期任务，在这一过程中，服务带动型规模经营仍将扮演重要角色。发展服务带动型规模经营，一方面要着眼于破除这一路径自身面临的障碍，另一方面也要考虑与其他实现路径间的关联关系。未来，要以完善要素市场、提升服务能力、优化技术装备、强化政策统筹为抓手，加快推进服务带动型规模经营的高质量发展。

（一）强化要素市场建设

面对当前农业社会化服务市场存在的劳动力结构失衡、资本投入不足、技术创新滞后、土地整合困难以及信息不对称等复杂问题，须持续致力于优化要素市场环境和资源配置，构建信息公开透明、标准规范明确、定价公正

合理的市场机制，营造公平、有序的市场氛围。

1. 优化要素市场环境与资源配置策略

针对劳动力结构失衡问题，需深化农业职业教育体系改革，推动人才引进政策创新升级，同时，加强科研机构与服务主体间的协同创新，更新优化技术人员的知识结构，提升农业技术成果的转化效率，积极应对技术应用滞后的挑战。在资本要素投入方面，打造层次丰富、覆盖广泛的农村金融服务体系，推出与农业社会化服务主体特性相匹配的金融产品，切实缓解资本投入瓶颈问题。在土地要素整合层面，建议加大对农田基础设施建设和土地整治项目的财政支持力度，积极引导和扶持农业社会化服务主体在土地集约经营中扮演更重要的角色。

2. 完善价格形成机制与市场环境建设

首先，构建公正、透明的价格形成机制，确保服务价格如实体现服务价值和成本，防范非市场因素对价格形成的干扰，杜绝价格欺诈和垄断行为，维护服务市场的公平竞争秩序。其次，强化农业服务价格监测体系，对农业社会化服务的价格实施定期监测和记录，及时捕捉价格波动和市场变化。最后，降低市场准入门槛，吸引多元服务主体进入市场，形成竞争激烈的多元化服务格局。鼓励提供差异化服务和创新服务模式，提升服务质量和效率。

3. 构建透明高效的信息服务平台与对接机制

首先，建立农业社会化服务信息体系，利用大数据、云计算等先进技术实时、准确地提供市场信息和技术支持，解决农业社会化服务市场信息不对称问题。其次，完善农业社会化服务供需信息发布与对接机制，通过线上线下相结合的方式，确保服务主体能够精准识别农户需求，提供定制化服务，降低交易成本。最后，加强行业监管和公众监督体系建设，鼓励社会各界积极参与农业社会化服务的监督工作，推动将服务主体的信用记录纳入全国信用信息共享平台，将违反服务标准、实施价格欺诈以及进行不正当竞争等违规行为的服务主体列入失信名单。

（二）注重主体能力提升

鉴于当前农业社会化服务主体能力存在的不足与供需不匹配问题，应以全面提升服务主体的综合服务能力为核心目标，以优化服务内容为关键切入点，以创新服务方式为重要抓手，构建主体多元、服务全面、形式多样的农业社会化服务体系。

1. 强化服务主体综合服务能力

首先，鼓励农机手通过联合经营、组建服务联盟等方式提供农业服务，积极引导并吸纳社会资本投资农业社会化服务领域，通过制定优惠政策、简化行政审批程序、提供融资便利等措施，降低社会资本进入壁垒，构建多元、高效的农业社会化服务供给体系。其次，完善多元主体的利益分配机制，积极探索公平、公正、透明的分配规则，确保各类主体能够获得合理回报。最后，着手研究并建立顺应市场发展的服务标准与质量评价体系。

2. 优化服务内容与模式

首先，引导服务主体积极拓宽服务领域，丰富农业社会化服务的内涵。纵向上，推动服务范围向选种、技术服务、农产品深加工、品牌建设和市场推广以及金融保险等配套服务领域扩展。横向上，拓展多层次农业社会化服务的新兴领域，推动服务链条向乡村服务体系全面延伸。其次，提升农业社会化服务内容与需求之间的匹配度，根据地理区位和产业结构特征采取差异化的服务供给策略。平原地区在土地连片基础上推动全托管服务；丘陵地区以服务专业户的合作经营为主，推广“菜单式”服务；山区重点关注特色农业服务主体的培育，推广特色农业生产服务。

3. 创新服务供给方式与方法

首先，强化信息技术在农业服务中的应用。利用物联网、大数据、人工智能等现代信息技术手段，提升服务的智能化和精准化水平。例如，运用大数据分析技术实现对农业生产过程的精细化管理，提高资源利用效率。其次，推动服务内容个性化定制。比如，根据当地气候、土壤条件以及作物类型，提供专属的种植方案和管理建议。最后，创新服务组织形式，广泛推广如“服务主体＋农村集体经济组织＋小农户”“服务主体＋新型农业经营主体＋小农户”等合作模式，促进各主体紧密联系，形成利益共享、风险共担的合作体。推动农资企业、农业科技公司、互联网平台等各类涉农实体向农业服务业拓展，采用“农资＋服务”“科技＋服务”“互联网＋服务”等多元化组合方式，实现技术、物资与服务的有效结合，推动业务拓展和模式创新。

（三）加快技术装备升级

针对当前农机技术适应性不强、推广体系滞后及售后服务不足等问题，应构建以市场需求为导向的农机装备创新体系，实现研发、推广及售后服务的深度融合。

1. 提升农机装备适应性

首先，根据各地域特征和作物种植模式，因地制宜推动农机技术创新。在适宜大规模机械化作业的平原地区，应着重研发与推广大马力、高效率的农机装备；对于丘陵山区，应优先研发中小型、轻便灵活的农机装备。在土壤湿软的南方水田区域，需专攻适用于水田作业的农机装备，重点提升农机防水、防腐蚀、耐磨损性能。在干旱地区，则应积极研发节水灌溉设施设备，提高水资源利用率。其次，针对棉花、油菜等各类作物种植模式的独特性，研发与之相适应的专用农机装备，提高农业生产的专业化与精细化水平。

2. 加大农机研发投入与创新

首先，重点支持高校、科研机构和企业联合攻关，突破关键核心技术，尤其是动力换挡、无级变速等前沿技术的研发与应用。设立专项研发基金，鼓励自主研发高效复式作业农机装备，针对不同农作物特点研发专用农机，如针对蔬菜和林果等经济作物的收获农机。其次，优化农机产业政策，制定和实施农机装备产业升级计划，引导和鼓励企业转型升级，支持企业引进—消化—吸收—再创新，同时鼓励国产替代进口，减少对外部技术的依赖。实施知识产权保护政策，激发企业的创新动力。最后，积极开展国际科技合作与技术引进，鼓励国内外农机企业合作研发，通过技术许可、联合研发等方式引入国外先进技术，并将其进一步转化升级，提高自身的创新能力。

3. 完善农机售后服务体系

优质的售后服务是提升农民对新型农机接受度和满意度的关键所在，对此应给予足够关注与投入。首先，建立健全农机售后服务网络，通过直销和授权合作等方式确保销售区域内农机维修服务点全面覆盖，加强农机维修技术人才队伍建设，定期安排维修人员参加专项培训。其次，健全农机维修管理制度和收费标准，加强对农机维修市场的监管，确保维修服务的高效、规范与透明。此外，创新农机售后服务模式，针对农机使用的季节性特点，农忙时节可设立农机维修服务热线，组建农机应急抢修服务团队，全力保障农机正常作业。在农闲期间，组织售后服务人员主动上门提供农机保养与检修服务，提前发现并排除故障隐患，延长农机使用寿命，减小农忙期间农机维修压力，提高售后服务的整体效率。

（四）加强政策统筹协调

针对现实中政策支持力度不足、配套措施不完善以及统筹协同不够的问题，必须从宏观战略角度出发，进一步细化和完善政策支持体系，强化政策间的协同配合，形成政策合力，共同驱动农业社会化服务体系向高质量发展迈进。

1. 强化政策的战略指引作用

首先，明确制定农业社会化服务的长远发展规划，将服务规模经营纳入地方农业农村总体发展战略框架。其次，明确省级、市级和县级政府在农业社会化服务中的职能定位，省市两级政府侧重于业务指导、项目进度调度，县（市、区）级政府则负责服务组织准入、服务质量监管和项目实施督导。最后，建立完善的考核评价机制，定期对农业社会化服务发展状况进行评估，确保各项政策措施得以有效贯彻执行，有力推动农业社会化服务健康发展。

2. 健全和完善政策支持措施

首先，加大政策支持力度。需加大对农业社会化服务薄弱环节的支持，对服务能力突出、科技含量高、服务规模大、带动农户众多的服务组织给予重点扶持。逐步构建以中央财政资金重点支持生产服务环节、省市级财政资金侧重支持服务延伸环节的多层次、阶梯状政策支持架构。其次，扩大政策支持的覆盖面，将政策惠及范围从传统粮食作物向经济作物延伸，从种植业向养殖业拓展，从农业生产环节向产前、产中、产后全产业链环节深化。制定差异化的政策支持策略，确保政策能够精准对接当地农业社会化服务的具体需求和发展方向。最后，强化政策支持的延续性和稳定性，各地可根据实际情况制定中长期的政策规划和实施细则，明确投入机制、激励机制和保障机制，以促进农业社会化服务市场的持续优化与升级。

3. 加强政策间的协同联动

首先，强化跨部门协同配合。在农业农村部门充分发挥引领作用的同时，明晰自然资源部门、财政部门、人民银行和银保监等部门在金融保险领域的职责划分，构建有效的部门间合作机制，确保各项政策在推动农业社会化服务发展中相互支持、密切配合，降低因政策分散导致的效率损耗。其次，强化政策之间的衔接与协同效应。在制定政策过程中，充分考量各项政策之间的内在关联和相互影响，避免政策冲突或重复。同时，注重政策的阶段性部署与层次性实施，确保各项政策能够按照既定目标和时间节奏稳步推进。强化政策与外部环境的适应性，确保政策与外部环境的协同发展。最后，推动多元主体参与政策制定与执行。在政策制定与执行过程中，应广泛征求并积极采纳各方意见，建立健全高效的沟通反馈机制，确保政策的普惠性和可行性。

主要参考文献

[1] 陈锡文，韩俊. 关于农业规模经营问题[J].农村工作通讯，2002（7）：9-10.

[2] 陈锡文，罗丹，张征. 中国农村改革40年[M]. 北京：人民出版社，2018.

[3] 陈义媛. 农业社会化服务与小农户的组织化：不同服务模式的比较[J]. 中国农业大学学报（社会科学版），2024，41（1）：48-64.

[4] 郭晓鸣，温国强. 农业社会化服务的发展逻辑、现实阻滞与优化路径[J].中国农村经济，2023（7）：21-35.

[5] 韩朝华. 个体农户和农业规模化经营：家庭农场理论评述[J]. 经济研究，2017（7）：184-199.

[6] 何欣，蒋涛，郭良燕，等. 中国农地流转市场的发展与农户流转农地行为研究——基于2013—2015年29省的农户调查数据[J].管理世界，2016（6）：79-89.

[7] 胡凌啸. 中国农业规模经营的现实图谱："土地+服务"的二元规模化[J]. 农业经济问题，2018（11）：20-28.

[8] 胡凌啸，武舜臣. 土地托管的内涵与实现：理论剖析与实践归纳[J].经济学家，2019（12）：68-77.

[9] 胡凌啸，周应恒. 农机购置补贴政策对大型农机需求的影响分析——基于农机作业服务供给者的视角[J].农业现代化研究，2016，37（1）：110-116.

[10] 姜长云. 关于发展农业生产性服务业的思考[J].农业经济问题，2016，37（5）：8-15+110.

[11] 孔祥智，穆娜娜. 实现小农户与现代农业发展的有机衔接[J]. 农村经济，2018（2）：1-7.

[12] 刘守英. 中国农业转型和农业现代化道路怎么走[J]. 中国合作经济，2015（6）：4-6.

[13] 田则林，余义之，杨世友. 三权分离：农地代营——完善土地承包制、促进土地流转的新途径[J]. 中国农村经济，1990（2）：41-44.

[14] 王富玉，杜越新. 代营制是实现农业适度规模经营的有效途径[J]. 中国农村经济，1989（9）：27-31.

[15] 解安. 发达省份欠发达地区土地流转及适度规模经营问题探讨[J]. 农业经济问题，2002（4）：38-41.

[16] 杨学成，曾启. 试论农村土地流转的市场化[J]. 中国社会科学，1994（4）：16–22.

[17] 叶剑平，蒋妍，丰雷. 中国农村土地流转市场的调查研究——基于2005年17省调查的分析和建议[J]. 中国农村观察，2006（4）：48–55.

[18] 张权柄，张伯汉. 关于农村土地集中形式的探讨——对代营制的调查与思考[J]. 西北农林科技大学学报（自然科学版），1988（4）：22.

[19] 张红宇. 农业生产性服务业的历史机遇[J]. 农业经济问题，2019（6）：4–9.

[20] Xiaoheng Z, Lingxiao H, Xiaohua Y. Farmland leasing, misallocation reduction, and agricultural total factor productivity: insights from rice production in China[J]. Food Policy, 2023 (119): 102518.

增强科技自立自强水平支撑农业强国建设重大战略问题研究*

2023年中央一号文件首次提出加快建设农业强国这一重点目标，紧抓全面、特色、改革等关键词，指出要建设供给保障强、科技装备强、经营体系强、产业韧性强、竞争能力强的农业强国。世界经验表明，农业强国必是农业科技创新强国。与世界农业强国相比，目前我国农业科技创新水平有待提高，迫切需要深入实施创新驱动发展战略，推动高水平农业科技自立自强，为加快建设农业强国提供坚实保障。因此，本研究提出科技自立自强支撑农业强国建设的评价标准，并以此标准为依据分析我国科技自立自强支撑农业强国的现状及问题，结合对世界农业科技强国的典型案例分析，提出增强科技自立自强水平支撑农业强国建设的政策建议。

---

* 本报告是清华大学中国农村研究院重点研究课题“增强科技自立自强水平支撑农业强国建设重大战略问题研究”的研究成果，报告观点仅代表课题组的看法。课题负责人：曾劲松，清华大学中国农村研究院指导委员会秘书长；陈诗波，中国科学技术发展战略研究院研究员。报告执笔人：陈可华、耿会岩、王淮琛。

一、新时期科技支撑农业强国建设的基础

（一）我国建设农业强国的内涵与基础

1. 全球农业强国特征

学术上对“强国”的界定主要基于关键指标的评价和国际比较，一个国家是否为农业强国显然也是相对的。魏后凯和崔凯（2022）指出，农业强国应当是世界范围的、具有普遍认同性、可进行比较的概念。张红宇（2023）认为，随着全球农业的快速发展，全球农业强国主要可分为两类。一类是农业资源禀赋丰裕，人少地多，以机械装备替代劳动力，强调农业劳动生产率不断提升的强势农业模式，如美国、加拿大、澳大利亚为典型的劳动节约型规模化农业强国；另一类是农业资源禀赋相对稀缺，人多地少，以技术、资本替代土地，强调土地和资源配置效率不断提升的强势农业模式，如荷兰、以色列、日本为典型的土地节约型精细化农业强国。谢文帅（2023）结合已有文献研究提出，除资源禀赋的差异外，全球农业强国在农业劳动生产率、土地产出效率、资源配置效率、全球农业竞争力等方面表现出共有的基本特征：一是农业强国要与经济发展阶段相契合；二是具有生产满足国民所需重要农产品的能力；三是农业与非农业协调发展；四是强调可持续发展；五是在全球农业竞争中拥有话语权。

2. 我国建设农业强国的内涵特征

《中共中央 国务院关于做好2023年全面推进乡村振兴重点工作的意见》指出，农业强国主要包括“供给保障强、科技装备强、经营体系强、产业韧性强、竞争能力强”，其底线是确保粮食安全、防止规模性返贫，在此基础上要扎实推进乡村发展、乡村建设、乡村治理等重点工作。结合何秀玲

（2023）、韩丽娜（2023）、宋洪远和江帆（2023）等学者研究可知，农业强国的内涵是动态的，是通过将本国多个农业发展的关键指标或关键领域与世界农业强国进行比较后得出的。因此，农业强国的内涵特征应具有全球农业强国的共同特征，也应有基于中国国情和农情表现的自身特点。具体来看：我国要建设的农业强国，既有“供给保障强、科技装备强、经营体系强、产业韧性强、竞争能力强”的共性特征，又有“保障重要农产品稳定安全供给、坚持走适度规模经营之路、立足人与自然和谐共生、同步推进农民农村共同富裕、传承弘扬传统农耕文化”的中国特色。

3. 我国建设农业强国的基础条件

一是供给保障水平稳步提升。我国粮食生产稳步发展效果显著，粮食安全保障水平显著提升。截至 2023 年，我国水稻亩产较世界平均水平高 70%；粮食产量连续 9 年稳定在 1.3 万亿斤以上，达到 13908 亿斤，粮食平均亩产 389.7 公斤，较 5 年前分别提升了 750 亿斤、14.7 公斤；人均粮食占有量达 493 公斤，高于国际公认的 400 公斤的粮食安全线[①]。

二是科技装备整体跃升。我国农业科技进步贡献率从 2012 年的 54.5% 提高到 2023 年的 63.2%，增长了 8.7 个百分点[②]。国家作物种质资源保存总量突破 52 万份，主要畜禽核心种源自给率达 75%，自主选育品种面积超过 95%，主要农作物良种覆盖率达 96% 以上[③]。农作物耕种收综合机械化率超过 72%，其中小麦、玉米和水稻耕种收综合机械化率分别超过 97%、90% 和 85%[④]。

三是经营体系不断健全。我国积极探索家庭农场改造提升小农户和农民合作社、农业社会化服务组织、农村集体经济组织、农业产业化龙头企业组织带动小农户发展的多种有效形式，并依托各类新型农业经营主体带动实现农业价值链增值和农民就业增收。截至 2023 年，累计培育全国县级以上农业产业化龙头企业超过 9 万家，市级以上龙头企业带动稳定就业约 1400 万人。

---

①② 数据来源：农业农村部。

③ 数据来源：中国农业科学院。

④ 农业农村部农业机械化管理司：《2021年全国农业机械化发展统计公报》，2022年8月17日。

推行“龙头企业＋合作社＋基地＋农户”订单农业模式，受益农户达300多万户，人均分红3900多元[①]。

四是产业韧性持续增强。我国农业新业态新模式加快发展，已建成50个现代农业产业技术体系，探索出基于农业产业链配置科技创新资源的协同创新机制，推动了农业发展方式的转变、生产效率及资源利用率的大幅提升，促进了乡村主导产业、特色产业和富民产业的健康发展。

五是农业国际竞争力显著提升。2023年，我国农产品贸易总额达3330.4亿美元[②]。先正达和隆平高科上榜全球十强种子企业，销售额分别排在第三和第十[③]。2022年，中国的农业科技论文发文量和代表论文质量的高被引论文量均排名全球第一；2018—2022年，中国农业发明专利申请总量以57.67万件持续保持全球第一，占22国农业发明专利总量的55.53%[④]。

（二）科技自立自强支撑农业强国建设的理论分析

1. 科技自立自强的内涵特征

一是科技自立自强的内涵。党的十九届五中全会首次提出把科技自立自强作为国家发展的战略支撑。党的二十大报告进一步强调要加快实现高水平的科技自立自强。其中，“自立”主要强调自主创新，“自强”主要强调提升科技创新质量，增强原始创新能力，而“科技自立自强”则是要坚持自主创新战略，在前沿科技领域和关键核心技术领域发挥引领和主导作用，将创新要素转化为相关的产品与技术，提升科技创新与成果转化的质量和效率，增强科技竞争力（郭飞，2021；陈元志等，2021；张炜等，2024）。

二是科技自立自强的特征。科技自立自强是自主创新的高级发展阶段，

---

① 邓小刚：《关于加快构建新型农业经营体系 推动小农户和现代农业发展有机衔接情况的报告》，中国人大网，2021年12月21日。

② 数据来源：海关总署。

③ 数据来源：世界农化网（AgroPages）。

④ 数据来源：《2023中国农业科技论文与专利全球竞争力分析》，2023年12月6日。

具有自主性、系统性、开放性特征（马蓉蓉，2021）。从实质特征看，科技自立的特征是掌握科技成果与知识产权，科技自强的特征是科技成果与知识产权的高质量创造和高效率转化，而科技自立自强的特征则是产业链供应链自主可控和安全稳定，以及具有引领性和原创性的重大科技成果突破和关键核心技术攻关（宋河发、刘安琪，2024）。

2. 科技自立自强支撑农业强国建设的内涵特征

一是农业科技创新的内涵、特征和作用。首先，农业科技创新是指由政府、农业科研机构、农业高等院校等公共机构以及农业生产企业、农户等农业经营主体组成的创新系统或网络，也指从农业科技创新研究、开发到开展区域性试验直到取得农业科技成果，将新品种、新方法、新模式运用到实际生产中的一系列发展过程。其次，农业科技创新的特征与农业生产的特征是密切相关的，具有时滞性、区域性、高风险性、复杂性等特征。最后，农业科技创新通过科技成果与知识产权创造，提高农业技术水平，促进农业经济生长、推动农业产业结构升级、保障粮食安全和生态安全、增进农民收入和福祉（王凯等，2022）。

二是农业领域科技自立自强的内涵与要求。农业强国首要是农业生产力强，而科技是第一生产力，通过科技要素融入农业生产，实现农业内生增长，为农业现代化提供新动能，为加快建设农业强国提供持续动力（李娟，2023）。从具体要求看，农业领域科技自立自强是实现农业强国的必经之路，是保障国家粮食和重要农产品稳定安全供给的关键所在，也是保护农业高品质生态环境和实现农业农村绿色可持续发展的重要支撑。

3. 科技自立自强支撑农业强国建设的评价标准

目前，学界对农业科技强国评价指标有了初步研究，其中比较有代表性的研究主要有：陈丽佳等（2008）将农业科技竞争力划分为核心竞争力、持续竞争力、价值竞争力 3 个方面，并构建了农业科技竞争力的评价指标体系；高旺盛等（2021）从科技支撑能力、农业技术水平、农业科技效率、农业科技条件和农业科技产出等 5 个方面设计了农业科技强国评价指标体系。本研究结合对“农业强国”“农业科技自立自强支撑农业强国建设”等内涵特征的分析，提出以下科技自立自强支撑农业强国建设的评价标准（见表1）。

表1　科技支撑农业强国评价指标体系

一级指标	二级指标	单位
1. 科技贡献能力	1.1 粮食安全指数	—
	1.2 农业科技进步贡献率	（%）
2. 科技创新投入	2.1 农业科技投入强度	（%）
	2.2 上市涉农企业研发投入强度	（%）
3. 农业科技资源	3.1 万人农业科技人员数	（人/万人）
	3.2 农业领域全国重点实验室数量	（个）
	3.3 农业产业化国家重点龙头企业数量	（个）
4. 农业技术水平	4.1 农业机械化率	（%）
	4.2 农业科技成果转化率	（%）
	4.3 农产品加工转化率	（%）
	4.4 粮食单产水平	公斤/亩
5. 农业科技产出	5.1 学科规范化引文影响力（CNCI）	—
	5.2 国家农业科技专利竞争指数	—
6. 农业绿色发展	6.1 肥料利用率	（%）
	6.2 农田灌溉水有效利用系数	—

资料来源：作者根据相关资料整理。

（三）科技自立自强支撑农业强国建设的着力点

1. 面向“供给保障强”，强化种业与耕地科技创新

一是要加快种质资源库建设，坚持大食物观，加快主要粮食作物、畜禽、水产、林草、农业微生物等种质资源的鉴定保护和新品种研发，拓宽我国种质资源引进渠道，加大优异资源引进力度，推动我国重要种源自主可控和优良品种的不断更新升级，满足人民日益丰富的多元化食物需求。

二是要加快高标准农田建设，坚守耕地红线，加强我国土壤保育与地力提升、水肥资源高效利用、耕地污染修复、盐碱沙地土壤改造等科技支撑力度，解决东北黑土地保护、盐碱地综合利用、南方稻区重金属污染治理等重大瓶颈问题，提高我国土地使用效率。

2. 面向“科技装备强”，提升农业科技创新体系效能

一是要加强农机装备和智慧设施农业科技创新顶层设计与体系化建设，建立新一代农机装备和智慧设施农业的技术体系、人才体系、制造体系、产业体系。

二是要提升高校院所关键核心技术供给能力，聚焦农业生产急需的大型大马力机械、丘陵山区适用小型机械以及智能化领域存在的短板弱项，围绕大型农机关键技术、核心零部件领域，突破一批关键核心技术装备，满足农民对于实际生产的迫切需求。

3. 面向“经营体系强”，提升涉农企业科技创新能力

一是要建立完善农业科技企业梯度培育体系，瞄准种业、农机、饲料和食品加工等重点领域，加快培育一批农业“科技小巨人”“瞪羚企业”“隐形冠军”和“独角兽”企业。

二是要推进创新要素向企业聚集，支持涉农企业创建高水平科研平台，推动现有平台扩能提级，打造农业企业科技人才队伍，鼓励金融机构以多种金融手段支持农业企业科技创新。

三是要鼓励农业领军企业围绕国家农业科技重大战略需求和产业问题，牵头组建创新联合体，提升农业生产经营主体在科技创新中的话语权。

4. 面向“产业韧性强”，推动全产业链技术研发与应用

一是要整合农业高校院所、领军企业和新型研发机构的科研力量，围绕农业生产、农产品保鲜、农产品加工、冷藏物流等农业产业链重点领域布局创新链，集中力量解决农业发展中的实际问题。

二是要加快农业科研成果转化体制机制改革，建设一批农业领域中试、小试和概念验证平台，促使农业科研成果服务产业发展，推动传统农业转型升级，创造更多的产业价值，推进乡村全面振兴。

5. 面向“竞争能力强”，强化农业科技国际合作

一是要鼓励高校院所、农业领军企业围绕重大动物疾病防控、农产品质量安全、农业绿色发展等重大议题开展国际科技合作，丰富我国种质资源、引进农业高新技术装备，解决我国农业发展面临的切实问题。

二是要鼓励高校院所和领军企业深度参与农业领域相关国际标准规则的制定，加强对“一带一路”共建国家的技术援助，提升我国农业科技的国际影响力，优化我国农业国际合作环境。

6. 面向“人与自然和谐共生”，强化农业绿色发展技术供给

一是要构建支撑农业绿色发展的技术体系，围绕农业绿色投入品研发、化肥农药减施增效、节水控水、耕地质量提升、农业废弃物循环利用、农业污染治理、生态修复与保护等领域突破一批瓶颈问题。

二是要健全绿色农业标准体系，建立农业绿色发展相关标准，规范农业清洁化生产等农业技术操作规程，覆盖从农业生产到农业废弃物资源再利用农业生产全过程。

二、科技支撑农业强国建设的基本现状

（一）科技创新支撑能力较为突出

1. 粮食安全水平不断提升

根据《2022 年全球粮食安全指数》，我国以 74.2 分的综合分数在全球 113 个国家和地区中排名第 25 位，较 2021 年排名大幅提升 9 位。中国在亚太地区 23 个国家和地区中排名第 4 位，且每项分类指标均超过亚太平均水平。此外，我国粮食安全指数在 2012—2022 年持续增长了 13.7，进步幅度位列全

球第二。

2. 农业科技进步贡献率稳步提升

近年来，我国农业科技创新能力稳步提升，农业科技进步贡献率从 2012 年的 54.5% 提升至 2023 年的 63.2%，共增长 8.7 个百分点，为农业高质量发展提供了强劲动能（见图 1）。

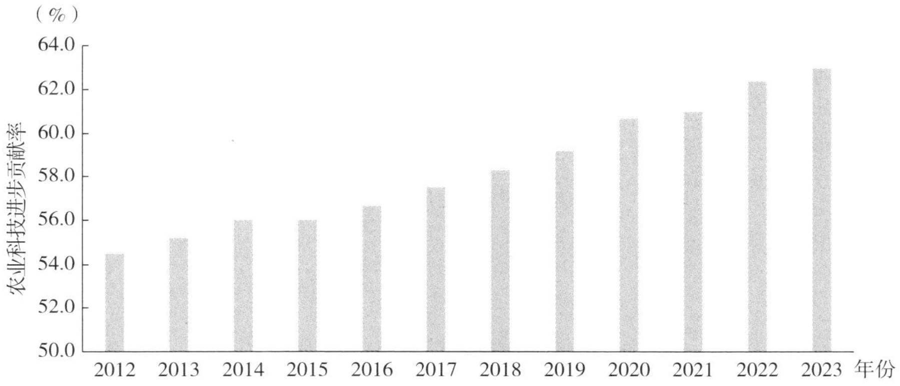

图1　2012—2023年中国农业科技进步贡献率变化情况

资料来源：农业农村部。

（二）农业科技创新投入增长迅速

1. 农业科技投入强度持续增长

近年来，我国农业科技投入持续增长。2019—2022 年，我国农业科技投入由 119.3 亿元增长到 131.3 亿元，研发投入强度由 1.11% 提升至 1.18%（见图 2）。

2. 涉农企业科研投入不断提升

《2023 中国涉农企业创新能力报告》显示，2019—2022 年涉农企业研发投入强度从 2.55% 提高到 2.75%，略高于全国规模以上企业 2.71% 的科技研发投入强度。《2023 中国新型农业经营主体发展分析报告》显示，2022 年 500 强企业在科技研发方面的投入总额达到 666.25 亿元，占营业收入总额的

1.6%，相比 2021 年增加了 0.3%。数据分析表明，我国涉农企业对科技创新投入的力度不断加大，正逐步成为引领现代农业科技创新的主体。

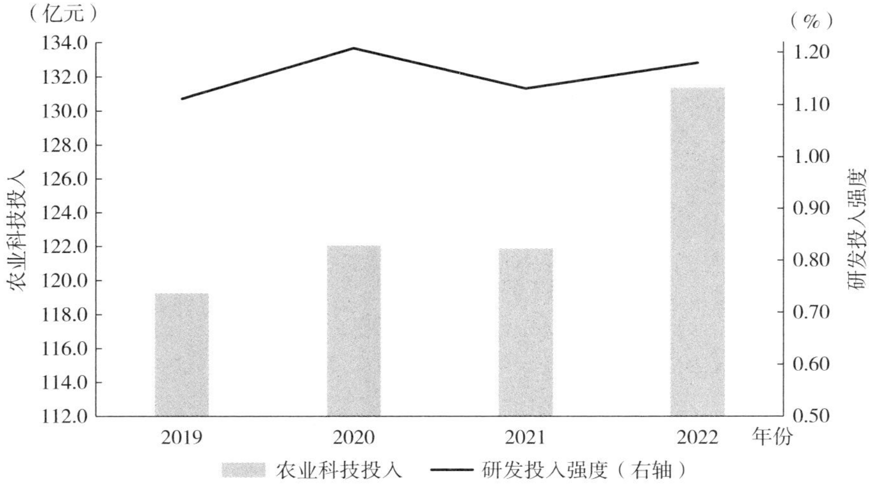

图2　2019—2022年中国农业科技投入及研发投入强度

资料来源：2019—2023年《中国科技统计年鉴》《全国科技经费投入统计公报》。

（三）农业科技资源配置不断优化

1. 农业战略科技力量加快培育

截至 2023 年，我国拥有农业领域全国重点实验室 69 家、国家科技重大基础设施 3 个、国家工程研究中心 14 个、国家技术创新中心 3 个、国家级作物种质库（圃）73 个、国家农业微生物种质资源库 27 个、农业野外科学观测试验站 73 个（见表 2）。

表2　农业领域高水平创新平台体系建设情况

实验室类型	数量
国家实验室（家）	1
全国重点实验室（家）	69
国家科技重大基础设施（个）	3

续表

实验室类型	数量
国家工程研究中心（个）	14
国家技术创新中心（个）	3
国家级作物种质库（圃）（个）	73
国家农业微生物种质资源库（个）	27
野外科学观测试验站（个）	73

资料来源：国家发展和改革委员会、农业农村部等部门公开数据。

2. 农业科技人才队伍持续健全

一方面，农业领域战略科技人才队伍不断壮大。截至2023年，中国工程院农业学部拥有93名院士，主要来自中国农业科学院、中国农业大学、中国科学院、华中农业大学、北京林业大学、中国海洋大学、山东农业大学、沈阳农业大学、西北农林科技大学等高校院所[①]。同时，全国共有71位农业领域科学家获得“中华农业英才”奖项[②]。另一方面，农业科研杰出人才培养计划成效显著。截至目前，我国共评选出300名农业科研杰出人才和300个创新团队，主持国家级重点项目500多项，获得国家科技奖励100多项[③]。

3. 涉农企业梯队结构不断优化

一是我国农业500强企业集中在农业发达地区。其中，山东省拥有500强农业企业161家，占总量的32.2%，是全国集聚500强企业最多的省份[④]（见图3）。二是涉农龙头企业数量持续增加。2000—2023年，农业农村部累计认定了8批共2423家农业产业化国家重点龙头企业（见图4）。三是农业科技独角兽数量全球领先。中国农业科技独角兽企业共12家，占比排名第一，总估值1578亿元，占全部企业估值的44.4%[⑤]。四是涉农企业科研投入持续增长。2022年，农作物种业企业研发总投入达65亿元，比2020年提高17%；

① 数据来源：中国工程院。

②③ 数据来源：农业农村部。

④ 数据来源：《2023中国农业企业500强》。

⑤ 数据来源：《2023全球农业科技独角兽企业发展报告》。

畜禽种业阵型企业研发投入23亿元，比2021年提高32%[①]。

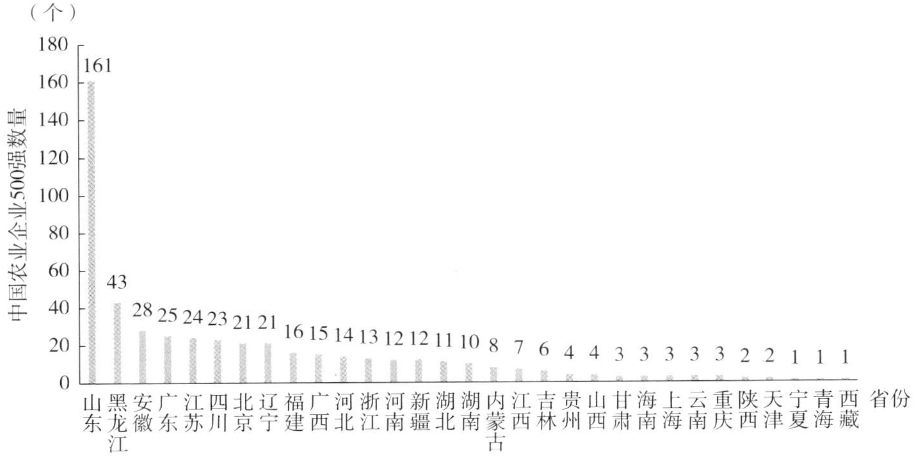

图3　2023年中国农业企业500强分布情况

资料来源：2023年《中国农业企业500强》。

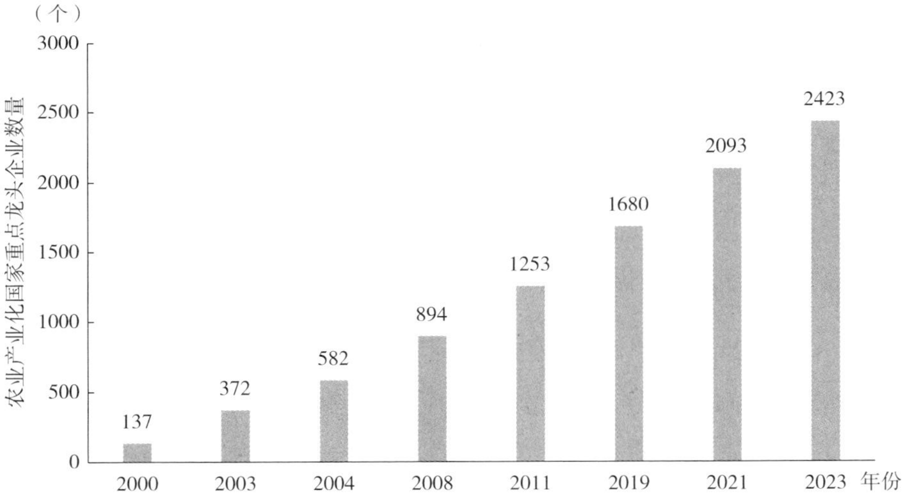

图4　2000—2023年我国农业产业化国家重点龙头企业变化情况

资料来源：农业农村部、国家发展和改革委员会。

① 数据来源：农业农村部。

（四）农业科技创新水平不断提高

1. 农业机械化水平逐渐提高

2017—2022 年，全国农作物耕种收综合机械化率从 67.20% 提高到 73.11%，机耕面积由 12270.4 万公顷提升至 12938.1 万公顷（见表 3）。

表3　2017—2022年全国农机作业水平变化情况

年份	农作物耕种收综合机械化率（%）	机耕面积（万公顷）
2017年	67.20	12270.4
2018年	69.10	12361.1.
2019年	70.02	12413.3
2020年	71.25	12812.9
2021年	72.03	12817.7
2022年	73.11	12938.1

资料来源：农业农村部农业机械化管理司。

2. 农业科技成果转化体系不断健全

2007 年，原农业部、财政部联合构建了以水稻、油菜、生猪、大宗淡水鱼等 50 个主要农产品为主的现代农业产业技术体系，吸纳 800 多家农科教企单位参加，稳定支持 2700 余名农业专家围绕农业产业开展技术攻关、示范培训、政策咨询和应急服务，在推动农业科技成果转化中发挥了独特作用。

3. 农产品加工业创新水平持续提升

2018—2022 年，全国农产品加工转化率由 68% 提升至 72%，提高了 4 个百分点（见图 5）。到 2022 年，全国规模以上农产品加工企业营业收入超过 18.5 万亿元，农产品加工业与农业产值比达 2.52 ∶ 1。

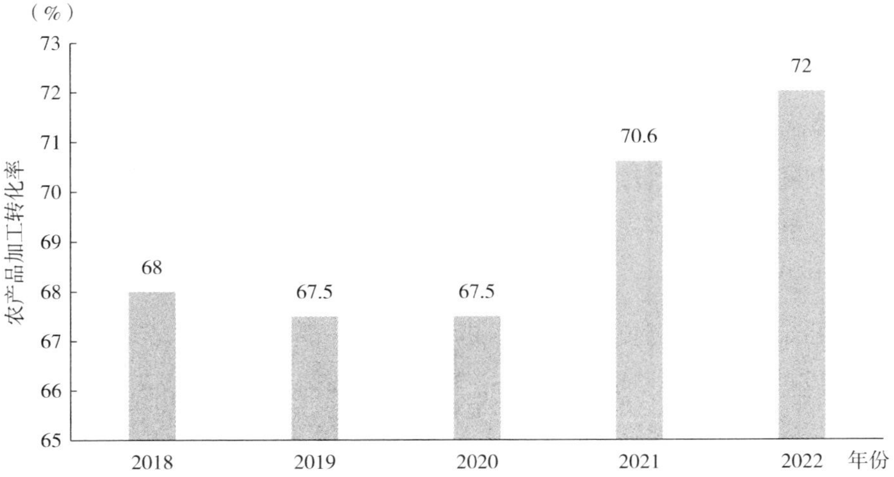

图5　2018—2022年全国农产品加工转化率变化情况

资料来源：国家统计局。

4. 粮食单产水平稳定提升

粮食产量连续9年稳定在1.3万亿斤以上，达到13908亿斤，粮食平均亩产389.7公斤，较5年前分别提升了750亿斤、14.7公斤。人均粮食占有量达493公斤，高于国际公认的400公斤的粮食安全线。

（五）农业科技产出水平全球领先

1. 科技论文竞争力保持领先

根据《2023中国农业科技论文与专利全球竞争力分析》报告，2018—2022年，中国学科规范化引文影响力（CNCI）指标数值是1.13，高于全球平均水平。2021—2022年，中国科技论文竞争力指数排名保持全球第一。从发文数量看，2018—2022年，中国发表农业科技论文数量达到30.4万篇，占22国总量的24%，全球持续排名第一；农业高被引论文数量达到2926篇，占22国总量的27%，全球排名同样保持第一。从学科领域看，我国在作物、园艺、农业资源与环境、农业机械与工程、农产品质量与加工、农业信息、植物保护、水产渔业等 8 个学科科技论文竞争力均领先全球。

2. 专利竞争力稳居全球第一方阵

根据《中国农业科技论文与专利全球竞争力分析》报告，2021—2022 年，中国农业专利竞争力指数保持全球第二，且与美国的差距有所缩小。从发明专利看，2018—2022 年，中国农业发明专利申请数量以 57.67 万件继续保持全球第一，占 22 国农业发明专利申请数量的 55.53%；与上一个统计时段（2017—2021 年）相比增加 0.09 个百分点；中国农业发明专利平均被引频次为 1.29 次，居 22 国第二位；中国发明专利授权数量为 9.99 万件，占 22 国的 51.99%。从学科领域看，中国在动植物营养与饲料、作物有害生物防控、生物农药、动物遗传育种、动物疫病防控等 5 个技术领域专利竞争力排名第一。

3. 农业科技国际影响力迈上新台阶

2023 年，中国与 20 余个国家、国际组织、国际企业和国外科研机构合作完成了 4 个国际农业科学计划研发任务，同 140 多个国家和地区建立农业合作关系，向发展中国家推广 1000 多项农业技术，为 80 多个发展中国家培训超过 1.4 万名杂交水稻专业技术人才。

（六）农业绿色发展取得积极进展

1. 化肥农药利用率保持下降趋势

近年来，我国加快转变农业生产方式，持续推动农业绿色转型，农业面源污染治理协同推进。截至 2022 年，我国水稻、小麦、玉米三大粮食作物化肥利用率和农药利用率分别为 41.3% 和 41.8%，畜禽粪污、秸秆、农膜等利用率分别超过 78%、86%、80%。

2. 农田用水效率持续提升

根据 2023 年《中国水资源公报》，截至 2023 年，我国农田灌溉水有效利用系数为 0.576，相比 2012 年增长 0.06。此外，根据农业农村部数据，截至

2022年底，全国累计建成高标准农田10亿亩，累计发展高效节水灌溉面积超过4亿亩。“十三五”以来，每年应用覆膜保墒、水肥一体化等节水农业面积已经累计超过4亿亩次。

三、科技支撑农业强国建设的重大战略问题

（一）国家农业战略科技力量布局有待优化

1. 重大科技创新平台和基础设施布局有待优化

截至2023年，我国农业领域仅有1家国家实验室、3个国家科技重大基础设施、3个国家技术创新中心等重大科技创新平台，与工业领域国家实验室、国家科技重大基础设施、国家技术创新中心的数量存在较大差距，难以体现我国农业在国民经济中的基础性地位。同时，现有农业领域重点实验室之间缺乏相互沟通，实验室体系效能尚未完全发挥。除此之外，我国农业领域实验室设备软硬件条件也有待进一步加强。如峪口禽业反映，现有种鸡培育实验室条件较为简陋，缺乏先进设备进行基因组扫描，导致品种培育速度难以提升。

2. 缺乏农业领域前沿学科和新兴学科布局

一是高水平农业高校数量不足。根据2022年教育部第二轮“双一流”建设高校及建设学科名单，农林类高校仅有9所，分别是中国农业大学、北京林业大学、东北农业大学、东北林业大学、南京林业大学、南京农业大学、华中农业大学、四川农业大学、西北农林科技大学。

二是缺乏农业领域前瞻性学科布局。农业领域“一流学科”主要包括农林经济管理、农业工程、作物学、农业资源与环境、植物保护、畜牧学、兽医学、草学等，多数集中在作物遗传领域，对前沿学科和新兴学科的布局相

对较少。

3. 涉农企业高能级创新平台建设滞后

根据《2022中国涉农企业创新报告》，389家上市涉农企业中有75%左右不具备重点科研平台，包括国家级、农业农村部级别的创新平台及博士后工作站。同时，截至2023年，我国第一、第二批新序列下的191家国家工程研究中心中，农业领域仅有21家，且仅有2家由企业牵头建设。199家获批重组建设的全国重点实验室中仅有1家由企业牵头建设。可以看出，我国涉农企业在高能级创新平台载体建设方面进展较为缓慢，企业缺乏获取高质量科研资源的有效渠道，科技创新能力提升较为困难。

（二）农业研发投入强度与世界农业强国存在差距

1. 农业领域财政科技投入占比不高

2020—2022年，我国农业科技投入占农业GDP的比重只有1%左右，远低于发达国家2% ~ 3%的财政投入水平与全国所有行业平均2%左右的财政投入强度。

一是财政农业科技经费“边缘化”趋势显现。2015—2020年，财政农业科技经费在国家财政科技拨款中的占比呈现减少趋势，由4.02%下降到3.76%，且财政农业科技经费在国家公共财政支出中的比例与国家财政科技拨款在国家公共财政支出中的比例差距呈现扩大趋势。

二是农业基础研究支出不足。我国农业基础研究支出比例从3.20%上升到4.53%，但仍低于全行业的平均水平，以及主要创新型国家6%以上的水平。农业科技重大原创成果和产业核心关键技术成果供给不足的问题较为突出。

2. 加工业和食品行业研发投入强度较低

根据《2022年全国科技经费投入统计公报》，相比于我国工业领域1.39%的平均研发投入强度，我国在农副食品加工业方面的研发投入强度只有

0.58%，食品制造业的研发投入强度只有0.72%；酒、饮料和精制茶制造业只有0.40%。除此之外，我国在这些领域中的科技投入占比不高。2022年，我国农副食品加工业的科技投入占整体制造业的1.86%；食品制造业占比仅为0.9%。

3. 涉农企业研发投入能力与全球领军农企差距较大

根据《2023中国涉农企业创新报告》，2022年，我国上市涉农企业的研发投入强度平均水平为2.75%，部分涉农龙头企业的研发投入强度接近并超过10%，但仍远低于全球领先企业的研发投入强度水平。同时，由于国家层面的资金支持有限，农机装备、蔬菜种业等细分领域企业的研发投入能力和全球同行业领军企业差距更为明显。

（三）多元化农业科技人才队伍建设滞后

1. 农业科技人才结构性短缺问题明显

一是农业研发人员总量较少。截至2023年，我国农业科研机构中从事农业科技创新活动人员仅7.2万余人，占全国研发人员总量的比重仅约为1%，面对我国大国国情和农业农村现代化要求，尚存在极大的农业农村科技人才缺口。

二是农业关键核心技术人才缺失。我国在重要种源、智能农机装备、未来食品、合成药物等领域仍存在人才断层，各类高端农业科研人才亟须培养充实，相关攻克“卡脖子”难题的农业高层次人才特别是领军人才、农业战略科学家、创新团队比较匮乏。

三是“新农科”人才比重偏低。随着新的科研成果和新兴技术的不断涌现，大型农机装备、种业、循环农业等领域的人才需求旺盛，但信息化技术、智能化技术、生物育种等高技术领域和新兴学科的“新农科”人才比重小，面对“三产”融合、城乡融合等乡村振兴实践需求的复合型专业技术人才匮乏。

2. 一线农业科技工作者服务能力有待提升

中国科协2022年的调查显示，51.2%的农业推广人员表示工作中最大的困扰是跟不上知识更新速度，69.3% 的农业推广人员反映目前迫切需要进修学习，但其进修学习需求未得到有效满足。目前，我国基层农技推广人员多局限于传统的人工栽培、养殖等领域，对新兴技术、农业信息化、市场经济信息等方面的了解不深，知识陈旧、农技推广形式单一等问题依然存在。

3. 农业科技人才扶持政策力度小，人才发展平台较少

一是我国农业科技创新人才的政策支持力度相对较小。缺乏人才津贴激励等政策扶持，且人才在乡村的优惠落户、技术入股等相关支持政策尚不完善，对科技奖励、发明专利、技术荣誉、表彰奖励等方面支持较少，农业科技创新人才的创新积极性不高。

二是农业科技人才发展平台建设滞后。由政府划拨的专项培训经费有限，农业科研院所人员院所间相互考察、业务交流和参加学术会议等交流平台相对较少。

（四）涉农领域关键核心技术突破难题亟待破解

1. “卡脖子”技术攻关能力有待提升

种质资源领域创新能力有待提升。我国育种技术仍主要依靠传统技术，作物育种技术与发达国家存在一定差距，我国玉米和大豆的单产水平只达到世界先进水平的 60% 左右。70% 肉牛、100% 白羽肉鸡核心种源依赖进口，国外种质在现有国家作物种质库中占比仅为 20%。农业农村部作物种质资源保护与利用中心保存资源中，完成资源精准鉴定的比率仅为 2.8%[①]。

2. 高端农机装备创新与研制能力较弱

一是国产农机装备仍以中低端为主。我国农机装备“大而不强、多而不优”特点明显，部分关键核心技术、重要零部件、材料受制于人，部分高端机具主要依赖进口，国产机具多为中低端产品。

---

① 数据来源：农业农村部。

二是新兴、空白领域产品创制“供不足需”的问题较为明显。丘陵山区农作物耕种收综合机械化率不到50%，低于全国平均水平20多个百分点[①]；大豆玉米带状复合种植专用机械、园艺和畜禽水产养殖机械、高端智能农机装备等部分领域“无机可用”“无好机用”问题依然存在。

3. 农业绿色化数字化发展技术储备不足

一是农业绿色发展技术储备不足。我国土壤修复与保护技术、草原生态修复技术等关键技术领域亟待突破，导致我国部分地区农业生态系统退化严重。农业水资源利用效率明显偏低，化肥、农药利用率与发达国家存在较大差距。

二是农业数字化技术发展滞后。我国农业产业数字化进程较为滞后，融合应用场景不多，数字经济在农业中的占比远低于工业和服务业。

4. 前沿技术与颠覆性技术创新相对滞后

种业种源领域前沿技术挖掘不深，全基因组选择技术、大数据技术、基因编辑底盘工具等关键前沿技术受制于人。发达国家种业公司基本处于育种3.0阶段，大型跨国种业公司已经进入育种4.0时代，而我国正处于从2.0向3.0迈进阶段，与跨国公司存在代际差，亟须通过放开相关政策限制和强化监管力度，稳步推进种业种源领域前沿技术产业化发展。如京研益农种业科技有限公司反映，受农业基因编辑的安全性评估手段不足和监管手段不完善等因素影响，公司储备的基因育种技术尚未进入到实质性产业化的阶段。

（五）农业龙头企业引领带动作用较为有限

1. 国有企业创新投入和成果转化进程受制于体制机制

涉农国有企业创新能力提升困难。我国涉农国有企业受制于科技投入审批流程烦琐、资产评估体系不健全等体制机制问题，在加大研发投入、建立

① 数据来源：农业农村部农业机械化管理司。

创新平台、推动技术成果转让、开展海外并购等方面均存在堵点。

2. 我国涉农企业规模普遍较小，缺乏细分领域领军企业

《2023中国新型农业经营主体发展分析报告》显示，2022年我国农业500强企业中，仅有40家企业资产总额超过200亿元，营业收入低于50亿元的企业占比为61.00%，营业收入超过200亿元的企业占比仅为11.40%。相比同年国际四大粮商（分别为嘉吉1650亿美元、ADM 1018亿美元、邦吉672亿美元和路易达孚599亿美元）的营业收入，国内企业规模和国际跨国农业企业相差较大。

3. 以企业为主体的产学研合作机制有待优化

一是涉农企业尚未成为科研组织的主体。根据中国农业科学院《2022中国涉农企业创新报告》，57%的上市涉农企业没有研发经费外部支出，表明涉农企业目前与高校、科研院所的产学研合作相对较少。同时，农业领域国家级科研项目仍以涉农高校为申报主体。

二是涉农企业与高校之间的合作机制不优。受跨区域政策不协调等因素影响，兼职人员难以做到高校教学工作和企业科研项目工作二者兼顾，校企之间的人员兼职机制不畅通。

（六）农业科技成果转化体系亟待完善

1. 农业科技成果数量少、转化周期长

一是农业科技成果转化率低。我国农业领域科技创新成果大多处于实验室研究或小规模实验阶段，可直接在农业生产中大规模应用的成果较少。截至2022年，我国农业科技成果转化率仅有30% ~ 40%，远低于发达国家65% ~ 85%的水平。

二是农业科技成果转化渠道不畅通。我国农业科技成果转化主要由科研人员自身或其单位开展，受机制、经费、平台、专业化人才等因素限制，转化周期长，效果不够理想。以植物新品种为例，我国多数良种从通过审定到大规模应用往往需要 7 ~ 8 年，成果推广滞后，未能充分发挥其增产增效潜能。

2. 农业领域知识产权保护体系有待完善

一是农业领域知识产权保护宣传效果不佳。特别是种业创新知识产权保护存在制度、认知和执行层面的问题，导致品种侵权行为仍较为普遍。《最高人民法院知识产权法庭年度报告（2022）》显示，2022 年最高人民法院受理植物新品种侵权民事二审案件 134 件，同比增长 112.7%。

二是商业化种质资源库建设较为滞后。种质资源库作为品种样品等资源保存的机构，在知识产权保护方面能够发挥重要作用。但我国企业商业化种质资源库建设较为滞后，导致我国大部分种企的知识产权难以得到有效保护。北京农业科学院蔬菜研究所表示，现有农业领域植物新品种保护相关政策中，蔬菜领域只有少数几种蔬菜有品种保护权的认定，但大部分蔬菜品种种子寿命仅有 2 ~ 3 年，竞争较为激烈，导致市场上出现大面积仿照、复制，进而导致育种家科研创新积极性受到打击。

3. 科技成果转化研发推广一体化程度不高

一体化育种产业发展格局未能形成。我国的育种主要由少数科研单位及院校进行，推广则主要是政府和相关推广机构负责，生产者则较多是在国家项目的支持下被动使用育种，科研与生产脱节，产业链条分割，利益联结机制不够紧密，导致研发资金难、育成品种难、良种推广难、成果转化难。

四、发达国家依靠科技支撑农业强国建设的经验启示

（一）发达国家依靠科技支撑农业强国建设的主要做法

1. 美国

一是发挥农业科技园区技术示范推广作用。美国农业科技园区是重要的

农业科技成果应用实验区，是涉农技术企业进行新技术开发和产业孵化的平台。如美国政府在美国农业科技园区推行农业部的“低投入可持续发展计划”，运用绿色环保的科技手段应对土壤肥力下降、水土流失等问题。又如康奈尔大学与纽约农业实验站联合建立的农业科技园，承担教学研究、科技创新和先进技术示范推广等功能，通过实践提高学生的实际操作能力。

二是以提高农民收入为导向制定未来农业政策。美国政府以提高农民收入为核心，持续通过各项农业领域创新计划加大对未来农业科技创新发展的资金支持。如通过保护储备计划（CRP）支持气候智能型农业发展，促进农民、牧场主和林务员得到新的收入来源；又如农村和农业可再生能源收入和储蓄（RAISE）计划帮助个体农民部署小规模风电项目，以便农民提高收入。

三是发挥州立大学作用开展农业科技推广。美国各州立大学农业院系的教授和研究者兼具农业科学研究者、农业教育与培训者和农业科技服务者三重身份。同时，美国州立大学建有专门的农业推广部门，大学的农学院教师和科研工作者兼任农业科技成果推广员，为农民提供切实可行的服务和技术支持。

2. 日本

一是制定目标明确的农业科技创新计划。2015 年 3 月，日本内阁会审议通过了新一轮《粮食、农业和农村基本计划》，谋划提出了未来 5 年全国农业发展的施政基本方针、粮食自给率目标以及综合施政策略等，并首次把食品加工流通业与农业、农村经济的协调发展作为一个整体，并从法律上加以全面规范，提出相应的对策措施。

二是分领域设立营农指导员，加强农业科技服务。日本的基层农协遍布日本所有市町村，并雇用营农指导员来承担一线服务工作。在营农指导员中对其服务领域进行详细的分类，例如，耕种服务、畜牧服务、蔬菜服务、果树服务、经营管理服务、农机服务等具体服务领域。

三是给予公共科研机构较大自主权，释放创新活力。日本大力推进国立研究开发机构改革，使国立研究开发机构在融资、人事任免、薪酬工资等方面拥有更多的自主权，同时在职能上实现明确分工和互补，避免重复研究。

3. 德国

一是健全雇员科技成果转化制度，提高企业研发投入积极性。德国通过制定《雇员发明法》《专利法》等与科技创新直接相关的法律制度，健全了雇员发明的利益分配制度，制定合理的兼职实施科技成果转化制度，建立多层次的专业化科技成果转化服务体系和严格的知识产权法律保护制度。保护了企业科技创新人员的科技创新成果，有效提升了企业科研人员研发新技术、企业加大研发投入的积极性。

二是发挥农业企业带动作用，培训职业化"现代农民"。每家德国农机企业都设有专门的技术培训中心。同时，德国的职业教育经费由企业与政府共担，对培训者免费。通过对农业从业者有效的教育培训，德国拥有了一批"职业化"现代农民，间接提升了农业生产效率和科技普及效率。

三是以"数字化＋智能化"为农民赋能，提高农业生产效率。德国大型的农业机械几乎都是由全球卫星定位系统控制的，且有大量传感器在农场应用；另外，德国农业部门建立了包括农业地理信息系统（GIS）、农业科学文献数据库、农产品贸易信息中心、食品质量信息系统等多个数据库。

（二）发达国家依靠科技支撑农业强国建设的经验借鉴

一是在制定农业科技政策时注重提高农民收入和制定配套法律法规。我国应借鉴美国经验，在制定智慧农业、精准农业、气候智能型农业等农业前瞻性领域的科技创新规划时，以提高农民收入为重要导向，提高政策的实施效果；或借鉴日本经验，从法律上规范一二三产业融合并提出相应的行动方案和措施，保障政策的落地实施。

二是深化农业科技制度改革，释放涉农主体的创新活力。我国应借鉴日本和德国的经验，推动更多农业领域科研院所进行企业化改革，建设一批农业领域的新型研发机构，在科研人员薪酬和人事任命等方面给予更大自主权；并进一步增加涉农国有企业在职务科技成果赋权改革试点中的比重，提升国有企业科研人员积极性。

三是健全农业科技服务推广机制，鼓励涉农高校和科研院所加大科技推广力度。我国可借鉴美国州立大学农业科技推广经验，依托各地涉农高校和科研院所，鼓励高校和科研院所单设科研推广型岗位，依托优势学科设立试验示范站（基地），面向“三农”开展科技服务与科学研究及人才培养。同时，借鉴日本营农指导员经验，联合涉农企业细化农业科技推广人员职位设置，完善乡镇专职农业科技推广人员队伍。

四是发挥涉农龙头企业作用，开展农业从业者教育培训。我国可借鉴德国《职业教育法》以及企业参与培训农民的相关经验，联合部分涉农企业设立农业从业者技术培训基地，面向新型职业农民群体开展培训，探索设立相关证书标准，鼓励新型职业农民群体进行职业学习。

五、加强我国农业科技自立自强水平支撑农业强国建设的政策建议

（一）加强农业领域国家战略科技力量建设

1. 加快农业领域大科学装置集群建设

依托武汉国家作物表型组学研究重大科技基础设施和中国科学院遗传与发育生物学研究所、南京农业大学、华中农业大学等科研力量，引进北大荒、隆平高科、大北农等种业龙头企业，建设中部农业领域大科学装置集群。依托合肥智能育种加速器大科学装置，引进中国农业科学院、中国农业大学、南京农业大学、南繁硅谷、崖州湾国家实验室等高校及科研院所，建设东部

育种大科学装置集群。拓宽大科学装置建设经费投入渠道，明晰国家、地方政府在大科学装置建设过程中的权责分布，协调政府和高校、企业等社会力量共同参与大科学装置建设。

2. 完善农业领域高水平创新平台体系

全力推进海南省崖州湾种子实验室建设。加快推进农业领域全国重点实验室的重组工作，围绕耕地保护与资源利用等方向建设一批全国重点实验室。在智能装备等领域新增布局一批学科群重点实验室。围绕重大动物疫病、动物源性食品安全、养殖"减抗"等领域，加强高等级生物安全实验室建设。围绕生物育种、热带农业、深蓝渔业、动物卫生与营养等领域建设一批国家热带农业科学中心。加强农业基础性长期性观测实验站（点）建设。

（二）构建稳定多元的农业科技投入体系

1. 健全财政科技研发稳定支持制度

探索建立农业科技投入稳定增长机制，在国家财政科技预算与"三农"投入预算中，明确农业科技投入财政比重"倍增"提升，特别是加大农业基础研究与应用基础研究的专项稳定投入力度，确保农业科技投入增长速度高于国家财政收入增长速度。加大对动物疫病防控生物安全高级别实验室、国家种质资源库等重大科研设施的支持，强化对实验室科研仪器设备的资金扶持。

2. 创新涉农企业多元化投入机制

鼓励各地方财政资金支持向民营涉农企业倾斜，通过先建后补、金贷财补、实行品种审定后或推广后补助政策等形式，提高涉农企业研发投入。鼓励和支持政策性银行提高种业贷款规模，引导风险投资基金加大对种业科技创新投入力度。在涉农国家重点研发计划和部分涉农"科技创新 2030—重大项目"中设立面向农业领域中小企业研发项目，刺激涉农企业加大研发投入。

（三）建设高素质农业科技人才队伍

1. 引进和培养战略科学家和创新团队

支持中国农业大学、南京农业大学、华南农业大学等高校院所建立讲席教授制度，按需精准提供工作支持。依托高校或校外社会服务平台，设立一批成果转化与社会服务型研究员岗位，聘请农业领域首席科学家、产业领军人才等高层次人才开展科技创新和成果转化。以重大科技项目技术总师等为主体，发现和培养一批农业领域战略科学家。依托“神农英才”计划，在保障粮食供应、农业关键核心技术攻关、农业未来技术发展趋势等重点战略领域，遴选一批农业领域领军人才。

2. 培育造就青年农业科技人才队伍

完善青年农业科技人才培育链条，保障青年农业科技人才在农业科技项目、农业科技创新平台中的成长机会。鼓励涉农高校、科研院所、农业领军企业设立青年农业人才培养专项，遴选支持一批青年农业科技人才成长。改革青年农业科技人才成长评价标准。

3. 培养农业社会化服务组织带头人

开展农资供应、土地托管、代耕代种、统防统治等生产服务，在支撑重要农产品生产营销、解决产业链薄弱环节问题、推广新技术新装备等领域，加强政策扶持、推动机制创新、强化服务保障，加快培养一批农业社会化服务组织带头人。鼓励农业公共服务机构与社会化服务组织带头人合作，合力提升重大引领性农业技术示范推广、动植物重大疫病监测和防控指导、农产品质量安全监管等方面的服务质量和水平。

4. 培育农业领域创新型企业家

统筹利用好现有创新创业扶持政策，为符合条件的返乡入乡创业人员和企业提供支持。支持和鼓励高校、科研院所等事业单位科研人员，按国家有关规定离岗到乡村创办企业，允许科技人员以科技成果作价入股农村创新创业企业。支持有条件的职业院校、企业深化校企合作，建设农村创新创业孵化实训基地，为返乡入乡创新创业带头人提供职业技能培训基础平台。充分利用门户网站、远程视频、云互动平台、微课堂、融媒体等现代信息技术手段，提供灵活便捷的在线培训，创新开设产品研发、工艺改造、新型业态、风险防控、5G 技术、区块链等前沿课程。

5. 壮大农业科技创新服务人才队伍

鼓励各地通过“定向招生、定向培养、定向就业”等方式，引进高校毕业生、技术人员不断充实农业科技创新服务人才队伍。建设农业科技经纪人和技术转移机构，强化对现有技术经纪人和技术转移机构的培训。发挥行业协会的监督和整合功能，邀请在农业技术转移和成果转化等领域具有丰富经验的专家学者进行咨询和指导。对县级以下的农业公共服务人才开展能力提升培训，针对先进农技农艺技术推广、种质资源保护、耕地保护改造、农产品质量监管、病虫害防护等重点领域提升公共服务保障能力。完善农业公共服务人员的评价激励制度，树立以工作实际成果以及服务对象评价为目标的服务导向，将评价结果与公共服务人员的工作绩效、评优推优等挂钩。

（四）推动重点农业领域关键核心技术攻关

1. 深耕“卡脖子”领域关键技术攻关

围绕农作物种源攻关、种质资源挖掘与创新利用、高水平农机装备和设施农业等重要“卡脖子”技术领域，设计一系列国家级重大科技计划项目，推动涉农企业与科研机构、高校院所共同开展技术攻关，突破资源表型与基因型精准鉴定技术、农业生物复杂性状分子机理、主要农作物关键性状形成与演化规律和遗传调控机理等关键核心技术。建立“基础研究、前沿技术、产品创制”上中下游种业科技创新的新型体制，把品种培育能力逐步向企业转移。

2. 提升高端农机装备创制能力

依托“一大一小”农机装备研发制造推广应用先导区建设，在黑龙江、江苏、浙江、贵州、云南、甘肃等重点地区布局一批农机智造联合创新中心、熟化定型和推广应用基地以及农机农艺信息化融合基地，推动企业与高校、科研机构共同探索农机装备研发制造、熟化定型、推广应用三位一体的新机制新模式，联合研制推广一批适宜化、绿色化、智能化先进实用农机。以农机购置与应用补贴为引导，聚焦水稻机械化插秧、玉米机播机收、马铃薯机播机收、秸秆粉碎还田等薄弱环节支持丘陵山区农业机械化加快发展，推进畜牧、水产、特色种植业机械化实现突破。

3. 推动农业新兴领域技术创新

农业绿色发展方面，优化政府采购政策，加大对农业领域绿色低碳科技产品的采购力度，激励经营主体为提高农业生产效率提供绿色低碳科技解决方案。在市场准入、税收政策等方面对绿色低碳农产品给予扶持，推出有力举措鼓励绿色低碳农产品消费。农业数字化转型方面，鼓励运营商在有条件的农村布局 5G 基站、数据中心等现代农业基础设施。鼓励企业参与农业数字化基础设施建设，建立多元主体建设投入保障机制。围绕农机、病虫害防治、高水平耕地建设等重点领域，推动信息技术智能装备的集成应用，开发自动化作业器械、农业传感器、农业远程生产管理控制设备等装备。

4. 前瞻布局未来农业技术

组织农业领域大学、科研院所、企业、智库等相关主体的科学家、企业家、战略和政策专家等，共同研判农业科技发展趋势和前沿方向，机制化凝练、储备、更新任务清单，引导重点攻关方向和颠覆性农业技术创新方向。围绕动植物高效生物育种、农业生物药物与生物肥料、农业生物质工程、智慧农业等未来技术领域，设立农业领域颠覆性技术基础研究专项，以“揭榜挂帅”等方式支持企业、高校、科研机构联合开展技术攻关。围绕基因编辑、生物质工程等前沿技术领域，加快产业化应用的相关政策研究和制定工作。采取事前核查与事中事后检查相结合的方式，进一步强化相应领域研究实验、应用推广的全程监管。

（五）加快提升涉农企业创新主体地位

1. 加快推进农业企业创新平台建设

鼓励农业龙头企业与涉农高校、科研院所开展合作，设立技术研发中心、产业技术创新战略联盟等平台，共建英才工作站、重点实验室技术应用基地、博士后科研工作站、创新实践基地等产学研合作平台。鼓励涉农企业自有研发机构积极申报国家、省级、市级重点实验室、工程研究中心、企业技术中心等创新平台，对现有重点实验室、工程研究中心、企业技术中心等平台扩能提级，提高涉农企业创新平台能级。依托各省农科院，联合地方政府和农业龙头企业，共建一批产业技术研究院，针对当地重点农业产业存在的堵点难点开展技术攻关。

2. 加快培育一批农业领域“链主型”企业

优先把带动能力较强的农产品精深加工、流通业龙头企业或产销服务组织作为“链主”企业来培育，针对性实施“一链一项目”“一链一策”“一企一策”，分类培育发展一批市场竞争力强的农业“链主”企业。结合财政资金投入、管理模式创新，引导和推动更多资本、科技、人才、土地等要素向农业“链主”企业集聚。支持链主和龙头企业参与优势特色农业产业集群、现代农业产业园等各类产业融合发展平台的财政奖励项目建设。

3. 大力支持高新技术企业和“专精特新”企业发展

系统落实国家、省支持企业创新的政策措施，培育壮大一批涉农创新型企业和高新技术企业。健全农业科技型企业培育发展梯队，建立涵盖专精特新、高新技术、农业龙头企业的科技型企业培育服务名单，做好政策培训和辅导服务。对使用农业领域科技创新平台设备仪器资源开展研发、测试等科研活动的高新技术企业提供资金补助。支持农业领域高新技术企业加强产学研创新与科技成果转化合作，常态化建立高新技术企业与中国农业大学、南京农业大学、华南农业大学等研究型高水平涉农大学科技成果转化交流沟通渠道。

4. 提升农业中小企业科技创新能力

定期召开面向农业领域中小企业企业家的交流培训会议，指导农业领域中小企业家改革完善公司管理组织模式。通过国家财政资金直接支持或地方政府设立支持农业领域中小企业技术研发专项资金等方式，支持中小企业组成联合主体申报相关项目。支持有条件的中小企业在农高区、高新区内设立一批企业内部研发平台、技术中心，引进培育高水平科技人才。

5. 培育一批农业产业创新联合体

出台国家层面促进农业产业创新联合体高质量发展的指导意见，明确农业产业创新联合体的组建方式、产业定位等基本情况。鼓励各省市出台农业产业创新联合体建设方案。支持农业产业化龙头企业通过兼并、重组、收购、控股等方式组建大型农业企业集团，重点培育打造一批标杆性领军农业龙头企业，在大中城市郊区发展工厂化、立体化、园艺化农业，推广“生鲜电商＋冷链宅配”“中央厨房＋食材冷链配送”等新模式，发展观光工厂、网络直播等新业态，打造一批“农业龙头企业＋农产品加工＋全域旅游”的特色农业发展模式。

（六）完善农业科技成果转化服务体系

1. 强化成果转化服务平台建设

针对不同地区的农业发展现状，引进培育相关领域高水平农业技术转移机构和技术经纪人。完善基层农机农技推广体系，提升基层农机农艺推广人员基本待遇，加大基层农机农艺人员的培训力度，普及农业领域先进科技成果。瞄准当地农业发展需求，建设完善成果转化中试平台，加大成果转化中试平台的考核和补贴力度，鼓励引导企业和农民合作社等新型主体参与平台交流。

2. 提升农技推广机构成果转化水平

创建一批基础条件好、产业代表性强、技术支撑有力的农业技术试验示范基地，推进全要素、全过程、全链条重大关键技术集成，推动研究孵化、整合转化、验证熟化、示范引领功能一体化，提高科技成果转化效率。继续开展农业重大技术协同推广工作，支持农技推广机构联合科研单位和生产经营主体，示范推广一批引领性技术、主推性技术。

3. 强化农业领域科技金融支撑

加大农业领域科研成果转化资金的投入力度，提高农业科技成果转化资金在农业科研经费中的比例。引导农业企业建立成果转化专项基金，加强农业科技成果转化的税收和信贷政策支持，引导鼓励金融机构开展科技金融服务，完善农业领域投融资体系，拓宽企业的融资渠道。鼓励各类天使投资、风险投资基金设立农业领域专项业务板块，支持农业企业创新创业。落实中小企业科技创新税收优惠政策，推广企业科技创新贷款、科技创新设备贷款等金融产品，推广科技项目研发保险、品种权、知识产权等科技保险产品。建设面向农业中小企业的创新信息平台，拓宽金融机构和农业领域中小企业的沟通渠道。

主要参考文献

[1] 陈丽佳，周海涛，翁锦玉. 地区农业科技竞争力指标评价体系构建研究[J]. 科技管理研究，2008（7）：144–146.

[2] 陈秧分，卢昱嘉. 面向远景目标的农业强国建设：国际比较与中国对策[J].现代经济探讨，2023（3）：1–11.

[3] 陈元志，葛忆翔. 基于引领性创新的科技自立自强[J]. 科学学研究，2021，39（5）：770–773.

[4] 郭飞. 关于中国科技自立自强的若干思考[J]. 经济纵横，2021，423（2）：29–37+2.

[5] 高旺盛，王小龙，杨富裕，等. 农业科技强国评价指标体系与中国实现度分析[J]. 中国农业大学学报，2021，26（12）：1–10.

[6] 韩丽娜. 建设农业强国的内涵、逻辑和路径[J].黑龙江粮食，2023（8）：155–

156+160.
［7］何秀玲. 中国特色农业强国：内涵特征、矛盾挑战与路径选择[J]. 福建论坛（人文社会科学版），2023（9）：160–172.
［8］李娟. 农业与科技融合推进方略探析[J]. 现代化农业，2023（10）：63–65.
［9］刘欣雨，朱瑶，刘雅洁，等. 我国农产品加工业发展现状及对策[J].中国农业科技导报，2022，24（10）：6–13.
［10］马蓉蓉. 实现科技自立自强的路径研究[J]. 探求，2021（2）：81–88.
［11］宋河发，刘安琪. 科技自立自强的历史逻辑、理论内涵与实现路径[J]. 科学管理研究，2024，42（1）：2–10.
［12］宋洪远，江帆. 农业强国的内涵特征、重点任务和关键举措[J].农业经济问题，2023（6）：18–29.
［13］王凯，徐志豪，施志权，等. 我国农业科技创新的机制分析及推进建议[J]. 安徽农业科学，2022，50（20）：250–253+257.
［14］魏后凯，崔凯. 农业强国的内涵特征、建设基础与推进策略[J].改革，2022（12）：1–11.
［15］谢文帅. 建设农业强国：内涵要义、衔接机理与实践路径[J]. 经济学家，2023（9）：108–118.
［16］张红宇. 建设有中国特色农业强国[J]. 农村工作通讯，2023（1）：15–18.
［17］张静，朱玉春. 产业融合、社会资本和科技创业减贫[J]. 农业技术经济，2019（11）：74–82.
［18］张炜，张薇. 加强高校有组织基础研究 实现高水平科技自立自强[J]. 科技中国，2024（4）：61–65.

农田水利支撑农业强国建设研究*

我国水资源短缺问题严重，农田水利建设方面存在水管理制度不完善、国家水网总体格局尚未形成、非常规水源利用不充分和节水技术推广不足等方面的问题。同时，我国国土辽阔，经纬度跨度广，地形复杂多样，水资源分配不均，自然环境的多样性导致各地区农业生产条件不同，农业水资源利用效率不同。在这一背景下，对我国各省（自治区、直辖市）的农业用水效率进行计算和分析，有助于识别出限制各省份农业发展的因素，对提高农业用水效率有重要意义。

使用数据包络分析方法对中国31个省（自治区、直辖市）2004—2022年的农业用水综合效率、纯技术效率和规模效率进行测算，用DEA-Malmquist生产率指数评价不同时期的动态效率，并用莫兰I指数（Moran's I指数）分析空间相关性，可以更准确地认识全国及各省市的农业用水效率，并找到农业发展的限制性因素，有针对性地提出提高效率的方法。

进一步通过文献调研，对世界农业强国的水利发展经验、教训进行了归纳总结。在此基础上，结合中国农业发展和水资源利用的特点，提出中国农业强国建设中的水利保障建议：积极推动中国特色的水权制度体系建设，完

---

* 本报告是清华大学中国农村研究院重点研究课题“农田水利支撑农业强国建设研究”的研究成果，报告观点仅代表课题组的看法。课题负责人：倪广恒，清华大学水利水电工程系教授。报告执笔人：常思媛、刘然、吴思奥、尚松浩、倪广恒。

善国家及区域水网实现水资源空间均衡，通过地表水、地下水和非常规水资源综合利用和联合调度提高供水保障程度，大力发展以高效节水灌溉和高效旱作农业为支撑的适水农业。

一、研究方法

（一）数据包络分析（DEA）

Charnes、Cooper 和 Rhodes 在 1978 年首次提出了 CCR 模型，用于评价多投入多产出系统在规模报酬不变的条件下的相对有效性，开创了数据包络分析（DEA）这一系统效率评价的新途径。CCR 模型主要运用了线性规划方法，其基本思路是在规模报酬不变的条件下，将生产过程的效率评价转化为一个线性规划问题，并根据求解结果评价决策单元的综合技术效率。

根据 CCR 模型求解得到的效率指标 θ^* 和投入、产出变量的松弛量 s^{*+}、s^{*-} 的大小可判断决策单元是否有效。如果 $\theta^*=1$，且 $s^{*+}=0$，$s^{*-}=0$，则认为决策单元为 DEA 有效，达到了最优效率；如果 $\theta^*=1$，且 s^{*+} 和 s^{*-} 不同时为 0，则认为决策单元为弱 DEA 有效，没有达到最优效率，还有一定提升空间，可进一步分析 s^{*+} 和 s^{*-}，找到限制发展的关键因素；$\theta^* < 1$ 时，无论 s^{*+} 和 s^{*-} 为多少，决策单元都为非 DEA 有效，需要进一步优化。

在 CCR 模型的基础上，Banker、Charnes 和 Cooper 于 1984 年增加了凸性假设条件，提出了 BCC 算法，用于评价多投入多产出系统在规模报酬可变条件下的相对有效性。BCC 模型求解结果的有效性评价方法与 CCR 模型类似，但其中的效率是纯技术效率。

BCC 和 CCR 模型可结合使用，CCR 模型效率和 BCC 模型效率的比值反映了决策单元的规模效率，即实际规模与最优生产规模的差距。比值为 1，则说明决策单元的生产规模已达到最优状态；如果小于 1，则说明此决策单元规模无效，没有达到最优生产规模。

本文使用 CCR 和 BCC 模型共同评价各省份农业生产的综合效率、纯技术效率和规模效率，并进行了进一步分析。

（二）莫兰I指数

Patrick Alfred Pierce Moran 在 1950 年提出了全局莫兰 I 指数（Global Moran's I），用于度量空间自相关性；Luc Anselin 在 1995 年提出了局部莫兰 I 指数（Local Moran's I），用于判断空间聚集性或异常值出现的位置。

全局莫兰 I 指数的取值范围为 [-1，1]，结果大于 0 且统计显著，则认为区域间存在空间正相关性，表现出空间集聚特征；结果小于 0 且统计显著，则区域间存在空间负相关性，表现出空间分散特征。

通过局部莫兰 I 指数可以判断一个地区和其周边地区与区域整体水平之间的关系，包括以下几种情况：①高值聚类（HH），指某一地区及其周边地区发展水平均高于区域整体水平；②低值聚类（LL），指某一地区及其周边地区发展水平均低于区域整体水平；③低值被高值包围（LH），指某一地区发展水平低于区域平均水平，但周边地区发展水平高于区域整体水平；④高值被低值包围（HL），指某一地区发展水平高于区域平均水平，但其周边地区发展水平低于区域整体水平。

（三）DEA-Malmquist模型

Malmquist 模型最早于 1953 年提出，主要用于计算全要素生产率指数。1982 年 Caves、Christensen 和 Diewert 将这一模型用于生产效率计算，1994 年 Rolf Färe 等将这一模型与数据包络分析相结合，得到了 DEA-Malmquist 模型，用于对生产效率进行动态分析。

Malmquist 指数可进一步分解为综合技术效率变化指数和技术进步指数的乘积，其中综合技术效率变化指数又可以分解为纯技术效率变化指数和规模效率变化指数的乘积。因此，Malmquist 模型的结果在反映生产率变化的同时，还可以进一步反映出导致生产率变化的因素。

二、评价指标选取和数据来源

利用 DEA 方法分析农业生产效率与农田水利等投入指标之间的关系时，投入指标通常考虑土地、资本、劳动力和水利投入，选取农业用水总量和有效灌溉面积作为农田水利投入，用第一产业从业人数表示劳动力投入，用农作物总播种面积作为土地投入，资本投入包括农用化肥施用折纯量、农业机械总动力和农药使用量。常见的农业产出指标包括农业生产总值、农业增加值和粮食产量等，本研究选取农业生产总值和粮食产量作为产出指标。

本研究选取除港澳台之外的 31 个省（自治区、直辖市）和全国 2004—2022 年各年的农业用水总量、有效灌溉面积、第一产业从业人数、农作物总播种面积、农用化肥施用折纯量、农业机械总动力和农药使用量作为投入指标，农业生产总值和粮食产量作为产出指标，如表 1 所示。

表1　农业用水效率评价指标

<table>
<tr><th>投入指标类别</th><th>投入指标</th><th>产出指标</th></tr>
<tr><td>农田水利投入</td><td>农业用水总量
有效灌溉面积</td><td rowspan="4">农业生产总值
粮食产量</td></tr>
<tr><td>劳动力投入</td><td>第一产业从业人数</td></tr>
<tr><td>土地投入</td><td>农作物总播种面积</td></tr>
<tr><td>资本投入</td><td>农用化肥施用折纯量
农业机械总动力
农药使用量</td></tr>
</table>

注：以上指标根据农业生产中的投入、产出分析确定。模型计算分析中，省级第一产业从业人数数据来自各省（自治区、直辖市）统计年鉴；其余各指标的数据均来自国家统计局。

在以上数据中，省级第一产业从业人数数据来自各省（自治区、直辖市）统计年鉴，其余数据均来自国家统计局。其中，辽宁省2019年和黑龙江省2011—2013年第一产业从业人数数据缺失，由相邻年份的数据通过线性回归拟合得到。

三、数据包络分析

用DEAP2.1软件对农业生产效率进行测算。以3年为间隔，分别对2004年、2007年、2010年、2013年、2016年、2019年和2022年各省（自治区、直辖市）及全国共32组截面数据进行分析。

（一）综合效率分析

根据评价结果，2004年、2007年、2010年、2013年、2016年、2019年和2022年各省（自治区、直辖市）及全国综合效率平均值分别为：0.933、0.934、0.946、0.938、0.937、0.952和0.954（见表2）。整体而言，各年综合效率均未达到有效状态。

北京市、天津市、内蒙古自治区、辽宁省、吉林省、黑龙江省、上海市、山东省、海南省、重庆市、四川省、贵州省、陕西省、宁夏回族自治区、新疆维吾尔自治区各年综合效率均为1.000，即农业用水效率处于最优生产前沿面，为最优配置状态，农田水利投入要素的利用效率达到最优。除此之外，河南省2007年及以后，江苏省2010年、2016年和2019年，浙江省2013年及以后，广东省2004年、2007年、2019年和2022年，青海省2010年、2013年、2019年和2022年，福建省2010年、2013年、2016年和2019年，西藏自治区除2016年之外的年份农业用水效率也都为1.000，说明这7个省份在部分年份的农田水利要素投入的利用效率达到最高。

其余省份各年综合效率均小于1.000，说明这些省份农田水利要素投入的利用效率还有较大提升空间，需要对各要素投入量之间的比例作出调整。

表2　各省（自治区、直辖市）2004—2022年（以3年为间隔）农业用水综合效率

分区	2004年	2007年	2010年	2013年	2016年	2019年	2022年	平均值
全国	0.795	0.769	0.847	0.791	0.846	0.868	0.844	0.823
北京	1.000	1.000	1.000	1.000	1.000	1.000	1.000	1.000
天津	1.000	1.000	1.000	1.000	1.000	1.000	1.000	1.000
河北	0.853	0.919	0.968	0.981	0.923	0.946	0.985	0.939
山西	0.784	0.790	0.826	0.854	0.794	0.900	0.959	0.844
内蒙古	1.000	1.000	1.000	1.000	1.000	1.000	1.000	1.000
辽宁	1.000	1.000	1.000	1.000	1.000	1.000	1.000	1.000
吉林	1.000	1.000	1.000	1.000	1.000	1.000	1.000	1.000
黑龙江	1.000	1.000	1.000	1.000	1.000	1.000	1.000	1.000
上海	1.000	1.000	1.000	1.000	1.000	1.000	1.000	1.000
江苏	0.890	0.943	1.000	0.977	1.000	1.000	0.991	0.972
浙江	0.960	0.906	0.949	1.000	1.000	1.000	1.000	0.974
安徽	0.729	0.736	0.725	0.690	0.776	0.781	0.774	0.744
福建	0.972	0.939	1.000	1.000	1.000	1.000	0.956	0.981
江西	0.846	0.852	0.826	0.788	0.895	0.858	0.814	0.840
山东	1.000	1.000	1.000	1.000	1.000	1.000	1.000	1.000
河南	0.971	1.000	1.000	1.000	1.000	1.000	1.000	0.996
湖北	0.893	0.840	0.909	0.838	0.822	0.792	0.756	0.836
湖南	0.847	0.842	0.922	0.779	0.791	0.792	0.842	0.831
广东	1.000	1.000	0.967	0.955	0.982	1.000	1.000	0.986
广西	0.752	0.883	0.929	0.851	0.787	0.801	0.806	0.830
海南	1.000	1.000	1.000	1.000	1.000	1.000	1.000	1.000
重庆	1.000	1.000	1.000	1.000	1.000	1.000	1.000	1.000
四川	1.000	1.000	1.000	1.000	1.000	1.000	1.000	1.000

续表

分区	2004年	2007年	2010年	2013年	2016年	2019年	2022年	平均值
贵州	1.000	1.000	1.000	1.000	1.000	1.000	1.000	1.000
云南	0.833	0.821	0.687	0.775	0.721	0.936	0.972	0.821
西藏	1.000	1.000	1.000	1.000	0.949	1.000	1.000	0.993
陕西	1.000	1.000	1.000	1.000	1.000	1.000	1.000	1.000
甘肃	0.900	0.783	0.732	0.730	0.732	0.797	0.829	0.786
青海	0.821	0.871	1.000	1.000	0.971	1.000	1.000	0.952
宁夏	1.000	1.000	1.000	1.000	1.000	1.000	1.000	1.000
新疆	1.000	1.000	1.000	1.000	1.000	1.000	1.000	1.000
平均值	0.933	0.934	0.946	0.938	0.937	0.952	0.954	0.942

注：表中数据根据表1中的有关数据利用CCR模型计算得到。

（二）纯技术效率分析

2004 年、2007 年、2010 年、2013 年、2016 年、2019 年 和 2022 年 31 个省（自治区、直辖市）作为一个整体的纯技术效率均达到最高值 1，但部分省（自治区、直辖市）纯技术效率未达到 1（见表 3）。各年纯技术效率均未全面达到有效状态。

表3 31个省（自治区、直辖市）2004—2022年（以3年为间隔）农业用水纯技术效率

分区	2004年	2007年	2010年	2013年	2016年	2019年	2022年	平均值
全国	1.000	1.000	1.000	1.000	1.000	1.000	1.000	1.000
北京	1.000	1.000	1.000	1.000	1.000	1.000	1.000	1.000
天津	1.000	1.000	1.000	1.000	1.000	1.000	1.000	1.000
河北	1.000	1.000	1.000	0.998	0.940	0.977	1.000	0.988
山西	0.798	0.804	0.834	0.854	0.797	0.918	0.968	0.853
内蒙古	1.000	1.000	1.000	1.000	1.000	1.000	1.000	1.000
辽宁	1.000	1.000	1.000	1.000	1.000	1.000	1.000	1.000

续表

分区	2004年	2007年	2010年	2013年	2016年	2019年	2022年	平均值
吉林	1.000	1.000	1.000	1.000	1.000	1.000	1.000	1.000
黑龙江	1.000	1.000	1.000	1.000	1.000	1.000	1.000	1.000
上海	1.000	1.000	1.000	1.000	1.000	1.000	1.000	1.000
江苏	1.000	1.000	1.000	1.000	1.000	1.000	1.000	1.000
浙江	1.000	1.000	1.000	1.000	1.000	1.000	1.000	1.000
安徽	0.826	0.817	0.769	0.743	0.824	0.848	0.822	0.807
福建	1.000	1.000	1.000	1.000	1.000	1.000	1.000	1.000
江西	0.850	0.861	0.826	0.830	0.911	0.858	0.816	0.850
山东	1.000	1.000	1.000	1.000	1.000	1.000	1.000	1.000
河南	1.000	1.000	1.000	1.000	1.000	1.000	1.000	1.000
湖北	1.000	0.939	1.000	0.948	0.893	0.859	0.849	0.927
湖南	0.933	0.964	0.961	0.841	0.818	0.833	0.916	0.895
广东	1.000	1.000	1.000	1.000	1.000	1.000	1.000	1.000
广西	0.829	0.925	1.000	0.921	0.918	0.934	0.965	0.927
海南	1.000	1.000	1.000	1.000	1.000	1.000	1.000	1.000
重庆	1.000	1.000	1.000	1.000	1.000	1.000	1.000	1.000
四川	1.000	1.000	1.000	1.000	1.000	1.000	1.000	1.000
贵州	1.000	1.000	1.000	1.000	1.000	1.000	1.000	1.000
云南	0.880	0.852	0.711	0.817	0.765	0.961	1.000	0.855
西藏	1.000	1.000	1.000	1.000	1.000	1.000	1.000	1.000
陕西	1.000	1.000	1.000	1.000	1.000	1.000	1.000	1.000
甘肃	0.949	0.834	0.799	0.744	0.732	0.799	0.832	0.813
青海	1.000	1.000	1.000	1.000	1.000	1.000	1.000	1.000
宁夏	1.000	1.000	1.000	1.000	1.000	1.000	1.000	1.000
新疆	1.000	1.000	1.000	1.000	1.000	1.000	1.000	1.000
平均值	0.971	0.969	0.966	0.959	0.956	0.968	0.974	0.966

注：表中数据根据表1中的有关数据利用BCC模型计算得到。

北京市、天津市、内蒙古自治区、辽宁省、吉林省、黑龙江省、上海市、江苏省、浙江省、福建省、山东省、河南省、广东省、海南省、重庆市、四川省、贵州省、西藏自治区、陕西省、青海省、宁夏回族自治区、新疆维吾尔自治区各年纯技术效率均为1.000，说明这些省份农业生产技术水平较高，处于理想状态。河北省2004年、2007年、2010年和2022年，湖北省2004年、2010年，广西壮族自治区2010年，云南省2022年纯技术效率达到1.000，说明这4个省份在部分年份的农业生产技术水平达到理想状态。

其余省份各年纯技术效率均小于1.000，说明这些省份农业生产技术水平还有提升空间。

（三）规模效率分析

2004年、2007年、2010年、2013年、2016年、2019年和2022年各省（自治区、直辖市）及全国规模效率平均值分别为：0.960、0.964、0.980、0.976、0.979、0.983和0.979（见表4）。各年规模效率均未达到有效状态。

表4　各省（自治区、直辖市）2004—2022年（以3年为间隔）农业用水规模效率

分区	2004年	2007年	2010年	2013年	2016年	2019年	2022年	平均值
全国	0.795	0.769	0.847	0.791	0.846	0.868	0.844	0.823
北京	1.000	1.000	1.000	1.000	1.000	1.000	1.000	1.000
天津	1.000	1.000	1.000	1.000	1.000	1.000	1.000	1.000
河北	0.853	0.919	0.968	0.983	0.981	0.968	0.985	0.951
山西	0.982	0.983	0.990	1.000	0.997	0.981	0.991	0.989
内蒙古	1.000	1.000	1.000	1.000	1.000	1.000	1.000	1.000
辽宁	1.000	1.000	1.000	1.000	1.000	1.000	1.000	1.000
吉林	1.000	1.000	1.000	1.000	1.000	1.000	1.000	1.000
黑龙江	1.000	1.000	1.000	1.000	1.000	1.000	1.000	1.000
上海	1.000	1.000	1.000	1.000	1.000	1.000	1.000	1.000
江苏	0.890	0.943	1.000	0.977	1.000	1.000	0.991	0.972

续表

分区	2004年	2007年	2010年	2013年	2016年	2019年	2022年	平均值
浙江	0.960	0.906	0.949	1.000	1.000	1.000	1.000	0.974
安徽	0.882	0.901	0.943	0.929	0.941	0.922	0.941	0.923
福建	0.972	0.939	1.000	1.000	1.000	1.000	0.956	0.981
江西	0.995	0.989	1.000	0.949	0.983	1.000	0.998	0.988
山东	1.000	1.000	1.000	1.000	1.000	1.000	1.000	1.000
河南	0.971	1.000	1.000	1.000	1.000	1.000	1.000	0.996
湖北	0.893	0.895	0.909	0.884	0.920	0.922	0.890	0.902
湖南	0.908	0.873	0.959	0.926	0.967	0.951	0.919	0.929
广东	1.000	1.000	0.967	0.955	0.982	1.000	1.000	0.986
广西	0.907	0.955	0.929	0.925	0.857	0.858	0.836	0.895
海南	1.000	1.000	1.000	1.000	1.000	1.000	1.000	1.000
重庆	1.000	1.000	1.000	1.000	1.000	1.000	1.000	1.000
四川	1.000	1.000	1.000	1.000	1.000	1.000	1.000	1.000
贵州	1.000	1.000	1.000	1.000	1.000	1.000	1.000	1.000
云南	0.946	0.963	0.967	0.948	0.941	0.974	0.972	0.959
西藏	1.000	1.000	1.000	1.000	0.949	1.000	1.000	0.993
陕西	1.000	1.000	1.000	1.000	1.000	1.000	1.000	1.000
甘肃	0.949	0.938	0.916	0.980	1.000	0.998	0.997	0.968
青海	0.821	0.871	1.000	1.000	0.971	1.000	1.000	0.952
宁夏	1.000	1.000	1.000	1.000	1.000	1.000	1.000	1.000
新疆	1.000	1.000	1.000	1.000	1.000	1.000	1.000	1.000
平均值	0.960	0.964	0.980	0.976	0.979	0.983	0.979	0.974

注：表中数据根据表2、表3中的有关数据计算得到。

北京市、天津市、内蒙古自治区、辽宁省、吉林省、黑龙江省、上海市、山东省、海南省、重庆市、四川省、贵州省、陕西省、宁夏回族自治区、新疆维吾尔自治区各年规模效率均为1.000，说明这些省份农业生产规模达到了最优状态。山西省2013年，江苏省2010年、2016年和2019年，浙江省

2013 年、2016 年、2019 年和 2022 年，福建省 2010 年、2013 年、2016 年和 2019 年，江西省 2010 年和 2019 年，河南省 2007 年及以后，广东省 2004 年、2007 年、2019 年和 2022 年，西藏自治区除 2016 年以外的年份，甘肃省 2016 年，青海省 2010 年、2013 年、2019 年和 2022 年，规模效率达到 1.000，说明这些省份部分年份的农业生产规模达到了最优状态。

其余省份各年规模效率均小于 1.000，说明这些省份的农业生产规模还需要作出调整。

四、各省（自治区、直辖市）农田水利投入要素生产效率分析与比较

（一）DEA有效省（自治区、直辖市）分析

北京市、天津市、内蒙古自治区、辽宁省、吉林省、黑龙江省、上海市、山东省、海南省、重庆市、四川省、贵州省、陕西省、宁夏回族自治区、新疆维吾尔自治区这 15 个省份各年均达到 DEA 有效。河南省、江苏省、浙江省、广东省、青海省、福建省和西藏自治区近几年也均达到 DEA 有效。说明各投入要素配置合理，投入也被有效地转化为了产出，农田水利等投入要素生产效率处于最优状态。而且过去 17 年中这些省份的农田水利投入要素生产效率都有较明显的提升。

北京、天津和上海这三个直辖市经济发展水平高，但农业占比较小，农业生产规模较小，因此农业资源相对充足，农田水利投入要素生产效率较高。

内蒙古自治区东部、辽宁省、吉林省和黑龙江省集中于我国东北地区，合称东北四省区，是我国重要的农业产区。东北四省区依托于松花江和辽河构成的松辽流域，整体水资源较丰富。同时，作为我国农业重要产区，松辽

流域积极开展灌区建设，大力推动高效节水灌溉农业，实施了农业规模化灌溉、东北四省区“节水增粮行动”等节水灌溉工程，并修建了引提水、外调水和地下水开采等水利工程[①]。东北四省区节水技术推广和农田水利设施建设都较完善，因此，农田水利投入要素生产效率较高。

重庆市、四川省、贵州省集中于我国西南地区，依据资源情况发展特色农业，能较好利用农业水资源，并有针对性地进行农田水利建设，因此，农田水利投入要素效率较高。

陕西省、宁夏回族自治区、新疆维吾尔自治区位于西北地区，气候干旱，水资源紧缺，更重视发展节水农业。陕西省加大灌溉制度执行力度，严格执行计划取水，引导农户改变大水漫灌的习惯。宁夏回族自治区在农业生产方面始终将水资源作为最大刚性约束，推行“四水四定”政策[②]。新疆维吾尔自治区更是积极应用各种高效节水灌溉技术，大力推行灌区建设。因此，西北地区这 3 个省份农田水利要素投入效率较高。

山东和河南两个省份是我国重要的农业产区，水资源也比较充足，农业在这两个省份中都占有比较重要的地位，能有效使用农业水资源。

江苏省、浙江省、广东省、福建省和海南省都是我国东南部沿海省份，水资源充足，经济水平也较发达，农田水利设施能够满足农业生产要求，能有效地利用农业水资源。

青海省和西藏自治区的农业规模较小，能有效利用农业水资源。

（二）非DEA有效省、自治区分析

河北省、山西省、安徽省、江西省、湖北省、湖南省、广西壮族自治区、云南省和甘肃省这 9 个省份未达到 DEA 有效，这说明还有较大提升空间。

---

① 王培莲，王晨，宁迪：《松辽之水奔腾谱写东北振兴新篇》，《中国青年报》2022年10月11日。

② 夏朋，杨研：《坚持“四水四定”推动经济社会高质量发展——以宁夏回族自治区“四水四定”创新实践为例》，《水利发展研究》2024年第24卷第3期。

河北和山西两省份在农业生产中分配的水资源较少，与农业生产规模相比，水资源较为紧缺，且节水技术推广以及农田水利设施建设不及西北干旱地区，导致整体农田水利投入要素效率较低。

安徽省、江西省、湖北省、湖南省、广西壮族自治区位于中国南方，整体经济水平较高，水资源也比较充足。但农业占比较低，农业受重视程度较低，因此，节水技术推广不足，农田水利设施建设也存在一定不足，农田水利投入要素效率未达到有效状态。

云南省和甘肃省的地形和气候等自然条件在一定程度上限制了农业的发展，且这两个省份经济不发达，也限制了节水技术的应用和农田水利设施的建设。

通过 DEA 方法可以计算得到各投入和产出要素的松弛量，对非 DEA 有效的 10 省（自治区）的农业生产总值、粮食产量这 2 个产出要素和农业用水总量、有效灌溉面积、第一产业从业人数、农作物总播种面积、农用化肥施用折纯量、农业机械总动力和农药使用量这 7 个投入要素的投入产出配比进行优化。为更好地优化农业生产要素配置，仅考虑最近的情况，2019 年和 2022 年松弛量如表 5 所示，分析松弛量对以后的农业生产具有参考意义。

表5　非DEA有效各省2019年和2022年农业投入指标松弛量

省份	年份	农业用水总量（亿立方米）	第一产业从业人数（万人）	农作物总播种面积（$\times10^3$公顷）	农业机械总动力（万千瓦）	农用化肥施用折纯量（万吨）	农药使用量（万吨）	有效灌溉面积（$\times10^3$公顷）
河北	2019	0.0	0.0	0.0	2059.9	0.0	0.0	1027.6
	2022	0.0	82.0	0.0	2833.3	15.7	0.0	1335.3
山西	2019	0.0	63.1	770.5	0.0	16.2	0.0	534.4
	2022	0.0	123.0	719.1	0.0	20.0	0.0	546.6
安徽	2019	45.6	16.5	0.0	0.0	0.0	0.6	1006.8
	2022	29.2	475.3	0.0	0.0	5.3	1.0	970.2
江西	2019	88.4	0.0	0.0	0.0	0.0	2.4	0.0
	2022	59.2	0.0	319.5	0.0	0.0	2.6	0.0

续表

省份	年份	农业用水总量（亿立方米）	第一产业从业人数（万人）	农作物总播种面积（$\times10^3$公顷）	农业机械总动力（万千瓦）	农用化肥施用折纯量（万吨）	农药使用量（万吨）	有效灌溉面积（$\times10^3$公顷）
湖北	2019	0.0	0.0	0.0	0.0	0.0	2.1	167.5
	2022	0.0	0.0	0.0	0.0	0.0	2.6	176.6
湖南	2019	14.5	0.0	601.8	2688.1	0.0	1.8	0.0
	2022	24.5	283.7	0.0	1716.7	0.0	4.7	0.0
广西	2019	31.5	94.8	1423.9	1130.2	44.7	0.6	0.0
	2022	31.6	83.6	717.2	1135.8	69.7	0.9	0.0
云南	2019	0.0	0.0	0.0	0.0	0.0	0.0	0.0
	2022	0.0	401.5	1385.4	0.0	41.5	0.5	248.0
甘肃	2019	11.7	208.1	0.0	359.2	0.0	0.8	0.0
	2022	21.9	277.4	0.0	227.9	0.0	1.8	0.0

注：表中数据根据表1中的有关数据利用DEA模型计算得到。

河北省农业机械总动力和有效灌溉面积这两项投入冗余较多，且 2022 年比 2019 年冗余量更大，说明河北省在这两方面投入过剩，这部分投入没有被有效利用。2022 年第一产业从业人数和农用化肥施用折纯量也有少量冗余。河北省可以通过减少冗余四项的投入或增加农业用水总量、农作物总播种面积和农药使用量投入来提高农业生产效率和农田水利投入要素的利用效率。

2019—2022 年，山西省第一产业从业人数从 462 万人降低到 414 万人，但冗余量从 63.1 万人上升到 123.0 万人，几乎翻倍，说明当前山西省农业生产所需劳动力数量下降，可能与农业技术的发展和机械化水平提升有关。农作物总播种面积、农用化肥施用折纯量和有效灌溉面积也有一定冗余。山西省可以通过减少这四项的投入或增加农业用水总量、农业机械总动力和农药使用量投入来提高农业生产效率和农田水利投入要素的利用效率。

安徽省第一产业从业人数和有效灌溉面积冗余较多。2019—2022 年，安徽省第一产业从业人数冗余从 16.5 万人上升到 475.3 万人，说明安徽省农业生产模式发生了较大的变化，对劳动力的需求量大幅下降。2019—2022年，安徽省有效灌溉面积维持在450万公顷左右，相比于2019年，2022年有效灌溉面积冗余有所下降，但仍大于20%，说明这部分灌溉面积没有被有效利用。除此之外，农业用水总量、农用化肥施用折纯量、农药使用量也都有少量冗余。安徽省可以通过减少这五项的投入或增加农作物总播种面积和农业机械总动力的投入来提高效率。

江西省的农业用水总量、农作物总播种面积和农药使用量有一定冗余。2019—2022年，农业用水总量冗余从88.4亿立方米下降到59.2亿立方米，但2022年农业用水总量投入量仅有194.5亿立方米，即超过1/4的农业用水总量投入是多余的，农业用水总量没有得到高效利用。2019年和2022年江西省农药使用量分别为6.3万吨和5.1万吨，冗余量分别为2.4万吨和2.6万吨，冗余量占比较大，需要调整。除此之外，2022年播种面积也出现了一定冗余。江西省目前应该适当减少农业用水总量、播种面积和农药使用量这三项的投入，尤其是农业用水总量和农药投入，或增加其余五项的投入使农业生产更有效。

湖北省的农药使用量、有效灌溉面积有一定冗余。农药投入的冗余占总投入的比例较大，说明农药利用效率较低。有效灌溉面积也有一定冗余，但占总投入比重较小。说明湖北省没有达到DEA有效主要是因为农药投入过剩，目前主要应该减少农药的投入，适当减少有效灌溉面积的投入，并依据情况调整其余五项的投入来提高农业生产效率和农田水利投入要素的利用效率。

湖南省除了有效灌溉面积之外的六项均有不同程度的冗余。农业用水总量有一定冗余，说明2022年这24.5亿立方米的水资源是多余的，减少这部分水资源也可以达到同样的生产效果。第一产业从业人数2022年有283.7万人的冗余，占总劳动力人数（785万人）的36%。农作物总播种面积2019年松弛量为60.18万公顷，2022年没有冗余，说明湖南省对播种面积进行了调整，提高了播种土地的利用效率。湖南省农业机械总动力的冗余量较大，虽然冗余量从2019年的2688.1万千瓦下降到1716.7万千瓦，但仍占2022年机械总动力投入的20%，说明目前的机械总动力投入存在浪费情况，还应进一步调整。农药投入的冗余占总投入的比例也较大，说明农药利用效率较低。目前，湖南省没有达到 DEA 有效主要是因为第一产业从业人数有富余，且机械和农药投入过剩，因此，应该减少冗余四项的投入或适当增加其余三项的投入，以提高农田水利投入要素的利用效率。

广西壮族自治区各项投入过剩情况比较明显，除了有效灌溉面积之外其余六项投入均有一定富余。农业水资源在 2019 年和 2022 年分别有 31.5 亿立方米和 31.6 亿立方米的冗余，说明农业用水效率没有达到最优状态。2019 年和 2022 年都约有 10.0% 的第一产业从业人数是多余的，还需调整劳动力情况。广西壮族自治区农作物总播种面积从 2019 年到 2022 年有所下降，但仍有 71.72 万公顷冗余，说明目前广西壮族自治区在农业生产中没有充分利用所有播种土地，仍有较大一部分的产出比较低效。农业机械总动力和农用化肥施用折纯量这两项投入的冗余量较大，2022 年这两项投入的冗余量在总投入中的占比分别为 29.7% 和 28.0%，说明这两项投入是限制广西壮族自治区农业生产效率提升的主要因素。农药使用量也有一定冗余，但与总投入相比冗余较少。因此，广西壮族自治区应该减少除有效灌溉面积之外的六项投入要素的数量，重点要控制农业机械总动力和农用化肥施用折纯量这两项的投入量，并适当推动灌区建设，增加有效灌溉面积，以提高农业生产效率。

云南省 2019 年各项投入要素的冗余均为 0.0，说明这七项投入指标在 2019 年时基本被有效利用，可能有少量冗余但由于算法精确度不够而未能测算出来。云南省 2022 年第一产业从业人数、农作物总播种面积、农用化肥施用折纯量、农药使用量和有效灌溉面积的松弛量均不为 0，说明投入过剩。各项投入的冗余占总投入量的比例都较高，农药使用量和有效灌溉面积剩余比例为 12.2%；农作物总播种面积多余了 138.54 万公顷，占 19.4%；农用化肥施用折纯量多投入了 41.5 万吨，占 22.6%；第一产业从业人数富余量最大，总从业人数为 1225 万人，其中有 401.5 万人属于过剩劳动力，占 32.8%。这五项投入过剩导致云南省农业生产效率没有达到 DEA 有效，目前云南省应该控制这五项的投入量，或适当增加农业水资源量和机械投入，提高农业生产整体效率和水平。

甘肃省农业水资源、第一产业从业人数、农业机械总动力和农药使用量的投入有一定冗余。2019—2022 年，农业水资源总投入量从 86.5 亿立方米下降到 82.3 亿立方米，但冗余量从 11.7 亿立方米上升到 21.9 亿立方米，说明农业生产中需水量降低了，目前生产过程中投入水资源仍有冗余。2019—2022 年，甘肃省第一产业从业人数从 706 万人下降到 614 万人，但冗余人数从 208.1 万人上升到 277.4 万人。说明甘肃省第一产业从业人数虽然减少了，但因为农业生产模式发生了较大的变化，对劳动力的需求量大幅下降，劳动力数量还需进一步减少。2019 年和 2022 年农业机械总动力冗余占总投入的比例从 16.5% 下降到 9.1%，有明显改善，但仍有一定富余，需要进一步控制和调整。农药整体投入量较小，2019 年和 2022 年分别为 4.2 万吨和 2.7 万吨，但冗余量从 0.8 万吨增长到 1.8 万吨，即 2022 年时有 2/3 的农药都是多余的，没有被有效利用。目前，甘肃省应当控制这四项指标的投入，以提升农业生产效率。

整体来看，只有部分省份的农业水资源和有效灌溉面积这两个农田水利投入过剩，在一定程度上限制了这些省份的农业生产效率，这些省份中农业水资源和有效灌溉面积的冗余量都较小，不是制约农业生产效率提高的核心因素。但农业水资源和有效灌溉面积有冗余的省份仍应进一步控制农田水利投入，保证投入的资源得到最有效的利用，提高资源利用率和生产效率。

五、空间自相关性分析：莫兰 I 指数

使用莫兰 I 指数，进一步研究农业生产效率的空间特征。使用 Geoda 软件计算综合效率、纯技术效率和规模效率的莫兰 I 指数，对空间自相关性进行分析。

（一）综合效率空间自相关性

以2004年、2010年、2016年和2022年为代表年份，对各省份综合效率进行分析，结果如表6所示。

表6　综合效率全局莫兰I指数值

年份	I	E(I)	sd(I)	z-value	p-value
2004	−0.0377	−0.0345	0.1192	−0.0021	0.4760
2010	−0.0902	−0.0355	0.1120	−0.4884	0.3300
2016	−0.0208	−0.0345	0.1179	0.1519	0.4020
2022	0.1469	−0.0345	0.1161	1.5606	0.0710

注：表中数据根据表2中的有关数据计算得到。

四年中，2004年、2010年和2016年p值均大于0.10，z值绝对值也较小，只有2022年的p值小于0.10，但z值绝对值小于1.65。说明各年结果均不显著，综合效率无空间自相关性，没有聚集或分散特征，呈现随机分布。

（二）纯技术效率空间自相关性

以2004年、2010年、2016年和2022年为代表年份，对各省份纯技术效率进行分析，结果如表7所示。

表7　纯技术效率全局莫兰I指数值

年份	I	E(I)	sd(I)	z-value	p-value
2004	−0.0119	−0.0345	0.1146	0.2112	0.3630
2010	−0.1347	−0.0345	0.1083	−0.9339	0.1820
2016	−0.1206	−0.0345	0.1135	−0.7365	0.2520
2022	0.1246	−0.0345	0.1115	1.4272	0.1010

注：表中数据根据表3中的有关数据计算得到。

四年中 p 值均大于 0.10，z 值绝对值也均小于 1.65，说明各年结果统计不显著，纯技术效率无显著的空间自相关性，没有聚集或分散特征，呈现随机分布。

（三）规模效率空间自相关性

以 2004 年、2010 年、2016 年和 2022 年为代表年份，对各省份规模效率进行分析，结果如表 8 所示。

表8 规模效率全局莫兰I指数值

年份	I	E(I)	sd(I)	z-value	p-value
2004	–0.1629	–0.0345	0.1156	–1.0816	0.1280
2010	–0.0667	–0.0345	0.1166	–0.2438	0.4510
2016	0.1527	–0.0345	0.1016	1.8750	0.0450
2022	0.0991	–0.0345	0.1044	1.2493	0.1080

注：表中数据根据表4中的有关数据计算得到。

四年中，2004 年、2010 年和 2022 年 p 值均大于 0.10，z 值绝对值也较小，结果不显著，说明这三年规模效率分布没有聚集或分散特征，呈现随机分布。2016 年的 p 值小于 0.10 且 z 值绝对值大于 1.65，结果显著。全局莫兰 I 指数为正数，说明 2016 年各省份农业生产规模效率之间存在显著的正相关关系，即显著的正向集聚依存特征。

我国各省（自治区、直辖市）的农业生产综合效率、纯技术效率和规模效率并没有呈现显著的空间自相关性，这与分析最小单元为省份有一定关系。

六、动态分析：DEA–Malmquist 模型

用 DEA–Malmquist 模型进一步研究全国各省份 2004—2022 年农田水利投入要素效率的发展趋势。使用 DEAP2.1 软件，将各省份 2004—2022 年数据带入 DEA–Malmquist 模型进行分析。

（一）2004—2022年全国农田水利投入要素效率的时间差异分析

2004—2022 年各省份全要素生产率变化指数、技术效率变化指数、技术进步变化指数、纯技术效率变化指数和规模效率变化指数的年平均值如表 9 所示。

从表 9 中可以看出 2004—2022 年每年全要素生产率变化指数均大于 1.000，说明 2004—2022 年全国农田水利投入全要素生产效率不断提高，平均增幅为 5.8%，增长较快。2004—2005 年增幅最小，为 2.8%，其余年份增幅均大于 3%，其中，2009—2010 年，全要素生产率变化指数最大，全要素生产率增幅达到 10.1%。

具体来看，全要素生产率不断提升的主要原因是技术进步。2004—2022 年，技术进步变化指数均大于 1.000，表明技术不断进步，推动了全要素生产率不断提升。我国这些年一直很重视农业技术推广和改革，2004 年以来，每年的中央一号文件都强调了深化农业科技推广体制改革、加大改革创新力度推进农业现代化、大力推进农业关键核心技术攻关等内容，还印发了《农业农村部办公厅关于做好 2020 年基层农技推广体系改革与建设任务实施工作的通知》等文件。说明在政策的推动下，农业用水技术、农田水利设施建设水平及其他农业技术都有了明显提升。

2004—2022 年技术效率变化指数基本在 1.000 上下波动，平均值为 1.001，平均变化仅为 0.1%；最大变幅为 1.5%，出现在 2014—2015 年，说明技术效率在 2004—2022 年的变化非常小。将技术效率进一步分解为纯技术效率和规模效率后，也可以看出纯技术效率变化指数和规模效率变化指数都是在 1.000 附近波动。纯技术效率平均变化率为 0%，最大变化是 2004—2005 年，纯技术效率下降了 1.0%。规模效率平均变化率为 0.1%，最大变化出现在 2009—2010 年，规模效率提升了 1.4%（见表 9）。这三项变化值均较小，说明农田水利投入要素等的生产效率没有明显的提升或下降，农业生产规模也没有朝更合理的方向调整。

整体而言，我国过去 17 年中农田水利投入的生产效率有明显提升，提升的主要原因是农业用水技术和农田水利设施建设水平等农业生产技术的进步。而农田水利投入要素的技术效率和规模效益没有明显变化，既没有促进整体生产效率的提升，也没有导致生产率下降。说明应该优化各要素投入和产出配置，调整农业生产及农田水利投入规模，提高纯技术效率和规模效率，进一步促进整体生产效率的提升。

表9　2004—2022年全国农田水利投入要素全要素生产效率及其分解

时间	技术效率变化指数	技术进步变化指数	纯技术效率变化指数	规模效率变化指数	全要素生产率变化指数
2004—2005年	0.994	1.034	0.990	1.004	1.028
2005—2006年	1.004	1.043	1.003	1.001	1.047
2006—2007年	1.004	1.063	1.004	1.000	1.067
2007—2008年	1.001	1.058	0.997	1.004	1.059
2008—2009年	1.002	1.029	1.003	0.999	1.031
2009—2010年	1.010	1.090	0.995	1.014	1.101
2010—2011年	0.992	1.088	0.994	0.998	1.079
2011—2012年	1.006	1.059	1.003	1.002	1.065
2012—2013年	0.992	1.074	0.996	0.996	1.066
2013—2014年	1.007	1.037	0.999	1.008	1.044

续表

时间	技术效率变化指数	技术进步变化指数	纯技术效率变化指数	规模效率变化指数	全要素生产率变化指数
2014—2015年	0.985	1.048	0.995	0.990	1.032
2015—2016年	1.008	1.043	1.003	1.005	1.052
2016—2017年	1.008	1.033	1.007	1.002	1.042
2017—2018年	1.007	1.058	1.009	0.998	1.065
2018—2019年	1.003	1.073	0.999	1.004	1.076
2019—2020年	1.006	1.064	1.003	1.003	1.071
2020—2021年	1.000	1.085	1.003	0.997	1.085
2021—2022年	0.995	1.042	1.000	0.996	1.037
平均值	1.001	1.057	1.000	1.001	1.058

注：表中数据根据表1中的有关数据计算得到。

（二）2004—2022年各省份农田水利投入要素效率的空间差异分析

各省份全要素生产率变化指数、技术效率变化指数、技术进步变化指数、纯技术效率变化指数和规模效率变化指数的多年平均值如表 10 所示。从表 10 中可以看出各省份多年平均全要素生产率变化指数均大于 1.000，说明从 2004 年到 2022 年，各省份农田水利投入全要素生产率均有不同程度的提升。平均增幅为 5.8%，增长较快。青海省增幅最大，为 11.6%，吉林省、江西省、内蒙古自治区和安徽省的平均增长幅度最小，分别为 1.5%，1.9%，3.0% 和 3.6%，说明这些省份的农田水利投入需要调整，从而提高全要素生产率。

表10　我国各省（自治区、直辖市）全要素生产效率及其分解（2004—2022年）

分区	技术效率变化指数	技术进步变化指数	纯技术效率变化指数	规模效率变化指数	全要素生产率变化指数
全国	1.003	1.050	1.000	1.003	1.053
北京	1.000	1.070	1.000	1.000	1.070

续表

分区	技术效率变化指数	技术进步变化指数	纯技术效率变化指数	规模效率变化指数	全要素生产率变化指数
天津	1.000	1.074	1.000	1.000	1.074
河北	1.008	1.059	1.000	1.008	1.068
山西	1.011	1.031	1.011	1.000	1.043
内蒙古	1.000	1.030	1.000	1.000	1.030
辽宁	1.000	1.040	1.000	1.000	1.040
吉林	1.000	1.015	1.000	1.000	1.015
黑龙江	1.000	1.050	1.000	1.000	1.050
上海	1.000	1.048	1.000	1.000	1.048
江苏	1.006	1.049	1.000	1.006	1.056
浙江	1.002	1.082	1.000	1.002	1.085
安徽	1.003	1.032	1.000	1.004	1.036
福建	0.999	1.082	1.000	0.999	1.081
江西	0.998	1.021	0.998	1.000	1.019
山东	1.000	1.064	1.000	1.000	1.064
河南	1.002	1.065	1.000	1.002	1.067
湖北	0.991	1.054	0.991	1.000	1.044
湖南	1.000	1.044	0.999	1.001	1.044
广东	1.000	1.063	1.000	1.000	1.063
广西	1.004	1.084	1.008	0.995	1.088
海南	1.000	1.085	1.000	1.000	1.085
重庆	1.000	1.047	1.000	1.000	1.047
四川	1.000	1.050	1.000	1.000	1.050
贵州	1.000	1.074	1.000	1.000	1.074
云南	1.009	1.053	1.007	1.002	1.063
西藏	1.000	1.041	1.000	1.000	1.041
陕西	1.000	1.079	1.000	1.000	1.079
甘肃	0.995	1.056	0.993	1.003	1.051

续表

分区	技术效率变化指数	技术进步变化指数	纯技术效率变化指数	规模效率变化指数	全要素生产率变化指数
青海	1.011	1.103	1.000	1.011	1.116
宁夏	1.000	1.048	1.000	1.000	1.048
新疆	1.000	1.072	1.000	1.000	1.072
平均值	1.001	1.057	1.000	1.001	1.058

注：表中数据根据表1中的有关数据计算得到。

具体来看，各省份全要素生产率不断提升的主要原因是技术进步。各省份多年平均技术进步变化指数均大于1.000，表明技术不断进步，推动了全要素生产率不断提升。其中，青海省增幅最大，为10.3%，海南省、广西壮族自治区、浙江省和福建省技术进步变化幅度较大，分别为8.5%、8.4%、8.2%和8.2%，说明这些省份的农业用水技术以及农田水利设施建设水平在2004—2022年有了明显提升。吉林省和江西省技术进步变化幅度较小，仅为1.5%和2.1%，说明这两个省份应当进一步推广农业节水技术，提升农田水利设施建设和管理水平，学习其他省份经验，推动技术进步，从而促进整体生产效率的提升。

各省份技术效率变化指数的多年平均值基本在1.000上下波动，平均值为1.001，平均变化仅为0.1%，最大变幅为1.1%，说明各省份技术效率在2004—2022年的变化都非常小，对全要素生产率的影响也较小。将技术效率进一步分解为纯技术效率和规模效率后，也可以看出纯技术效率变化指数和规模效率变化指数也都是在1.000附近波动。纯技术效率平均变化率为0%，最大变幅仅为1.1%。规模效率平均变化率为0.1%，最大变幅仅为0.8%。这三项变化值均较小，说明2004—2022年，全国各省份的农田水利投入要素的生产效率没有明显的提升或下降，农业生产规模的发展也没有进一步提升效率。

整体而言，2004—2022年，各省份的农田水利投入要素生产效率都有较明显的提升，提升的主要原因是农业用水技术和农田水利设施建设水平等方面的技术进步。各省份生产率提升幅度有一定差异，主要来源于技术进步的差异，吉林省、江西省等变化幅度较小的省份在发展农业节水技术、优化农田水利建设等方面还有提升空间。而各省份农田水利投入要素的纯技术效率和规模效率没有明显变化，因此，技术效率也没有明显提升，对整体生产率提升没有明显贡献。说明我国各省份都还需要优化各要素投入和产出配置，调整农业生产及农田水利投入规模，提高纯技术效率和规模效率。

七、我国农业强国建设中的水利保障措施

（一）我国农田水利建设取得的成就

我国一直非常重视农田水利建设，在灌区建设、水管理体制优化、水网工程建设、非常规水资源开发以及节水技术水平等方面都取得了卓越成就。

1. 我国灌区建设逐步完善

灌区是我国重要的农业产区，截至2021年，我国耕地灌溉率已是世界平均水平的2.68倍，这标志着我国已成为世界第一灌溉大国。目前，我国已建成耕地灌溉面积0.70亿公顷，约占全国耕地面积的55%。我国有大中型灌区7000多处，有效灌溉面积0.34亿公顷。灌区是我国的主要农业产区，生产了全国77%的粮食和90%以上的经济作物。我国灌区建设逐步完善，农田灌溉效率逐渐提升，灌溉方式也向集约节约、智能高效的方向转变。

2. 我国水管理体制不断优化

水利部门不断优化我国水管理机制体制，注重推进水治理体系和治理能力现代化。过去十年中，农业水价、用水权分配及交易、水资源税等针对水资源管理和利用的重点领域进行了深入改革；南水北调工程供水管理条例、长江保护法、黄河保护法等针对特定流域、项目的规定和法规也颁布实施。

在农田水利方面，国家确立了《节约用水条例》《农田水利条例》，为农业用水夯实了体制机制的法治基础。

3. 我国水网工程稳步推进

目前，我国国家水网工程在逐步建设中。我国已修建南水北调东、中线一期等重大调水工程，惠及1.5亿人。除此之外，引江补汉、滇中引水、引江济淮等区域性调水工程和贵州夹岩、西藏拉洛等地的水库也都开始建设，并与南水北调等国家级水网工程相互配合，保障了各地区的用水。2012年全国水利工程供水能力为7000亿立方米，2021年时达到8900亿立方米，极大提高了我国供水能力，也更好地保障了农业供水。

4. 我国非常规水资源稳定开发

目前地表水、地下水仍是中国水资源开发利用的主体，但再生水、集蓄雨水、海水淡化水、矿坑（井）水、微咸水等非常规水资源利用量也在稳步增加，2022年非常规水资源利用量达到175.8亿立方米，较2021年提高37.5亿立方米，占全国供水总量的2.9%。开发利用非常规水资源可以有效增加供水，更好地保障包括农业在内的各产业的高质量发展。

5. 我国农业节水技术水平不断提升

各项节水技术水平不断提升，应用规模不断扩大。截至2020年底，全国低压管灌、微灌、喷灌等高效节水灌溉面积均超过0.1亿公顷，集雨补灌、垄作沟灌、测墒节灌等节水技术也都投入了使用。节水技术的大面积推广应用使得中国农业用水效率明显提升，节水增产效果明显。

坚持“节水优先”方针，在各行各业推动节水行动。在农业方面，中国农田灌溉水利用效率从2012年的0.516提高到2021年的0.568，全国粮食水分生产力也由1.185千克/米^{3}提升到1.230千克/米^3。同时，农作物种植结构持续改善，比如，增加了玉米、马铃薯等水分利用效率高的作物的比重。还根据作物生长季节特性、区域气候特征及土壤肥力情况对种植制度进行了优化，进一步提升了农业生产效率。

（二）我国农田水利发展中存在的问题

尽管我国农田水利建设取得了很大成就，但在一些方面还存在不足，需要不断完善，以适应农业强国建设的要求。

1. 水管理制度不够完善

我国水资源相关立法和水权制度还不够完善。在水资源行政管理方面存在部门多、职能交叉、协调困难等问题，各部门权责划分不够明确。对水资源的使用、转让等制度的规定也不明确，整体水资源使用情况较为混乱。这些问题会影响相关水利工程的建设和农业生产活动的开展。同时，目前水资源分配缺少外部的约束和管制，会导致各地区、各产业水资源利用量取决于自然供水量。在农业灌溉方面，会出现上游地区超量引水、农田大量灌溉，而下游地区可供水资源不足、不能充分灌溉的情况，导致水资源利用率降低。

2. 国家水网总体格局尚未形成

我国水问题较为复杂，目前水资源时空分布不均问题依然存在，还需要进一步完善国家水网格局。而且目前我国水网工程还存在水资源统筹调配能力不高、水利工程互联互通和协同融合不够等问题，也需进一步完善、优化。在国家水网的基础上，构建区域水网是实现区域水资源合理配置的关键。

3. 非常规水资源利用不充分

开发利用非常规水资源可以有效优化水资源配置体系，提高水资源利用率。目前，我国非常规水资源利用量在稳步提升，但尚存在配置水平偏低、利用不够充分、政策不够健全、认识不够到位等问题。

4. 节水技术有待进一步提升

随着节水技术应用规模的不断增加，用水效率在不断提升，但目前我国部分地区仍采用传统的地面灌溉方式和落后的灌溉技术，过量用水，造成较严重的水资源浪费，水资源利用率低。根据 2022 年《中国水资源公报》，全国灌溉水有效利用系数为 0.572，超过 40% 的水资源在灌溉过程中通过渗漏、蒸发损失掉，整体利用效率还有待提升，节水技术需进一步推广。我国部分地区节水技术效率不高是因为不完全符合当地发展情况，部分农田节水灌溉设施修建过程中允许当地群众按需要自行规划，这导致规划缺乏专业性，使得农业灌溉设施不能充分发挥效益。另外，我国部分地区还存在直接使用其他地区节水灌溉方案的情况，导致灌溉方式与本地区农业发展不匹配，达不到最佳节水效果。

（三）关于适应农业强国建设的农田水利发展模式建议

基于世界农业强国的水利发展经验，结合我国国情及农业、水利发展实践，需要从水权制度、水网工程、多水源综合利用与联合调度、高效适水农业技术等方面加强农业用水保障，为农业强国建设提供强有力的水利支撑。

1. 推动建立中国特色的水权制度体系

总结全国江河水量分配的实践经验，完善初始水权分配框架。截至 2018 年 7 月，水利部已经完成并批复了 33 条跨省江河流域的水量分配方案，因地制宜地将流域的水资源量以初始水权分配的形式分配到流域内各省区。分析这些样本数据，进一步总结提炼流域初始水权分配的经验，完善初始水权分配的关键要素和技术框架，是深化初始水权分配的重要方向。

完善并推广应用水权调度实现技术。目前，水权调度实现的技术与模型并未在全国范围广泛应用，也不足以支撑全国数十条跨省江河水量分配之后的水权调度实现。因此，需要基于面向对象的编程手段和可视化的软件工程技术，开发建立通用性的水权调度实现模型和软件包，为水权调度技术在不同流域大范围推广应用提供便捷的工具。

2. 通过国家及区域水网建设实现水资源空间均衡

如今，我国的南水北调东、中线一期工程已相继建成，跨流域、跨区域水网格局正在逐步形成。但目前我国仍存在水资源时空分布不均的问题，需要加快构建国家及区域水网，完善水资源配置和供水保障体系。

首先，应继续推进重大引调水工程建设。根据南水北调工程总体规划，积极推进南水北调后续工程及其他重大调水工程建设，完善国家水网骨架，增强流域间、区域间水资源调配能力和各地区供水保障能力。

其次，在建设好国家级水网工程的基础上，要加强各级水网互联互通。进一步完善省市县级区域水网建设，提高水资源综合调配能力，统筹好当地水和外调水的综合利用。提高供水保障程度，保证水资源调配落实到“最后一公里”。

最后，应促进国家水网与相关产业协同发展，推进国家水网与现代农业发展相融合。结合水网实际情况，建设一批现代化大型灌区，保障产区农业用水，提升农业生产水平；同时要对已有灌区进行改造，进一步提高灌区输配水效率。

3. 多水源综合利用与联合调度

目前地表水、地下水仍是我国水资源开发利用的主体，再生水、集蓄雨水、海水淡化水、矿坑（井）水、微咸水等非常规水资源利用量也在稳步增加。开发利用非常规水资源可以有效增加供水，更好地保障包括农业在内的各产业的高质量发展。

（1）建立雨水收集、储存和利用系统

在城市区域，结合海绵城市建设，提升公园、绿地、建筑、道路等雨水综合利用水平，通过不透水面集水、透水面回补地下水的方式增加雨水收集量。在西北和华北缺水山区、西南岩溶地区以及沿海地区和海岛，可结合地形地貌建设相关工程收集、处理雨水。同时，因地制宜推广农业集雨节水灌溉技术，用于农业补充灌溉。

（2）完善空中水利用系统

我国目前已逐步形成以飞机播撒为主体的空中人工增雨催化作业系统和以新型气象火箭为主体的地面人工增雨作业系统，人工影响天气作业服务的规模也在不断扩大。未来应不断完善人工增雨技术，必要时开发利用空中水。同时，王光谦院士等研究发现大气中存在由条带结构纵横分布的水汽输送网络，是全球及区域水汽输送主干。如何采用合适的人工手段影响水汽的输送，把原来应在水资源丰富地区（如长江流域）形成降水的水汽引导至缺水地区（如黄河流域），实现空中调水，需要进一步探索解决。这也是水资源调配的一种方法，可以在一定程度上增加缺水地区的水资源总量。

（3）加强再生水利用

统筹规划农业、工业、生活和生态用水，可将工业生产和城市生活废水处理达标后用于农业灌溉和生态环境用水，一水多用，提高水资源利用效率。

（4）沿海缺水地区加强海水及咸水淡化水利用

进一步发展海水及咸水淡化技术，补充水资源量。沿海缺水地区发展海水及咸水淡化，补充供水，增加应急备用水源，提升水安全保障水平。同时适当扩大海水及咸水淡化水在农业灌溉和工业生产中的利用规模，保障农业、工业用水。

（5）应用微咸水灌溉技术

我国西北及沿海地区等水资源短缺但微咸水较为丰富的地区，可以发展微咸水灌溉技术。因地制宜推广耐盐碱作物，采取咸淡混灌、咸淡轮灌等模式利用微咸水灌溉。同时也要加强微咸水淡化处理利用技术，降低微咸水的含盐量，转化为可用于生产、生活的水资源。

（6）统筹多水源联合调度

强化地表水、地下水联调联供，加强非常规水资源的开发和利用，实现常规和非常规水资源联合调度，提高水资源循环和安全利用水平。

4. 大规模推广应用节水农业技术

近年，我国节水农业快速发展，但干旱缺水情况仍较严重，对我国农业生产有长期威胁。目前，我国仍然需要继续大力发展节水农业，不断探索新的节水技术。

（1）发展各类高效灌溉技术

扩大喷灌、滴灌面积，同时也要不断提高喷灌、滴灌设备的综合水平，降低故障发生率，提高设备自动化水平。目前，我国相对通用的高效节水灌溉技术包括喷灌、微灌（含滴灌、微喷灌）、低压管灌。除此之外，膜下滴灌、调亏灌溉、非充分灌溉、加肥灌溉、分根区交替灌溉等新型灌溉技术在中国也有所应用，可以根据不同地区农业生产的需要进一步完善这类技术，提升农田水分利用效率。

（2）加强智慧灌溉系统建设

加快数字农业基础设施和智慧灌溉系统建设，提升数字化采集和应用能力，完善对区域气象数据、田间水文与作物数据以及土壤墒情数据的监测。并结合监测数据预测降水量、土壤湿度和蒸发等因素，有针对性地选择作物并推进精准灌溉和施肥，有效提高资源利用效率及作物产量。

（3）培育节水抗旱作物品种和优化种植结构

一方面，要培育节水抗旱作物品种，目前，我国已将抗旱节水栽培技术应用在大豆、小麦等作物的栽培中，未来可以进一步培育出具有良好节水能力且优质高产的作物品种。另一方面，可以根据各地水资源禀赋调整优化种植结构和空间布局，因地制宜地进行作物种植，发展适水农业。

主要参考文献

［1］李宝春. 基于DEA-Malmquist模型的安徽省农业用水效率研究[J]. 安徽农业科学，2023，51（19）：187-190.

［2］李树君. 中国战略性新兴产业研究与发展：农业机械[M]. 北京：机械工业出版社，2013.

［3］赵久洋，郭琨. 我国职工医疗保险基金全要素生产率及其区域特征分析——基于DEA和莫兰指数的研究[J]. 管理评论，2024，36（3）：1-10.

［4］焦雨萌，曹建军，陈洁，等. 2007—2020年黄河流域农业灌溉用水效率——基于3阶段DEA模型和Malmquist指数[J]. 中国水土保持科学（中英文），2024，22（1）：70-76.

［5］赖红兵，鲁杏.国外农业现代化和农村水利建设经验对我国的启示[J].中国农业资源与区划，2019，40（11）：266-273.

[6] 王亚华，舒全峰，吴佳喆. 水权市场研究述评与中国特色水权市场研究展望[J]. 中国人口·资源与环境，2017，27（6）：87–100.

[7] 水利部关于做好跨省江河流域水量调度管理工作的意见[J]. 中华人民共和国水利部公报，2018（3）：1–3.

[8] 张思茵. 流域生态安全法律制度研究[D]. 河北保定：河北大学，2022.

[9] 国家水网建设规划纲要[J]. 中国水利，2023，（11）：1–7.

[10] 刘诗平. 2022年我国非常规水源利用量显著提升[N]. 中国信息报，2023–08–31（6）.

[11] 水利部 国家发展改革委关于加强非常规水源配置利用的指导意见[J]. 中华人民共和国国务院公报，2023（23）：29–32.

[12] 王光谦，钟德钰，李铁键，等. 天空河流：发现、概念及其科学问题[J]. 中国科学：技术科学，2016，46（6）：649–656.

[13] 陈东，银永安，王永强，等. 中国农业节水灌溉技术现状及其发展对策[J]. 作物研究，2018，32（4）：330–333.

[14] 吴勇，张赓，陈广锋，等. 中国节水农业成效、形势机遇与展望[J]. 中国农业资源与区划，2021，42（11）：1–6.

大食物观下我国农业科研转型优化路径研究 *

大食物观为改善居民营养健康、缓解资源环境压力和增强农业食物系统韧性提供了新思路，提倡食物消费的多样化和食物供给来源的多元化，更加注重居民的营养健康、生态环境保护与资源可持续利用。大食物观体现了我国农业发展目标从侧重粮食安全向粮食安全、营养健康、“双碳”目标、韧性、共同富裕等多元目标的转变（樊胜根，2022）。大食物观对现有农业科技提出了新要求，要在大食物观下发展多元化的农业科技，加快构建多元化食物供给体系，从而更好地满足人们日趋多样化的食物需求。因此，本研究在分析目前我国农业食物系统取得的成就及面临的挑战基础上，提出大食物观对农业科研提出的新要求，梳理我国农业科研管理体系和政策的演变，分析我国公共农业科研的投入和产出特征，总结国际农业科研转型的经验，最后得出大食物观下我国农业科研转型的优化路径和政策建议。

---

* 本文为清华大学中国农村研究院重点研究课题“大食物观与农业科研转型”的研究成果，报告观点仅代表课题组的看法。课题负责人：樊胜根，中国农业大学文科讲席教授，全球食物经济与政策研究院院长。报告执笔人：樊胜根、龙文进、张玉梅、司伟、冯晓龙、高海秀。

一、大食物观对农业科研提出了新要求

（一）我国农业食物系统取得的成就及面临的挑战

改革开放以来，我国在保障国家粮食安全和居民营养健康方面取得了重大成就。我国仅用世界 9% 的耕地和 6% 的淡水养活了世界近 1/5 的人口；我国粮食总产量从 1978 年的 30477 万吨增加到 2022 年的 68653 万吨，年均增长 1.86%。人均粮食占有量从 1978 年的 319 千克，增加到 2022 年的 486 千克，年均增长 0.96%，远超 400 千克的国际粮食安全线。粮食安全保障能力的提高为消除饥饿和营养不良奠定了基础。过去 30 年，全球摆脱饥饿的人口中有 2/3 在中国。中国是首个实现联合国可持续发展目标 2（零饥饿）的发展中国家。2020 年我国营养不良率下降到 2.5% 以下，居民食品支出总额占居民总消费支出的比重下降至 30.2%；蔬菜、水果、肉类消费量增长迅速，居民膳食结构向高能量、高蛋白转变（樊胜根等，2022）。与此同时，我国在进一步提升国家粮食安全保障能力和国民营养健康水平方面还面临诸多挑战。

1. 食物供给与消费需求不匹配

我国当前食物供求的总体格局特点是口粮自给有余，但在饲料、油、糖、肉、奶等方面都存在一定供给缺口（陈锡文，2021）。以饲料粮为例，在“口粮过剩与饲料粮短缺并存”情况下，能量饲料与蛋白饲料播种面积占比偏低，饲料粮生产面临“高潜低用，低潜超用”、实际优势品种与潜在优势品种偏离、空间错配等问题（刘长全等，2023）。分品种看，稻谷产大于需，仓储稻谷有待消化；小麦产需平衡有余，但专用优质小麦供给不足，每年均需进口几百万吨；大豆目前对外依存度超过 80%，产需缺口有进一步扩大趋势（杜鹰等，2022）。玉米的供求关系正在从前几年的过剩转为短缺，有学者担忧玉米会成为第二个大豆（陈希等，2022）。杂粮杂豆消费需求快速增长，但质量好、有品牌、受青睐的产品没有形成有效供给（陈萌山，2019）。从品质上看，我国积极提高复种指数、大量使用化肥农药、采用高产品种，这虽然提高了产量，但也使得农产品质量不高，还给土壤等资源环境造成负面影响。

2. 总体食物自给率将进一步下降

从未来食物需求看，学者们普遍预测未来我国口粮将继续维持高自给率，蔬菜、水果、水产品基本满足需求，但饲料粮的缺口将进一步增大，总体食物自给率将进一步下降。根据 OECD 和 FAO 的预测，2030 年中国小麦等粗粮合计的产需缺口规模为 1.38 亿吨，其中小麦产需缺口为 1020 万吨，大豆产需缺口为 10780 万吨（OECD and FAO，2021）。国内学者预测 2030 年玉米自给率将从 2019 年的 98% 下降至 2030 年的 83%，缺口达 5300 万吨；油料作物食油自给率、糖料自给率将从 2019 年的 98% 和 82% 分别下降至 2030 年的 86% 和 66%；牛肉、羊肉、奶制品的自给率也将持续下降（黄季焜等，2022）。2035 年我国的食物自给率将下降 4 ～ 5 个百分点，至 90% 左右，而 2050 年还将继续下降 3 ～ 4 个百分点（黄季焜等，2022）；2035 年我国的热量自给率将从 2019 年的约 76% 进一步下降到约 65%（杜鹰等，2022）。我国每年进口农产品相当于 10 亿亩播种面积（陈锡文，2021）。

3. 居民膳食结构不合理

根据国家统计局的数据，2021 年我国居民膳食结构中的谷物消费量大大超出中国居民平衡膳食宝塔（2022）的推荐标准，而薯类的消费量大大低于推荐标准。以往研究也发现全谷物的摄入量远低于推荐标准（王晶晶等，2023）。对于动物性食物，虽然总体上的消费量处于推荐标准之间，但是结构不合理；畜禽肉消费明显偏高（主要是猪肉），而水产品消费不足。居民的奶类消费量远远低于推荐量，而食用油消费量高于推荐量。从营养素摄入的角度看，我国居民人均碳水化合物、蛋白质、脂肪三大营养素供应充足，但维生素、矿物质（如铁、锌、钙）等微量营养素摄入量与推荐量需求之间的差距还很大（陈萌山，2019）。

（二）树立大食物观意义重大

2022年全国两会期间，习近平总书记在看望参加全国政协十三届五次会议的农业界、社会福利和社会保障界委员并参加联组会时指出，要树立大食物观，从更好满足人民美好生活需要出发，掌握人民群众食物结构变化趋势，在确保粮食供给的同时，保障肉类、蔬菜、水果、水产品等各类食物有效供给，缺了哪样也不行[①]。2022年10月，党的二十大报告提出树立大食物观，发展设施农业，构建多元化食物供给体系。2022年12月，习近平总书记在中央农村工作会议上强调要树立大食物观，构建多元化食物供给体系，多途径开发食物来源[②]。2023年中央一号文件明确要求树立大食物观，加快构建粮经饲统筹、农林牧渔结合、植物动物微生物并举的多元化食物供给体系，分领域制定实施方案。2024年中央一号文件再次提出要树立大农业观、大食物观，多渠道拓展食物来源，探索开展大食物监测统计，推介大食物开发典型案例。

与传统粮食安全观相比，大食物观在强调主粮消费和数量安全的基础上，更加关注居民食物的多样化和健康属性，打破了“食物主要来源于耕地”的传统农业思维模式，提倡食物资源的多样化，更加注重生态环境保护与资源可持续利用（朱晶，2022）。大食物观体现了我国农业发展目标从侧重粮食安全向粮食安全、营养健康、“双碳”目标、韧性、共同富裕等多元目标的转变（樊胜根等，2022）。具体地，可以从以下四方面来理解大食物观。

首先，大食物观强调大粮食理念。粮食的概念逐渐被食物的概念所替代，即不仅包括传统的粮食和农作物，还包括水产养殖、林业产品、牧业产品以及可食用的野生植物和动物；不仅要确保充足的粮食供应，还要确保粮食的质量和营养价值，保证每个人都有权获得安全、营养和足够的食物。这就要

---

① 《习近平在看望参加政协会议的农业界社会福利和社会保障界委员时强调 把提高农业综合生产能力放在更加突出的位置 在推动社会保障事业高质量发展上持续用力》，《人民日报》2022年3月7日。

② 《习近平在中央农村工作会议上强调 锚定建设农业强国目标 切实抓好农业农村工作》，新华社，2022年12月24日。

求粮食安全理念从传统的粮食安全观念向食物安全转型，在确保粮食供给的同时，要保障肉类、蔬菜、水果、水产品等各类食物的有效供给。

其次，大食物观强调大资源理念。大资源理念的核心是在保护各类食物资源的前提下，充分利用各类食物资源，以实现可持续的食物生产和供应。食物资源包括耕地、森林、草原、海洋、设施农业等，大资源理念提倡合理利用这些资源，向植物动物微生物要热量、要蛋白，通过“宜粮则粮、宜经则经、宜牧则牧、宜渔则渔、宜林则林”、发展设施农业等来实现对各类生物资源的多样化利用。

再次，大食物观强调大农业理念。大农业理念不仅关注农业生产本身，还关注农业与第二、第三产业的融合发展，以及农业在社会经济中的多重功能。大农业理念强调通过农产品加工、物流配送、休闲农业、乡村旅游等，延伸农业产业链，增加农民收入，体现农业的社会功能、生态功能、文化功能，推动农村经济全面发展和转型。

最后，大食物观强调大健康理念。大健康理念关注的不仅是个体的身体健康，还包括社会和环境的整体健康。在大健康理念下，食物不仅是满足饥饿的基本需求，还应注重营养均衡和食品安全，确保人们摄入足够的维生素、矿物质和其他营养素，预防营养不良和慢性疾病。此外，大健康理念还强调食品生产过程的安全性和生态友好性，避免使用有害农药和化肥，推广有机农业和绿色食品，减少食品中有害物质的残留，保护消费者的健康。

（三）大食物观下农业科研亟须转型

传统的粮食安全观主要集中关注稻谷、小麦、玉米等谷物的供给能力，而随着人们生活水平不断提高，居民食物消费升级，食物消费数量和多样性整体增加，出现明显的膳食结构转型特征，包括大米等口粮占比下降、肉蛋奶等高蛋白食物占比上升、蔬菜占比下降、高能量和方便食品饮料占比增加等（Pingali，2007；张宗利等，2022）。中国居民膳食消费水平与结构正在由温饱型向全面小康型转变，形式上表现为由“粮菜型”向“粮肉菜果多元型”和由传统家庭烹饪型向现代便捷型转变（辛良杰，2021）。以“吃得饱”为主的粮食安全观要向“吃得好”“吃得健康”“吃得放心”的多元大食物安全观逐步转变，要构建多元化食物供给体系以满足人们多样化食物需求的要求。

农业食物系统要向更加高产高效、营养健康、环境可持续、更具韧性、更具包容性的目标转型已成为国内外共识（Fan et al.，2021；樊胜根等，2022）。农业食物系统转型也是践行大食物观，实现食物安全多维目标的必要手段（樊胜根等，2022）。实现农业绿色发展，在执行严格生态保护红线不可逾越前提下发展生态适应、经济适宜、规模适度的大食物开发之路（高旺盛等，2022），形成同资源环境承载力相匹配的现代农业生产结构和区域布局，这体现了农业食物系统可持续发展的要求。增强农业食物系统的韧性最根本的途径在于不同的层面和食物系统的各个组成部分中的多样化，特别是生产的多样化（Hertel et al.，2021）；多元化的食物供给体系通过食物类别、区域分布、生产模式等的多样化，分散风险、化整为零、减轻冲击强度，可以增强食物供应链应对冲击的韧性（Gomez et al.，2021）。

总的来看，大食物观对农业科研提出了更高的要求，即农业科研既可以满足人们对食物数量和质量的需求，又可以促进食物系统的可持续性、韧性和包容性，实现农业绿色发展和“双碳”目标，促进共同富裕。本研究旨在系统梳理我国农业科研体系和政策演变路径的基础上，分析我国农业科研发展面临的制约因素和关键环节，结合世界其他国家农业科研转型的经验，重新定位我国农业科研优先序，并提出大食物观下我国农业科研的转型路径，进而促进构建梯次分明、分工协作、适度竞争的农业科技创新体系。

二、我国农业科研管理体系和政策的演变

本部分梳理我国农业科研相关的主要政策，归纳我国农业科研的管理体系、资金来源和分配机制的特点，总结我国农业科研管理体制的现状及可能的问题。

（一）我国农业科研体系

我国的农业科研体系构成复杂，不仅农业科学研究机构和农业高校从事农业科学研究，许多综合性的研究机构、综合性大学以及一些企业也会从事一些农业科学研究。中央和地方政府负责制定、实施和管理政策，建设机构和完善基础设施，分配农业科研资金。我国的农业科研体系主要由公共部门主导，政府在农业科技投资中发挥着重要作用。2019 年，公共农业科研机构的研发资金中 88.4% 来自政府。然而，企业等非政府利益相关者在研究与试验（R&D）方面的投资较少，主要热衷于知识产权保护，投资具有高投资回报的研发活动，如食品加工、农用化学品投入、农业机械、杂交种子和转基因作物育种等（赵惠娟等，2015）。

1. 国家农业科研体系的管理与协调机制

农业科研体系由国家创新体系统一管理。国家科技领导小组负责研究、审议国家科技发展战略、规划及重大政策，讨论、审议国家重大科技任务和重大项目，协调国务院各部门之间及部门与地方之间涉及科技的重大事项。科技部的主要职能包括制定科技发展政策、统筹推进国家创新体系建设和国家重大科技决策咨询制度建设、协调管理中央财政科技计划（专项、基金等）并监督实施、优化配置科技资源和推动多元化科技投入体系建设，拟订科技

对外交往与创新能力开放合作的规划、政策和措施，组织开展国际科技合作与科技人才交流等。科技部率先建立了全国统一的科技管理平台和科研项目经费分配、评价、监督机制。国家自然科学基金在研发经费的分配中起着重要的作用。此外，隶属于科技部的中国农村科技发展中心负责农业和农村科技项目的管理和监督。财政部负责制定国家年度预算，并为农业科研分配公共资金。农业农村部执行农业科研政策，并监督国家农业科研机构。教育部负责规划和指导高校的科技创新。

2. 公共农业科研机构和高校

我国的农业科研体系规模最大，包含了从国家到地方的一系列农业科研机构和高校等研究机构，研究人员数量最多，以研究机构为主导，科研与教育相分离的模式。

首先，我国的农业研究人员数量排名世界第一，主要来自研究机构。2019 年，我国农业科研机构的数量为 1014 个，占全部研究机构的 31.5%。农业科研机构中研究与试验人员 58282 名，其中全时当量人员 50135 名，博士 10859 人、硕士 19011 人、学士 18827 人，分别占研究与实验人员总数的 18.6%、32.6% 和 32.3%。农林高校 96 所，教学和科研人员共 57205 人，其中从事研究与开发的研究人员 24039 人，研发全时当量人员 14131 名。2018 年，来自农业科研机构和农林高校的农业全时当量研发人员总数达到 63184 人，其中 78% 在研究机构工作，22% 在大学工作[①]。

其次，我国的公共农业科研体系高度分散，按照行政隶属关系可分为国家级、省级和地市级。国家级、省级和地市级的公共农业研发机构分别承担不同的职责。国家级农业科研机构隶属于农业农村部，主要专注于高新技术和一般基础的研发工作。省级农业科研院所主要结合当地农业生态条件开展应用研究，地市级农业科研院所主要开展推广工作，包括试验示范和技术推广。2018 年，国家级、省级和地市级农业科研机构分别占 6.9%、40.4% 和

① 《中国科技统计年鉴-2020》《2019年高等学校科技统计资料汇编》。

52.7%。

最后，我国公共农业科研体系主要以种植业为主。2019 年，共有 487 个研究机构从事种植业研究，166 个林业研究机构、68 个畜牧业研究机构、46 个渔业研究机构和 247 个从事农林牧副渔服务业综合研究的机构，这五类科研机构分别占研究机构总数的 48%、16%、7%、5% 和 24%。

（二）我国农业科研经费管理机制

我国农业科研机构的公共支出由核心基金和专项基金两部分组成。图 1 显示了 2019 年国家农业科研经费的分配机制。核心基金主要用于农业科研机构的薪酬福利，由中央财政部和各地方政府的财政部门决定分配，分配给国家公共研究机构的经常性费用和工资主要用于支持公共研究机构及其研究课题的持续能力建设和创新发展，预算根据不同研究机构的进展和特点进行分配（张玉梅等，2021）。

项目专用资金主要支持各种研究参与者开展的项目。项目专用资金分为稳定性经费和竞争性经费两种，稳定性经费分为中央和地方的科研机构运行经费两大类，具体包括中央高校、科研院所基本科研业务费、科研条件建设经费、基地（重点实验室、平台）、中央级科学事业单位修缮购置专项经费，科技创新工程专项经费和国家现代农业产业技术体系。基本科研业务费、科技创新工程专项经费和国家现代农业产业技术体系是最重要的三种稳定经费，金额相对较大，直接由财政部拨款。农业农村部科技教育司和财政部共同负责管理中央科研院所基本业务费、中央级科学事业单位修缮购置专项经费、科技创新工程专项经费和国家现代农业产业技术体系。教育部和财政部共同管理中央高校基本业务费。

竞争性基金资助国家各种科技项目，是政府支持科技创新活动的重要手段。竞争性基金包括中央预算资助的科技项目和其他项目。2014 年之前，各种科技项目非常分散，40 多个部委管理近 100 种各类科技项目。近些年，中央财政支持的科技项目经历了全面改革。自 2017 年以来，为了优化中央财政科技项目经费管理体系，这些科技计划经过整合后分为五大类：国家自然科学基金、国家科技重大专项、国家重点研发计划、技术创新引导专项（基金），以及基地和人才专项。国家自然科学基金支持基础研究和科学前沿探索，促进技能培养和团队建设，提高资源动员和创新能力。国家科技重大专项重点提供国家重大战略产品和致力于开展关系国计民生的重大社会公共研究，解决关系产业核心竞争力的重大科技问题，确保整体自主创新能力和国家安全，以及突破国民经济和社会发展主要领域的技术瓶颈。技术创新引导专项（基金）主要是为企业技术创新提供专项资金。基地和人才专项主要支持科研基地建设，培养具有技能和创新能力的创新人才从事研发活动，并促进基于科技的成果共享（见图 1）。

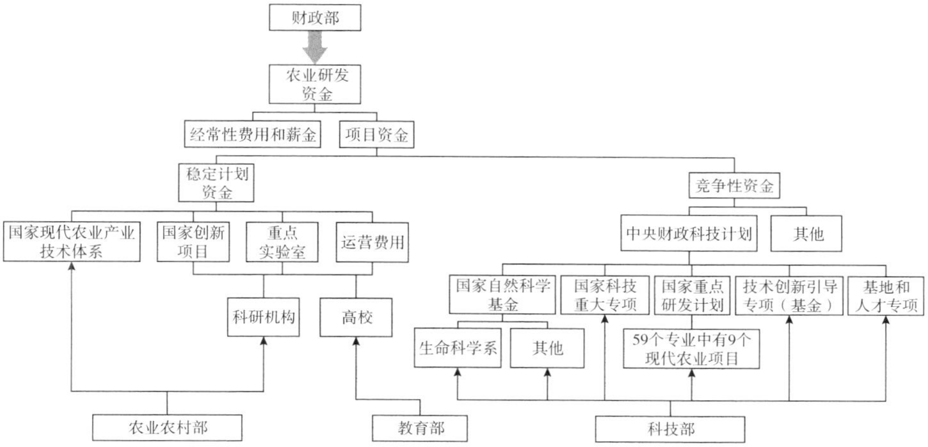

图1　2019年国家农业科研经费的分配机制

资料来源：张玉梅和陈志钢（2021）。

（三）我国农业科研资金和分配

1. 农业科技经费

由于我国农业科技体系复杂，农业科技统计数据分散，一些数据无法获得，本报告中的农业科技经费仅包括农业科研机构和农业高校的科技经费支出，并不包括综合性院校和企业部门的农业科技经费支出。需要说明的是，在过去40年中，我国农业科技资金的范围和定义也在不断发生变化。2009年之前，农业科研机构和高校将农业科技活动的支出或收入总额作为农业科技资金的指标。然而，自2009年以来，科技部只发布研发活动的科技经费支出，定义范围明显缩小。按照2015年可比价格计算，我国农业科研院所的农业科技总收入从2001年的80.9亿元增加到2018年的398.7亿元左右（见图2），年均增长9.8%。农业科研院所的科技收入从2001年的65.2亿元增加到2018年的280.9亿元，年均增长9.0%。此外，农业高校科技收入从2001年的15.7亿元增长到2018年的117.8亿元，年均增长率为12.6%。农业科研院所科技收入占比从2001年的81%降至2018年的70%，农业高校的科技收入占比从2001年的19%上升到2018年的近30%。

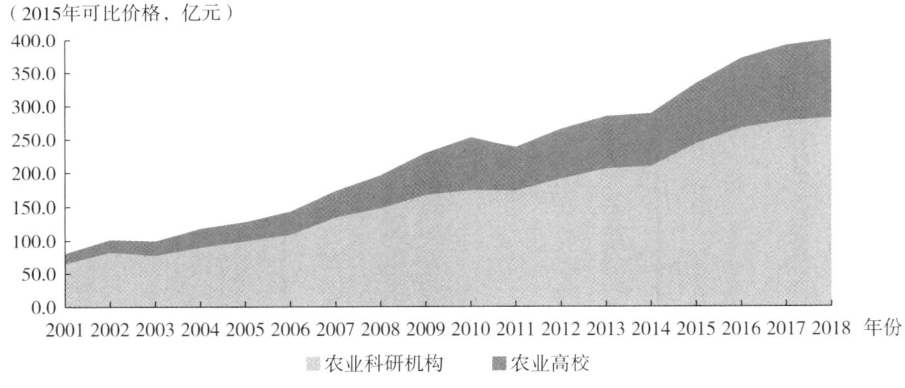

图2　2001—2018年我国农业科技活动收入

注：农业科研机构中仅包含在农业农村部直接监管下的农业科研机构。

资料来源：农业农村部《全国农业科技统计资料汇编》；教育部《高等学校科技统计资料汇编》。

在过去的20年中，中国的农业研究与试验支出也在不断增加。按照2015年可比价格计算，2002—2018年，我国的农业研究与试验支出如图3所示。我国农业研究与试验支出从2002年的36.9亿元持续增长至2018年的237.9

亿元。具体而言，2018 年农业科研机构的研究与试验支出为 176.5 亿元，占农业研究与试验支出总额的 74%，农业高校的研究与试验经费为 61.4 亿元，占农业研究与试验经费总额的 26%。农业高校的研究与试验经费支出的年均增长率分别为 18.0% 和 16.3%，超过了同期农业科研机构的研究与试验经费支出的增长速度（见图 3）。

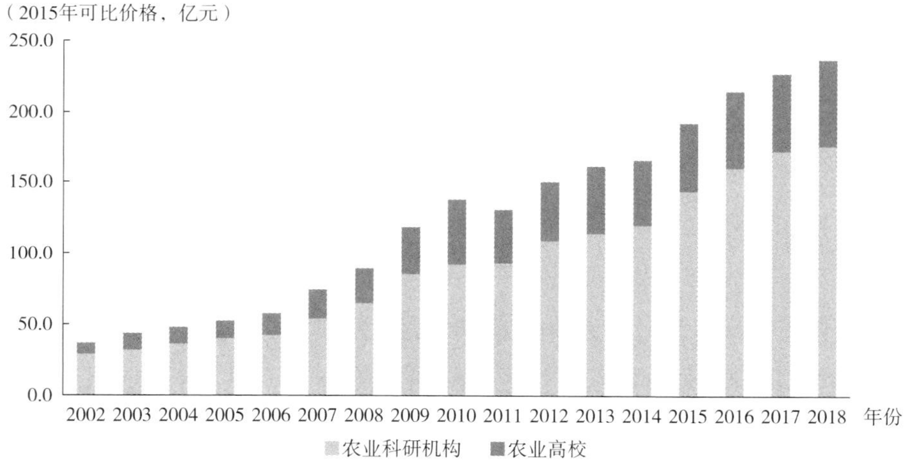

图3　2002—2018年我国农业研究与试验发展（R&D）经费支出

资料来源：科技部《中国科技统计年鉴》和教育部《高等学校科技统计资料汇编》。

农业科技经费在各部门科技经费总额中所占比例相对较低。尽管由于统计定义和范围的差异，很难获得农业科技资金占比的准确数字，但从科技部研究机构的研究与试验支出数据可以看出，农业研究与试验经费在全部行业中的比重呈增长趋势，从 2002 年的 4.9% 提高到 2017 年的 7.5%，2019 年降至 6.8%（见图 4）。

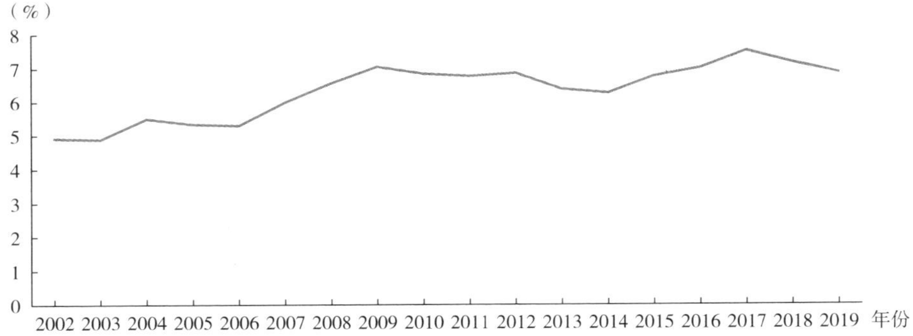

图4　2002—2019年我国农业研究机构的研究与试验（R&D）经费占全部研究机构的比重

资料来源：科技部《中国科学技术统计年鉴》。

中国的农业科研投资强度也呈上升趋势，但与发达经济体和其他部门的科研投资强度相比，仍然比较低，需进一步加强。农业科技经费收入占农业生产总值的比例从 2001 年的 0.30 增加到 2018 年的 0.77。农业研究与试验的经费支出占农业生产总值的比例从 2002 年的 0.14% 增加到 2018 年的 0.46%。显然，中国的农业科研投资强度远低于发达国家 2% 左右的水平，也低于全球 1% 左右的平均水平（OECD，2018）。此外，我国的农业科研投资强度也明显低于全国所有产业的平均科研投资强度约为 2% 的水平（见图 5）。

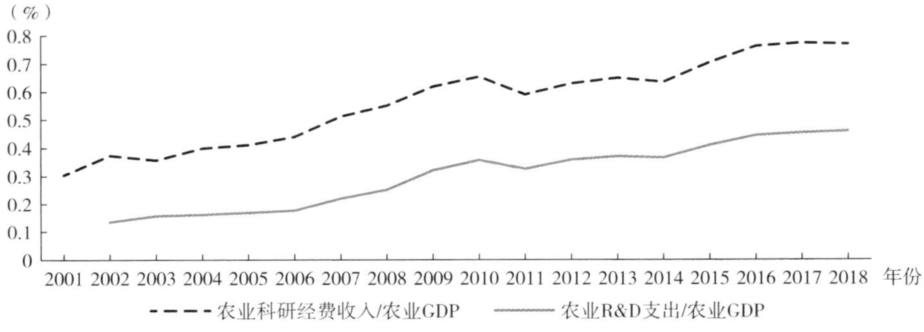

图5　2001—2018年我国农业科研投资强度

资料来源：科技部《中国科学技术统计年鉴》、教育部《高等学校科技统计资料汇编》、农业农村部《全国农业科技统计资料汇编》、国家统计局《中国统计年鉴》。

2. 农业研究与试验经费的资金来源和结构

在所有农业研究与试验经费的资金来源中，政府占主导地位。图 6 比较了 2002 年和 2019 年我国农业科研机构研究与试验经费的来源结构。政府对农业研发总支出的重视程度不断提高，其占比从 2002 年的 80.9% 扩大到 2019 年的 88.4%。此外，企业资金从 2002 年的 1.1% 提高到 2019 年的 2.9%。相比之下，国外资金仍然占比很小，仅占 0.2%，其他资金占 2019 年的 8.5%（见图 6）。

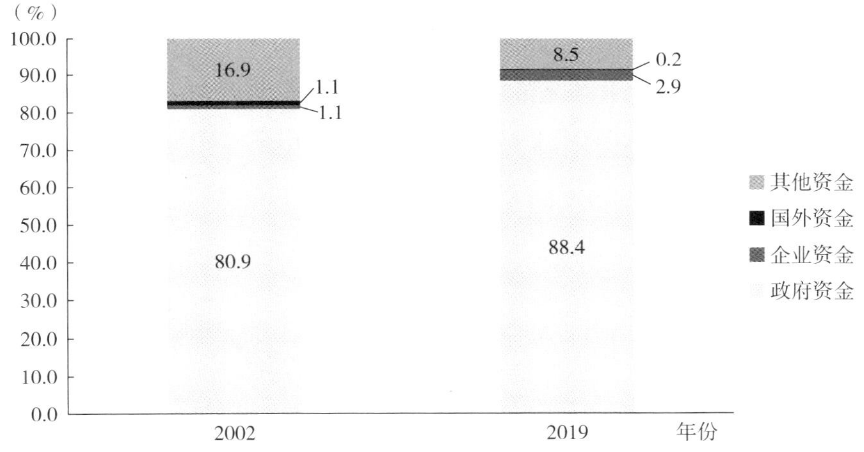

图6　2002年、2019年我国农业科研院所研究与试验（R&D）经费来源构成

资料来源：科技部《中国科学技术统计年鉴》。

农业基础研究投资显著增加。如图 7 所示，2002 年基础研究、应用研究和试验发展的农业科研经费比例为 10∶34∶56，到 2018 年，这三类研究的结构分别演变为 19.7%、33.6% 和 46.7%，其中基础研究的份额增加了近 10 个百分点。农业高校非常重视基础研究，2018 年，基础研究的研究与试验经费支出占比达到 33.6%。同时，应用研究和试验发展支出占比分别为 58.9% 和 7.5%。相比之下，在农业科研机构，基础研究的研发支出占比为 14.9%，应用研究占 24.8%，试验发展占比较高，达到 60.3%。

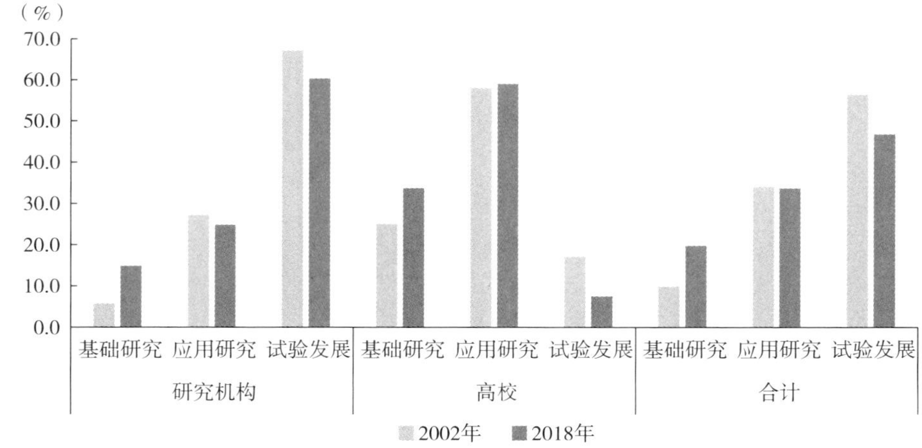

图7　2002年、2018年我国农业R&D经费中不同研究类型的支出比例

资料来源：科技部《中国科学技术统计年鉴》、教育部《高等学校科技统计资料汇编》。

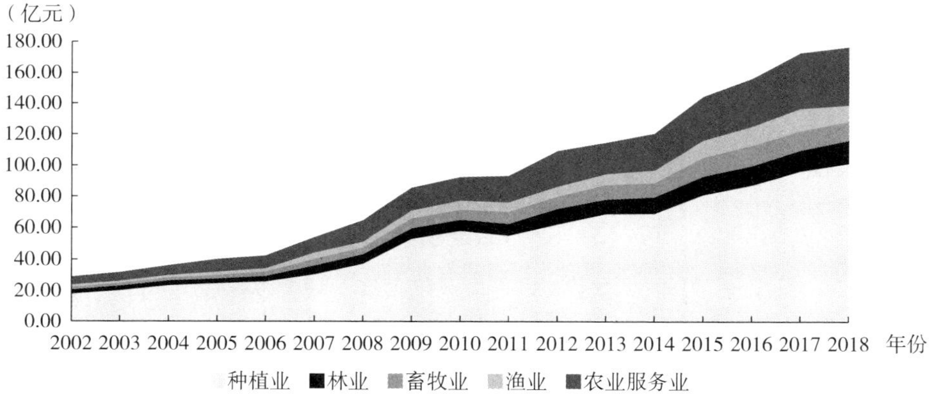

图8　2002—2018年我国农业科研机构R&D经费的行业分配

资料来源：科技部《中国科学技术统计年鉴》。

我国农业科研机构的科研经费部门分配的结构发生明显变化，种植业和林业的比重有所下降，而畜牧业、渔业和农业服务业的比重显著增加。按照2015年可比价格计算，种植业的科研经费增长相对较慢，研究与试验经费从2002年的17.89亿元增加到2018年的101.25亿元，年名义和实际增长率分别为15.7%和11.5%，占农业科研经费总支出的比重从2002年的61.8%下降到

57.4%；林业科研经费支出的变化趋势与种植业类似，2018 年为 14.76 亿元，占比从 9.4% 下降到 8.4%；畜牧业、渔业和农业服务业科研经费在 2002—2018 年快速增长，2018 年科研经费分别为 12.20 亿元、10.45 亿元、37.84 亿元，占农业科研经费的比重分别为 6.9%、5.9%、21.4%（见图 8）。

三、我国公共农业科研的投入和产出特征

本部分聚焦中国农业食物系统公共研发，以案例分析的形式重点介绍国家自然科学基金（NSFC）委员会生命科学部、国家现代农业产业技术体系和中国农业大学在农业食物系统研发上的特征和趋势。

（一）国家自然科学基金生命科学部

1. 国家自然科学基金生命科学部简介

国家自然科学基金委员会下设 9 大学部，其中与农业食物系统最为相关的是生命科学部（见表 1）。生命科学部资助范围包括生物学、农业科学和基础医学，涉及资源、环境与生态、人口与健康等领域。

表1　国家自然科学基金委员会生命科学部机构设置

机构名称	资助范围
生物学一处	微生物学，植物学，动物学
生物学二处	遗传学与生物信息学，细胞生物学，发育生物学与生殖生物学
生物医学科学处	免疫学，神经科学与心理学，生理学与整合生物学
交叉融合科学处	生物物理与生物化学，生物材料、成像与组织工程学，分子生物学与生物技术
环境与生态科学处	生态学，林学与草地科学

续表

机构名称	资助范围
农学与食品科学处	农学基础与作物学，食品科学
农业环境与园艺科学处	植物保护学，园艺学与植物营养学
农业动物科学处	畜牧学，兽医学，水产学

资料来源：作者根据国家自然科学基金委员会生命科学部网站整理。

2. 生命科学部资助总体情况

2020 年，在自然科学基金委除交叉学部外的 8 大学部中，生命科学部受资助数量和金额排名第三，仅次于医学科学部和工程与材料科学部，这显示出自然科学基金委对生命科学部相关学科的重视。如表 2 所示，从资助项目数量和费用来看，面上项目和青年项目这两种类型最多。重点项目虽然受资助项目数量不多，但是受资助金额高。

表2　2020年国家自然科学基金生命科学部申请和批准资助总体情况

	申请项目数（项）	总体占比（%）	批准资助				平均资助率（%）
			项目数（项）	总体占比（%）	直接费用（万元）	总体占比（%）	
面上项目	15503	13.7	3029	15.6	175672	15.8	19.5
青年项目	14867	13.2	2446	13.4	58280	13.4	16.5
地区项目	4874	21.9	835	26.3	29260	26.4	17.1
重点项目	607	15.6	113	15.3	33335	15.4	18.6
“优青”项目	911	14.4	86	14.3	—	—	9.4
“杰青”项目	478	12.8	38	12.8	—	—	8.0
创新研究群体项目	36	12.8	5	13.5	5000	13.9	13.9

资料来源：殷文璇，赵海铭，许子牧，等.2020年度生命科学部基金项目评审工作综述[J].中国科学基金，2021，35（1）：27-32.

3. 生命科学部各学科受资助情况

从2020年生命科学部面上项目、青年科学基金项目和地区科学基金项目资助情况来看（见表3），农学基础与作物学、食品科学相对来说获得的资助项目和金额最多；植物学、生态学、林学与草地科学、植物保护学获得的资助项目和金额也相对较多；农业动物科学处的畜牧学、兽医学、水产学获得的资助项目和金额相对较少。可以看出，生命科学部的资助重点依然是以种植类为主，畜牧水产类相对较少。

从1986—2019年不同学科受资助项目总金额看（见图9），资助金额在30亿元以上的，按照金额大小依次是农学基础与作物学、植物学；资助金额在20亿～30亿元，按照金额大小依次是生态学、微生物学、生物物理与生物化学、遗传学与生物信息学、林学与草地科学、神经科学与心理学、植物保护学、园艺学与植物营养学、食品科学；资助金额在10亿～20亿元，按照金额大小依次是细胞生物学，动物学，兽医学，畜牧学，发育生物学与生殖生物学，生物材料、成像与组织工程学，生理学与整合生物学，免疫学，水产学；资助金额在10亿元以下的是分子生物学与生物技术。

4. 各类农产品受资助情况

（1）各类农产品受资助总体情况

首先，从各农作物1986—2019年受资助情况来看，传统三大主粮水稻、小麦、玉米占据绝对优势地位（见图10和图11）。其中水稻受资助项目数量达2956项、受资助金额达14.23亿元；小麦受资助项目数量为1668项、受资助金额达7.64亿元；玉米受资助项目数量为1260项、受资助金额达6.22亿元。农作物中各类杂粮、其他油料作物、大豆、糖类作物和土豆受资助相对较少，受资助项目数量依次是1154项、915项、905项、338项、334项，受资助金额依次是4.30亿元、3.86亿元、3.69亿元、1.14亿元、1.23亿元。

表3　2020年国家自然科学基金生命科学部面上、青年科学基金和地区科学基金项目资助情况

科学处		面上项目			青年科学基金项目			地区科学基金项目		
		资助项目数（项）	直接费用（万元）	资助率（%）	资助项目数（项）	直接费用（万元）	资助率（%）	资助项数（项）	直接费用（万元）	资助率（%）
生物学一处	微生物学	189	10960	21.36	140	3344	18.82	42	1465	17.21
	植物学	211	12238	24.62	146	3504	18.81	67	2347	17.14
	动物学	143	8294	25.54	75	1800	17.08	25	876	17.12
生物学二处	遗传学与生物信息学	147	8526	25.70	118	2792	19.87	20	690	17.39
	细胞生物学	109	6322	26.85	79	1856	18.24	14	492	17.07
	发育生物学与生殖生物学	75	4350	27.47	52	1208	19.77	8	296	16.33
生物医学科学处	免疫学	80	4640	27.03	60	1416	22.56	7	252	16.67
	神经科学与心理学	146	8468	20.28	124	2960	15.90	16	570	16.84
	生理学与整合生物学	86	4988	25.44	48	1128	18.60		330	16.36
交叉融合科学处	生物物理与生物化学	116	6720	27.29	80	1864	21.16	11	396	16.67
	生物材料、成像与组织工程学	106	6148	20.11	99	2336	16.92	10	336	17.86
	分子生物学与生物技术	73	4234	23.86	63	1504	16.71	5	174	17.24
环境与生态科学处	生态学	190	11020	20.77	161	3856	19.83	84	2942	17.14
	林学与草地科学	217	12586	16.93	163	3912	14.25	91	3188	17.14

续表

科学处		面上项目			青年科学基金项目			地区科学基金项目		
		资助项目数（项）	直接费用（万元）	资助率（%）	资助项目数（项）	直接费用（万元）	资助率（%）	资助项数（项）	直接费用（万元）	资助率（%）
农学与食品科学处	农学基础与作物学	243	14094	15.49	205	4888	13.70	103	3602	17.17
	食品科学	225	13050	14.06	227	5432	13.07	74	2599	17.09
农业环境与园艺科学处	植物保护学	153	8874	17.75	138	3296	17.23	58	2023	17.21
	园艺学与植物营养学	174	10092	17.33	161	3840	14.74	84	2954	17.07
农业动物科学处	畜牧学	117	6786	15.85	100	2400	14.73	51	1801	17.00
	兽医学	144	8352	17.54	119	2840	18.71	43	1489	17.34
	水产学	85	4930	15.54	88	2104	15.25	13	438	17.81
合计或平均值		3029	175672	19.54	2446	58280	16.45	835	29260	17.13
直接费用平均资助强度（万元/项）		58.00			—			35.04		

资料来源：数据源自《2021年度国家自然科学基金项目指南》。

图9 1986—2019年国家自然科学基金委员会生命科学部不同学科受资助金额

资料来源：作者根据1986—2019年国家自然科学基金委员会生命科学部资助数据整理而得。

其次，当把各类畜禽合在一起的时候，可以发现国家自然科学基金委员会资助畜禽类的项目数量和金额相对较高，资助项目数高达 6099 项，资助金额高达 25.24 亿元；但是国家自然科学基金委员会对水果、蔬菜、水产的资助项目数量和金额相对较少，资助项目数量依次是 3243 项、2814 项、2658 项，资助金额依次是 12.62 亿元、11.58 亿元、11.30 亿元。水果的受资助项目数量略高于水稻的受资助项目数量，但蔬菜、水产的受资助项目数量要低于水稻的受资助项目数量，而水果、蔬菜、水产这三大类的受资助金额均小于水稻的受资助金额。

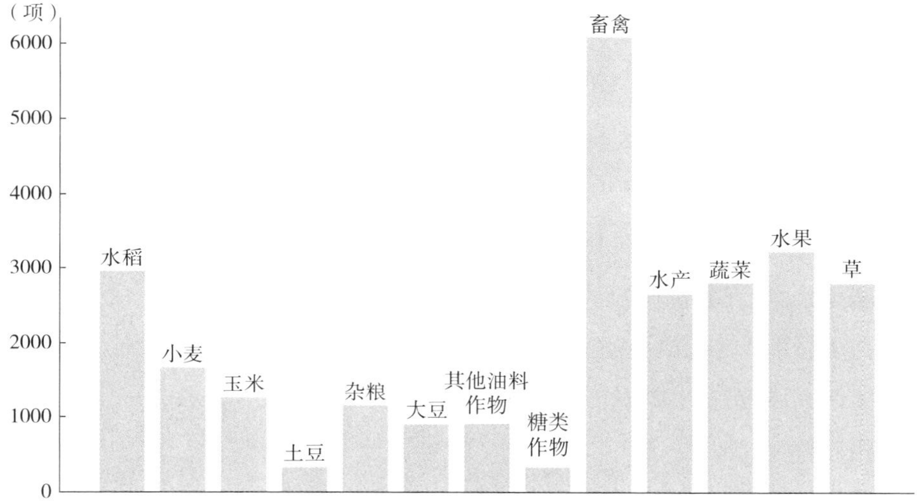

图10　1986—2019年各种农产品受国家自然科学基金委员会生命科学部资助项目数量

资料来源：作者根据1986—2019年国家自然科学基金委员会生命科学部资助数据整理而得。

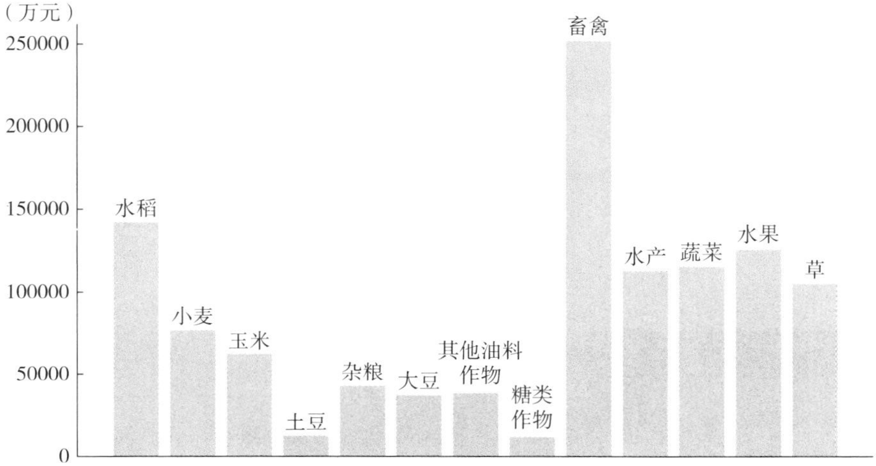

图11　1986—2019年不同农产品受国家自然科学基金委员会生命科学部资助金额

资料来源：作者根据1986—2019年国家自然科学基金委员会生命科学部资助数据整理而得。

（2）各类农产品年度受资助情况

从各类农产品各年度受资助的情况来看（见图 12 和图 13），可以看出以下五个特点。

第一，各类农产品的受资助项目数量和金额都在逐步增长，特别是在 2010 年后，各类农产品的受资助项目数量和金额都有显著增加。

第二，在各类农产品中，畜禽类受资助项目数量和金额的增长最快，其中 2019 年畜禽类受资助项目数量为 481 项，受资助金额为 2.52 亿元，远高于其他类农产品。

第三，水果、蔬菜、水产和草业受资助金额增长迅猛，其中 2019 年水果、蔬菜、水产受资助项目数量分别为 305 项、261 项、205 项，受资助金额分别为 1.35 亿元、1.61 亿元、1.07 亿元。

第四，传统三大农作物的受资助金额虽然也在增长，但在 2012 年后增长速度相对迟缓。

第五，土豆、大豆、其他油料作物、糖类作物受资助金额增长最为缓慢。

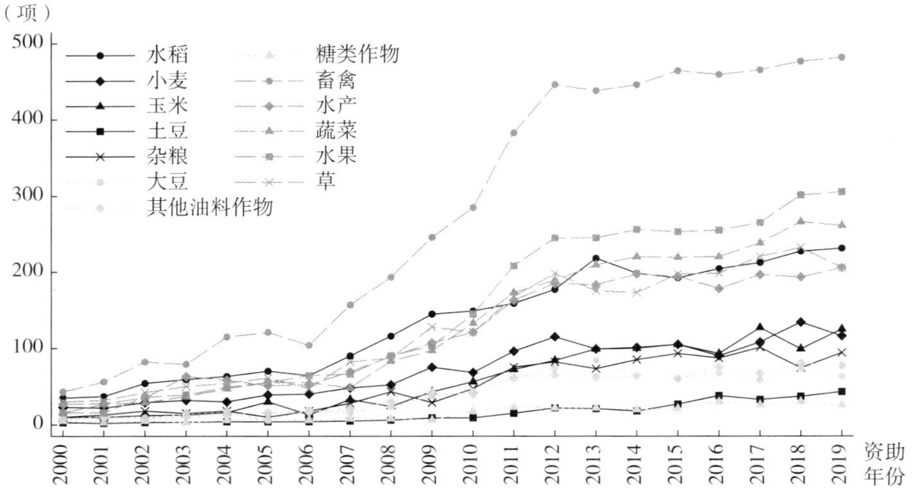

图12 2000—2019年各种农产品受国家自然科学基金委员会生命科学部资助项目数量

资料来源：作者根据1986—2019年国家自然科学基金委员会生命科学部资助数据整理而得。

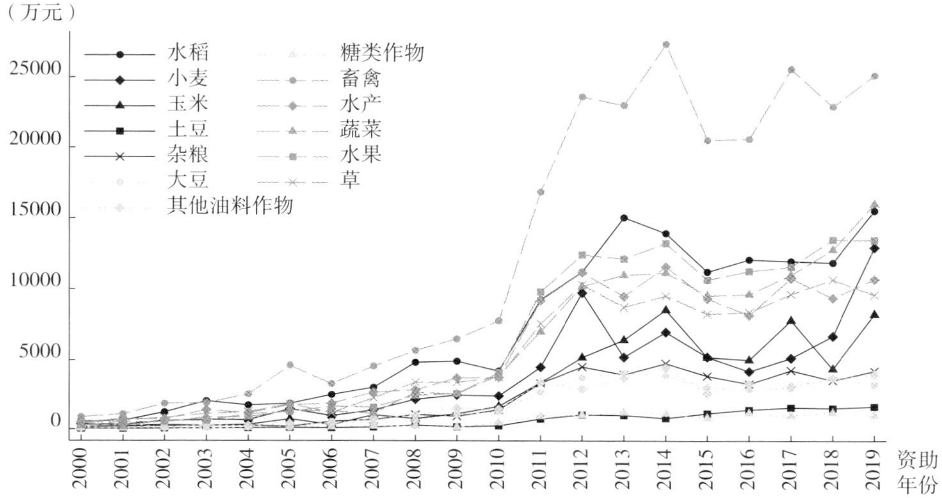

图13　2000—2019年各种农产品受国家自然科学基金委员会生命科学部资助金额

资料来源：作者根据1986—2019年国家自然科学基金委员会生命科学部资助数据整理而得。

（二）国家现代农业产业技术体系

本部分聚焦国家现代农业产业技术体系，从建立过程、投入特点等角度，分析粮油作物、经济作物、畜牧水产三大类的研发投入特征，最后进行综合比较分析，把握其变化规律。

1. 国家现代农业产业技术体系的建立过程

原农业部、财政部于2007年启动建设了50个主要农产品的现代农业产业技术体系。现代农业产业技术体系是以主要农产品为单元，以产业链为主线，涵盖从生产到消费、从研发到市场各个环节。

在现代农业产业技术体系中，主要农产品包括三大类，粮油作物、经济作物和畜牧水产（见表4）。对于每一个农产品，通常设置一个国家产业技术研发中心和一个首席科学家岗位，其中国家产业技术研发中心由若干个功能研究室组成，每个功能研究室设一名研究室主任岗位和若干个科学家岗位。同时，根据每个农产品主产区的特点，设置若干个综合试验站，每个试验站设置一名站长。

表4 现代农业产业技术体系主要农产品

主要分类	具体农产品品种
粮油作物	水稻、玉米、小麦、大豆、大麦青稞、谷子高粱、燕麦荞麦、食用豆、马铃薯、甘薯、木薯、油菜、花生、特色油料
经济作物	棉花、麻类、糖料、蚕桑、茶叶、食用菌、中药材、绿肥、大宗蔬菜、特色蔬菜、西甜瓜、柑橘、苹果、梨、葡萄、桃、香蕉、荔枝龙眼、天然橡胶
畜牧水产	生猪、奶牛、肉牛牦牛、肉羊、绒毛用羊、牧草、蛋鸡、肉鸡、水禽、兔、蜂、大宗淡水鱼、虾蟹、贝类、特色淡水鱼、海水鱼、藻类

资料来源：作者根据农业农村部相关资料整理而得。

2. 国家现代农业产业技术体系的投入特点

本部分主要从粮油作物、经济作物和畜牧水产三大类农产品角度分析现代农业产业技术体系建设的投入特点，并进行综合比较分析。

（1）粮油作物的投入特点

粮油作物中水稻、玉米、小麦等主粮的岗位科学家和试验站设置规模远高于其他作物（见图 14）。其他粮油作物主要包括谷物、豆类、薯类和油料作物，其中谷物的岗位科学家和试验站设置规模远高于其他作物。

粮油作物的功能研究室设置主要集中在遗传改良研究和栽培与土肥研究方面，且主粮的设置规模远大于其他作物。粮油作物的功能研究室主要包括病虫草害防控研究室、产业经济研究室、机械化研究室、加工研究室、遗传改良研究室、栽培与土肥研究室（见图 15）。除了产业经济研究室均为 1 个科学家岗位之外，其他研究室的设置主要以遗传改良研究和栽培与土肥研究为主，但不同品种差异较大。

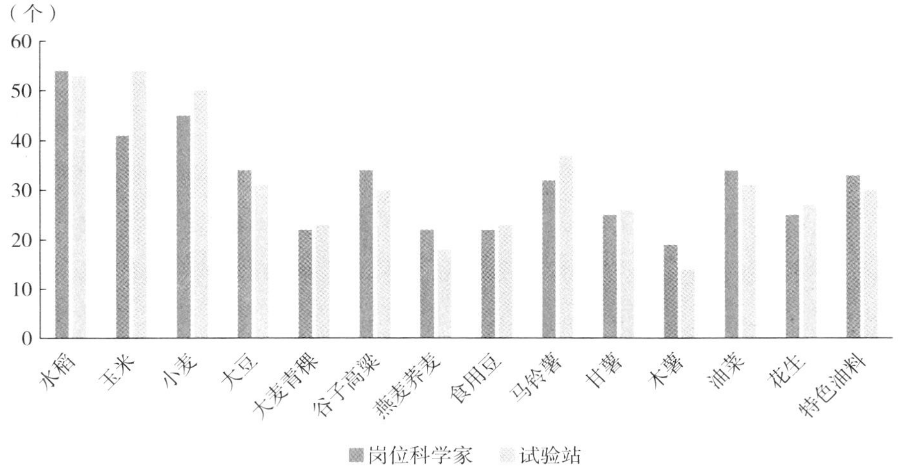

图14　粮油作物各品种的岗位科学家和试验站数量

资料来源：作者根据农业农村部相关资料整理而得。

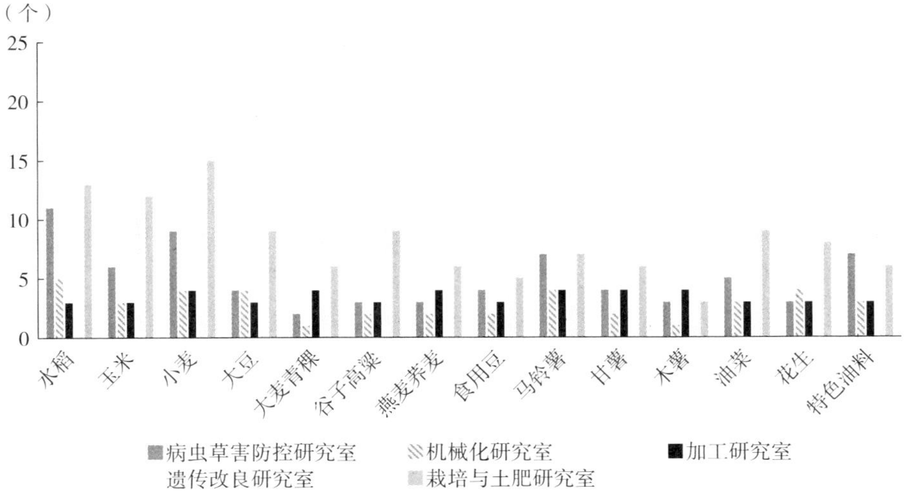

图15　粮油作物各品种的功能研究室设置数量

资料来源：作者根据农业农村部相关资料整理而得。

（2）经济作物的投入特点

经济作物中由于瓜果涵盖的作物品种数量最多，使得瓜果的岗位科学家和试验站总数量高于蔬菜、糖料等作物，而单个品种中大宗蔬菜的岗位科学家和试验站设置规模最高。经济作物主要包括糖料、蔬菜、瓜果、棉麻、蚕桑、茶叶等作物，其中大宗蔬菜的岗位科学家和试验站设置规模远高于其他单个作物，但由于瓜果的品种数量最多，使得瓜果的岗位科学家和试验站数量高于蔬菜、糖料等作物（见图 16）。

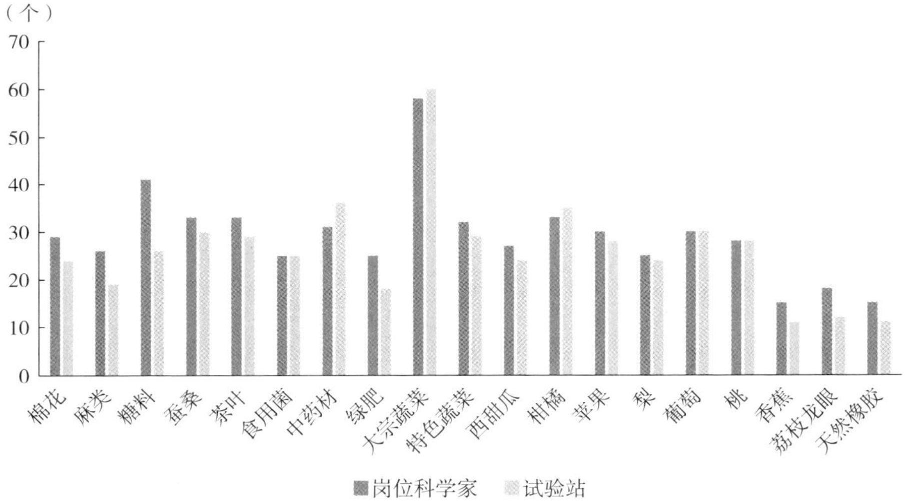

图16　经济作物各品种的岗位科学家和试验站数量

资料来源：作者根据农业农村部相关资料整理而得。

经济作物的功能研究室设置也主要集中在遗传改良研究和栽培与土肥研究方面，大宗蔬菜的设置规模远大于其他单个作物。与粮油作物类似，经济作物中不同作物的产业经济研究室均设置 1 个科学家岗位，而其他研究室的设置主要以遗传改良研究和栽培与土肥研究为主（见图 17）。

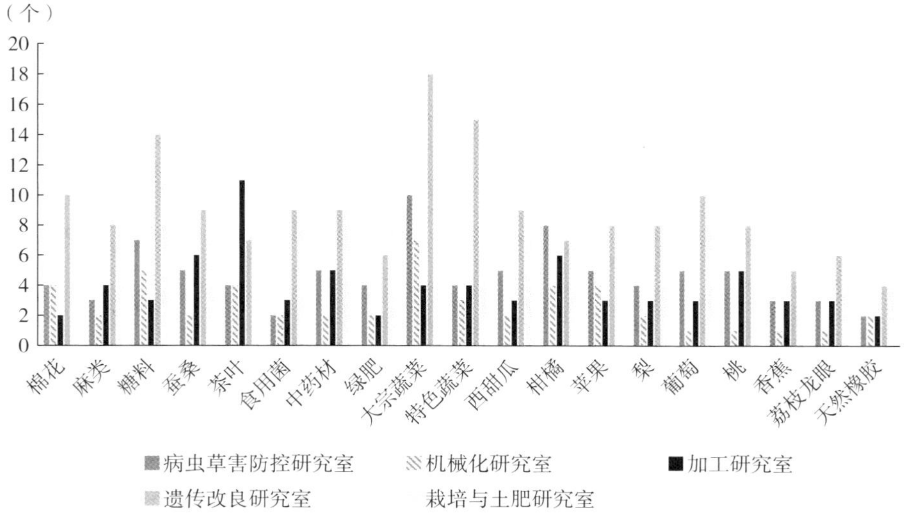

图17　经济作物各品种的功能研究室设置数量

资料来源：作者根据农业农村部相关资料整理而得。

（3）畜牧水产的投入特点

畜牧水产中水产品的岗位科学家和试验站设置总规模最高，畜产品次之，而单个品种中生猪的岗位科学家和试验站设置规模最高。畜牧水产主要包括畜产品（包括牧草）、禽产品、水产品，其中畜产品的岗位科学家和试验站设置规模分别为191个和158个，高于禽产品和水产品（见图18）。

畜牧水产的功能研究室设置主要集中在遗传改良、营养与饲料、生产与环境控制等研究方面，生猪的设置规模远大于其他单个畜牧水产品种。畜牧水产的功能研究室主要包括疾病防控研究室、产业经济研究室、生产与环境控制研究室、加工研究室、遗传改良研究室、营养与饲料研究室（见图19）。除了产业经济研究室均为1个科学家岗位之外，其他研究室的设置主要以遗传改良、营养与饲料、生产与环境控制为主，但不同品种差异较大。

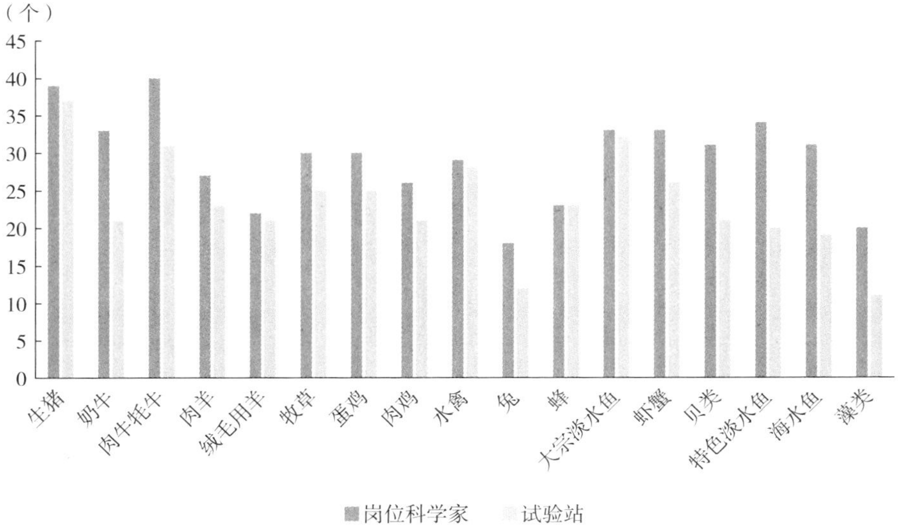

图18 畜牧水产各品种的岗位科学家和试验站数量

资料来源：作者根据农业农村部相关资料整理而得。

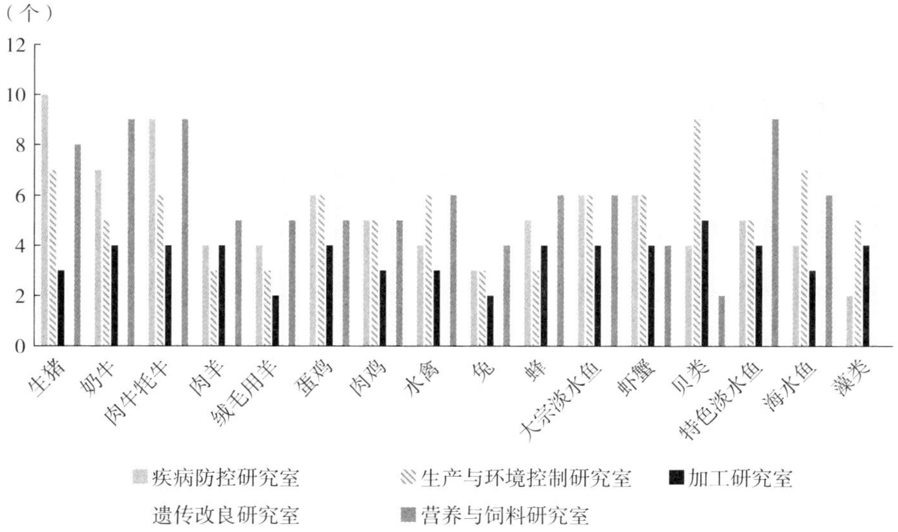

图19 畜牧水产各品种的功能研究室设置数量

资料来源：作者根据农业农村部相关资料整理而得。

从农业各品类团队成员情况来看，现代农业产业技术体系的投入重点依旧是粮食作物，水果和畜产品的投入也较高，而蔬菜的投入相对不足。具体来看（见表5），粮食作物中团队成员数量占所有体系团队成员总和的比重最高，达到27.7%，其中谷物的比重（17.4%）远高于豆类（4.4%）和薯类（5.9%）。水果、畜产品、水产品、禽产品的团队成员数量占比次之，分别达到15.2%、14.7%、12.5%、9.9%。油料作物的团队成员数量占比为6.9%，而蔬菜的团队成员数量占比较低，仅占到6.5%。

表5　现代农业产业技术体系各品类的团队成员构成

主要类型	团队成员数量（人）	占所有体系团队成员总和的比重（%）
粮食	2912	27.7
谷物	1830	17.4
豆类	459	4.4
薯类	623	5.9
油料	726	6.9
棉麻	406	3.9
糖料	284	2.7
蔬菜	679	6.5
水果	1600	15.2
畜产品（包括牧草）	1542	14.7
禽产品	1036	9.9
水产品	1311	12.5
合计	10496	100

资料来源：作者根据农业农村部相关资料整理而得。

从研发岗位设置来看，现代农业产业技术体系的研发重点主要在遗传改良、栽培与土肥、疾病防控、营养与饲料等方面，而对加工、机械等方面的研发投入相对不足（见图20）。具体来看，粮食作物和经济作物的研发重点集中在遗传改良研究、栽培与土肥、病虫害防控等方面，而对于加工、机械化研发方面的投入不足。畜牧水产品的研发重点较多，包括了遗传改良、营养与饲料、生产与环境控制、疾病防控等方面，但对畜牧水产品的加工研发投入较少（见图 21）。

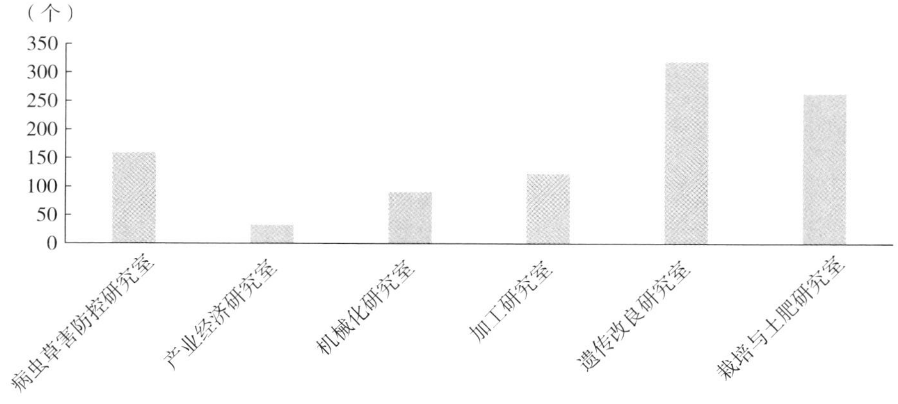

图20　作物品种的功能研究室设置数量

资料来源：作者根据农业农村部相关资料整理而得。

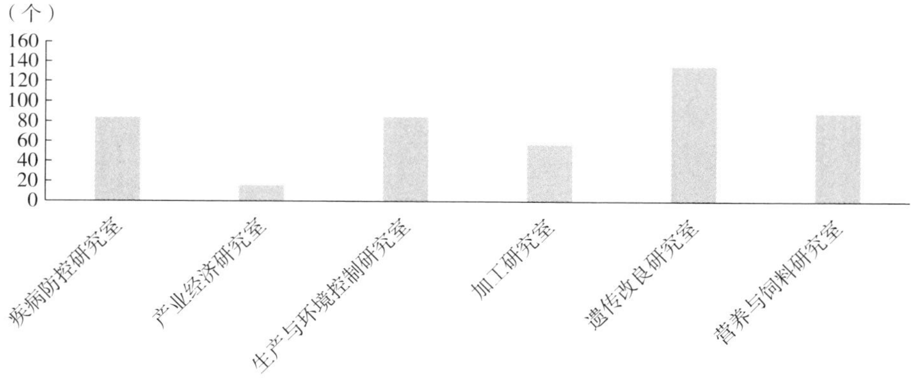

图21　畜牧水产品种的功能研究室设置数量

资料来源：作者根据农业农村部相关资料整理而得。

（三）中国农业大学

1. 中国农业大学到校经费趋势与特征

2011—2018 年，中国农业大学到校经费总体呈增长趋势，经费总额由 8.7 亿元增至 15.2 亿元，总增长量为 6.5 亿元，增长率为 75%。

从经费增速方面，多数学院 8 年间到校经费总体呈增长趋势，食品学院与动科学院经费增长率超过 100%，生物学院、水院、经济学院增长率超过 50%，资环学院、动医学院、工学院、信电学院、理学院、人发学院增长率处于 0 ~ 50%。其中，增速最快的为食品学院，8 年经费增长率高达 141%，该院经费水平除 2016—2017 年出现短暂下滑外，其余时间均保持快速增长，到校经费金额在各学院中经费水平排名由 2011 年的第 6 位上升至第 4 位。动科学院继续保持高速增长，其经费金额在 2015 年后持续 4 年增长率达 147%，使其在 2018 年成为各学院中到校经费金额最高的学院。

总的来看，中国农业大学各学院到校经费总体呈增长趋势，其中动科学院、食品学院、生物学院与水院等增长势头强劲，带动了学校整体经费的增长；学院之间经费水平存在较大差异，其中一流学科所在学院如动科学院、食品学院等经费水平较高、增长速度较高，自然科学类学院经费水平高于社会科学类学院。

2. 研究品类的趋势与特征

（1）纵向项目按研究品类分析趋势与特征

将纵向项目依据项目名称关键词筛选划分为主粮、水果、畜禽、蔬菜四类，2016—2020 年中国农业大学四类纵向项目的签订数量（项目数）从高到低依次为：畜禽类（615 项）、主粮类（370 项）、蔬菜类（251 项）、水果类（144 项）。同时，水果类、蔬菜类、畜禽类的签订数量均呈逐年波动下降趋势，于 2018 年升高反弹后继续下降；主粮类的签订数量呈逐年下降趋势，2016—2017 年幅度较大，之后渐缓。

水果类和畜禽类纵向项目预算总经费呈相同变化趋势，于 2017 年达到最高水平后逐年下降；同时，畜禽类纵向项目所获经费额度远高于水果类纵向项目。主粮类纵向项目总经费自2016年（65193.86万元）至2019年（3454.26万元）呈逐年递减趋势，2020年（7074.63万元）小幅提升。蔬菜类纵向项目呈现平稳下降趋势，同时所获经费额度为四类纵向项目最低。

（2）横向项目按研究方向的趋势与特征

2016—2020年中国农业大学主粮、蔬菜、水果、畜禽四类横向合同签订数量从低到高依次为：水果类（155项）、主粮类（212项）、蔬菜类（231项）、畜禽类（462项）。同时，四类合同的签订数量均呈先升后降趋势，畜禽类于2019年（141项）达到最高点后下降，其余三类均于2018年达到最高水平后下降。此外，2020年主粮类（18项）、水果类（15项）、蔬菜类（14项）横向合同签订数量相近。

2016—2020年中国农业大学蔬菜类和主粮类横向合同预算总经费呈先升后降变化趋势。水果类横向合同总经费呈波动下降趋势：2017年（2045.447万元）上涨、2018年（1403.51万元）下降、2019年（1580.88万元）小幅回升、2020年（802.20万元）大幅回落。畜禽类横向合同预算经费为四类最高，呈现波动变化趋势，于2019年达到最大值（5083.16万元）后急剧跌落。此外，2020年主粮类（465.60万元）、蔬菜类（261.19万元）横向合同总经费水平相近。

四、农业科研转型的国际经验

（一）农业支持政策转型的国际经验

1. 注重作物多样化

国际上非常推崇多元化的农业系统（Diversified Farming Systems）理念，

这一理念注重食物生产的本地化，注重本土化知识和农业生态知识，利用系统方法来减少负的环境外部性，降低与工业化单一作物相关的社会成本，提高农业的可持续性和韧性（Kremen et al.，2012）。生物多样性是减小农业和供应链风险的关键。农业食物系统中拥有更广泛和更深入的基因库，使作物和牲畜对病虫害、气候变化和极端天气有更强的抵抗力，从而保障农业食物系统的韧性。多样化的食物还可以减少对少数工业化作物的依赖，以维持当地居民的生计。以欧盟共同农业政策为例，2014—2020 年，欧盟共同农业政策要求农业从业者遵守生态多样化原则，即耕地上至少种植三种作物，并且其中任何一种作物不能超过农场面积的 75%，任何两种作物种植面积的总和不能超过总面积的 95%（张鹏等，2022）。2023—2027 年，欧盟共同农业政策继续强调生物多样性和农业多样化，在 2027 年前将 10% 的欧盟总预算用于实现生物多样性目标。

2. 注重膳食多样化

世界上大多数国家的粮食和农业政策持续关注主食谷物，自绿色革命时期以来，促进主食作物生产力的政策，包括价格激励、特定作物的投入补贴以及为粮食安全储备而进行的粮食采购，一直很普遍。从历史上看，这些措施阻碍了农民对其生产系统多样化的激励。从最新进展上看，目前国际上非常关注消费的多样化，注重以膳食多元化指导生产多元化。可持续食物系统国际专家组（IPES-Food）2016 年发布的报告《从统一性到多样性》中呼吁“从工业化农业模式到多样化的农业生态系统的范式转变”，因为后者更具竞争力，在环境压力下表现特别强，还可以为多样化的饮食和改善健康铺平道路（IPES-Food，2016）。2019 年，EAT—柳叶刀委员会发布《食物、星球与健康》报告，提出了“星球健康膳食”模式，建议要少吃肉、多吃“素”（植物性食物），改进食物生产方式，把食物损失和浪费降低至少一半。根据推荐的膳食结构，全球对水果、蔬菜、豆类和坚果等健康食品的食用量需要增加一倍以上，而诸如糖类、红肉等相对较不健康的食品消费需降低一半以上（Willett et al.，2019）。EAT—柳叶刀报告在全球范围推动了人们对健康膳食模式的关注，但是这一报告忽略了不同地区的膳食差异，也没有考虑健康膳食的支付能力，而FAO估计全球约有30亿人负担不起健康膳食。联合国营养行动十年（2016—2025年）工作方案行动领域1（可持续的、有韧性的食物系统促进健康饮食）呼吁更加重视促进作物多样化的行动，增加水果和蔬菜、豆类和豆制品的生产，提高有助于健康饮食的油的产量。

（二）农业科研转型的国际经验

1. 注重农业科研的多目标化

传统农业科研主要以提高产量为导向，而现代农业科研则更加重视多目标的协调发展。国际上许多国家的农业科研已经从追求粮食增产的单一目标，转向兼顾农业可持续发展、资源环境保护、食品安全与营养健康等多个重要目标。以美国为例，美国农业部下属的农业研究局（ARS）就制定了提高粮食生产力、改善食物营养与安全、保护自然资源和环境、加强农村经济和农业市场四大战略目标，相关科研项目涵盖作物、畜牧、自然资源、营养、食品安全等众多领域。欧盟于2020年提出的“从农田到餐桌”战略也强调，未来农业科研需要围绕环境友好型农业、有机农业、农业生态系统保护等方面加大投入。

2. 注重农业科研对象的多元化

随着人们饮食结构的改变和消费需求的升级，农业科研对象日益呈现多样化特点。除了传统的主粮作物，国际上农业科研日益重视对经济作物、园艺作物、畜禽产品、水产品的研究开发。如荷兰十分注重园艺作物研究，通过育种、栽培、设施等方面的科技创新，在番茄、甜椒、草莓等蔬果产品上拥有很强竞争力；挪威、智利等国则高度重视水产养殖研发，在养殖装备、饲料配方、病害防控等方面实现了重要突破；美国、新加坡等国的细胞培养肉已经开始商业化。这些研究极大丰富了农产品种类，促进了居民膳食的多样化和营养改善。此外，许多国家还重视农产品加工、包装、物流等产业链环节的科研，大力发展食品工程、生物工程、人工智能等前沿技术在农业领域的应用，推动农业向高质量、智能化方向发展。

3. 注重农业科研投入的多元化

除了政府财政支持，许多国家还积极引导企业、社会组织投资农业科研，社会资本参与度不断提高。从国外经验来看，鼓励社会力量参与农业科研，有利于拓宽投融资渠道，提高农业科技供给的针对性和有效性，推动农业创新链与产业链深度融合。例如，在美国，企业是农业研发的最主要力量，跨国公司在种业研发方面的投入甚至超过了美国农业部。

4. 注重农业科研和发展多元目标的集成技术组合

技术创新是实现多赢的关键，遥感、精准农业和免耕等增产和保护技术已显示出对生产力和自然资源有效利用的可衡量影响，营养技术（如生物强化）的证据表明，它具有显著改善健康和营养的潜力，这有助于解决冲突导致粮食安全和营养状况恶化时可能出现的恶性循环（Fan et al.，2021）。

五、大食物观下中国农业科研转型的优化建议

（一）主要研究发现

第一，中国公共农业科研体系庞大，农业科研人员和经费总数居世界第一，但农业科研投资强度低；中国农业食物系统研发主要是以农业科研机构和农业高校为主的公共研发机构主导，私人部门在农业食物系统研发中的比重低、整体投入和创新能力不足。中国农业研究与试验支出从 2002 年的 36.9 亿元持续增长至 2018 年的 237.9 亿元，农业科研投资强度从 2001 年的 0.30% 增加到 2018 年的 0.77%，但远低于发达国家 2% 左右的水平，也低于全球 1% 左右的平均水平。2018 年，农业科研机构和农林高校的农业全时当量研发人

员总数达到63184人，其中研究机构和大学分别占78%和22%；政府资金占农业研究机构总经费的89%，占农业大学总经费的82.5%；国家级、省级和地市级农业科研机构分别占6.9%、40.4%和52.7%。

第二，中国农业食物系统公共研发的主要目标在于食物的生产，以往对产量增长所带来的资源环境、营养健康的问题相对重视不够，但近年来相关投入和产出都呈快速增长趋势。中国农业大学的数据显示，以传统农作物、畜禽产品为主的学院或研究所在科研经费和人力投入方面最多，以资源、环境为主的学院或研究所在科研经费和人力投入上相对较少，但增长速度明显上升。

第三，中国农业食物系统研发投入总量大、增长快，但相关投入主要集中在主要粮食作物和肉类产品上，对杂粮、水果、蔬菜等更具营养价值的农产品投入相对不足。1986—2019年国家自然科学基金委资助的水稻、玉米、小麦和杂粮类的金额分别为14.23亿元、7.64亿元、6.22亿元和4.30亿元；资助的畜禽类、水果类、蔬菜类、水产类金额分别为25.24亿元、12.62亿元、11.58亿元和11.30亿元。国家现代农业产业技术体系投入重点是粮食作物，水果和畜产品的投入也较高，而蔬菜、杂粮的投入相对不足，其中2021年四大类杂粮设有100个岗位科学家、94个试验站，但仍远低于三大主粮的岗位科学家（140个）和实验站（157个）的规模。中国农业大学2016—2020年横向和纵向经费中主粮、畜禽、水果和蔬菜的科研经费比例是65∶12∶14∶9。

（二）大食物观下促进中国农业科研转型的政策建议

1. 目标多元化：调整农业科技目标以实现多赢

我国农业科技政策多由政府主导和负责，保障国家粮食安全是农业科研政策的首要出发点，从而部分忽略了生产者和消费者的利益。从国际上看，农业研发的一个重要趋势是从生产导向的研究转向包括食品质量和营养、食品安全、自然资源和环境保护、生物能源等领域的研究。因此，政府要增强农业科研的多目标功能性，以实现粮食安全、营养健康、资源环境可持续发展等多目标。应当关注农业科技国际发展新趋势，切实加强对现代农业转变过程中新的方向、方式的研究，瞄准国际农业科技前沿，逐步加大对环境、农业可持续、食品安全与营养、气候变化等新兴趋势农业科技项目的投入力度，开发多赢的技术，促进农业食物系统转型升级，提高农业国际竞争力。

首先，政府应制定和实施有利于多目标实现的农业科技政策。政府可以通过政策引导和资金支持，推动农业科技从单一的生产导向往多目标导向转变。例如，可以设立专项基金，支持涉及食品质量与营养、食品安全、资源环境保护和生物能源等领域的科研项目。

其次，政府应加强对农业科研机构和企业的支持和引导。政府可以通过提供税收优惠、财政补贴等手段，激励科研机构和企业开展多目标导向的农业科研活动。例如，对开展食品安全、营养健康和环境保护等领域研究的科研机构和企业，给予税收减免和资金补贴，降低其研发成本，提高其研发积极性。

最后，政府应加强国际合作与交流，借鉴和引进国际先进的农业科技成果和经验。政府可以通过签署国际合作协议、参与国际科研项目、举办国际农业科技交流会议等方式，加强与其他国家在农业科技领域的合作与交流。例如，可以与发达国家和国际农业研究机构合作，共同开展涉及粮食安全、食品安全、环境保护等领域的科研项目，学习和借鉴它们的先进技术和管理经验，提高我国农业科技的国际竞争力。

2. 品种和技术多元化：更加注重对非主粮食物和全产业链的科研投入

食物品种多元化是落实大食物观和构建多元食物供给体系的基础，也是减少农业产业链风险、增强农业产业韧性的关键。农业食物系统研发的相关投入要在保持对主粮生产和肉类重视的同时，加大对杂粮、水果、蔬菜的相关投入。主粮和肉类是人们主要的食物来源，在任何时候都需要保证基本需求。但在目前居民主粮和肉类消费相对过多的情况下，应该注重对更具营养价值的杂粮、水果、蔬菜的研发，以提高杂粮、水果、蔬菜的产量和品质，同时降低杂粮、水果、蔬菜的价格。积极开展粮食储藏、物流、加工等领域减损技术的研究，加强农业灾害预警和应对技术。加强对小型机械和园艺机械等装备的研发，提升农机装备研发应用水平。大力发展实用配套技术，拓宽技术获取渠道，为企业、家庭农场、高素质农民、农业合作社、小农户等不同农业主体提供技术支持。特别地，要利用合成生物学、脑科学、物联网、机器人、人工智能、3D 打印、细胞培养、基因编辑、智能制造等颠覆性前沿技术，生产加工更健康、更安全、更营养、更美味、更高效、更可持续的“未来食物”。

首先，政府应制定和实施有利于品种多元化的农业科技政策。政府可以通过设立专项基金，支持涉及杂粮、水果、蔬菜等非主粮作物的科研项目。例如，可以设立杂粮研究专项基金，支持科研机构和企业开展高粱、燕麦、荞麦等杂粮的育种和栽培技术研究；设立水果和蔬菜研究专项基金，支持科研机构和企业开展高产优质的水果和蔬菜品种选育和栽培技术研究。同时，政府应制定相关法规和标准，规范和引导科研机构和企业的研发活动，确保科研成果符合品种多元化的要求。

其次，政府应加大对农业全产业链的科研投入，推动农业产业链的全方位升级。政府可以通过设立专项基金，支持涉及粮食储藏、物流、加工等领域的科研项目。例如，可以设立粮食储藏与物流研究专项基金，支持科研机构和企业开展粮食储藏和物流技术研究，开发和应用先进的储藏和运输技术，减少粮食在储藏和运输过程中的损失；设立食品加工技术研究专项基金，支持科研机构和企业开展食品加工技术研究，提升食品加工的效率和质量。同时，政府应制定相关法规和标准，规范和引导科研机构和企业的研发活动，确保科研成果符合全产业链升级的要求。

再次，政府应加强对小型机械和园艺机械等装备的研发，提升农机装备研发应用水平。政府可以通过设立专项基金，支持涉及小型机械和园艺机械的科研项目。例如，可以设立小型机械研究专项基金，支持科研机构和企业开展适合小型农户和家庭农场使用的小型机械研发，提高农业生产的机械化水平；设立园艺机械研究专项基金，支持科研机构和企业开展园艺机械研发，提高园艺生产的效率和质量。同时，政府应制定相关法规和标准，规范和引导科研机构和企业的研发活动，确保科研成果符合农机装备研发应用的要求。

最后，政府应利用合成生物学、脑科学、物联网、机器人、人工智能、3D 打印、细胞培养、基因编辑、智能制造等颠覆性前沿技术，推动农业科技的创新和应用。例如，可以设立农业科技前沿技术研究专项基金，支持科研机构和企业开展涉及合成生物学、脑科学、物联网等领域的科研项目，开发和应用颠覆性前沿技术。同时，应加强对这些前沿技术的推广和应用，确保科研成果能够真正转化为生产力。例如，可以通过举办技术培训班、现场观摩会等形式，普及和推广前沿技术，提高农民和农业企业的科技素养和应用能力。

3. 投入多元化：吸引市场化社会化资本参与农业科技

在保证政府对农业食物系统研发投入力度的同时，要加快构建多元化的农业科技投入体系，多举措鼓励私人投资农业食物系统研发。对体现国家意志、关系国家安全和长远发展的重大科学问题、共性技术问题的研究开发，以及重大科研设施、公共科技基础条件平台的建设等，政府需大幅度增加投入。同时通过公私合营（PPP）、政府资金配套等多方式并举，加大对农业企业科研投入的支持力度；通过税收优惠、金融支持多途径引导，调动企业投资农业科研积极性，增强政府调动和优化对农业科技资源配置的能力，有效整合资源，提高农业行业的科技创新能力。

首先，政府应制定和实施有利于吸引社会资本参与农业科技的政策措施。政府可以通过设立税收优惠政策，减轻企业的税负，增加企业的研发投入。例如，可以对参与农业科技研发的企业实施税收减免政策，鼓励企业加大研发投入；对企业购买科研设备和技术的费用，可以给予税收抵扣。此外，政府还可以通过财政补贴和奖励机制，激励企业和科研机构开展农业科技研发。例如，可以设立农业科技创新奖，对在农业科技领域取得突出成绩的科研人员和企业进行表彰和奖励，激发创新动力。

其次，政府应通过公私合营、政府资金配套等多种方式，调动社会资本参与农业科技研发的积极性。公私合营模式可以充分发挥政府和企业的优势，推动农业科技的快速发展。例如，政府可以通过与企业合作，共同设立农业科技研发基金，支持企业开展科技研发；企业可以通过与科研机构合作，共同开展技术创新，推动科技成果的产业化应用。政府资金配套可以降低企业的研发成本，调动企业投资农业科研的积极性，推动企业成为农业科技创新的主体。

再次，政府应通过金融支持等多种途径，为企业提供资金保障，促进企业科技创新。政府可以通过设立农业科技创新贷款、科技保险等金融产品，支持企业开展科技研发；通过与金融机构合作，提供低息贷款、风险投资等金融服务，降低企业的融资成本，解决企业在科技研发中的资金问题。例如，可以设立农业科技风险投资基金，支持高风险高回报的农业科技项目，降低企业的投资风险，提高企业的投资回报率。

最后，政府应加强对农业科研资源的整合和优化配置，提高农业行业的科技创新能力。农业科技资源分散在不同部门和领域，政府应通过建立健全的科技资源管理体系，实现资源的统筹规划和高效利用。例如，可以通过设立农业科技资源共享平台，整合各类科研资源，促进科研人员、企业和农民的合作与交流；通过建立农业科技信息服务系统，提供最新的科技信息和技术支持，帮助农民及企业掌握和应用先进的农业技术。

主要参考文献

[1] 陈萌山. 加快推进我国农业食物营养转型发展[J].中国食物与营养，2019，25（1）：5–9.

[2] 陈希，钟钰，崔奇峰. 防止玉米成为“第二个大豆”的战略研究——从产业之困到破

局之策[J].中国农业资源与区划，2022，43（4）：13–23.

［3］陈锡文. 切实保障国家食物供给安全[J]. 农业经济问题，2021（6）：4–7.

［4］杜鹰，张秀青，梁腾坚. 国家食物安全与农业新发展格局构建[J].农业经济问题，2022（9）：4–10.

［5］樊胜根，龙文进，冯晓龙，等. 联合国食物系统峰会的中国方案[J].农业经济问题，2022（3）：4–16.

［6］黄季焜，解伟，盛誉，等. 全球农业发展趋势及2050年中国农业发展展望[J].中国工程科学，2022，24（1）：29–37.

［7］刘长全，韩磊，李婷婷，等. 大食物观下中国饲料粮供给安全问题研究[J].中国农村经济，2023（1）：33–57.

［8］王晶晶，张昕，高海秀. 农食系统转型背景下全谷物产业发展的经济学分析[J].农业经济问题，2023（4）：92–104.

［9］辛良杰. 中国居民膳食结构升级、国际贸易与粮食安全[J]. 自然资源学报，2021，36（6）：1469–1480.

［10］张鹏，梅杰. 欧盟共同农业政策：绿色生态转型、改革趋向与发展启示[J].世界农业，2022（2）：5–14.

［11］张玉梅，陈志钢. 中国农业研发资源：国际合作路径研究[M].北京：中国农业科学技术出版社，2021.

［12］张宗利，徐志刚. 中国居民家庭食物浪费的收入弹性、效应解析及模拟分析[J].农业经济问题，2022（5）：110–123.

［13］赵惠娟，刘妮雅，杨伟坤. 农业科技创新体系中企业主体地位的美国经验与启示[J].世界农业，2015（7）：52–55.

［14］朱晶. 树立大食物观，构建多元食物供给体系[J].农业经济与管理，2022（6）：11–14.

［15］Claire K, Alastair I, Christopher B. Diversified farming systems: an agroecological, systems-based alternative to modern industrial agriculture[J]. Ecology and Society, 2012, 17(4):44.

［16］IPES–Food. From uniformity to diversity: a paradigm shift from industrial agriculture to diversified agroecological systems[OL]. 2016. https://ipes–food.org/_img/upload/files/UniformityToDiversity_FULL.pdf.

［17］Michael G, Alfonso, Benjamin L Ruddell, et al.. Supply chain diversity buffers cities against food shocks[J]. Nature, 2021, 595(7866):250–254.

[18] OECD, FAO. OECD–FAO Agricultural Outlook 2021–2030[M]. Paris: OECD Publishing, 2021.

[19] Prabhu P. Westernization of Asian diets and the transformation of food systems: implications for research and policy[J]. Food Policy, 2007, 32(3):281–298.

[20] Shenggen F, Derek H, Christopher R, et al.. Food systems for human and planetary health: economic perspectives and challenges[J]. Annual Review of Resource Economics, 2021, 13(1):131–156.

[21] Thomas H, Ismahane E, Morakot T, et al.. Diversification for enhanced food systems resilience[J]. Nature Food, 2021, 2(11):832–834.

[22] Walter W, Johan R, Brent L, et al.. Food in the anthropocene: the EAT–Lancet commission on healthy diets from sustainable food systems[J]. The Lancet, 2019, 393(10170):447–492.

新时期粮食安全与农民收入问题研究*

粮食安全是“国之大者”①，是保障国民经济平稳发展和社会稳定运行的“压舱石”。近年来，从粮食生产、供应保障等方面看，我国粮食安全水平持续提升，但人多地少是基本国情，我国粮食安全底板仍不稳固。受自然资源条件约束以及城镇化推进等因素影响，我国粮食产量持续增长的空间有限。同时，随着经济发展、人民收入增长，居民消费结构中肉蛋奶等优质蛋白比例增加将带动我国粮食需求持续增长。长期看，我国粮食供求将处于紧平衡状态。当前随着俄乌冲突、极端天气频发等问题的产生，国际形势发生深刻复杂变化，国际粮价高位波动，农资价格大幅上涨，农民种粮成本快速上升。而同时期我国粮价，尤其是口粮价格的涨幅有限，农民种粮收益不断受到挤压。新时期保障粮食安全的关键在于保证粮食稳定供给，而粮食供给能力的提升受当地农民积极性的影响，农民是粮食生产的主体，只有切实保障农民的种粮收益，调动农民种粮积极性，才能“将饭碗牢牢端在自己手中”，真正把牢强国复兴主动权。

---

* 本报告是清华大学中国农村研究院重点研究课题“新时期粮食安全与农民收入问题研究”的研究成果，报告观点仅代表课题组的看法。课题负责人：马晓河，中国宏观经济研究院研究员。报告执笔人：马晓河、周婉冰。

① 《习近平在看望参加政协会议的农业界社会福利和社会保障界委员时强调 把提高农业综合生产能力放在更加突出的位置 在推动社会保障事业高质量发展上持续用力》，《人民日报》2022年3月7日。

一、新时期保障粮食安全与提高农民收入的战略意义

（一）保障粮食安全和提高农民收入协调发展是乡村振兴的应有之义

“产业兴旺、生态宜居、乡风文明、治理有效、生活富裕”是实施乡村振兴战略的总要求。其中“产业兴旺”的首要位置突显了现代农业在乡村振兴中的重要地位，粮食产业目前仍然是广大农村地区的主导产业，粮食生产依然是众多农民的主要经营活动。但以“人均一亩三分地，户均不过十亩田”为鲜明特征的小规模农业导致小农经营与大市场的矛盾凸显，“增产不增收”的情况时有发生，农村年轻人多选择外出务工；再加上农民组织化程度偏低，缺乏市场经营能力，致使农产品交易成本居高不下，农户在市场交易中的议价能力弱，而且广大农户的经营被局限在种、养环节，难以分享农产品深加工和销售等高附加值环节的收益（成德宁等，2017）。

产业兴旺是乡村振兴的重点，是解决农村一切问题的前提，而通过粮食生产、产业发展、收益提升的模式实现粮食安全和农民增收协调发展的健康循环是未来产业兴旺的重点。党的十八大以来，乡村产业加快发展，为保障粮食和重要农产品供给夯实了基础，但是在构建现代农业产业体系上，我国与发达国家还有相当的差距。农业农村部的官方数据显示，2022 年我国农产品加工业与农业总产值比为 2.52∶1，远低于发达国家的 3∶1～4∶1 的水平[①]。农产品加工转化率为 72%，比发达国家低近 13 个百分点左右。新时期打造符合现代乡村产业体系的全产业链农业，不断促进农业增效、农民增收，推动粮食安全和农民增收协调发展，是乡村振兴的题中应有之义。

---

① 数据来源：农业农村部官网。

（二）保障粮食安全和提高农民收入协调发展是共同富裕的本质要求

全体人民共同富裕是社会主义的本质要求，是中国共产党的初心使命。保障粮食安全和提高农民收入是推动全体人民共同富裕过程中必须坚守的底线和本质要求，要在人口规模巨大的前提下以保障粮食安全作为实现全体人民共同富裕的坚实基础。促进共同富裕，最艰巨最繁重的任务仍然在农村，当前我国经济发展正处于由“先富”向“共富”的转折时期，是在解决国内绝对贫困后，重点转向解决低收入问题的关键时期。一方面，随着国内主要矛盾发生变化，我国粮食供需结构性矛盾出现新特征，粮食安全内涵由最初的“吃饱”转向“吃好”，再到“吃健康”“吃绿色”，这意味着消费需求侧出现层次性升级，相应地对粮食供给侧产品多元化、品质化、精细化方面提出了更高要求。另一方面，受资源禀赋、地理区位等因素影响，农村地区的发展基础薄弱、要素供给不畅、环境约束日趋紧张等问题凸显，基尼系数、城乡收入比均处于高位，低收入人群主要集中在农村地区，特别是以粮食种植为主要收入来源的农村地区。由于传统农业存在季节性、周期性、地域性等特点，以及农产品需求弹性较低、农产品价格具有高度的周期波动性等特点，农民种粮的经济收益相比其他农产品和非农产品生产并不具有优势，在新时期推动保障粮食安全与提高农民收入协调发展，不仅是保障粮食安全的需要，也是减少低收入人群、促进共同富裕的关键举措。

（三）保障粮食安全和提高农民收入协调发展是中国式现代化的现实基础

农业农村现代化是中国式现代化的重要组成部分，没有农业农村现代化，社会主义现代化就是不全面的。党的十九大提出到2035年基本实现社会主义现代化目标，但当前我国“三农”仍是薄弱环节，农业农村现代化仍是社会主义现代化建设的突出短板，夯实国家安全基础、实现中国式现代化，都离不开农业发展。高度重视保障国家粮食安全和提高农民收入是中国式农业农村现代化最显著的特征，而推动粮食安全与农民收入协调发展则是当前我国农业农村现代化的首要目标和关键问题。自“以我为主、立足国内、确保产能、适度进口、科技支撑”的国家粮食安全战略实施以来，我国在粮食增产、结构优化等方面持续发力并取得了显著的成绩，但值得关注的是，2023 年我国全年粮食进口总量达 1.62 亿吨，且连续 9 年进口规模超 1 亿吨，对外依存水平仍居高位，同时我国农民种粮收入偏低，严重影响农民种粮积极性，在此情况下，要端牢“中国饭碗”仍需继续探索和改革。

推进中国式现代化，必须坚持不懈夯实农业基础。农业农村现代化深深地关联到农民、农村、农业，“抓农业农村工作，首先要抓好粮食生产”[①]，而农民具有主观能动性，是推动中国式现代化的关键抓手。充分调动农民积极性，提高农业生产效益，千方百计提高农民收入，不仅有利于确保粮食安全和重要农产品的稳定供应，也能补齐“农业现代化”这一短板，为中国式现代化的实现提供坚实的现实基础。

（四）保障粮食安全和提高农民收入协调发展是农业强国的必然选择

2023 年中央一号文件首提“农业强国”，并且把抓紧抓好粮食和重要农产品稳产保供、坚决守牢粮食安全底线作为建设农业强国的首要任务。建设农业强国是一个比农业现代化要求更高、更全面的发展行动（马晓河，2023），在现阶段“大国小农”的基本国情农情条件下推进农业强国建设意味着农产品自给保障能力强、涉农产业链供应链韧性强、农业从业人员收益高，其中农业从业人员收益高是提高农民种粮积极性的核心所在，提高种粮农民

---

① 中共中央党史和文献研究院：《习近平关于“三农”工作论述摘编》，中央文献出版社2019年版。

积极性是加强农产品自给能力、增强涉农产业链供应链韧性，即保障粮食安全的关键支撑，而粮食安全是农业强国的基础保证，因此在推进农业强国建设过程中必然选择保障粮食安全与提高农民收入双目标协调发展的路径。

习近平总书记指出，强国必先强农，农强方能国强。没有农业强国就没有整个现代化强国①。近年来，我国粮食价格持续低位震荡，种粮成本又逐年增加，导致种粮收益偏低，特别是经营性收入占比持续下降（见图1），农户种粮积极性不断下降，保障粮食安全的任务十分艰巨。以粮食生产为主的第一产业经营性收入是农村居民经营性收入的重要来源，但农业特别是粮食种植业保障农民家庭生计的能力持续弱化，加之粮食生产的财政贡献小，一定程度影响地方政府抓粮食生产积极性，直接导致农户种粮意愿降低，我国多地出现弃耕、撂荒现象，长此以往势必影响国家粮食安全，削弱农业强国建设的基础。

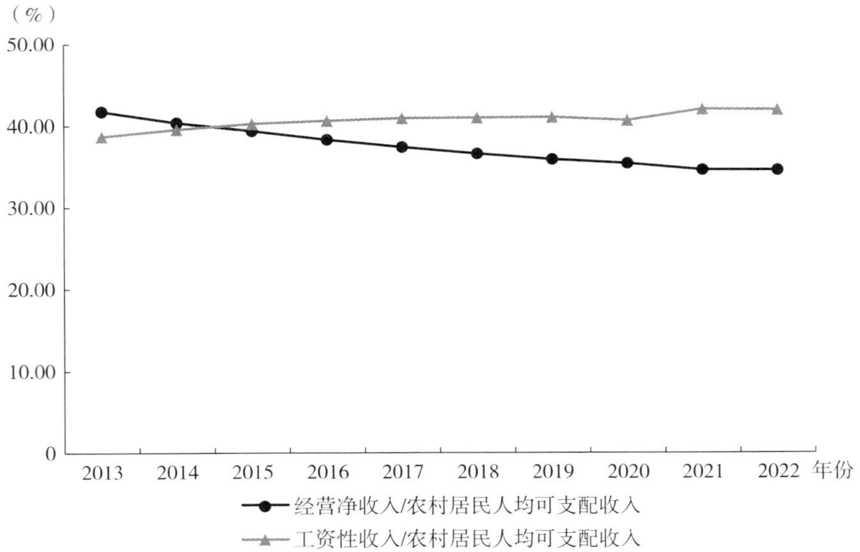

图1　2013—2022年我国农村居民人均可支配收入主要构成占比变化

资料来源：《中国农村统计年鉴》。

① 《习近平在中央农村工作会议上强调 锚定建设农业强国目标 切实抓好农业农村工作》，新华社，2022年12月24日。

二、保障粮食安全与增加农民收入双目标的关系

（一）粮食增产与农民增收关系的特点与一般理论

1. 供求模型：从供需视角看粮食增产与农民增收的关系

首先，在封闭条件下。假定粮食市场是完全竞争的，从事粮食种植的农民是市场价格的接受者，并且农民以利润最大化为决策目标，此时粮食的价格由市场中所有的供给和需求的集合共同决定。其中粮食价格和数量分别用 P、Q 表示，则粮食供给函数与需求函数分别为 $Q^s=f(P)$、$Q^d=f(P)$，令常数 α、β 分别代表粮食需求价格弹性与粮食供给价格弹性，由于粮食是生存必需品，因此粮食需求价格是缺乏弹性的，即 $0<\alpha<1$，$0<\beta$；令 k 为外生冲击（如技术进步）带来的供给函数变动速率，外生冲击会使粮食供给曲线整体移动，外生冲击之前的粮食供给曲线由 S_0 表示，冲击后的粮食供给曲线由 S_1 表示。DF 表示粮食需求曲线，其中 DE 部分表示农户自身的粮食需求，EF 是粮食市场需求部分（见图 2）。

（1）需求曲线不变，均衡点沿供给曲线变动

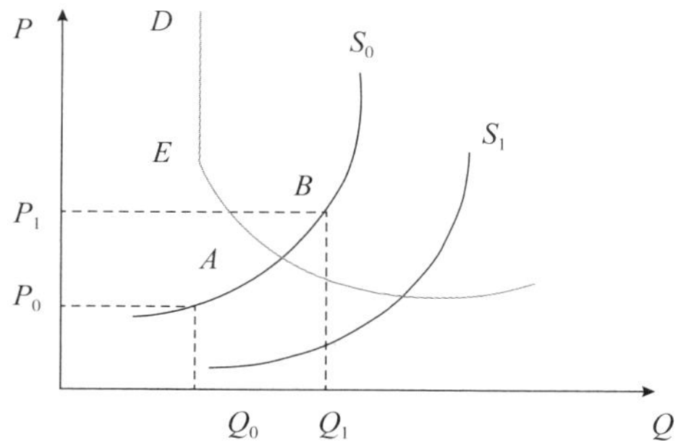

图2　需求曲线不变，均衡点沿供给曲线变动

当存在粮食短缺的情况时，粮食价格上升不会引起需求曲线的明显变动，但会明显提高粮食供给数量，粮食市场的均衡点会由 A 向 B 移动，在此情况下，无论是否发生外生冲击影响供给曲线，粮食价格的上升都会带来粮食增产和农民增收双目标的实现，虽然这种实现有可能是低水平的。

（2）需求曲线不变，供给曲线右移

如图 3 所示，假定此时均衡水平由市场供求自发决定，需求曲线 DEF 固定不变，此时外生冲击（如技术进步）发生 $k\%$ 的变化，供给曲线由 S_0 移动至 S_1，均衡点由 A（P_0，Q_0）移动至 B（P_1，Q_1）。

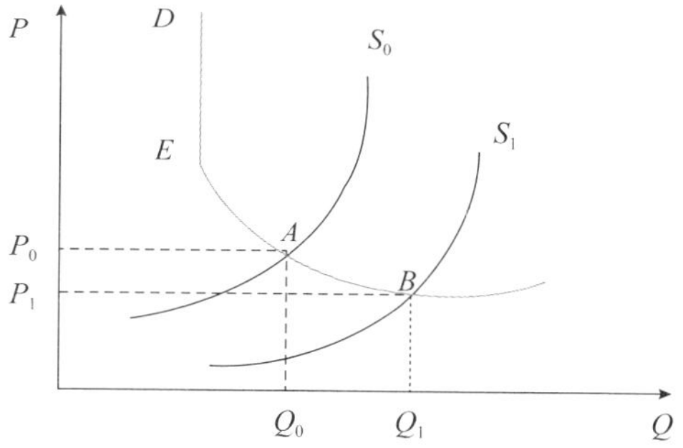

图3　需求曲线不变，供给曲线右移

此时粮食数量和价格的变化可近似由泰勒一阶展开得到：

$$\frac{\Delta P}{P_0} \cong \frac{-k}{\alpha+\beta}$$

$$\frac{\Delta Q}{Q_0} \cong \frac{k\alpha}{\alpha+\beta}$$

整理得，

$$\Delta P \cong \frac{-k \cdot P_0}{\alpha+\beta}$$

$$\Delta Q \cong \frac{k\alpha \cdot Q_0}{\alpha+\beta}$$

令 π 是不同均衡点条件下农民收益之差，则

$$\pi = Q_1 \cdot P_1 - Q_0 \cdot P_0$$

代入并整理得，

$$\pi = k \cdot Q_0 \cdot P_0 \cdot \frac{[(\alpha+\beta)(\alpha-1)-k\alpha]}{(\alpha+\beta)^2}$$

由上式可知：第一，由于农产品的需求价格缺乏弹性，即 $0 < \alpha < 1$，因此在供给曲线发生变动，但需求曲线不变的情况下，$\pi < 0$，农民的整体收益水平是下降的。粮食供给（粮食产量）增加不仅没有提高农民的收入，甚至导致农民的收益降低，这也是“谷贱伤农”的根本原因；第二，在上式中 k 的一阶偏导小于零，因此理性的农民基于利润最大化或损失最小化目标，会尽可能减小 k 值，以扩大 π 值。如果供给曲线的移动是由于技术进步，这意味着为了避免因技术进步带来供给价格降低，农民对技术进步持消极态度并倾向降低粮食供应。由此可推测，由技术进步带来的粮食增产会造成农民减收，长期会导致粮食减产，若农民没有其他收入来源，或其他收入也难提高的情况下，就会陷入既不增产也不增收的境地。进一步说，在何种情况下会发生供给曲线变动但需求曲线不变的情况呢？根据技术进步分类，若技术进步是哈罗德中性的，即“劳动增长型”技术进步，这种技术进步的作用主要是使得劳动的效率提高，虽然增加了粮食供给但无法刺激粮食需求。这种情况下，“劳动增长型”技术进步促使粮食供给曲线向右移动，提高了粮食供给，但由于没有新的粮食需求，就会导致粮食产量的增长幅度带来的收益增加难以抵消粮食价格下降带来的收益减少，从而导致短期内粮食增产但农民无法增收、长期内既不增产又不增收（见图 4、图 5）。

（3）供求曲线都移动

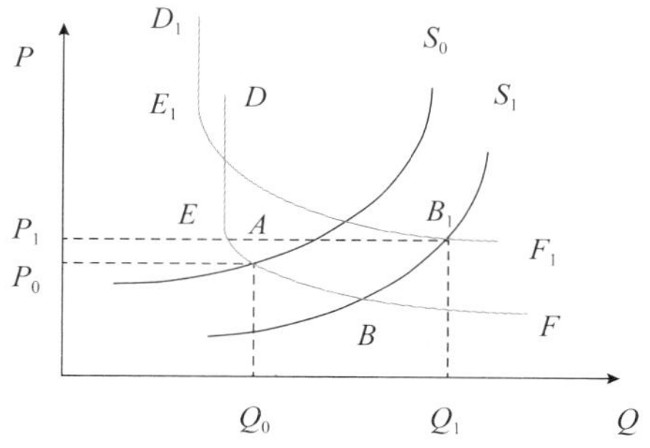

图4　供求曲线都移动

（需求曲线斜率较小时）

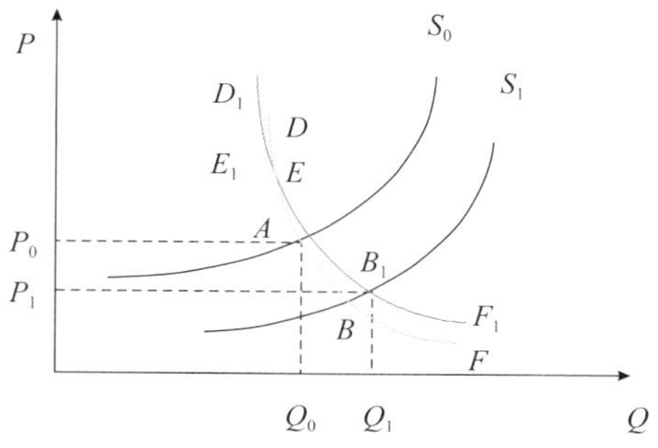

图5　供求曲线都移动

（需求曲线斜率较大时）

在上一个情形中，我们假定哈罗德中性的技术进步（劳动增长型技术进步）仅影响供给曲线，而不会带来需求的增加。实际上，劳动增长型技术进步会引起农业部门劳动力部分转移，进而降低整个社会的粮食自给率，推动需求曲线向右移动。在供求曲线图中表现为 DE 更接近横轴，而 EF 右移，假定其移动幅度为 $t\%$，$D_1E_1F_1$ 是变动后的粮食需求曲线，可以从图 4 中看到，均衡点由 A（P_0，Q_0）移动至 B_1（P_1，Q_1），而非需求曲线不变时的均衡点 B。此时，粮食数量和价格的变动可用泰勒一阶展开：

$$\frac{\Delta P}{P_0} \cong \frac{-(k-t)}{\alpha+\beta}$$

$$\frac{\Delta Q}{Q_0} \cong \frac{(k+t) \cdot \alpha}{\alpha+\beta}$$

整理得，

$$\Delta P \cong \frac{(t-k) \cdot P_0}{\alpha+\beta}$$

$$\Delta Q \cong \frac{(k+t)\alpha \cdot Q_0}{\alpha+\beta}$$

令 π 是不同均衡点条件下农民收益之差，则

$$\pi=Q_1 \cdot P_1-Q_0 \cdot P_0$$

代入并整理得，

$$\pi=\left[1+\frac{(t-k)}{\alpha+\beta}\right]\cdot\left[1+\frac{(k+t)\alpha}{\alpha+\beta}\right]\cdot Q_0 \cdot P_0-Q_0 \cdot P_0$$

令 $f=(t-k)(\alpha+\beta)+(k+t)(\alpha+\beta)+(t-k)(k+t)\cdot\alpha$

有：$\pi>0$，当且仅当 $f>0$；$\pi<0$，当且仅当 $f<0$。

由上述分析可知，第一，当技术进步对供给和需求曲线都产生影响时，变动后的农民净收益 π 可能为正，也可能为负，即粮食增产与农民增收的关系不确定，粮食增收既有可能导致农民增收也有可能导致农民减收；第二，在 f 中对 t 求偏导，其值大于0，说明需求变动越大，粮食市场越有可能在较高的水平上达到均衡。总的来讲，只有在技术进步同时带来粮食供给的增加和粮食需求大幅增加的情况下，才能实现粮食增产农民增收双目标。

另外，考虑开放条件下的粮食市场。

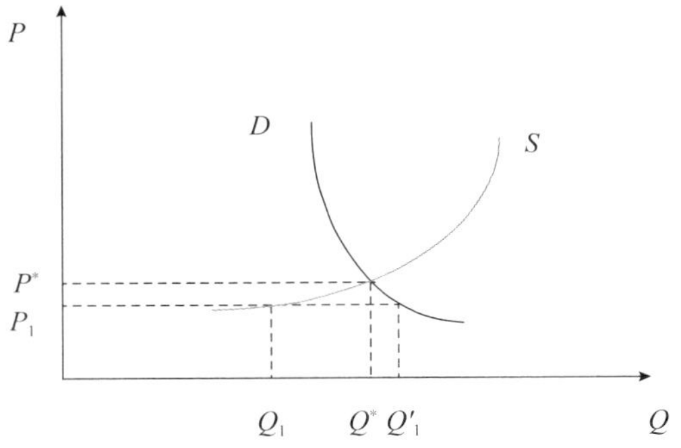

图6　开放条件下的粮食供求曲线

如图6所示，均衡价格为 P_1，低于封闭经济下的 P^*，而均衡数量由 Q^* 增加到 Q_1'，其中 Q_1 是由国内生产的，在价格为 P_1 的情况下存在产出缺口（$Q_1'-Q_1$），这部分则主要依靠进口或由其他国家提供。通过这一简要分析，

可以看到改革开放之后，农民面临的情况是：粮食价格下降，市场萎缩。这显然会降低他们以收入为代表的福利状况。

但是，在国际粮食贸易中，一直存在以“奖入限出”为特征的贸易保护主义。因此，上述完全自由流动的粮食贸易恐怕只存在于理论分析当中，更为合理的假设是在开放经济中存在贸易壁垒，比如加征进口关税。下面结合图形对加入这一假设的模型进行进一步分析（见图 7）。

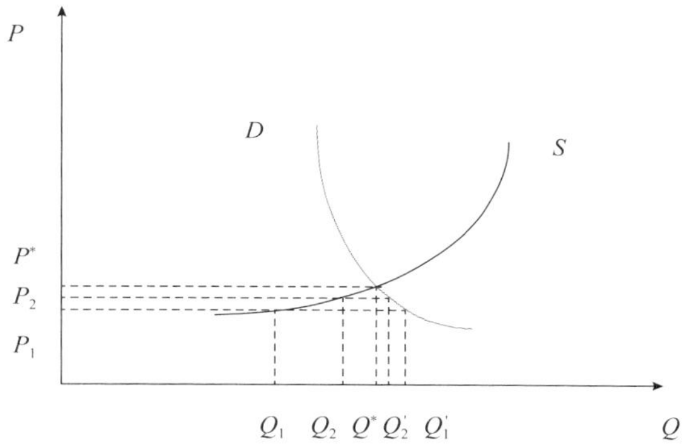

图7　开放条件下的粮食供求曲线（存在关税时）

加入关税后，国内粮食市场的均衡价格为 P_2，大于不存在贸易壁垒的价格 P_1，但低于封闭经济的 P^*。此时的均衡数量为 Q_2'，存在产出缺口（$Q_2'-Q_2$），这部分仍然由进口提供。但是相比较不存在贸易壁垒时，由农民提供的“国产”粮食有所增加，面临的价格也更高，农户收益状况有所改善。

2. 蛛网模型：从动态视角看粮食增产与农民增收的关系

由于农产品的生产周期较长、生产规模相对不易改变等特点，我们一般采用蛛网模型（Cobweb Model）对农产品的价格波动进行分析。蛛网模型的核心是农业生产者根据当期价格预测下一阶段。

我们可以将粮食市场（如玉米）的供求状况表示成：

$$d_t=a-\gamma P_t,\ \gamma>0$$

$$S_t=b-\beta P_t^*+\varepsilon_t,\ \beta>0$$

$$S_t=d_t$$

上式中，d_t 为第 t 期玉米需求，S_t 为第 t 期的玉米供给，P_t 为第 t 期的玉米市场价格，P_t^* 为农户预期的当期价格。

这里的蛛网模型假设农户采用的是适应性预期，即农户将上年价格作为预期的市场价格：

$$P_t^*=P_{t-1}$$

由于蛛网模型的推导和应用已经相当成熟，我们可以在任何一本讲述蛛网模型的经济学教科书中找到其收敛条件，这取决于 β/γ 的大小，当 $\beta/\gamma<1$ 时波动减小，当 $\beta/\gamma>1$ 时波动增大。

其经济学含义也是显而易见的，当供给曲线的弹性小于需求曲线的弹性时，蛛网收敛，称“收敛型蛛网”（见图 8）。

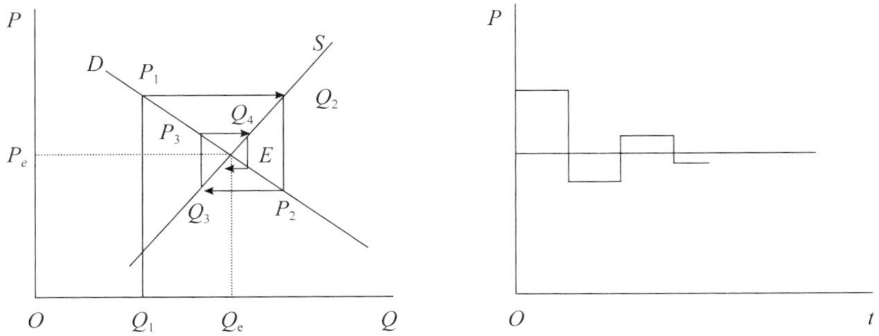

图8 收敛型蛛网

当供给曲线的弹性大于需求曲线的弹性时，蛛网发散，称“发散型蛛网”（见图 9）。

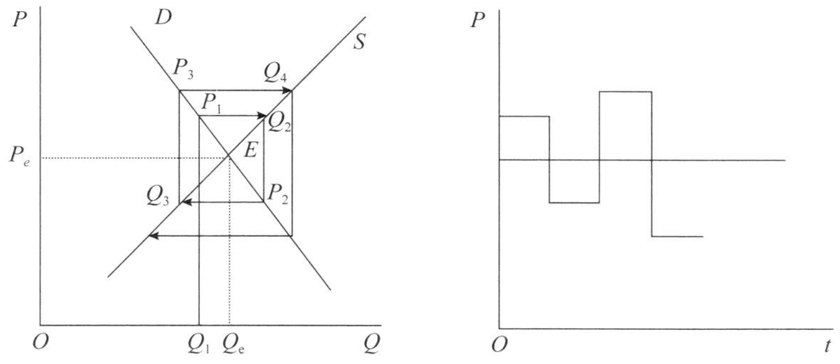

图9　发散型蛛网

当供给曲线的弹性等于需求曲线的弹性时，蛛网会在当前位置保持循环，即不会远离均衡点，也不会达到均衡点，此时称为“封闭型蛛网”（见图 10）。

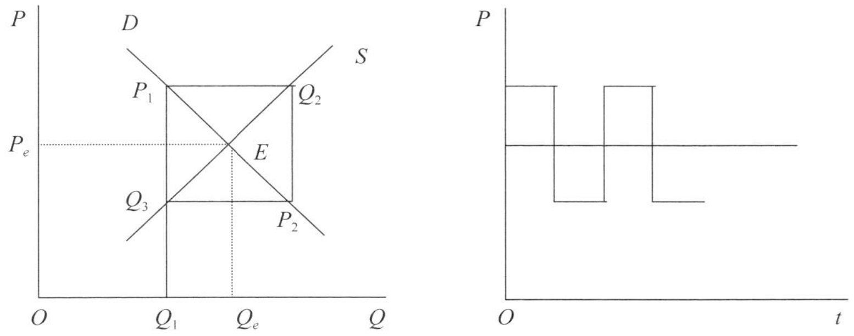

图10　封闭型蛛网

就粮食市场而言，当农户的生产行为对于农产品价格变动比较敏感时，蛛网就不易收敛，因为相对于其他商品市场来说，粮食市场的需求是缺乏弹性的。此时，就会出现“上期粮食价格上涨——预期本期粮食价格较高，增加粮食供给”或者“上期粮食价格下跌——预期本期粮食价格较低，减少粮食供给”，这样一来，就会形成“粮食价格上涨—粮食产量提高—粮食价格下跌—粮食产量降低—粮食价格上涨—粮食产量再提高”的循环运动轨迹，用前述模型化的语言表述就是，此时粮食市场的交易价格和交易数量不会收敛到均衡点，此时粮食产量将会有较大的波动。在具有发散型蛛网特征的粮食市场中，外部冲击对粮食生产以及农民收入具有较大影响，外部冲击发生后粮食价格会发生大幅度变化，进而导致农民种粮决策（增产、减产）反复交替，不利于粮食保供稳价增收。

3. 二元经济模型：从发展阶段视角看粮食增产与农民增收的关系

刘易斯从古典经济学分析框架出发，认为在发展中国家并存着以传统农业生产方式为主且生产率较低的农村部门以及以制造业为主且具有较高生产率的现代化部门，由于发展中国家农业中存在大量剩余劳动力，因此农业剩余劳动力的非农转化过程，即劳动力等要素从生产率低的农业转向生产率较高的非农产业，进而从整个国民经济层面看，劳动生产率提高的过程能够促使二元经济结构逐步消减（Lewis，1954）。刘易斯认为，在二元经济发展结束之前，有两个转折点，其中第一个转折点以劳动力供给不再具有无穷弹性为标志，导致现代化部门工资开始上升，即通常所说的刘易斯第一转折点；第二个转折点则需要以农业与非农产业的边际劳动生产力达到相等为条件，一般被称为商业化点[①]。后来，拉尼斯、费景汉通过修正刘易斯模型中的假设，认为剩余劳动力转移和技术要素投入可以实现工农业两部门劳动生产率趋同并实现平衡增长，完善了农业剩余劳动力转移的二元经济结构模型。根据二元经济结构理论，可将经济发展总结为“两个转折、三个阶段”。第一阶段，农民收入仅局限于土地经营收入，农业部门中存在大量的显性失业，劳动力的边际生产率为零，为追求自身利润最大化，农村剩余劳动力会转移到非农业部门。此阶段，包括粮食在内的农产品商品率较低，经济发展受到农产品供给的约束。第二阶段，农业劳动力边际生产率大于零，但仍低于不变制度工资，农村存在隐性失业，劳动力仍然向非农部门转移，使得农业生产受到消极影响。同时，农民家庭收入中工资性收入快速增长，受到相对较高工资水平的吸引，农业劳动力大规模向非农部门转移。此阶段，包括粮食在内的

① ［美］阿瑟·刘易斯：《二元经济论》，北京经济学院出版社1989年版。

农产品商品率大幅度提高，经济发展越来越不受农产品供给的约束。第三阶段，农业部门的剩余劳动力已经被工业部门吸收完毕，农业劳动力的工资开始由市场力量决定，工人和农民可以在劳动市场公平竞争，促使农民向非农部门转移的力量消失，经济转变为一元结构，工农发展差距以及农民与非农业居民收入差距缩小到合理范围，农业实现了现代化，农业土地生产率和劳动生产率都得到大幅度提高。

粮食安全与农民增收是国家制定农业政策时的两大目标，但事实上粮食安全与农民增收是两个完全不同的决策者根据不同的行动目标进行决策的结果。其一，农民增收是基于利润最大化或损失最小化原则进行决策的，这就意味着在作是否从事农业生产、从事何种农业生产（是否种粮）的决策时，农民遵循的是市场逻辑；其二，粮食安全是国家层面的安全问题、政治问题、底线问题，因此经济效益并非政府决策的首要目标，政府为了实现粮食安全目标遵循的是政策调控逻辑。因此，政府在制定农业政策过程中，如果不能较好协调二者的关系，容易造成顾此失彼的情况。如政策过于强调农民增收，而放松对粮食生产的限制，受种粮收益比较低的影响，短期可能会提高农民收入，但长期会引发大量种植业劳动力外流，最终导致耕地撂荒、损害国家粮食安全；同样地，若制定过高的粮食安全政策目标则会挤压农民增收空间，如限制土地用途、农户自由发展高值农业等。

基于二元经济结构理论并结合我国发展实际，本文认为我国粮食安全与农民收入增长的关系也可划分为三个阶段，并总体上呈现“U”形趋势，即“低水平均衡—相互背离—高水平均衡”三阶段。第一阶段，粮食安全与农民收入增长处于低水平协调关系。在这一阶段，农业生产水平和经济发展水平较低，为了促进二者发展，政府的农业政策目标以释放农业生产力为主，此阶段由于农业生产效率得到大幅提升，农民的收入水平也相应得到提高，粮食安全与农民增收双目标在低水平上实现了协调发展。第二阶段，粮食安全与农民收入增长关系处于背离阶段。伴随经济发展，两部门劳动生产率差异逐步拉大，受到相对较高工资水平的吸引，农业劳动力大规模转移。由于工资性收入的大幅提高，农民收入相应增长，但粮食生产受到制约，粮食安全与农民增收双目标发生背离。第三阶段，粮食安全与农民收入增长目标高水平协调阶段。在这一阶段，经济发展水平进一步提升，国家经济综合实力明显增强。为了确保粮食安全，政府已有足够能力通过调控市场和对农民转移支付引导农民种粮，农民通过种粮也能增加收入。粮食安全与农民增收双目标有可能实现高水平协调。

（二）粮食安全与农民收入关系演变的典型实践

1. 以美国为代表的规模型、机械化、高技术模式

美国是世界上最发达的工业化强国、最大的农业发达国家，同时也是最大的粮食出口国。美国土地肥沃、气候温和，农业生产以农场为基本单元，除拥有大面积的可耕作土地外，在同样耕种面积上，投入的资本和劳动力的比重远超过中国、日本、韩国等亚洲国家，并于 20 世纪 40 年代左右就实现了机械化，现在更是朝着专业化和高科技化方向不断发展。

长期以来，美国的农业劳动生产率和主要农产品出口额都高居世界首位，由于其粮食生产能力远超本国的粮食需求，美国一直依赖出口市场来维持价格和收入，农民从事粮食生产的收入既归功于规模效应带来的成本优势，又受国际市场竞争因素的综合影响。美国政府在调节粮食生产与确保农民收入过程中，实施了一系列农业支持政策，显著特点是紧密联系国际市场，以规模效应带来的低成本作为粮食等农作物在国际市场竞争中的关键优势，但在不同时期具体内容和实施细节会随着政策更新和立法变化而改变。美国的农业支持政策大致可以分为价格支持政策、收入补贴政策以及农业研究和开发项目等。美国是实行农产品价格支持政策最多的国家，目前主要包括商品贷款计划、贷款不足支付、市场损失补助金和农场仓储设施贷款计划 4 种，并对于特定的农产品（花生、蜂蜜）专门提供金融支持。除此之外，对农产品的价格支持还包括边境措施和市场干预措施，包括但不限于关税、配额、限

定市场价格等方式，农产品生产产业链上下游也在研发、政府采购等方面获得了联邦政府的不少支持。总体来看，美国农业支持保护政策在应对国际、国内粮食市场风险方面的主要方法包括营销贷款计划支付、反周期支付、直接支付三种，其中营销贷款计划支付发挥了“托底”作用，为农场主从事农业生产活动提供基本的资金保障；直接支付起到收入支持作用；反周期支付起到价格支持作用。此外，美国政府还通过设置政策门槛和上限，以及针对不同规模的农场进行差异化的政策供给进一步提高政策支持的精准性、公平性。

2. 以日本为代表的资源节约和资本、技术密集型模式

日本作为经济大国，虽然经济总量高、农业科技发达，但是由于其陆地面积仅 37.8 万平方公里，人口总量约 1.3 亿人，人均耕地面积不足世界平均水平的 1/10。因此，日本粮食自给率低，需要大量进口粮食。据日本农业水产省公开数据，2022 年日本粮食自给率为 38%，其中大米自给率为 99%，小麦自给率为 15%，大豆自给率为 6%。

日本 80% 以上地形是山地和丘陵，山丘区耕地面积比重和农业产出比重均占四成以上，农业资源环境的约束性促使日本农业机械化发展走向适用于地块狭小零散的中小型农业机械设备。在 20 世纪 80 年代末，日本稻作机械的普及即已完成，利用农业机械化技术的进步，节约劳动力投入，从而提高粮食生产中的劳动生产率。通过多年的发展，目前日本主要农作物生产机械化水平全球领先，水稻生产全程实现机械化。此外，以“农协”（日本农业协同组合）为主体的农业社会化服务体系的形成对日本粮食生产效率提升起到了很大的促进作用。日本农协是综合性组织，业务范围涵盖了农业技术指导、农田基本建设规划、农业生产资料购置、农产品加工储运、农产品代销、农业存贷款和金融保险服务等方面，是农业社会化服务的中坚力量，对于推动日本农业集约化、规模化和产业化发展产生了重大影响。同时，日本形成了较为完善的农业补贴政策。一是粮食生产的价格支持政策。目前政策对农民的收入支持方式由价格支持转变为直接和间接的收入补贴方式。二是对粮食生产者的收入补贴。收入补贴包括农户直接支付制度、稻作安定经营对策、灾害补贴、制度贷款、农业保险补贴以及农民养老保险制度等。

3. 以欧盟为代表的生产集约与机械技术复合型模式

欧盟是由法国、德国、英国等多个西方发达国家为主体构成的国家联盟，人口约 5 亿人，其中农业人口占总人口的 6.4%，是全球主要粮食生产区和消费区。将欧盟作为一个整体看，粮食生产和销售的微观基础主要有以下三方面特点。一是粮食生产流通过程的市场化程度高。政府通过委托其他各种商业机构对粮食进行收购和销售，对粮食市场不进行直接干预。政府不拥有专门的粮仓，而是交由商业企业进行经营。政府主要负责制定相关政策并支付由此带来的费用。二是农业合作组织发挥重要作用。欧盟各成员国内普遍有历史悠久的农业合作社，这些合作社是建立在个体农民自愿互利基础上的非营利性经济组织。其主要作用是进行市场预测、为农民提供市场信息、建立销售网络、承担农产品销售等职能，类似于美国和日本农协的职能。三是强调农业稳定的重要性。欧盟通过实施共同农业政策（CAP）稳定粮食生产，确保欧盟内部粮食生产的供需平衡，从而保障农民收入稳定在合理水平。由于欧盟内农业生产专业化程度高，分工合理，粮食自产自销部分的比重很小，在目标价格和干预价格的政策下，粮食市场价格波动幅度很小。

欧盟委员会中一般有一名委员专门负责农业事务，其职能是指导欧盟农业总体发展和实施共同农业政策。欧盟共同农业政策的核心是对农业提供大量补贴，保证农民收入，促进农业发展，保证其农产品在国际市场的竞争力。自 1962 年共同农业政策实施以来，欧盟对其进行过多次调整和改革，但核心内容主要围绕三个方面展开：一是欧盟内部农产品实行统一价格；二是欧盟内部农产品自由流通，并且优先购买成员国农产品，对欧盟外国家农产品征收保护性关税；三是建立共同农业基金，主要用于补贴欧盟农产品向外出口时过高的价格。

4. 小结

由于农业在国民经济中的基础地位和其产业本身的特殊性，世界各国经济发展实践中对农业的支持从未停止。从各国农业政策制定来看，保障粮食安全与提高农民收入是两大核心目标，具有不同资源禀赋和处于不同发展阶段的国家在协调粮食安全与农民收入关系时采取了不同的模式。我国仍处于中等偏上收入的国家行列，农村中仍然有大量的低收入群体。在今后一个时期，我国以工促农、以城带乡的条件越来越成熟，以保障粮食安全与提高农民收入双目标协调发展为导向，不断加大对农业的补贴和支持力度是今后的基本趋势。从美、日、欧三国（地区）的农业支持政策中，可得到以下几点启示：第一，农业政策的制定需要因地制宜、因时施策；第二，发展农业适度规模经营；第三，加强农业科技创新；第四，加强绿色生态导向。

三、我国粮食安全与农民收入关系的实证分析

（一）我国粮食安全与农民收入的关系——基于耦合协调度模型

基于对粮食安全与农民收入内涵的理解，本文构建了包括数量安全、质量安全、资源安全三个维度 12 个具体指标的粮食安全评价指标体系，以及包括绝对收入、相对收入以及收入结构三个维度的农民收入评价指标体系。本文分别使用熵权法、CRITIC 法以及专家咨询法测算了粮食安全与农民收入系统指标体系的指标权重，最终使用三者均值作为综合权重对粮食安全与农民收入发展水平进行测度，并在此基础上构建耦合协调度模型，计算粮食安全与农民收入耦合协调度。此外，本文还通过核密度非参数估计法对粮食安全与农民收入耦合协调度的分布动态和演变趋势进行了分析（见表 1）。

表1 粮食安全与农民收入系统指标体系及权重

系统	维度	指标	单位	类型	熵权法权重	CRITIC法权重	专家咨询法权重	综合权重
粮食安全评价指标体系	数量安全	粮食总产量	万吨	+	19.72%	7.09%	15.00%	13.94%
		粮食单位面积产量	公斤/公顷	+	6.34%	9.00%	10.00%	8.45%
		粮食播种面积	千公顷	+	18.66%	7.79%	10.00%	12.15%
		人均粮食产量	公斤	+	14.23%	5.78%	15.00%	11.67%
		农作物受灾面积	千公顷	–	0.89%	8.18%	5.00%	4.69%
		有效灌溉面积	千公顷	+	18.62%	9.88%	10.00%	12.83%
	质量安全	单位耕地农药使用量	吨/公顷	–	1.05%	7.63%	5.00%	4.56%
		单位耕地农膜使用量	吨/公顷	–	1.63%	8.85%	5.00%	5.16%
		单位耕地化肥使用量	吨/公顷	–	2.36%	9.94%	5.00%	5.77%
		农业机械化水平	千瓦/公顷	+	12.11%	9.56%	10.00%	10.56%
	资源安全	单位粮食产量使用耕地面积	公顷/吨	–	3.16%	9.04%	6.00%	6.07%
		单位粮食产量使用水资源	立方米/千克	–	1.24%	7.25%	4.00%	4.16%
农民收入评价指标体系	绝对收入	农村居民经营净收入	元	+	79.80%	32.04%	60.00%	57.28%
	相对收入	城镇居民与农村居民人均可支配收入之比	%	–	8.23%	30.60%	30.00%	22.94%
	收入结构	四类分项收入比例离差平方和	\	–	11.97%	37.36%	20.00%	23.11%

资料来源：根据《中国统计年鉴》《中国农村统计年鉴》《中国农业年鉴》经整理计算而得。

参考廖重斌（1999）、赵文举等（2022）、胡静寅等（2022）的研究，采用均匀分布函数方法将粮食安全与农民收入耦合协调度划分为10个等级，并根据耦合协调程度划分为三个阶段，具体如表 2 所示。

表2　粮食安全与农民收入耦合协调关系等级划分

协调等级	耦合协调度D值区间	耦合协调程度	耦合协调阶段划分
1	[0，0.10）	极度失调	失调阶段
2	[0.10，0.20）	严重失调	
3	[0.20，0.30）	中度失调	
4	[0.30，0.40）	轻度失调	
5	[0.40，0.50）	濒临失调	过渡阶段
6	[0.50，0.60）	勉强协调	
7	[0.60，0.70）	初级协调	协调阶段
8	[0.70，0.80）	中级协调	
9	[0.80，0.90）	良好协调	
10	[0.90，1.00]	优质协调	

资料来源：作者根据相关资料整理。

从时间维度来看，表 3 展示了 2002 年以来全国粮食安全与农民收入耦合协调度变化及趋势。从表 3 中可以看出，2002 年以来我国粮食安全与农民收入耦合协调度变化呈现以下特征：第一，中国粮食安全与农民收入耦合协调度呈现稳步上升趋势，从 2002 年的 0.337 到 2021 年的 0.973，年均增长率达到 5.44%。粮食安全与农民收入的水平都实现了较大提升，二者相互影响、相互促进的耦合协调程度也不断加深，这主要得益于近年来国家对粮食安全以及农民增收的重视和政策支持。第二，2002—2021 年的 20 年间，粮食安全与农民收入耦合协调关系可划分为三个阶段：失调阶段（2002—2004 年）、过渡阶段（2005—2009 年）及协调阶段（2010—2021 年），随着时间的推移，粮食安全与农民收入耦合协调关系逐步由失调走向协调。第三，粮食安全与农民收入耦合协调度具有明显的阶段性特征，耦合协调度的年均增长率随阶段的发展呈现较大幅度的收紧趋势。失调阶段、过渡阶段及协调阶段的粮食安全与农民收入耦合协调度年均增长率分别为 3.76%、4.95%、3.95%。

表3 2002—2021年中国粮食安全与农民收入耦合协调度情况

年份	耦合协调度	耦合协调程度	耦合协调区域
2002	0.337	轻度失调	失调衰退区
2003	0.275	中度失调	
2004	0.377	轻度失调	
2005	0.431	濒临失调	过渡调和区
2006	0.443	濒临失调	
2007	0.463	濒临失调	
2008	0.535	勉强协调	
2009	0.548	勉强协调	
2010	0.611	初级协调	协调发展区
2011	0.670	初级协调	
2012	0.707	中级协调	
2013	0.753	中级协调	
2014	0.785	中级协调	
2015	0.817	良好协调	
2016	0.823	良好协调	
2017	0.848	良好协调	
2018	0.873	良好协调	
2019	0.906	优质协调	
2020	0.938	优质协调	
2021	0.973	优质协调	

资料来源：利用耦合协调度模型计算而得。

从不同区域来看（见图 11），具有明显的地区异质性。首先，从主产区、主销区以及产销平衡区粮食安全与农民收入耦合协调度的整体发展趋势看，主产区与产销平衡区呈现稳步上升的趋势，主销区则变化幅度不大。其次，从耦合协调度的阶段性特征看，在观测期内粮食主产区与产销平衡区均保持了较快增长的态势，但主销区的增长速度较慢。从图 11 中可以看到，在观测期初，主产区及主销区的粮食安全与农民收入耦合协调度相差不多，相比产销平衡区均处于较高水平，但由于增长速度的差异，至观测期末产销平衡区的粮食安全与农民收入耦合协调度大幅提升，几乎与主销区持平。

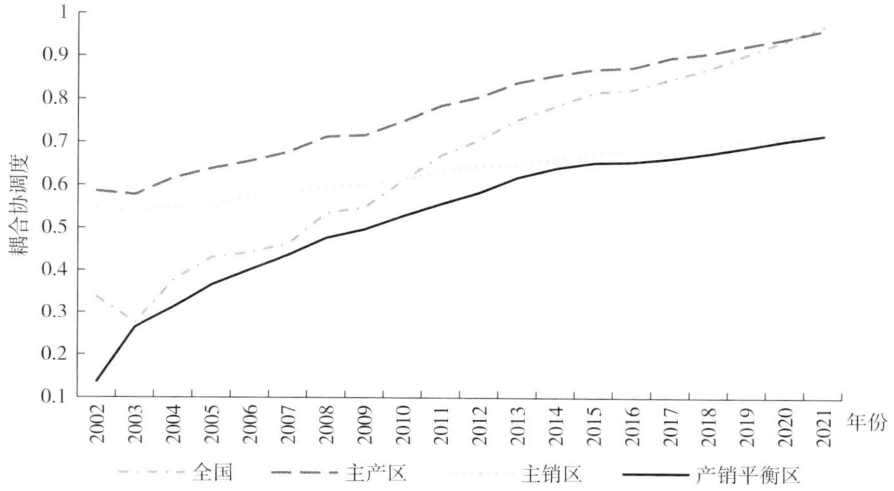

图11 全国及不同区域粮食安全与农民收入耦合协调度走势

资料来源：利用耦合协调度模型计算而得。

（二）粮食安全与农民收入耦合协调度的驱动因素分析

粮食安全与农民收入的耦合协调受多方面因素的影响。为进一步探究保障粮食安全与提高农民收入耦合协调发展的驱动因素，本文选取灰色关联度模型对其进行实证分析。参考已有研究（温涛、王煜宇，2005；杨建利、岳正华，2013；杨渝红、欧名豪，2009；张宽等，2017），选取以下三方面指标作为我国粮食安全与农民收入耦合协调发展的关键驱动因素：一是农业技术进步；二是适度规模经营；三是财政、金融支持。具体选取农业机械总动力、农用化肥使用量、人均粮食作物播种面积、公共财政支出：农林水事务与第一产业就业人员人数之比、农村住户固定资产投资完成额以及涉农贷款。根据选取的指标数据，运用灰色关联度模型得到2002—2021年我国粮食安全与农民收入耦合协调度6个驱动因素指标的关联度，结果见表4。表中结果显示，农业机械总动力、农用化肥施用量、人均粮食作物播种面积、农林水事务与第一产业就业人员人数之比、农村住户固定资产投资完成额、涉农贷款和我国粮食安全与农民收入耦合协调水平关联度都在0.55以上，属于较强关联。这表明各驱动因素指标与我国粮食安全与农民收入耦合协调发展均具有密切联系。第一，人均粮食作物播种面积的关联度最大，达到0.92。可能的原因在于随着我国新型工业化、信息化、城镇化和农业现代化快速推进，农业物质技术装备水平不断提高，适度规模经营一方面能够让更多技术和资金投入农业生产，通过发展高标准、规模化和专业化的现代种养业，有效提升农业生产效率、增加粮食产量。另一方面，适度规模经营有助于推动小农户与现代农业有机衔接，使小农户参与社会化分工并分享规模经营的外部规模经济效应，缓解农户面临的资源禀赋约束，降低农户粮食生产成本，增加农民种粮收益。第二，农村住户固定资产投资完成额的关联度为0.82。农村固定资产投资为农民提供公共产品与公共服务，具有正外部性。通过建设农田以及水利设施，公共设施类的固定资产，以及购置农业机械固定资产，提供优质农业生产物质载体，从而提高农业生产率，降低农业生产成本、流通成本、储藏成本，增加农民农业收入。另外，对特色产业类固定资产投资，还能带动乡村旅游、乡镇工业的发展，推动农村三产融合，创造出大量非农就业岗位，增加农民非农收入。第三，农业机械总动力与农用化肥使用量的关联度分别为0.81、0.74。机械化作为一种典型的劳动节约型技术进步，可以有效提高劳动生产率，减少劳动时间，增加作物产量。在当前我国劳动力价格刚性上升条件下，机械与人工相对价格发生变化，机械化可以有效降低农业成本。此外，农机合作社和农业社会化服务体系等多种形式的机械化模式，不仅实现了小农户与现代农业的有机衔接，还极大地解放了农业劳动力，通过促进劳动力转移和增加非农就业时间增加了农民非农收入。而随着科学技术的进步，农业生产过程开始展开大量增产手段实践，化肥与农药作为一种物化的技术形式，作为“绿色革命”的标志之一，在现代农业生产中得到了广泛运用，其对农产品产量的提升作用毋庸置疑，是使用面最广的增产手段。

但是面对我国面源污染的严峻形势以及绿色农业的不断推进，化肥和农药施用量势必降低，这促使我们必须在化肥、农药等生物制剂领域进一步创新，深化施肥、施药技术研究，提高化肥和农药利用率。第四，农业贷款/涉农贷款、公共财政支出：农林水事务/第一产业就业人员的关联度分别为0.58、0.57。由于我国城乡二元体制的存在，城乡居民收入差距始终存在，作为农民转移性收入的重要来源之一，财政支农投入直接和间接影响农村居民的收入水平。此外，从金融对农业的支持来看，加大对农户的信贷支持力度，引导更多资金配置到农村地区，有利于农业机械化生产，改善农村生产条件，提升农业生产效率，增强农民增收能力，提升农民收入水平。

表4 我国粮食安全与农民收入耦合协调发展的主要驱动因素

驱动因素	关联度	排名
人均粮食作物播种面积（公顷/人）	0.92	1
农村住户固定资产投资完成额（亿元）	0.82	2
农业机械总动力（万千瓦）	0.81	3
农用化肥施用量（万吨）	0.74	4
农业贷款/涉农贷款（亿元）	0.58	5
公共财政支出：农林水事务/第一产业就业人员	0.57	6

资料来源：《中国统计年鉴》《中国农村统计年鉴》《中国农业年鉴》。

四、新时期粮食安全与农民增收双目标协调发展面临的现实问题

（一）粮食生产成本上升但种粮收益下降引发耕地“非粮化”“非农化”风险

我国农产品种植总成本整体呈现持续攀升趋势，特别是物质与服务费用、

土地租金等生产要素成本上涨较快，导致粮食生产总成本快速上升。在生产成本上升和最低收购价格下降的双重压力下，粮食种植的利润空间不断收紧，2004—2022 年，三大主粮的平均每亩净收益由 196.5 元减至 189.3 元，大豆平均每亩净收益由 127.06 元降至 -39.69 元[①]。在较长时间里，粮食生产增加快于粮食价格上涨，加之粮食种植同其他经济作物相比存在较大的收益差距，严重挫伤了农民种粮积极性，不利于保障粮食稳定供给（见图 12）。

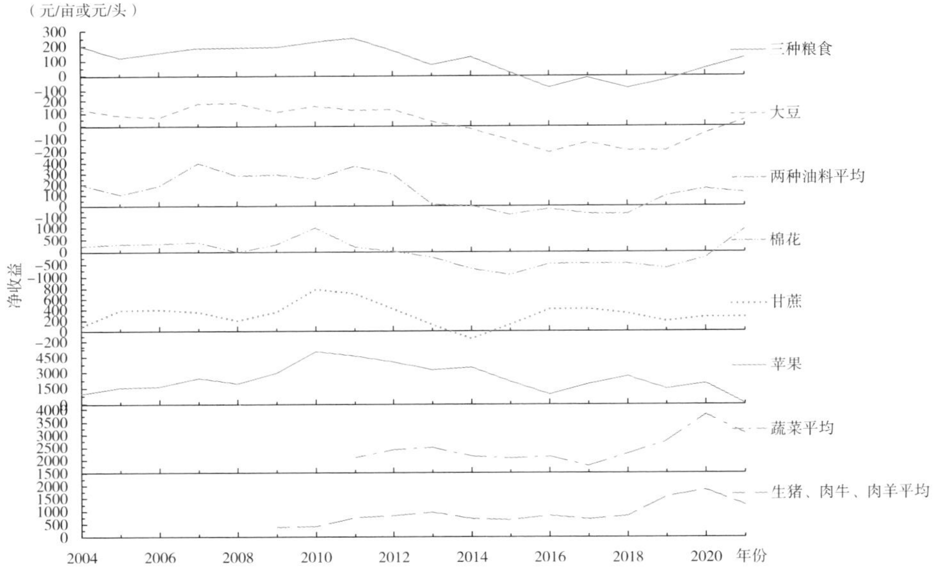

图12 主要农产品净利润情况

资料来源：《全国农产品成本收益资料汇编》。

（二）农业基础支撑力不足及农民收入结构变动掣肘粮食和重要农产品稳定安全供给

农业基础支撑力不足是导致我国粮食等农产品综合保供能力有待加强的关键所在，具体体现在以下三个方面。一是资源禀赋弱势与生态环境污染形

① 数据来源：《全国农产品成本收益资料汇编》。

成的双重压力。人多、地少、水缺是我国农业发展无法避免的资源禀赋弱势特征，也是促进粮食增产增收过程中面临的硬约束。二是农业农村基础设施建设相对滞后。长期以来，我国公共资源主要向城市倾斜的“二元体制”导致农村基础设施还存在诸多问题，主要表现在农村生产性基础设施老旧、缺失，特别是新型生产基础设施供给不足，难以有效支撑农业高质量发展。三是农业物质技术装备水平较低。农业机械装备应用方面存在“粮高经济作物低”（粮食机械化水平高、果蔬茶机械化水平低），“北高南低”（北方平原地区机械化水平高、南方丘陵山区机械化水平低），“量高质低”（农业机械化普及水平高、发展水平低）等问题。

（三）农业产业链延伸能力较弱及供应链韧性不强制约农业农村现代化进程

现阶段我国农业发展存在产业链延伸能力较弱、供应链韧性不足等问题。一是产业链条延伸不充分。一方面表现为产地初加工意识不强，精深加工能力不够，产品档次和附加值不高。另一方面表现在基层农产品流通体系建设相对滞后，农产品产后商品化处理设施、冷链物流设施、末端零售网点等基础设施建设不足，直接影响农产品品质和流通效率。二是农业的生态、休闲、教育、康养等功能有待发掘。其中，农业经营主体参与度低下、资金短缺、技术不足等问题凸显。此外，还存在同质化竞争现象严重、品牌溢价有限等问题。三是农业国际竞争力较弱。首先，人均耕地面积过低是导致我国土地密集型农产品缺乏国际竞争力的主要原因。其次，参与国际贸易的主体小而分散、缺乏国际化龙头企业是限制我国农业国际竞争力提升的关键所在。最后，农产品品牌建设和品牌推广能力不够，产品优势难以转化为贸易优势。

（四）农村劳动力“老化”程度加深、进度加速不利于粮食增产和农民增收

我国已步入“老龄社会”且人口老龄化趋势加快，预计 2030 年将进入超老龄社会。2023 年全国城市、镇、乡村 65 岁及以上人口占总人口的比重分别为 12.03%、13.30%、19.30%[①]，农村老龄化程度不容乐观。目前我国农村老龄化整体呈现老年抚养比持续走高、务农老人比重增加的特征。其原因可能在于：一是在农业劳动力向非农转移的过程中，农村青壮劳动力更有意愿、更有能力向城镇转移。二是年龄较大的农村劳动力受年龄、身体健康状况、劳动技能水平等影响，在无法顺利完成市民身份转换时，更倾向于返乡回村。随着农村人口老龄化程度加深，一方面，由于年老体弱导致的劳动力素质下降，会进一步对农业生产造成负面冲击，不利于保障粮食安全；另一方面，随着年龄的增大，外出务工或兼业的机会减少从而影响农民增收。

（五）城乡二元体制改革滞后及农业政策工具选择有限，缺乏对稳产增收的兜底性保护

当前我国城乡二元体制改革滞后，导致城乡间土地、劳动力、资本等要素大多单向流动，并未遵循市场配置规律，限制了农业高质量发展。首先，户籍制度抑制了城乡劳动力要素自由流动。2021 年我国常住人口城镇化率达到 64.7%[②]，但户籍人口城镇化率只有 46.7%。其次，城乡土地要素合理配置机制尚未建立，土地要素公平交换还存在诸多制度性障碍。再次，城乡金融资源分布不均衡，农村金融服务供给不足，农村金融体制机制的短板、弱项仍未补齐。从现有支持农民种粮增收的政策来看，一方面，缺乏兼顾保障粮食

---

① 数据来源：《中国人口和就业统计年鉴2023》。

② 《新型城镇化建设扎实推进 城市发展质量稳步提升——党的十八大以来经济社会发展成就系列报告之十二》，国家统计局网站，2022年9月29日。

安全与提高农民收入的协同机制，另一方面，现有刺激农业生产的政策效用下降，政策工具选择有限。以农业生产补贴政策为例，虽然政策初期有力地刺激了农民种粮积极性，但是随着政策的深入实施，补贴标准偏低、补贴资源错配、缺乏指向性等问题凸显，补贴效能下降。

五、新时期粮食安全与农民增收双目标一致发展的思路与政策建议

统筹粮食安全与农民增收，要综合考虑我国资源环境、消费需求、人口结构以及国际形势等重要因素的变化趋势，深入实施国家粮食安全战略和乡村振兴战略，坚守保障国家粮食安全和不发生规模性返贫“两条底线”，通过优化生产要素结构、经营主体结构、强农助农政策结构“三大结构”，形成现代化农业综合生产能力支持体系、现代农业经营体系、现代化粮食产业体系“三大体系”，建立健全粮食种植利益补偿机制、农村公共服务优先供给机制、农业国际贸易体制机制、要素市场化配置机制“四大机制”，不断提升粮食等重要农产品综合供给、农民自我增收、政府公共服务保障“三大能力”，最终推动粮食安全与农民增收在新时期实现高水平协同关系。

以提升“三大能力”为出发点和落脚点，本研究提出优化以下三个结构以推动保障粮食安全与提高农民收入双目标协调发展的具体路径。一是优化生产要素结构：土地、劳动力以及技术作为农业领域核心生产要素，其要素供给质量和要素配置结构是影响农业综合生产能力的关键。从我国“大国小农”、土地细碎化的基本国情出发，有序推进农业适度规模经营与服务规模经营，能够有效提高土地、劳动力、机械要素配置效率，提高农业劳动生产率，更好保障粮食安全。还有助于全面提高粮食种植的规模化和专业化水平，降低农业生产、经营成本，增加农民收入。二是优化经营主体结构：因地制

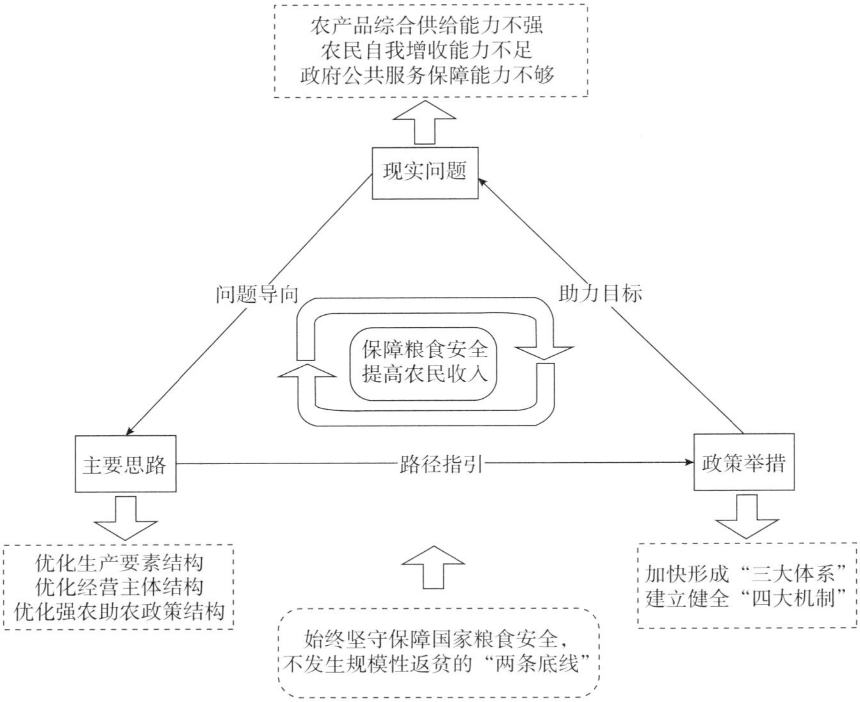

图13　统筹推动保障粮食安全与提高农民收入协调发展的作用机理

资料来源：作者自绘。

宜培育多元化新型农业主体，调整、优化农业经营主体结构是解决当下中国“谁来种地”“科学种地”问题，实现大农小农共享发展的关键。结合小农户和新型农业经营主体特征，通过调整和优化农业内部种植结构、发挥不同群体优势来保障粮食安全和农民收入增长。三是优化强农助农政策结构：不断提高国家强农助农力度，优化强农助农政策结构，是支撑粮食安全与农民收入协调发展的关键。提高政府通过财政支出对农业农村基础设施建设的支持力度，尽快补齐农业农村发展短板，实现政策的叠加效应，推动粮食安全与农民收入协调发展。

据此，提出七个对策建议。

（一）构建现代化农业综合生产能力支持体系，全方位夯实粮食安全根基

深入落实最严格耕地保护制度，加强地方耕地质量调查检测体系建设，加快形成与耕地质量挂钩的激励约束机制，并加大对耕地质量提升的奖补投入。持续推进高标准农田建设，逐步把全国永久基本农田全部建成高标准农田，开展耕地质量提升行动，通过水土林路综合治理，良种、良法、良技改造，把中低产田改造为高产田、吨粮田。一方面，加快对基础条件差、建设难度大的中、低级地块的改造升级，另一方面，也要持续关注已建成农田的基础设施更新升级，坚持新建与改造升级并重、耕地质量提升与农业基础设施现代化建设并重。不断降低土地细碎程度和提高耕地质量，完善农村土地基本经营制度，建立健全城乡土地经营权流转制度。在充分保障农民土地承包权的基础上，积极探索实践“小田并大田”“一户一田”等模式，进一步促进土地流转以推动粮食生产集约化、规模化、专业化发展。推进农业自然灾害监测预警体系建设，建立跨部门、跨领域高效简捷的协同机制，提高预警的精确度和多维信息供给水平。聚焦生物育种、农机制造等重点领域，加速推进种子与耕地科技创新和应用，加强生物育种技术、土壤保育与耕地污染修复等技术的研发。针对不同区域、不同作物、不同生产环节，逐步提升农业机械化、设施化水平。推动数字化技术与农业深度融合，加快农业各环节的数字化改造升级，不断提高农业综合生产能力。

（二）构建现代农业经营体系，加速新型农业经营主体的培育

首先，要在充分认清小农户和新型农业经营主体各自特点及小农户与现代农业发展矛盾的基础上，加快培育新型农业经营主体。小农户将会在我国长期持续存在，但其内部会随着经济社会的不断发展而动态变化，因此，要注意不同阶段不同类型的小农户与现代农业发展有机衔接的方式方法。一方

面，要不断推进小农户与家庭农场、农村合作社等组织形成发展共同体，发挥新型农业经营主体在农业生产、销售等环节的示范带头作用。另一方面，加快小农户与新型农业经营主体形成紧密的利益联结机制。通过培育农业产业化联合体，不断提高小农户在产业增值收益分配中的份额，推动小农户、家庭农场、农民合作社及企业在产业链上合理分工、优势互补，不断促进各类农业从业者增收。其次，完善新型职业农民培养机制体系，加快构建职业农民队伍，形成一支高素质农业生产经营者队伍，促进不同主体之间的联合与合作。同时，多渠道拓展农民增收空间，为农村劳动力转移提供就业岗位。大力推广多种形式的服务规模经营，推动农业生产过程中多环节的服务供给，让小农户也能获得规模经济带来的降本增效。

（三）构建现代化粮食产业体系，推动粮食产业“三链”协同发展

产业兴旺，是解决农村一切问题的前提。要以优势粮食资源为立足点，结合区位环境、产业基础，坚持产业链、价值链、供应链“三链”协同发展，不断推动粮食全产业链纵向延伸、横向拓展。将粮食产业发展融入现代农业体系构建中，以粮食生产功能为依托，深挖粮食多维功能性，如生态、文化、康养、教育等功能。积极探索建立多种形式的粮食产业利益联结机制，如订单协作、股份合作、链式延伸等，引导农户以资金、土地、农产品等参与到加工流通领域中。构建利益分配机制和风险防范机制，强化利益分配指导与监管，明晰产权归属，明确责任风险，让种粮农民安心地更多获得除粮食生产环节以外的收益，充分调动农民种粮积极性。

（四）建立稳定长效的粮食种植利益补偿机制，充分调动农民和地方的种粮积极性

一方面，从粮食生产者入手，继续深化农业补贴政策改革，不断提高对种粮农民转移支付力度，增强农业补贴政策的精准性、指向性和实效性，加快构建与推动粮食安全和农民增收协调发展相匹配的农业补贴政策体系。探索推广实施种粮补贴与生产成本、粮食产量挂钩的动态调整机制，完善针对不同农业经营主体，特别是针对种粮主体的财政支持政策以及融资贷款等优惠政策，扩大农村低息贴息贷款范围和规模，拓展农村资产抵押担保融资范围，提高农业信贷担保规模，降低政策适用门槛，适当放开政策限制。同时，逐步提高政策性农业保险的覆盖范围及保障水平，进一步扩大完全成本保险和种植收入保险实施范围，鼓励地方发展特色农产品保险，不断提高农业保险深度和农业保险密度。另一方面，从粮食生产功能区入手，建立粮食产销区省际横向利益补偿机制，提高对主产区财政转移支付力度和对产粮大县的奖补力度。加速全国范围内的粮食交易流通数字化平台建设，依托大数据在综合考虑粮食调入（出）量、土地产出率、资源利用率、劳动生产率等指标的情况下，探索形成产销区之间责任分担和利益贡献相匹配的动态标准。此外，应加强绿色生态导向，探索实施农户尤其是家庭农场等新型农业经营主体获得农业补贴与其在生产中的环境保护措施直接挂钩的补贴政策。

（五）建立农村公共服务优先供给机制，坚持农业农村优先发展

基础设施建设是推动农业农村发展的重要抓手。加快农业农村基础设施建设，要聚焦补短板、强弱项，优先增加符合农业发展要求、对接农村建设需要和满足农民诉求的基础设施供给，如水利灌溉、农业机械设备等生产性基础设施和垃圾处理、污水处理、供热燃气设施等生活性基础设施。优化农

村基础设施的资金保障机制，把财政资源向亟须补齐的短板倾斜，引导更多社会资本参与农村基础设施建设，充分发挥财政资金和社会资本的合力作用，形成财政优先保障、金融重点倾斜、社会积极参与的多元投入机制。加快完善农村社会保障制度，加强农民社会保障制度设计、供给，进一步缩小城乡社会保障水平和基本公共服务能力的差距。以农村基本医疗和基本养老保险制度为重点，聚焦种粮农民等特殊群体，提高种粮农民基本医疗保险补助标准，较大幅度提高粮农基础养老金最低领取标准。另外，建议对种粮农民增设“老农津贴”政策，凡60周岁及以上的种粮农民每月可领取200元老农津贴。

（六）建立健全农业国际贸易体制机制，推动农业领域扩大开放

加强与重点合作国家和区域间农业发展规划的对接，实施农产品贸易种类和市场多元化战略，培育更多外向型规模化的农产品加工及贸易企业，做强龙头企业，培育具有国际竞争力的大粮商和农业企业集团。鼓励企业与农业发达国家创新合作方式，适时开展境外产业园布局、建设研发育种基地。构建农业贸易预警机制，推动完善农产品进口调控政策体系，引导我国农产品出口由价格优势向以质量、标准、品牌、服务为核心的综合优势转变。同时，搭建农产品国际贸易线上、线下促进平台，鼓励农产品企业开展品牌认定，塑造具有地域性的“金字招牌”，推动我国优质农产品开拓海外市场。深化与“一带一路”共建国家农产品贸易合作关系，加强政策沟通，推进基础设施互联互通及农产品跨境物流体系建设。

（七）健全要素市场化配置机制，加快农业劳动力向外转移步伐

以新型城镇化为契机，着力破除城乡要素自由流动和空间优化配置的制约。一是以土地要素为突破口，深化农村土地要素市场化配置改革，率先破除县域内的城乡二元结构，加速形成“人地”双向同步自由流动的新局面。二是以劳动力要素为关键抓手，持续推进农业劳动力向外转移。一方面，以城市群与都市圈的规划建设为重点，深化户籍制度改革，加速放开放宽除个别超大城市外的城镇落户限制，持续推动农业转移人口市民化。另一方面，扎实推动传统产业转型升级，同时着力推动战略性新兴产业、现代化服务业和新业态的快速发展。首先，持续加强传统劳动密集型行业（如制造业、建筑业等）对农业转移人口就业吸纳的积极作用。探索开展劳动密集型行业与周边地区劳务对接协调机制，优先吸纳当地农村劳动力参与。其次，大力推动现代化服务业发展，推动传统行业数字化转型以培育新就业形态、形式，引导支持农业转移劳动力多种形式、灵活就业。

主要参考文献

[1] 成德宁，汪浩，黄杨. “互联网+农业”背景下我国农业产业链的改造与升级[J]. 农村经济，2017（5）：52-57.

[2] 胡静寅，王娜. 甘肃省医疗旅游产业耦合协调的时空演化[J].社科纵横，2022（5）：88-95.

[3] 廖重斌. 环境与经济协调发展的定量评判及其分类体系——以珠江三角洲城市群为例[J]. 热带地理，1999（2）：76-82.

[4] 马晓河. 推进农业农村现代化与加快建设农业强国[J]. 农村金融研究，2023（5）：3-15.

[5] 温涛，王煜宇. 农业贷款、财政支农投入对农民收入增长有效性研究[J]. 财经问题研究，2005（2）：78-83.

[6] 习近平. 扎实推动共同富裕[J]. 当代党员，2021（21）：3-5.

[7] 习近平. 加快建设农业强国　推进农业农村现代化[J]. 新长征，2023（7）：4-11.

[8] 杨建利，岳正华. 我国财政支农资金对农民收入影响的实证分析——基于1991—2010年数据的检验[J]. 软科学，2013（1）：42-46.

[9] 杨渝红，欧名豪. 土地经营规模、农村剩余劳动力转移与农民收入关系研究——基于省际面板数据的检验[J]. 资源科学，2009（2）：310-316.

[10] 张宽，邓鑫，沈倩岭，等. 农业技术进步、农村劳动力转移与农民收入——基于农业劳动生产率的分组PVAR模型分析[J]. 农业技术经济，2017（6）：28-41.

[11] 赵文举，张曾莲. 中国经济双循环耦合协调度分布动态、空间差异及收敛性研究[J]. 数量经济技术经济研究，2022（2）：23-42.

[12] Lewis, W. A. Economic development with unlimited supplies of labour[J]. The Manchester School, 1954, 22(2):139-191.

数字化在我国农牧食品零售业高质量发展中的应用研究*

党的二十大报告指出，高质量发展是全面建设社会主义现代化国家的首要任务。农牧食品零售业高质量发展是稳定国内农牧产品供应链、完善多元食物供给体系、建设农业强国的重要内容。在数字经济时代，以大数据、人工智能、区块链等为核心的数字技术为农牧业高质量发展带来新的机遇。本文以正大潍坊360万只蛋鸡全产业链项目为例，深入探讨数字化如何赋能农牧食品零售业高质量发展。

一、农牧食品零售业高质量发展的内涵特征及制约因素

（一）农牧食品零售业高质量发展的内涵特征

高质量发展，是指能满足人民日益增长的美好生活需要的发展，是体现

---

* 本报告是清华大学中国农村研究院重点研究课题“数字化在我国农牧食品零售业高质量发展中的应用”的研究成果，报告观点仅代表课题组的看法。课题负责人：邢继宪，正大集团农牧食品企业（中国区）资深副董事长。报告执笔人：刘泽琦、李朝柱。

新发展理念的发展，是以创新为第一动力、以协调为内生特点、以绿色为普遍形态、以开放为必由之路、以共享为根本目的的发展，是全面建设社会主义现代化国家的首要任务。农牧食品零售业是关系国计民生的重要产业，是农业农村经济的支柱产业，是保障国内食物供应安全稳定和居民生活的战略产业（宦梅丽、王昭，2022）。农牧食品零售业高质量发展不仅是我国从农业大国迈向农业强国的必经之路，更是满足人民日益增长的美好生活需要的基石。必须完整、准确、全面贯彻新发展理念，推动农牧食品零售业走创新、协调、绿色、开放、共享发展之路。更为重要的是，在此期间除了牢牢把握高质量发展这个首要任务，还要因地制宜发展农牧食品零售业的新质生产力。

1. 创新是农牧食品零售业高质量发展的“基色”

创新是推动农牧食品零售业高质量发展的基础。随着科技的进步和社会的发展，传统的农牧食品零售业生产方式已经难以满足现代社会的需求，创新成为农牧食品零售业高质量发展的必然选择。一方面，创新可以帮助农牧食品零售业实现高效生产。通过引入先进的农业技术和设备，可以提高生产效率，减少人力和物力的浪费（韩旭东等，2023）。例如，智能化的农业机械和精准化的农业管理系统，可以大幅度提高农作物的产量和质量，同时减少对环境的污染。另一方面，创新还可以提升农牧食品零售业的市场竞争力。通过引入现代化的营销手段和品牌战略，可以提升农牧食品零售业产品的知名度，从而增强市场竞争力。

2. 协调是农牧食品零售业高质量发展的“底色”

协调是推动农牧食品零售业高质量发展的保障。农牧食品零售业发展是一个系统性工程，协调涉及多个方面，包括产业内部协调、产销协调等。一方面，产业内部协调要求农牧食品零售业不同产业之间要相互配合、相互促进。例如，种植业与畜牧业之间需要形成良性的生态循环，通过合理配置资源，实行种养结合，降低生产成本，提高整体效益。另一方面，产销协调是确保农牧食品零售业生产与市场需求相匹配的关键（殷猛，2023）。这需要农牧食品零售业生产者及时了解市场需求，调整生产结构，提高产品质量，实现一二三产业融合发展。

3. 绿色是农牧食品零售业高质量发展的“本色”

绿色是推动农牧食品零售业高质量发展的关键。在农牧食品零售业高质量发展的过程中，绿色低碳发展理念越来越受到重视。农牧食品零售业的绿色发展不仅有利于保护生态环境、提高产品质量，还有助于推动产业升级和经济发展（李军、潘丽莎，2022）。一方面，绿色发展是保护生态环境的必然选择。传统的农牧食品零售业生产方式往往会对环境造成一定程度的破坏，如畜禽粪便的不合理排放、化肥和农药的过量使用等。这些行为不仅导致土壤退化、水污染和生物多样性减少，还会对人类健康造成潜在威胁。另一方面，农牧食品零售业绿色发展有助于提高产品质量和安全。随着消费者对食品质量和安全的要求不断提高，绿色、有机、低碳的农产品越来越受到青睐。通过推行绿色生产，可以减少化肥和农药的使用，降低农产品中的有害残留物，提高产品质量和安全水平。此外，农牧食品零售业绿色发展还有助于推动产业升级和经济发展。通过推广绿色生产技术、开发绿色产品、建立绿色品牌等方式实现转型升级（刘刚等，2018）。

4. 开放是农牧食品零售业高质量发展的“亮色”

开放是推动农牧食品零售业高质量发展的标志。在全球化日益深入的背景下，农牧食品零售业必须以更加开放的姿态，积极参与国际合作与竞争，实现互利共赢。一方面，农牧食品零售业开放发展有助于引进先进的技术和管理经验。通过加强国际交流与合作，借鉴发达国家的成功经验，引进先进的农业技术和设备，提高生产效率和管理水平，提升我国农牧食品零售业在国际市场的竞争力。另一方面，农牧食品零售业开放发展可以拓展国际市场空间。在全球化的背景下，农牧食品零售业产品市场的竞争越来越激烈。通过参与国际贸易，可以将优质的农牧产品推向国际市场，提高市场份额和经济效益。与国际市场的对接也有助于调整产业结构，优化资源配置，促进产业升级（冯朝睿，2023）。此外，农牧食品零售业开放发展还有助于引进外资和人才，弥补国内农牧食品零售业发展的资金和人才缺口，推动产业持续健康发展。

5. 共享是农牧食品零售业高质量发展的“特色”

共享是推动农牧食品零售业高质量发展的根本。通过共享，可以实现资源、技术和市场等要素的优化配置，提高农牧食品零售业整体效益，促进社会公平与和谐。一方面，农牧食品零售业共享发展可以促进农牧食品零售业资源的合理利用。在传统农牧食品零售业生产中，由于信息不对称和资源分散，经常会出现资源浪费或利用不足的情况。通过建立农牧食品零售业资源共享平台，可以将分散的资源集中起来，实现更加合理的配置和利用。另一方面，农牧食品零售业共享发展可以推动农牧食品零售业技术的普及和应用。在现代农牧食品零售业发展中，先进技术的作用越来越重要。然而，由于技术研发成本高昂，普通农户难以承担。通过建立农牧食品零售业技术共享机制，可以将先进技术推广到农户中，提高生产效率和生产效益。此外，通过建立共享平台，可以将分散的农牧产品集中起来，拓展销售渠道和市场空间。

6. 发展新质生产力是推动农牧食品零售业高质量发展的“重要着力点”

发展新质生产力是农牧企业高质量发展的战略选择。这种新质生产力作为更先进的生产力形态，有助于摆脱传统经济增长方式和路径，应对新一轮科技革命和产业变革的挑战。为了实现高质量发展，农牧企业必须关注新质生产力的培育和发展，优化劳动力、土地、资本、技术、数据等生产要素配置。农牧企业应加大创新力度，并以科技创新为引擎推动产业进步。这包括促进传统产业升级、培育和壮大新兴产业，并超前布局未来产业发展。通过完善现代化产业体系，农牧企业可以为高质量发展积蓄能量并赋予其新的活力。加快新质生产力发展不仅会提升农牧企业的市场竞争力，还将促进经济发展质量的有效提升和产量的合理增长。这将进一步推动农业现代化，并为推进我国农牧产业可持续发展创造有利条件。发展新质生产力是实现农牧企业高质量发展的关键，农牧企业需专注于新质生产力的培育与发展，以达到经济社会的共同富裕。

（二）农牧食品零售业高质量发展的制约因素

1. 如何保障农牧食品零售业产品质量安全是影响农牧食品零售业高质量发展的核心问题

农牧食品零售业的首要功能是提供农牧产品供给，因此高质量发展首先应该保证产品的质量安全。农牧产品质量安全水平可以通过表观质量安全水平和内涵型质量安全水平来反映，其中表观质量安全水平是指由政府检测机构公布的违禁物添加和残留率等定期检测结果所直接反映的质量安全水平（王明利等，2022）。目前，中国主要畜禽产品的表观质量安全水平比较高，2022 年农业农村部国家农产品质量安全例行监测数据显示，蔬菜、水果、茶叶、畜禽产品、水产品的合格率分别达到 97.1%、98.8%、98%、99.1%、95.8%。内涵型质量安全水平是指通过提供优质营养饲草料、良好圈舍环境以及开展科学管理等，保障畜禽在养殖中的舒适和健康，从而在生产中减少动物应激，进而提供富含优质蛋白质和优质脂肪并且营养成分较为均衡的畜产品（王明利等, 2022）。然而，中国当前农牧产品的内涵型质量安全水平不高，忽视畜禽个体生长环境健康。具体表现为对畜禽应激所导致的产量质量安全问题关注较少，对畜禽的食物安全、饮水安全以及畜禽生长环境的重视程度不够，对动物福利的改善有待进一步加强（于法稳等，2021）。

2. 如何破解生态环境约束是影响农牧食品零售业高质量发展的突出问题

改善农业环境和资源利用方式，破解生态环境约束是实现畜牧业高质量发展有效路径。近年来，畜牧业综合生产能力不断增强，在保障国家食物安全方面发挥了重要作用。2022 年，全国肉类、禽蛋、奶类总产量分别为 9328 万吨、3456 万吨、4027 万吨，肉类、禽蛋产量继续保持世界首位，奶类产量位居全球第四位。行业总产值达到 40652 亿元，约占农业生产总值的 26.05%。随着畜牧业总体规模的扩大以及规模化、集约化程度的不断提升，畜牧业发展带来的环境问题也日益成为社会关注的焦点。一方面，大部分畜禽养殖场的粪污处理以堆沤、敞口贮存等简易方式为主，臭气污染等环境问题仍然突出。据统计，我国每年产生的畜禽粪污总量约为40亿吨，畜禽养殖业排放物化学需氧量达到1268万吨，是造成农业面源污染的主要原因之一。另一方面，国家对畜禽粪污资源化利用的扶持政策主要集中在粪污处理设施的建设和改造等前端环节，而对粪肥还田利用等后端环节的支持不多。粪污资源化综合利用率仍然偏低。粪便氮、磷还田施肥量分别仅占排泄量的30%、48%，粪便肥料有效商品率仅为6.2%，整体利用率和利用质量均不高。同时，据联合国粮农组织和世界资源研究所统计，畜牧业的碳排放量约占全球总排放量的15%。目前，畜牧业的碳排放来源主要包括饲料作物、动物本身及其排泄物、肥料生产、常规农业生产活动四大方面，碳排放占比分别为40%、32%、14%、14%。

3. 如何提高农牧食品零售业竞争力是影响农牧食品零售业高质量发展的关键问题

全面提升畜牧业的竞争力和综合能力是实现畜牧业高质量发展的关键。长期以来，我国畜牧业产业结构单一，生产经营粗放，资源转化率低，产业发展水平不高。近年来我国畜禽产品养殖的规模化率在稳步提升，2021年畜禽养殖规模化率达到69%。但仍然面临以下三方面问题。一是生产成本较高。目前以家庭为单位的小农户生产方式是我国农牧食品零售业的基本组织形式，《中国畜牧兽医年鉴（2022）》数据显示，全国范围内的生猪饲养规模场（户）约2010万个，其中年出栏50头以下的养殖场（户）占比达到93.50%；蛋鸡饲养规模场（户）共887.6万个，其中500只以下的蛋鸡养殖场（户）数量占比达到96.77%。而作为世界第二大鸡蛋生产国的美国，存栏量低于10万只蛋鸡的规模养殖场不足200个。小农户的养殖方式导致养殖人工成本偏高，《全国农产品成本收益资料2021》数据显示，2020年全国百头生猪平均人工成本为363.43元。其中规模养殖人工成本为188.2元，而农户散养成本则高达538元。二是机械化水平不高。《2021年全国农业机械化发展统计公报》显示，我国畜禽养殖机械化程度为38.5%。其中，生猪养殖机械化水平在30%左右，蛋鸡和肉鸡养殖的机械化水平在40%左右，肉牛、水禽等机械化水平普遍低于30%。从生产环节上看，废弃物收集处理、工程防疫、种养循环等方面的机械化程度普遍较低。三是生产效率较低。中国主要畜禽品种的生产效率均低于发达国家。中国每头母猪每年出栏肥猪数平均为17头，远低于丹麦的30头和荷兰的28头。中国肉牛育肥饲料转化率为2.91，而美国和阿根廷的这一指标分别为5.09和5.79，约为中国的1.75倍和1.99倍（王明利等，2022）。

4. 如何满足人民多元化产品需求是影响农牧食品零售业高质量发展的根本问题

持续满足人民多元化的产品需求是农牧食品零售业高质量发展的根本。随着经济发展和城乡居民收入增长，我国居民恩格尔系数逐步下降。2022年我国居民恩格尔系数为30.5%，其中城镇为29.5%，已步入联合国划分的20%～30%的富足标准。这意味着我国居民将由追求数量型消费，转向数量与质量消费并重。中国14亿多人口，每天就要消耗70万吨粮、9.8万吨油、192万吨菜和23万吨肉。食物消费数量和多样性整体增加，出现明显的膳食结构转型特征，包括大米、面粉等口粮占比下降，肉蛋奶等高蛋白食物占比上升，蔬菜占比下降，高能量和方便食品饮料占比增加等（樊胜根、张玉梅，2023）。中国居民消费需求正在由“吃得饱”“吃得好”向“吃得营养”“吃得健康”的多元大食物安全观逐步转变。《2023中国消费趋势报告》指出，健康、特色、品牌背书是农产品消费决策的驱动点。根据知萌调查数据显示，消费者在购买农产品的时候，会关注的指标有“无农业残留，比较安全”、新鲜直达、原产地的公用品牌等，此外，消费者还会关注天然0添加、有机认证以及品牌知名度等因素。在一、二、三线城市消费者样本中，有88.9%的人购买过有机食品，大家愿意为自己的品质消费支付更高的价格，有34.9%的人能够接受有机食品比普通产品价格高20%～30%。

二、数字化在国内外农牧食品零售业中的应用现状

“十四五”时期对我国农村振兴和农业农村现代化具有重要意义。数字化农牧食品零售业，作为农业现代化的关键组成部分，关乎畜牧业的转型升级、质量效益及竞争力提升。利用信息技术全面赋能农牧食品零售业领域已成为当务之急。新一代信息技术（如人工智能）将为农牧食品零售业带来新的发展机遇，推动其转型为科技型、标准化产业。

数字化农牧食品零售业将多种高新技术，如遥感、地理信息系统、定位系统、计算机技术、通信和网络技术、自动化技术等，与地理学、农学、生态学、植物生理学、土壤学等基础学科有机结合。通过这些技术和学科的融合，我们可以在农牧食品零售业生产全过程中实现对各个环节的模拟、监测、判断、预测和建议，从栽培规划、投入、生产到农产品收获、加工、营销，以达到提高资源利用率、降低成本、提升生产效率与产品质量以及改善生态环境的目标。

随着大数据、人工智能、云计算、区块链等信息技术的飞速进步，各国正经历一场深刻的信息技术革命。数字化已经成为全球经济变革的关键引擎，同样也推动着世界各国实现高质量经济发展。首先，通过大数据技术，单位或个人可从信息传递、增值和倍增的过程中获取有价值的信息，从而提高人力资本质量。其次，大数据技术有助于提高市场信息透明度，使企业能够降低绿色技术创新成本，并根据消费者信息实现有针对性的创新。因此，实现经济高质量发展的主要趋势之一便是通过数字化推动绿色技术创新和人力资本质量提升。

数字化发展对全球产生多维度影响，包括区域效应、国家福利、经济增长和创业活动。尽管提高了生产力，但地区间“数字鸿沟”和贫富差距加大

（肖玉贤等，2024）。此外，数字化对居民和企业的商业模式、市场表现、国际扩张战略等产生深远影响。农牧食品零售业数字化有望提高产业效率、解决社会问题，并加强知识交流与学习。尽管数字化技术在种植业广泛应用，动物性农牧食品零售业仍存在发展潜力。数字化技术已渗透整个食品供应链，有望提高农业粮食系统的效率、生产力和可持续性。但同时需要关注社会伦理影响和潜在分歧。为应对挑战，探讨如何平衡数字技术与可持续农牧食品零售业关系至关重要。在新冠疫情后恢复过程中，数字技术可起到促进作用，有针对性的政策和投资等措施可减轻数字技术产生的不平等问题。

（一）数字化在发达国家农牧食品零售业中的应用分析

1. 美国数字化在农牧食品零售业中的应用情况

自 20 世纪 90 年代起，美国广泛采用数字技术，如遥感技术、GPS 设备、GIS 处理和农业数据分析等，实现了对大田作物生产前、中、后期的全面监测与管理。美国利用 GPS 技术改进农业机械管理，根据美国农场规模大、机械化水平高的特点，将 GPS 和地理地形地图集成到农业机械上。这一技术使得农机在生产过程中的路线、作业时间、耕作程序、农作物品种、生产资料识别与装载以及机械油料补给等信息实现数字化，从而让智能农机能自动识别这些信息。农业生产者通过将农业机械与电脑连接，对农作物在生产前、中、后期进行全面监测与管理，确保不同地块和不同作物在各自生产周期内的药物、化肥用量得到远程保障，避免遗漏；同时，借助 GPS 信号和数字电子围栏，能锁定农业机械的使用范围，避免随意的非生产性使用，并实现农机防盗功能。这一应用提高了农业生产效率并有助于实现智能化农业发展。

事实上，21 世纪初，美国已经实现了“3S”技术（遥感技术、全球定位系统和地理信息系统）、智能机械系统和计算机网络系统在大农场的综合应用，智能农机已经进入商品化阶段（高鸣、杜志雄，2024）。例如，John Deere 公司推出的“绿色之星”精准农业系统，这是一个基于物联网技术和

“3S”技术构建的新型精细农业管理系统，用于精细农作、农机管理、农艺管理和规划管理。该系统可绘制农场产量的“数字地图”，在大型农场市场占有率超过65%。在大数据、物联网等数字技术的推动下，美国数字技术已经与农业生产的产前、产中、产后形成紧密衔接，应用范畴覆盖从作物生长的微观监测到宏观农业经济分析。此外，美国形成了完善的技术服务组织网络。一方面，服务型企业为农民提供各种技术支持；另一方面，公益性服务机构如美国农业技术服务组织，也为农民提供了丰富的相关信息。总之，自20世纪90年代起，美国数字技术在农业生产各个环节中得到了广泛应用和发展，推动了农业生产效率和经济效益提高。与此同时，完善的技术服务组织网络为农业经营主体提供了全面、精细化的技术支持。

此外，美国农牧食品零售企业利用电子商务平台、移动支付、大数据分析、人工智能、物联网技术以及增强现实与虚拟现实技术提高业务效率、客户体验和竞争力。在线购物与配送服务、智能客户服务、优化的商品策略以及沉浸式购物体验等创新应用正在不断改变农牧食品零售业的格局，预示着未来数字化将成为农牧食品零售业中的核心驱动力。

2. 欧盟数字化在农牧食品零售业中的应用情况

欧盟推出了以数字化为特征的“农业4.0”政策，这一政策利用卫星定位系统、物联网和人工智能技术，将农作物生产管理数字化。根据农作物的生长阶段和环境变化，农业机械可以自动进行如耕地、施肥、修剪、除草、灌溉等任务。传统农业生产中的微小细节将由人工智能和大数据技术驱动的机械自动处理。同时，利用人工智能和大数据技术，可以为农作物制定最佳生长调节方案。这些方案将根据地理位置和气候环境特点进行优化，实现高度差异化的自动化、精准化和变量化农业作业。这将确保农作物的高效、优质生产，同时兼顾环境保护。“农业4.0”将传统农业带入一个新时代，通过数字化和智能化手段，提高农业生产效率和可持续性，实现农作物生产高质量发展和环保多赢的局面。

德国正致力于发展更高水平的数字农业。德国数字农业基本理念与“工业4.0”接轨。通过大数据和云技术的应用，一块田地的天气、土壤、降水、温度、地理位置等数据上传到云端，在云平台上进行处理，然后将处理好的数据发送到智能化的大型农业机械上，指挥它们进行精细作业。在欧盟农业共同政策对数字农业的鼓励和支持下，德国积极发展高水平数字农业。凭借农业生产的高度机械化，德国建立了完善的计算机支持和辅助决策系统，提供了数字农业综合解决方案。为了支持数字农业的发展，德国投入了大量资金和人力以研发数字农业核心技术和智能设备。这些项目通常由大型企业牵头。例如，德国拜耳公司投资2亿欧元支持数字农业布局，在60多个国家提供数字化农业解决方案。此外，拜耳还发布了旗下Xarvio品牌来推广数字农业。通过Xarvio Scouring识别系统，农民可以高效地识别和分析作物生长和病虫害信息，从而优化田块单独管理和农田统筹规划。另一个例子是有百年历史的德国农业机械制造商CLAAS集团，该公司利用第四代移动通信技术和传感器技术，在农业生产中实现收割过程的全面自动化。这将提高生产效率、降低成本，并在一定程度上减小环境压力。总之，德国在欧盟农业共同政策的支持下，积极发展数字农业，结合高度机械化农业生产的优势，推进计算机辅助决策系统和数字农业综合解决方案在农业领域的应用。大型企业的投资和技术支持将进一步推动德国数字农业在未来的发展。

法国在欧盟内部是农业生产最强大的国家，为世界第二大农产品出口国。多年来，法国始终致力于发展全面的“大农业”数据体系，并已取得显著成果。这一丰富的农业信息数据库涵盖了种植业、渔业、畜牧业和农产品加工等多个领域，使法国成为欧洲大数据农业的典范。借助这一完善的数据体系，法国在农业领域取得了高效、可持续的发展。大数据的应用有助于资源的合理利用、风险预测和应对，进而优化农业生产过程。这样的发展策略令法国农业具备了较高竞争力和价值。虽然法国共有22个大农业区，但优先在巴黎盆地实施数字农业。主要原因在于该地区土地平整、农场规模较大、主要农作物为小麦；耕作过程中的机械化程度较高。同时，当地农场主收入较高、基础设施完善，数字农业所需的基础设施投资相对较低。因此，数字农业在巴黎盆地容易获得良好的经济收益。综上所述，作为欧洲大数据农业的模范，法国向国际农业界展示了数字技术在现代农业领域的巨大潜力和价值。这不仅有助于提高农业生产效率和可持续性，还为全球范围内的农业发展提供了宝贵的借鉴和参考。

荷兰农业是高科技农业的典范。20 世纪 50 年代，在政府的大力支持下，荷兰农业开始了蓬勃发展之路，历经半个多世纪的发展沉淀，形成了如今的高科技农业面貌，主要体现在玻璃温室农业、园艺花卉、生物防治技术及电子信息技术等方面。荷兰作为全球农业发展的领头羊，凭借其独特的地理环境和不懈努力，在农业生产、技术创新和市场竞争力方面取得了显著成果。荷兰在世界农产品出口市场中名列第三，净出口第一，花卉市场占全球 43% 份额。这个欧洲小国将不足的自然资源变成发展优势，引领高科技农业的潮流，把玻璃温室农业、园艺花卉、生物防治和电子信息技术等领域融为一体。荷兰政府高度重视农业循环经济、绿色农业和数字农业发展，在政策引导、技术创新、金融扶持等方面给予大力支持。政府鼓励无土栽培、精准施肥、雨水收集、昼夜光照调控、循环利用等创新技术，使农业实现绿色可持续发展。荷兰重视农民的教育和科技培训，提高农民素质、技术能力和管理水平，促进农业现代化。荷兰具有地少、人多的特点，通过合理利用土地资源，建立了大约占全球温室总面积 1/4 的现代化温室。高度自动化的温室，包括光照系统、加温系统、液肥灌溉和二氧化碳补充装置等，保证农作物高效优质生产。除此之外，荷兰还坚持以地定畜、种养结合的发展理念，持续创新农业循环发展模式。荷兰采用大数据和信息技术，一方面提高了土地利用率，另一方面减少了资源浪费和环境污染。这包括从种植到养殖、能源生产到微生物培养和产品加工等各个子系统的优化。这是荷兰农业生态系统发展的基石，能够保障农产品的优质竞争力。荷兰农业的发展模式为全球其他国家提供了借鉴和启示。通过技术创新，荷兰将自己塑造成绿色循环农业、高技术产业和数字农业的典范。除了重视土地资源保护和环境可持续性外，荷兰还注重培养农业人才，完善农业教育，并积极推进农业产业链的优化。荷兰证明了有战略眼光，正确引导发展方向以及培育有效人才的国家，可以在农业领域取得成功，持续创新并引领全球农业的发展趋势。

（二）数字化在中国农牧食品零售业中的应用分析

近年来，数字技术不断发展，数字经济逐渐成为各国经济新的增长点，重塑不同领域的产业格局。《中华人民共和国国民经济和社会发展第十四个五年规划和2035年远景目标纲要》强调通过数字化转型推动生产方式变革，党的二十大报告则提出发展现代化产业体系和建设数字中国。数字经济将改变竞争规则、管理方式和资源配置，对高质量发展具有重要影响。

中国作为一个农业大国[①]，致力于发展高效、安全的现代生态农业，以实现农业现代化。然而，面临人口快速增长、耕地面积持续减少和城镇化加速推进等挑战，农业发展遇到了严峻考验。在此背景下，利用数字技术推动智慧农业发展成为应对这些挑战的有效途径。通过数字化发展，可以提高农业（包含畜牧业在内）劳动生产率、资源利用率和土地产出率，增强农业抵抗风险的能力，确保国家粮食安全和生态安全，助力农业可持续发展。显然，数字化发展对农业未来的重要性不言而喻。

近年来，随着农业数字化转型的稳步推进，数字技术在农业生产经营活动中的普及率不断提高，取得了显著成果。根据中国信息通信研究院发布的《中国数字经济发展白皮书（2021）》，2020年，我国农业数字经济在整个农业增加值中所占比重达到8.9%，较上年提高0.7个百分点。前瞻数据显示，2021年农业数字经济渗透率为9.7%；据预测，到2027年这一比例或可达16.8%。

此外，值得一提的是，我国作为畜牧业大国，畜牧总量长期位居世界前列，畜牧业在国民经济中具有举足轻重的地位。畜牧业已从家庭副业逐渐成

① 在广义上，农业包括种植业、林业、畜牧业、渔业及副业等5种产业形式。

为农业农村经济的支柱产业，具备了较为充足的生产能力和完善的质量安全保障体系。数字化畜牧业，作为一种以信息技术、智能技术为支撑的新兴产业，旨在通过应用物联网、云计算、大数据和人工智能等新一代信息技术，解决畜牧业面临的一系列挑战。它有助于突破畜禽养殖核心关键技术，实现环境保护、畜禽健康养殖及畜牧产业的可持续发展。因此，数字化畜牧系统正成为我国畜牧业发展的必然趋势。

1. 中国数字化农牧食品零售业发展必要性

根据国家部署，从现在到 2035 年是中国基本实现现代化的关键时期（贺立龙、陈姝兴，2024）。在这个阶段，加快数字化农业发展势在必行，旨在实现农业高质高效发展，以确保国家粮食、食品和生态安全，并促进农民持续增收。发展数字化农牧食品零售业需要专注于农业“新基建”、智慧种养、智慧供应链、农业智能信息服务以及智慧农业相关技术产业化等方向，在“抓重点、补短板、强弱项”的总体思路下推进重点建设。

据《面向 2035 年智慧农业发展战略研究》，到 2025 年，我国农业数字化转型将取得重要进展，种植业、畜牧业、渔业等各个领域的数字化水平和农村互联网普及率将逐步提高。预计大田、设施、畜禽、水产生产的数字化水平分别达到 25%、45%、50%、30%，生鲜农产品冷链流通率超过 40%，实现质量安全追溯的农产品占比超过 25%，农业数字经济占第一产业增加值的比重超过 15%，行政村电子商务站点覆盖率不低于 85%。其中，得益于互联网、物联网、大数据和人工智能等先进技术的日益完善和普及，畜牧业已开始采用这些数字化生产体系。数字畜牧通过智能养殖、精确管理和数据驱动决策等措施，大幅提升了畜牧业的生产效益和管理质量，为农牧食品零售业现代化和可持续发展奠定了深厚基础。从环境监控和智能调节，到养殖机器人，再到疾病智能监测系统和智能养殖管理系统，每一项创新都在为畜牧业的可持续发展注入新活力。

综上可见，数字化对农牧食品零售业发展具有重大必要性。数字化技术在提高农业效率、降低成本、助力优化资源配置、解决农村劳动力日益短缺问题、确保产品安全、改善生态环境、提升农民收入、防止谷贱伤民现象等方面发挥着关键作用，成为推动农牧食品零售业现代化发展的核心驱动力。

数字化技术的应用，如遥感、地理信息系统、智能农业设备等，能够帮助农民更精准地了解土壤、气候等环境条件，因而有针对性地布局种植和养殖，从而提高农业生产效率；通过使用智能设备进行精确施肥、灌溉、除草和病虫害管理等农业操作，能显著降低劳动力、能源和物资成本，降低整体生产成本；随着城镇化进程的加速，农村劳动力不断减少，数字化技术的应用，如无人机、农业机器人等，可以弥补农村劳动力缺口，保障农业生产顺利进行；数字化技术可以用于对农产品生产全程进行实时监测和追溯，确保农产品质量安全，增加消费者信心；数字农业有助于践行绿色发展理念，通过精确施肥、灌溉等方式，减少农业生产过程中对环境的负面影响，保护生态环境；数字化技术提高了农业生产效率，降低了生产成本，进而能帮助提升农民收入。由此可见，数字化技术在农牧食品零售业发展中发挥着关键作用，成为推动农牧食品零售业高质量发展的核心驱动力。

2. 中国数字化农业发展历程

表 1 展示了中国数字化农业发展历程。相对于发达国家，中国数字农业的发展起步较晚，早期主要依赖政府政策引导和资金支持。1990 年，原国家科委推出“863”计划，支持计算机研究农业智能应用系统，涉及 5 个专家项目，研发 200 多个实用专家系统，并在全国 22 个示范区进行应用。1998 年，国家领导人在中国科学院和中国工程院院士大会上提出发展“数字中国”的战略。随后，中国全面展开“数字农业”“数字城市”和“数字水利”的探索与研究。2003 年，国家“863”计划将大规模现代化农业数字化技术应用研究与开发列为重大科技专项，取得阶段性成果。2013 年，原农业部在天津、上海、安徽三省市开展物联网区域试验工程，对农业实时数据和物联网应用进行探索。2015 年，农业大数据成为新焦点，颁布了《农业部关于推进农业农村大数据发展的实施意见》，为“农业 + 大数据”发展应用指明方向。2017 年，原农业部设立“数字农业”专项，加速中国农业现代化和数字

化进程（见表 1）。

在政府的支持与引导下，中国企业在数字农业各方面取得了重要阶段性成果，逐步形成了中国数字农业技术框架、技术体系、应用体系和运行管理体系，并促进了农业信息化和现代化进程。2019 年 4 月 20 日，《2019 全国县域数字农业农村发展水平评价报告》发布。报告显示，2018 年，全国县域数字农业农村发展总体水平达到 33%，其中农业生产数字化水平达到 18.6%。尽管中国农业生产数字化改造起步迅速，但与发达国家相比，仍有很长的路要走。

表1 中国数字化农业发展历程

时间	事件
1990年	“863”计划支持计算机研究“农业智能应用系统”
“九五”期间	国家提出发展“数字中国”的战略，探索研究“数字农业”“数字城市”“数字水利”等
2003年	国家“863”计划将“大规模现代化农业数字化技术应用研究与开发”列为重大科技专项进行研究
2013年	天津、上海、安徽三省市开展物联网区域试验工程
2015年	《农业部关于推进农业农村大数据发展的实施意见》发布
2017年	原农业部设立“数字农业”专项
2019年12月25日	农业农村部 中央网络安全和信息化委员会办公室关于印发《数字农业农村发展规划（2019—2025年）》的通知

资料来源：作者根据相关资料整理。

3. 中国数字化农牧食品零售业发展现状

数字化技术在农业各细分领域实现全面赋能，促进农业资源合理分配和生产效率提升。其中，种植业信息化成果显著，养殖场直报系统逐步完善，渔业智能化技术与装备应用取得突破，数字化育种平台成功应用，农机装备数字化步伐加快。这些成果共同推动乡村振兴，为实现可持续发展奠定基础。农牧食品零售业数字化发展趋势表现在以下六个方面。

第一，大数据将在农牧食品零售业领域更广泛地应用，从种植、养殖、物流、销售到预警分析等各环节都将受益于大数据技术。云计算将提供更强大的数据处理和存储能力，支持各种各样的数字化技术在农牧食品零售业应用。第二，物联网技术将继续推动农牧食品零售业实现更智能、高效的生产与监测。智能硬件，如智能温室、智能饲喂设备、无人机等，将大幅提高农牧食品零售业生产效率和管理效果。第三，人工智能将辅助农牧食品零售业决策和管理，实现智能化、精细化农场运营。在农作物病害诊断、生长预测、养殖动物健康管理等方面，AI 技术将发挥巨大的优势。第四，随着农业机械自动化与智能化的发展，智能农机装备将日益成为数字化农牧食品零售业的重要支柱。无人驾驶农机、智能植保机器、自动挤奶设备等，将降低农牧食品零售业生产成本，提高劳动生产率。第五，数字农业服务将逐步与其他领域融合，包括金融、物流、电商等方面，共同构建生态系统。此外，跨界创新和新业态将不断涌现，如共享农业、云农场、定制农业等。第六，政府将不断出台对数字化农牧食品零售业的支持政策，引导资金和技术投入，推动产业升级。与此同时，行业标准化建设也将逐步完善，为数字化农牧食品零售业可持续发展提供保障。此外，面对世界范围内日益增大的生态环境压力，数字化农牧食品零售业将发挥关键作用，通过精细化管理、智能控制和绿色生产技术，实现可持续发展，减轻环境负担。综上所述，农牧食品零售业数字化发展趋势将朝着可持续、高效、智能化和绿色生产方向发展，同时，通过新技术、新模式的融合创新，为我国农牧食品零售业走向现代化提供有力支持。

三、数字化在农牧食品零售业高质量发展中的应用实践

正大集团是一个致力于“创造物质食粮和精神食粮、让所有人健康幸福”的国际型跨国公司，是改革开放后进入我国的第一家外资企业；一家深耕农牧食品业100多年，同时涉足金融、地产、制药、机械加工等10多个行业和领域的多元化跨国集团公司，集团业务遍及全球100多个国家和地区，员工45万人，2022年全球销售额950多亿美元。集团秉承“利国、利民、利企业”的“三利”原则，致力于把世界上最先进的理念、模式、科技、资本、人才和市场引进中国；用最高科技、最高标准、系统体系做项目；全力打造从种子、种植、饲料、养殖、屠宰、食品加工，到物流配送、商业零售及餐饮等全产业链生产体系；建立大数据管理平台，在生产、研发、运营、营销、管理等环节实现多维度、多层面、多链条的数字化转型与创新，赋能产业链上下游，在农牧食品零售业规模化、数字化、智能化等方面走在行业前列。

“中国农业看山东、山东农业看潍坊”。潍坊是中国农业最具特色的代表之一，是国家唯一的农业开发发展综合试验区；潍坊区位优越，交通便利，人口过亿，是中国重要的消费市场之一，也是中日韩经济圈重要承接地。在山东省政府与正大集团高层的大力推动下，正大潍坊360万只蛋鸡全产业链项目于2020年6月，正式落地山东省潍坊安丘市。

（一）正大潍坊360万只蛋鸡全产业链项目概述

1. 项目基本情况

正大潍坊360万只蛋鸡全产业链项目占地约693亩，总建筑面积约12.47万平方米；总投资约10亿元（包括政府配套等）。项目配备2座青年鸡厂、1

座蛋鸡厂、1座饲料厂、1座有机肥厂、1座鳄鱼科普馆、1座正大鸡蛋探索馆等7个子项目。项目满产后蛋鸡场存栏量360万只，年产鲜蛋6.2万吨，平均每天可以生产鸡蛋约279万枚，产业链总产值达13.8亿元。产业链七个子项目同时规划、同步建设，设计、建设、生产、销售等节点合理穿插，项目创造出了当年开工、当年投产的最快建设速度，打造了目前亚洲单体养殖规模最大，配套最齐全，最具科技性、示范性的蛋鸡项目。

正大潍坊360万只蛋鸡全产业链项目采用农牧业4.0设计理念，运用物联网、大数据、云计算、人工智能等新一代信息技术，用数据穿透农场—工厂—市场、产业链—供应链—价值链；项目从种源、玉米种植、饲料品质、动保、养殖、蛋品加工、物流运输等方面，实现了全程自动化、智能化、生态化、数字化。项目填补了潍坊世界500强农牧业龙头企业的空白，促进了潍坊市畜禽养殖的规模化、现代化；提升了区域农牧畜禽业现代化水平，带动了周边粮食加工、物流运输、现代商业服务业等的发展，为数字化赋能我国农牧业高质量发展提供了典型案例。

2. 项目产业组织模式

正大潍坊360万只蛋鸡全产业链项目，认真践行正大集团“利国、利民、利企业”的三利原则，升级发展“政府 + 企业 + 银行 + 农民”四位一体产业组织模式，整合政府的政策资源、银行的金融资源、正大的技术资源和市场资源、农民的土地资源，实现多方受益共赢，共同构建生态共富共同体。

投融资模式。在农业现代化的进程中，农民作为主体往往面临着资金、技术、市场等方面的制约。为了解决农业现代化过程中的资金、技术、市场的“三缺”，正大潍坊360万只蛋鸡全产业链项目升级发展了投融资模式，探索了“政府 + 银行 + 正大集团 + 农民扶贫资金”的“四位一体”投融资模式。政府注资：安丘市政府独资成立安盛农业开发有限公司，作为承接政府资金的平台，发行政府专项债用于项目建设；农民扶贫资金：安盛农业开发有限公司整合农民扶贫资金作为资本金用于项目建设；银行贷款：中国农业发展银行向安盛农业开发有限公司提供贷款，用于项目建设及政府外围配套；正大集团：负责项目的专业运营，各方共商共建共享，有效解决了农业现代化过程中的“三缺”瓶颈，探索出一条持续增收、共富的有效路径（见图1）。

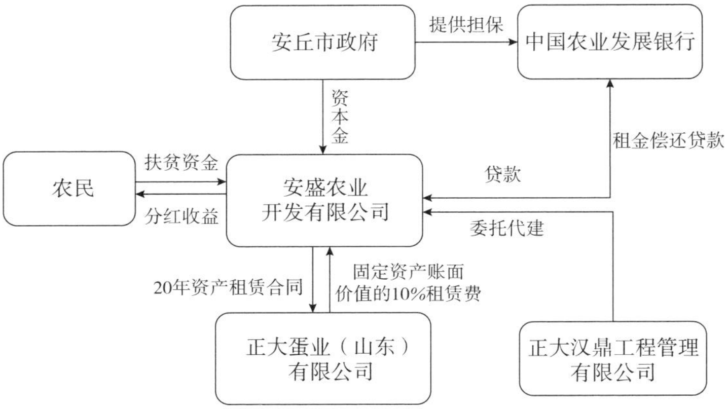

图1　正大潍坊360万只蛋鸡全产业链项目“四位一体”模式

资料来源：根据正大集团提供的资料整理。

运营模式。正大潍坊360万只蛋鸡全产业链项目委托正大汉鼎工程管理有限公司开展专业生产线建设，建设完成后委托正大蛋业（山东）有限公司开展专业运营管理，并与安盛农业开发有限公司签订20年资产租赁合同。在这一过程中，正大蛋业（山东）有限公司承担生产经营和市场风险，无论企业经营效益如何，每年按照固定资产账面价值的10%向安盛农业开发有限公司支付租赁费，项目到期后将蛋鸡场交付给安盛农业开发有限公司。

分配模式。项目在满足各方利益的基础上，构建了政府、企业、银行、农民四方利益共同体，让各参与方均能获得期望的回报。一是政府获益。项目建成运营后，安盛农业开发有限公司每年获得按照固定资产账面价值的10%租赁费，在实现长期稳定收益的同时，还可以带来优质资产；并且找到了一种农企、政企合作的有效路径。二是银行获益。银行获得了稳定的利息，收获了优质客户，同时也加大了支农力度，以实际行动助力了乡村全面振兴和农业强国建设。三是农民增收。农民获得了持续稳定的分红收益，同时项目业态的加速发展，也催生了一批就业岗位，直接和间接就业3737人，同时带动就业 11200 人，实现共同增收致富。四是企业获益。企业在获得稳定、安全、可控的产品之时，还可以拓宽市场渠道、提高市场占有率和品牌影响力，构建“从农场到餐桌”全程安全可追溯的蛋品全产业链。

（二）正大潍坊360万只蛋鸡全产业链项目的数字化应用

正大潍坊 360 万只蛋鸡全产业链项目基于“人养设备、设备养鸡”的理念，将数字化、自动化、智能化技术融入 360 万只蛋鸡全产业链项目的每一个关键环节。项目采用数字化管理，用实时、真实和系统的数据，赋能经营决策，助力项目实现降本增效提质增收，从而实现蛋鸡产业高质量发展。

正大潍坊 360 万只蛋鸡全产业链项目通过数字化技术将饲料生产、蛋鸡养殖、蛋品加工、销售和物流环节高度规范化和自动化。项目在饲料生产中实现了自动化检测、智能化生产、智能化存储、智能化运输和数据化管理；在蛋鸡养殖端采用了先进的鸡舍建造工艺和设备，实现智能化设备控制和环境监测；在鸡蛋加工端通过 Moba 蛋品分级系统以及相关数字化技术实现自动化生产；销售环节通过 SAP（应用和产品系统）和 CPMart 系统以提高销售精准性；物流环节引入 TMS 物流运输管理软件系统实现运输效率提升。它以其规模化的生产能力、系统化的运营流程、绿色化的环保理念和数字化的管理手段，展现出其强大的竞争力。一是正大潍坊 360 万只蛋鸡全产业链项目，目前仍然是亚洲单体养殖规模最大的项目。这种规模化带来了生产效益的提高和成本的降低，使得项目具备竞争力的同时更确保了供应链的稳定。二是该项目实现了从饲料生产、青年鸡养殖、蛋鸡养殖、蛋品加工到物流销售等环节的系统化、数字化、智能化运营，形成了产业链间的高效运营和协同作业。三是项目在运营中广泛应用了数字化技术，通过 IoT（物联网）系统、数据分析、智能化设备等，实现了全程的精细化管理和实时监控，支持了产业链各环节之间的信息共享和协同合作，提升了整体运营和管理的效能。

（三）正大潍坊360万只蛋鸡全产业链项目数字化实践成效

1. 数字技术赋能全产业链各环节，保障了“从农场到餐桌”的食品安全

正大潍坊 360 万只蛋鸡全产业链项目通过数字化、高科技赋能整个过程，确保食品安全和营养美味。第一，打造高标准生物防疫体系，采用全国首个七级防疫区，并引入无人机监测、电子围栏等。第二，确保饲料新鲜安全，通过随机采样检查及自动化生产设备。此外，定制饲料根据蛋鸡生长规律，并采用 CPS（全自动生产配料系统）实现精准配比。第三，保障养殖环境舒适健康，采用全进全出制，使用智能消杀机器人彻底清洗消毒。实时监测温度、湿度等，并利用智能巡检机器人识别蛋鸡健康状况。第四，实现加工流通安全高效。使用 Moba 蛋品分级系统全面检测和杀菌，并采用激光喷码技术。第五，数字技术赋能农产品追溯体系建设，实现农产品“从农场到餐桌”的全过程可追溯，增强了产品安全的可控性和消费的匹配性。正大潍坊项目具有严格的品质把控和高品质标准，获得无抗认证和可生食认证，赢得了食品行业的世界最高奖项蒙特金奖。

2. 数字技术优化资源配置，提升了生产效率

蛋鸡养殖中饲料成本占据了 60% ~ 70% 的总成本。降低料蛋比能节约企业饲料成本，提升养殖利润。正大潍坊 360 万只蛋鸡全产业链项目运用数字技术优化资源配置和提高生产效率。首先，项目通过全自动生产配料系统实现饲料生产透明化和自动化管理，提升生产效率。其次，智能养殖系统采用大数据分析，制定精准饲料配方，提高饲料利用率和营养价值，减少饲料浪费。此外，利用智能环境控制系统，养殖人员能调控鸡舍内环境参数，提升养殖效率。最后，通过 Moba 蛋品分级系统实现高效鸡蛋生产流程，提高加工效率并节省成本。数字技术的应用降低了企业成本，提高了生产效率，对国家来说还节省了粮食和耕地资源。

3. 数字技术助力绿色养殖，实现了低碳化生产

正大潍坊 360 万只蛋鸡全产业链项目采用数字化、自动化、智能化技术，实现全过程生态微循环系统，促进节能低碳、绿色可持续发展。首先，在全产业链实现节能低碳。优化建筑设计和厂房布局，减少能源消耗。通过数字化、智能化技术提高养殖过程效率，降低碳排放。优化供应链管理，采用绿色物流和运输方式。其次，建立产端绿色生态微循环系统。项目将鸡粪和废水处理制成有机肥，服务于种植产业链。通过养殖鳄鱼处理淘汰鸡，实现变废为宝，拓展产业链。污水处理设施实现全产业链绿色生态可持续发展。最后，项目实现全球首例鸡蛋碳标签认证。借助蛋鸡温室气体排放可视化系统，采取有效措施降低碳排放。权威第三方机构评估测算鸡蛋生产过程中碳排放量，达到国际低碳标准。正大潍坊项目引领行业绿色低碳发展，助力实现国家“双碳”目标。

4. 数字技术便利了供需间连接，满足了消费者多元化、个性化产品需求

高品质时代要求高质量发展。随着经济发展及消费升级，消费者需求不断多样化。数字化技术能更便捷地满足规模化、个性化、定制化生产以及预测消费者习惯。一是满足消费者需求。利用大数据管理平台和前沿科技，生产出多样化、个性化的鸡蛋产品。正大潍坊 360 万只蛋鸡全产业链项目已推出可生食鸡蛋、富硒鸡蛋等受欢迎产品。二是保障产品品质稳定。大数据技术可确保生产过程的可控性，提高产品品质稳定性。三是提升品牌影响力。通过特色创意项目、参观、游学、科普教育等，企业将品牌与产品设计、文化、技术等融合，传播产品和理念。利用线上线下相结合的传播模式，提高品牌知名度和客户忠诚度。

由此可见，正大潍坊 360 万只蛋鸡全产业链项目通过数字化实践，实现了“从农场到餐桌”的食品安全保障、优化资源配置以提升生产效率，并推动绿色低碳化生产。数字技术运用不仅满足了消费者多元化与个性化的产品需求，而且确保了产品品质稳定，并有力地提升了企业品牌影响力。整个项目展现了高效、节能、低碳和可持续发展的优势。

四、数字化赋能农牧食品零售业高质量发展的经验启示

（一）强化政府的数字化引领和支持

为推动农牧食品零售业高质量发展，政府需加强顶层设计和提供政策支持。首先，加强数字基础设施建设，包括提高乡村移动互联网和农业物联网的覆盖率，建立农业信息平台，并制定统一数据标准以打通信息孤岛。其次，关注数字化人才培育和建设，提高从业者数字素养。鼓励高校和职业学院开设相关专业，以培养数字化人才。同时，提供政府培训和专家指导以解决数字化转型过程中遇到的问题。最后，加强政府政策支持，包括给予数字化改造企业税收减免，创新金融服务模式，满足农牧食品零售业经营主体的资金需求，以及加大固定资产贷款等方面的支持力度。通过这些措施，有望实现农牧食品零售业的高质量发展。

（二）充分发挥龙头企业的数字化示范作用

农业产业化龙头企业作为现代农业经营体系中最具活力和创新能力的主体，需充分发挥其在推动农牧食品零售业高质量发展中的示范作用。利用创新驱动、示范带动，促进高质量发展。首先，充分发挥龙头企业在创新驱动方面的引领作用，将数字化经营理念贯穿农牧食品零售业全产业链，引进先进生产技术和设备。同时，加强研发投入和成果转化，解决关键品种、技术和设备问题。其次，发挥龙头企业在带动产业链发展方面的作用。通过加快研发链、生产加工链和销售链的重构，增强创新能力、提升产品附加值、拓

展市场，推动整个产业链高质量发展。此外，加强农业龙头企业与生产经营主体间的紧密利益联结，鼓励合作社和家庭农场参股龙头企业。支持龙头企业为小农户提供技术支持、培训，传授先进种植、养殖技术和管理经验。引入先进农业机械设备和技术，为小农户提供便利的生产条件和技术支持，从而共同实现高质量发展。

（三）推动数字化、绿色化协同发展

为实现农牧食品零售业高质量发展，需要将数字技术融入全产业链，包括生产、加工和销售等环节。首先，政府、企业和社会各界需共同努力树立绿色发展理念，通过加强宣传和制定政策法规，推广低碳环保生产方式，同时提高消费者对绿色农产品的认知度。其次，推动龙头企业和规模较大的生产经营主体进行数字化转型，优化产业链供应链协同以提高市场响应能力。再次，深入应用数字化生产技术和智能设备，推进农畜产品加工的自动化和智能化，降低成本，探索新的生产发展模式。最后，推进畜禽养殖数字化升级，以智能化、数字化转型作为提高经营效率和市场竞争力的关键途径，从而实现高效生产。通过在各个环节整合数字技术，全面提高农牧食品零售业的效率和环保水平，实现高质量发展。要推进环境控制、精准饲喂、粪污处理利用、产品收集等设施的智能化改造，优化管理系统，强化数据分析应用，实现畜禽养殖设备智能化、管理精细化、生产高效化。

（四）加快农牧食品零售业全链条数字化集成应用

首先，要加速对关键核心技术的攻坚，推进信息技术和智能装备的整合应用。围绕农牧食品零售业全产业链的数字化，促进数据感知与收集、数据处理与分析等领域的突破。重点支持农牧食品零售业智能技术装备的研发，开发自动化精准作业、传感监测设备、农牧食品零售业生产管理远程控制等智能装备。通过智能技术和装备的研发，推动农牧食品零售业生产和经营环节的智能化发展。加快新一代信息技术在农牧食品零售业全产业链各环节的推广应用，尤其是成熟技术的应用。其次，要推动数据整合与共享。完善农牧食品零售业产业链各环节的信息数据库建设，制定相应要素的数据标准体系，并开发大数据共享管理平台，推进农牧食品零售业基础数据的融合与共享。通过建立农牧食品零售业信息数据库和重要农产品全产业链大数据平台建设，实现农牧食品零售业管理的数字化升级发展。推动大数据平台与现有系统的集成对接，将农业农村资源的数字化纳入更高层次的农业农村大数据平台，实现业务数据的互联互通和共享利用。

主要参考文献

[1] 宦梅丽，王昭. “双碳”目标背景下的畜牧业高质量发展：模式、启示及建议——以正大蛋鸡养殖为例[J]. 湖南农业大学学报（社会科学版），2022，23（5）：41-47.

[2] 韩旭东，刘闯，刘合光. 农业全链条数字化助推乡村产业转型的理论逻辑与实践路径[J]. 改革，2023（3）：121-132.

[3] 殷猛. 中国式现代化下数字经济驱动畜牧业全产业链高质量发展路径[J]. 农业与技术，2023，43（20）：165-169.

[4] 李军，潘丽莎. 乡村振兴背景下畜牧业高质量发展面临的主要矛盾与破解路径[J]. 经济纵横，2022（8）：58-64.

[5] 刘刚，罗千峰，张利庠. 畜牧业改革开放40周年：成就、挑战与对策[J]. 中国农村经济，2018（12）：19-36.

[6] 冯朝睿. 乡村数字化建设赋能农业高质量发展：理论框架、实现机制与推进策略[J]. 改革与战略，2023，39（6）：1-12.

[7] 王明利，李鹏程，马晓萍. 规模化选择对畜牧业高质量发展的影响及其路径优化——基于生猪养殖规模化视角[J]. 中国农村经济，2022（3）：12-35.

[8] 于法稳，黄鑫，王广梁. 畜牧业高质量发展：理论阐释与实现路径[J]. 中国农村经

济，2021（4）：85-99.

[9] 樊胜根，张玉梅. 践行大食物观促进全民营养健康和可持续发展的战略选择[J]. 农业经济问题，2023（5）：11-21.

[10] 肖玉贤，王友奎，张腾. 政府数据治理的逻辑起点、治理过程及核心价值——基于中国式现代化视角[J]. 科技管理研究，2024，44（4）：144-152.

[11] 高鸣，杜志雄. 深入推进数字乡村建设的趋势研判和路径优化[J]. 世界农业，2024（4）：17-26.

[12] 贺立龙，陈姝兴. 农业强国建设与农业农村现代化研究[J]. 政治经济学评论，2024，15（3）：159-184.

面向农业强国建设的农业产业韧性提升路径与优化对策研究*

党的二十大报告中首次提出“加快建设农业强国”。建设农业强国是党中央立足全面建设社会主义现代化国家、着眼统筹“两个大局”作出的重大决策部署，明确了新时代新征程下推进农业农村现代化的主攻方向。产业韧性强是农业强国建设的基本保障，农业强国的“强”体现在农业产业的“韧”上，而农业产业韧性应该“韧”在哪里，换言之，如何通过提升农业产业韧性来建设农业强国，值得深入研究。本研究从最能展现农业产业韧性内涵和特征的三个内在维度，即动力问题和关键要素（“人”的角度）、核心体现和关系构建（“链”的线度）、升级展现和目标关联（“业”的域度），构筑起农业产业韧性的基本内涵。基于农业产业韧性的基本内涵，探寻农业产业韧性提升路径，并提出相应优化对策。

---

* 本报告是清华大学中国农村研究院青年课题“面向农业强国建设的农业产业韧性提升路径与优化对策研究”的研究成果，报告观点仅代表课题组的看法。课题负责人：于海龙，北京工商大学经济学院副教授。报告执笔人：于海龙、尚旭东、林晓莉。

一、面向农业强国建设的农业产业韧性提升的重大意义

深刻理解中央这一重大决策部署，需要从农业强国的核心要义，也就是农业产业韧性这个核心内涵来理解并审视，即农业强国的“强”体现在农业产业的“韧”上，而农业产业韧性应该“韧”在哪里，或者如何通过提升农业产业韧性来建设农业强国。全面理解和准确把握农业产业韧性的基本内涵，可以从最能展现农业产业韧性内涵和特征的三个内在维度进行审视。

一是农业产业韧性强的动力问题和关键要素，也就是农业产业韧性强需要依靠“谁”，主要通过“谁”来强化和提升产业韧性、实现政策目标，即“人”（产业组织）这个最为活跃要素的创新性、带动力及与政策目标契合程度的驱动层面。

二是农业产业韧性强的核心体现和关系构建，也就是农业产业韧性强的生存能力和核心体现。农业产业韧性强究竟“强”在哪里，当遭受外部冲击和内部变化时，产业如何通过链条的延展能力、链条的韧性强度、主体间利益协调，有效规避风险并尽可能将损失控制在最小，即“链”（产业链的链条延展、结构拓展、风险防范能力）这个产业发展过程中最能体现结构变化、关系构建、利益协调的运行层面。

三是农业产业韧性强的升级展现和目标关联，也就是农业产业韧性强的业态体现与目标协同。农业产业韧性强除了要具备“抗风险、有韧性”的生存能力外，还需具有“升级性、融合性”的发展能力，即“业”（结构升级、业态创新和产业融合的体现）这个产业发展中最能体现结构升级、业态创新、产业融合及其与主导产业协同发展的发展层面。

在三个维度中，“人”这个要素层面的产业组织创新性、带动力及与政策目标的契合程度关系到产业发展需要依靠的力量，特别是与加快建设农

业强国所要求的“经营体系强”“产业韧性强”关系最为紧密。某种程度上，这可以被看作建设中国特色农业强国独特内涵的重要特征之一。一方面，产业组织的培育与创新应高度契合我国基本国情和典型农情，深植于农村基本经营制度，并在此基础上不断完善；另一方面，产业组织的创新应有利于带动小农户，实现小农户与现代农业发展有机衔接。同时，产业组织的发展与创新还要与国家的大政方针相契合，特别是符合中央高度关切的保障国家粮食和重要农产品供给安全、确保不发生规模性返贫两个底线要求。“人”“链”“业”三个内生维度的逻辑关系决定了提升农业产业韧性，进而建设农业强国应首先着眼于产业组织的创新性、带动力及其与政策目标的契合程度。

在三个维度中，“链”这个层面的链条延展能力、链条韧性强度、合作稳定程度是产业韧性强的重要表征。现实中，这三个表征主要通过“产业链稳固”和“供应链安全”来体现，是农业产业韧性强的核心特征和主要体现，决定了农业产业发展的质量与可持续性，可以将其看作农业产业韧性由整体较弱走向整体较强、我国由农业大国向农业强国转变的重要指标之一。

在三个维度中，“业”这个层面最能体现结构升级、产业融合、业态创新及与主导产业发展协同程度，是农业产业韧性强在“面”上的主要呈现。其中，新产业新业态的创新程度、发展质量及与主导产业的关联程度，既是农业产业韧性强的显性表征，也是建设农业强国的内涵要求，它体现了农村一二三产业的创新程度、融合程度和发展趋势，是在实现“产业链延展”“产业链稳固”与“供应链安全”后，对农业产业具有发展活力、成长韧性的最集中呈现，是体现农业强国之所以“强”的鲜明的宏观特征。

然而，我国农业产业在历经40余年发展嬗变后，特别是在新冠疫情三年叠加影响过后，农业产业发展围绕“人”“链”“业”三个层面的创新性和发展力逐渐降低。例如，农业产业链条的延展态势在一些产业和地区停滞不前，链条的韧性强度在动荡的市场中也并未展现足够的恢复弹性和修复能力；农业新产业新业态创新性不足、融合度不够，且鲜有标志性的业态或产业创新等。这些都与“提升农业产业韧性 助力农业强国建设”的目标有着很大差距，也就使得聚焦“人”“链”“业”三个层面来剖析农业产业韧性强的内涵特征、路径提升与优化对策，具有重要的现实意义和理论价值。

二、面向农业强国建设的农业产业韧性提升的内涵要求

准确把握建设农业强国背景下提升农业产业韧性的基本内涵，可以从提升农业产业韧性必需的动力问题和关键要素（驱动层面，也就是“人”的维度）、核心体现和关系构建（运行层面，也就是“链”的维度）、升级展现和目标关联（发展层面，也就是“业”的维度）三个维度进行准确把握和系统剖析。

（一）产业组织的创新性、带动力及与政策的契合程度

产业组织的创新性、带动力是建设农业强国背景下提升农业产业韧性最为活跃的部分，也是“人多地少”基本国情、“大国小农”典型农情背景下，提升农业产业韧性最为基础的要素。农业强国之所以“强”，要求农村三次产业要有足够的“韧性空间”。“韧性空间”体现在产业发展遭遇外部冲击、内部变化时的回旋余地和恢复能力，足够的“韧性空间”首先要求产业组织要有创新性、带动力并与国家的政策目标相契合。具体包含两个层面：一是产业组织的创新性与带动力，这是驱动产业发展，保持产业韧性的核心；二是产业组织创新性、带动力的成效与国家大政方针的契合程度。

1. 产业组织的创新性、带动力及发展成效

产业组织的创新性和带动力更多强调了保持产业韧性的首要任务在于培育一大批能够持续有为的产业组织，这些产业组织不仅能够保持产业的健

康和可持续发展，而且可以有效保障组织内部各类主体的利益诉求，还有利于带动小农户，实现小农户与现代农业的有机衔接，即产业组织的创新性有利于构建现代农业产业体系、生产体系和经营体系。以这样的标准衡量农业产业组织的创新性和带动力，时下多类新型农业经营主体构建的以契约关系为基础、以分工协作为前提、以规模经营为依托、以利益联结为纽带的一体化、复合型的产业组织或组织联盟可能是最能体现产业组织创新性和带动力的一类主体或者说主体发展方向。产业组织创新的核心在于引入可以有效整合资源的牵头方或者中介组织，并建立起各方长期遵守的组织规制和长效利益联结机制，以期实现资源配置效率的优化、生产效率的提升和市场地位的强化。

2. 产业组织的发展创新与国家政策要求相契合

组织创新不仅要推动产业发展，还要与国家的大政方针相契合，这是产业组织创新之于产业韧性“强”的第二重贡献。换言之，产业组织创新发展除了能够引领和推动产业发展、不损害组织内部成员利益外，还要与国家的政策要求相契合，特别是与那些关系国计民生的基础产业和重大现实问题的政策要求相契合。如农业产业组织的创新发展要有利于粮食和重要农产品的稳定安全供给，有利于基本经营制度的巩固和完善，有利于农业供给侧结构性改革的推进以及小农户与现代农业的有机衔接等。

以保障粮食和重要农产品稳定安全供给政策为例，引导土地经营权有序流转、发展适度规模经营的目标是提升粮食生产的劳动生产率和土地产出率，在尽可能保障种粮主体收益的基础上，落实国家粮食安全政策。但在实践中，一些地方种植粮食的新型农业经营主体，尽管组织创新有利于规模化生产、专业化经营、组织化合作，有利于劳动生产率的提高，但其大量依靠雇工经营，反而降低了土地产出率。这与“把粮食增产的重心放到大面积提高单产上”（2024 年中央一号文件）的中央关切和政策要求相背离，呈现“劳动生产率虽增但亩均产量未增，净收益未变甚至有所下降”（尚旭东、朱守银，2015）。

（二）推动农业产业“产业链稳固”与“供应链安全”

农业产业的产业链稳固和供应链安全是面向农业强国建设的农业产业韧性“强”的核心体现，也是农业产业韧性在“链”这个层面的体现。

1. 产业链稳固：链条延展能力、链条韧性强度和链条稳固程度

产业链稳固可以定义为产业链条的延展能力、链条的韧性强度和链条的稳定程度，这是产业链、价值链由中低端向中高端迈进的过程与价值体现。其中，产业链稳固既是过程，也是结果，其核心在于链条上主体的利益关系维系在一个各方可接受并愿意拓展的水平上。这要求产业链上各节点间的联合与合作不能仅维持在原有链条上，而是通过创新合作内容、拓展合作领域、开发新产品和新服务等，在原有链条的基础上延展出新的链条。新的链条建立新的合作，新的合作产生新的利润，利润的增加显著地提升了产业链的抗风险能力，并将原有的单向关系进一步多元化，进而增强了整个产业链的韧性。

2. 供应链安全：要素、产品和服务的价格可控与稳定供应

供应链安全是面向农业强国建设的农业产业韧性“强”的又一重要表征。与产业链稳固更强调协同发展，以链条延展的多支化、合作领域的多元化、利益实现的多渠道化来实现整个产业链稳固的思路不同，供应链安全是从如何满足产品、要素和服务需求的角度来审视产业发展的风险，进而延伸到产业发展韧性。产业要有韧性，从产品或服务的供给角度看，就是要有稳定、可靠的供应链作为支撑。它更多强调自主可控，以要素、产品和服务的持续供给和主体间利益协调，保障整条供应链的供给安全，进而实现供应链安全。供应链安全的核心在于要素、产品和服务的价格可控和有序可持续的连续稳定供应。

（三）新产业新业态发展质量及与主导产业的关联程度

新产业新业态的创新程度和发展质量是农业产业韧性强的升级展现与目标关联，农业产业韧性强除了要具备“抗风险、有韧性”的生存能力外，还需要在“业”这个层面上有创造性、融合性的创新能力。

1. 新产业、新业态的创新程度及其发展质量

新产业、新业态的创新程度是提升农业产业韧性在宏观层面的首要表征，其核心在于通过对新产业新业态的培育，将原本一次产业升级为二次产业，并将原先单一的产业形态丰富拓展为新产业新业态。以麦冬（中药材）产业为例，原来的麦冬只有种植和粗加工这两个初级产业，产品也主要是麦冬原料和初加工制成品等。随着产业规模的扩大，在原有一次产业和初级加工业的基础上，企业创新衍生出麦冬皂苷提取液、以麦冬为主要成分的中成药、麦冬保健品、麦冬化妆品、麦冬零食快消品、麦冬美食宴、中药材制作体验等新产品和新体验。新产业、新业态的创新发展在强化原有一次产业、二次粗加工业的基础上，为产业各方主体提供了新的合作机会，实现了产业结构“二次产业延链拓展，引领一次产业扩规增产；二次产业结构升级，引领三次产业融合发展”的带动和跃升（尚旭东、叶云，2023）。

2. 新产业新业态与主导产业的关联程度

新产业新业态与主导产业的关联程度是衡量其创新成效的重要指标。不管新产业新业态如何创新、产业融合如何深化，保持主导产业的稳定健康发展，特别是那些关系国计民生的“稳产保供”产业的健康和可持续发展，都是衡量新产业新业态创新发展质量的基本标准。新产业、新业态发展尽管取得了一定成绩，但偏离方向甚至损害主导产业的发展，容易造成本末倒置，这既与政策要求有所偏差，也不利于主导产业的可持续发展。比如，一些地方探索发展的“稻虾共生”“稻鱼共生”“稻田观光”等融合发展模式，尽管鱼虾产销两旺、稻田观光也已成为群众休闲度假的好去处，但出现了水稻单产有所下降甚至陡降的现象，这显然背离了中央的政策初衷，其实质更像是

“隐性非粮化”和“渐进非农化”。

三、面向农业强国建设的农业产业韧性提升路径

面向农业强国建设的农业产业韧性提升是一项系统工程，既需要产业进化与市场涤荡，也需要政府管理服务与政策引导。而且，在实践层面，我国农业产业韧性提升仍存在诸多问题，如农业产业组织的创新能力不强、带动力弱，缺少具有企业家精神的产业组织带头人；农业产业链链条短、附加值低，关键技术环节缺失，利润增长点少，抗风险能力弱；金融服务产业链提质升级和韧性提升的能力不足；粮食和重要农产品稳产保供体系存在弱项和短板；新产业新业态创新发展滞后，产业结构升级和产业深度融合发展不够等。因此，从农业产业韧性的内涵要求出发，可以从驱动层面（“人”）、运行层面（“链”）、发展层面（“业”）三条路径着力提升农业产业韧性。

（一）培育富有企业家精神的农业产业组织带头人，更好发挥产业组织的创新性、带动力及其协调作用

提升农业产业韧性首先要解决发展动力的问题，其关键在于引入具备先进发展理念、能够整合生产要素资源、创新经营发展模式的农业产业组织，这其中的重点是要培育一大批富有企业家精神的产业组织带头人和引路人。

1. 注重挖掘具有企业家精神的产业组织带头人

企业家精神是推动企业发展、引领产业发展的内生动力。提升农业产业韧性，在动力驱动层面，离不开挖掘和培育一批具有企业家精神的产业组织带头人。一是努力营造公平公正的营商环境，鼓励和吸引企业家回乡返乡创新创业，让企业家精神的发挥免受羁绊。二是建立健全诚信评估体系。通过

不断完善法律法规政策体系，营造有利于创新创业的政策环境和市场环境，探索采取差异化的奖惩举措，激励企业家诚实守信、大胆创新。三是加大对企业家创新创业成果的保护力度，重视知识产权保护，严厉打击盗版、侵权等违法行为，让企业家充分发挥自身才能。四是充分保护企业家的合法权益。不断增强服务意识，提升服务质量，切实保护企业家的合法权益和正当利益，积极回应企业家的合理诉求，帮助其解决实际经营困难。五是鼓励企业家践行“干中学”“学中干”，在创新创业过程中不断完善和提升企业家才能。

2. 着力培育具有创新性和带动力的产业组织

提升农业产业韧性，关键在于培育具有组织效力、创新能力、整合实力和发展潜力的农业产业组织，通过产业组织的创新发展，推动一次产业壮大，促进二次产业提升，推进三次产业融合，同时带动小农户通过融入产业组织，实现与现代农业的有机衔接。一是引导各类经营主体开展横向合作与联合，鼓励发展“企业 + 集体经济组织 + 家庭农场”“农业产业化联合体 + 集体经济组织 + 传统农户”等组织模式创新，提升产业经营的组织化程度。二是引导产业组织及其复合组织围绕主导产业深入推进纵向一体化，组建区域性产业联盟和供应链战略联盟，并持续优化供应链上各主体间的利益联结机制，构建“优势互补、风险共担、利益共享、合作共赢”的组织衔接关系。三是充分发挥新型农业经营主体及其复合组织对传统农户的引领和带动作用，通过联合与合作，让小农户尽快融入产业组织，接受新的发展理念、新的生产方式和新的经营模式，通过持续完善产业组织内部的利益联结机制，推动小农户与现代农业有机衔接。四是重视乡村经纪人等与广大小农户直接相连的衔接媒介的作用，农业农村的乡土特性决定了在小农户与新型农业经营主体有机衔接的过程中，熟悉乡土社会、熟悉小农户生产经营的乡村经纪人发挥着不可替代的媒介作用，是实现小农户和现代农业有机衔接的“关键部件”，应充分发挥乡村经纪人与小农户直接相连的“润滑剂”和“转换阀”作用（于海龙等，2022）。五是通过强化财税支持、信贷支持和保险支持等，推进农业产业组织协同创新、一体化发展。同时，加强对农业产业组织创新的监管与服务。相关主管部门应从我国农业产业组织创新的客观实际和发展目标出发，基于我国农业产业组织创新发展的经验总结和问题梳理，从有利于农业生产、农民增收、市场竞争力提升等维度，科学制定农业产业组织创新发展的指标评价体系，对农业产业组织的创新成效进行定期评估，并以此为基础，调整优化相关的政策支持体系。

（二）鼓励通过开发新产品新功能，延伸产业链，联结更多主体，增加链条价值，有效分担市场风险

开发新产品新功能是提升农业产业韧性的重要路径。通过开发新产品、新功能不断延伸产业链条，将原有单一的产业链条延伸拓展出多个链条或者更长链条，实现多主体联结和多要素整合，有效分担了原有链条上的各类风险。

1. 鼓励通过开发新产品新功能，不断延伸产业链条

在市场机制下，引导产业组织通过产品创新和服务创新，延展产业链，提升价值链，创造更大的利润空间。一是巩固现有产业链。鼓励农业产业组织将现有业务做精做细，进一步提升产品竞争力和市场占有率，重点是对现有产品和服务进行提质升级。通过引入新技术、新材料、新工艺，对原有产品进行精深加工，提升产品的技术含量和附加值；通过全流程的工艺革新和质量管控，确保产品的质量安全；通过优化包装设计、提升品牌形象等，提高消费者的效用水平和溢价支付水平。二是延伸新的产业链。引导农业产业组织通过开发新产品、拓展新功能，提供个性化定制化服务等，不断延伸产业链条，补齐产业短板，推动原有产业链在拓展延伸中向全产业链转型（房雨露，2023）。鼓励农业产业组织带头人充分发挥企业家才能，坚持以市场为导向，以技术创新和融合发展为驱动，积极开发新产品、新服务，拓展新功能、新业态，推进产业链稳固、延伸和价值链升级。

2. 引导通过链条延展增加利润点，有效分担风险

农业产业韧性强的重要表征在于抗风险能力强、抗冲击能力强，具体则表现为产业链的市场生存能力强，产业链上的利润来源点多且强，能够有效地应对外部风险和冲击。一方面，引导产业链延展和价值链提升，拓展新的利润来源点，提升利润空间。通过高附加值产品的开发、业态创新和服务提质升级，在原有产业链条的基础上进行延伸和拓展，形成新的更强劲、更多元的利润增长点，进而与原有产业链条一起，构建起利润来源多元化、多链条协同抗风险的发展格局。另一方面，多链条多方获利可以有效应对市场风险。特别是当原有产业链条遭遇要素价格大幅波动、进出口贸易受阻、国际突发事件等外部风险和冲击时，更健全的产业链条、更多元的利润来源可以将风险冲击降到最低。

3. 引导产业金融协同融合发展，增强产业链韧性

如果产业链是产业发展的脊柱，金融支撑则是产业发展的血液。一是引导金融机构，重点支持农业产业基础提升和产业链现代化升级。鼓励金融机构支持农业产业基础再造和产业链的强链补链延链。二是推动金融产品创新和服务创新，强化金融科技应用，更好地服务农业产业链稳固升级。针对当前金融支持农业产业链发展所面临的金融产品种类少、适应性不足、资金不充裕、效果不理想等问题，积极引导金融机构创新金融产品和服务，特别是通过产业链金融，满足产业链上中小微主体的资金需求。同时，通过大数据、云计算、人工智能技术的应用，实现金融服务对农业产业链供应链的全链覆盖，不断提高金融服务的效率和精准度。三是引导产业、金融协同融合发展。营造金融与产业链协同发展的良好生态，推动政银企联动，促进产业链、资金链、创新链有效对接和深度融合。引导金融机构与农业产业协同融合发展，鼓励金融机构以各种方式进入农业产业链供应链，分担产业链供应链创新发展风险，并共享创新发展收益。

（三）鼓励通过合理的采购体系建设和产业空间渐进、时序梯次的有序布局，不断强化供给体系建设

构建运转稳定、保供及时的采购体系，形成空间渐进、时序梯次的产业布局，并在此基础上，持续强化供给体系建设。

1. 构建运转稳定、保供及时的采购体系

建立健全运转稳定、保供及时的供应链采购体系，应在夯实生产的基础上，构建起顺畅、高效的农产品流通体系。首先，在生产、购销、流通领域完善仓储、加工、物流等基础设施建设，加强全供应链信息化和数字化改造升级，搭建掌控全链条的数字化集成平台，成为供应链的“信息中心”和“指挥中心”，逐步构建起稳固、可靠、高效的现代化、信息化和数字化供应体系。其次，通过组织模式创新和利益联结机制建构，降低供应链上生产、购销、流通环节关键节点间的沟通成本和交易成本，增强交易的稳定性和安全性，加强供应链核心主体对供应链各个环节关键节点的把控，形成紧密一体的供应链条。最后，针对大中城市鲜活农产品供应，进一步加强全链条上信息收集节点、信息处理和服务中心、电子结算中心、线上交易平台、金融服务中心、大数据处理中心等建设，并以此为基础，构建起常态化的信息发布机制和供需调节匹配机制，确保大中城市鲜活农产品供给稳定、可靠、及时。

2. 引导形成空间渐进、时序梯次的有序产业布局

实践表明，在空间布局上渐进分布、时间布局上梯次排序能够有效保障供应链安全。一方面，农产品生产在空间布局上渐进铺开，不仅可以有效应对自然灾害风险和突发事件影响，还可以分散保障各地供应，减少运输环节的不确定性，保障供给的及时性和稳定性。如北京市新发地农产品批发市场充分发挥其强大的供应链整合能力，通过直接投资建设、合资入股等多种方式，在河北、山东、内蒙古等全国多个地区规划建设了 330 万亩生产基地和 10 个分市场。这不仅使其成为满足首都居民异质性、多元化消费需求最大的

"菜篮子"，也使其成为面对突发事件（如新冠疫情）时，最稳定、可靠和高效的农产品供给方。另一方面，农产品生产在时间布局上的梯次排序，可以保障供给时序的连续性和稳定性，有利于最大限度地提升市场占有率，增强产品的市场竞争力，进而持续提升产业韧性。如北京新发地农产品批发市场的"番茄大王"，由北向南在内蒙古赤峰、河北永清、山东寿光建设了番茄生产基地和采购基地。其中，每年 7 月至 11 月，由内蒙古赤峰番茄供应北京市场，11 月至第二年 5 月，由山东寿光番茄供应北京市场，而每年 5 月至 6 月，则由河北永清番茄供应北京市场。供应时间的连续性和稳定性，使其年销售番茄收入 1.2 亿元，成为名副其实的"番茄大王"。

（四）构建以大农业观、大食物观为引领的重要农产品产业链供应链风险监测评估预警和治理转型机制

在今后很长一段时间，我国粮食供求仍将处于紧平衡状态且结构性矛盾犹存。增强粮食和重要农产品产业链、供应链的韧性是提升农业产业韧性的应有之义。

1. 以大农业观、大食物观引领推进农业产业升级

树立大农业、大食物观，以顺应新发展阶段消费需求升级、食物结构多样化为出发点，以构建多元、稳固的食物供给体系为目标，统筹考虑整个国土资源，充分挖掘资源禀赋优势，全方位多途径地开发食物资源（李萍等，2024）。在推动农业可持续发展的基础上，通过现代科技创新和管理创新，推动食物供给的多元化和优质化，持续提高食物的营养价值和安全性，实现各类食物和营养的供求平衡。以大农业、大食物观引领农业产业升级，解决食物供需错配的问题。

2. 健全重要农产品产业链供应链风险监测评估预警机制

不断完善粮食和重要农产品产业链供应链监测预警机制。一方面，通过构建粮食和重要农产品产业链供应链风险监测系统，加强对粮食和重要农产

品产业链供应链的风险监测与预警，实现及时、有效、精准预警。另一方面，构建粮食和重要农产品产业链供应链风险评估机制，把粮食和重要农产品生产同农资供应、加工、流通、储备、国际贸易等有机结合起来，全面评估粮食和重要农产品产业链供应链存在的风险隐患，明晰提升粮食和重要农产品产业链供应链韧性与安全水平的关键着力点（丁存振，2023）。

3. 加强农业信息化和先进技术装备的研发应用

因地制宜地推广应用现代农业技术和先进装备赋能粮食和重要农产品生产。如东北地区采用多光谱无人机和遥感卫星对耕地进行网格式的土壤养分测试和数据收集，助力精准施肥和土壤改良；在华北地区，推广大规模机耕、机收，完善规模化的灌溉体系，提高农业生产效率和粮食单产；在南方水网地区，加强小型灌溉设备和农业机械的研发推广和使用，并不断建设和完善具有地域特色的农业社会化服务体系。

4. 加快重要农产品产业链供应链的数字化转型

加强粮食和重要农产品产业链供应链的数字基础设施建设，大力推进工业互联网、智能机器人、传感终端等数字设施建设，不断开拓数字技术应用场景，推动数字技术与粮食和重要农产品产业链供应链深度融合。构建重要农产品产业链供应链数字信息管理系统，打造产业链供应链信息共享共治平台，推动产业链供应链全流程信息化管理，实现生产、加工、运输、储存及销售等多环节的全程信息跟踪与可追溯，提高整个产业链供应链的可视性与效率。

5. 积极融入全球重要农产品产业链供应链体系

在落实藏粮于地、藏粮于技战略的基础上，用好国内国际两个市场、两种资源，推进我国粮食和重要农产品融入全球产业链供应链体系。发挥好“一带一路”的平台作用，拓展粮食和重要农产品进口来源地，分散进口来源地过度集中带来的风险（罗必良，2023）。培育具有全球视野和国际竞争力的大型粮商，积极打造粮食和重要农产品的全球产业链供应链，并加强对产业链供应链关键环节和关键节点的把控，提升供给的稳定性和产业链供应链的抗风险能力。

（五）鼓励通过产品开发、功能拓展，培育新产业新业态，推动产业结构升级与产业融合

提升农业产业韧性还要在发展层面，即“业”上做好文章，重点是持续推进产业业态创新、产业转型升级和产业融合发展（胡向东等，2023）。

1. 鼓励通过产品开发、功能拓展，丰富产业业态

培育新产业新业态是提升农业产业韧性的重要路径。一方面，鼓励农业产业组织积极应用新技术、新工艺，改造提升生产流程，推进农副产品精深加工。在此基础上，围绕城乡居民的新需求开发新产品、新服务，推动产品跃级、服务升级，通过新产品新服务发展新产业新业态。另一方面，充分发挥农业的多功能性，立足各地的特色农产品资源、传统文化、风土民情等，深入挖掘产品功能、文化特色和乡风民俗等，创新开发新产品、新业态、新体验。

2. 鼓励产业业态创新，推动产业结构升级与产业融合

持续推动产业结构升级和产业深度融合发展既是提升农业产业韧性的高阶路径，也是农业产业韧性强的核心体现。一方面，引导农业产业组织在加强产品创新和业态创新的同时，积极推进产业结构升级。如可充分利用农产品电商平台、直播带货等销售新业态，丰富和拓展农产品销售渠道，促进产品结构和产业结构的优化升级。另一方面，通过产品创新、技术创新和业态创新，推动产业深度融合发展。如利用大数据、云计算、人工智能、物联网等现代数字技术，发展信息化、智能化的智慧农业，并将智慧农业与传统农业、农产品加工业、休闲观光旅游业等有机融合在一起，推动产业融合互促发展，共同提升产业韧性。

四、面向农业强国建设的农业产业韧性提升优化对策

当前，全球政治经济形势风云变幻，各类不确定性事件时有发生，农业产业韧性亟待提升。提升农业产业韧性应主要从提升农业产业组织的组织能力和经营水平，加快粮食和重要农产品产业链供应链稳产保供体系建设，以及引导产业升级与融合发展，增强农业产业发展韧性等方面不断优化对策。

（一）着力提升农业产业组织的组织能力和经营水平

提升农业产业韧性，应首先聚焦创新型农业产业组织的培育，其中，提升产业组织带头人的素质并规范其行为是关键。

1. 提升产业组织带头人的素质并规范引导其行为

加强对农业产业组织带头人的能力培训，提升产业组织的活力和市场竞争力，严格规范产业组织带头人的行为，切实维护产业组织成员的利益。一方面，强化对农业产业组织带头人的能力提升培训。加快实施“新型农业经营主体带头人轮训计划”，采取区域培训与跨区培训相结合、集中讲授与现场教学相结合等培训方式，重点加强对产业组织带头人的经营能力、管理能力、创新能力和相关政策的培训。可选择农业产业化发展好、带动农民增收成效显著的农业产业组织带头人作为培训员，分享产业发展的经验及存在的问题，切实提升农业产业组织带头人的素质。另一方面，严格规范农业产业组织带头人的行为，杜绝产业组织带头人侵害组织成员，尤其是广大小农户利益的行为。在农业产业化发展过程中，要不断完善监管机制建设，加强对产业组织带头人的监管和规范。特别是要明确划清农村集体经济组织与外部产业组织的界限，坚决杜绝产业组织带头人既是农村集体经济组织负责人，又是与

农村集体经济组织合作的外部产业组织的实际控制人，切实维护农村集体经济组织的权益和广大小农户的利益。

2. 以农村集体经济组织为载体，联农带农维护小农利益

高度重视农村集体经济组织的作用，充分发挥农村集体经济组织在资源整合、联农带农和维护广大小农户利益上的优势。一是农村集体经济组织是村集体资源和资产的管理者，能够高效地整合各类资源和资产，以较低的交易成本实现与龙头企业的有机衔接，有利于创新型组织模式和农业产业化的高水平融合发展。一些集体经济实力雄厚的村庄更是结合自身的资源禀赋优势，大力发展乡村特色富民产业，并以股份经济合作社为载体，不断向产业链下游的加工、流通和销售环节延伸，进而更多地参与和分享产业增值收益，实现村集体资产的保值增值和持股农民的稳定增收。二是与其他新型农业经营主体相比，农村集体经济组织代表了广大农村集体经济组织成员的利益，是目前已有的最能代表广大小农户利益的基层经济组织。三是从各地的实践经验看，已成功探索出以村集体经济组织为载体的农业产业化发展模式，并能够带动广大小农户持续增收。对于中西部集体经济薄弱的村庄，通过政府赋能，以集体经济组织为载体承接各类扶持资金，并将扶持资金转化为集体经济组织成员股金，入股合作社或企业。这既补齐了农业产业化发展的资金短板，又有利于结合自身资源禀赋优势，发展特色种植养殖业及其延伸产业，通过产业化发展培育壮大村集体经济，更重要的是以村集体经济组织为载体，夯实了广大小农户尤其是低收入农户持续增收的基础（于海龙等，2023）。

（二）加快粮食和重要农产品产业链供应链稳产保供体系建设

提升农业产业韧性，应从加强种质资源保护利用、有序推进粮食规模经营、培育壮大新型农业经营主体、做强做优粮食企业等方面，加快粮食和重要农产品产业链供应链稳产保供体系建设。

1. 加强种质资源保护利用，有序推进粮食规模化经营

加强种质资源保护利用，有序推进粮食规模化经营，夯实粮食和重要农产品产业链供应链稳产保供体系建设的基础。一方面，要加强农业种子库建设。深入挖掘优质种质资源，鼓励企业、个人、社会组织等登记保存优质农业种质资源，加强对优质种质资源的挖掘、保护和培育。加快建设国家农业种质资源共享利用交易平台，推进优质种质资源的互通、共享和交易，积极探索建立创新种质资源上市交易、作价入股、公开拍卖的市场化运行机制，持续提升优质种质资源的开发、利用和创新能力。另一方面，科学推进农业规模经营。有序推进土地规模化和服务规模化，科学有序推进我国粮食规模化经营。在土地规模化过程中，应以单产水平的提高为标准，科学设定经营规模的上限，并加强对现代生产技术和绿色要素的投入，推进规模化和生态化经营。在服务规模化过程中，应继续加强对现代农业服务组织的培育和支持，持续提升现代农业服务组织的技术水平和组织管理水平。同时，创新服务规模化的方式方法以及与广大小农户的衔接方式，充分保护广大小农户的经营自主性和有关权益。

2. 壮大新型农业经营主体，做强做优粮食企业

壮大新型农业经营主体，做强做优粮食企业，夯实粮食和重要农产品产业链供应链稳产保供体系建设的根基。一是培育壮大新型农业经营主体。家庭农场、种粮大户、合作社等新型农业经营主体不仅是我国粮食和重要农产品的直接生产者，同时也是组织衔接广大小农户的重要主体。应当赋予新型农业经营主体平等的市场主体地位，通过加强政策扶持、强化服务指导，推动新型农业经营主体的发展壮大和联农带农能力的提升。二是做强做优粮食企业。粮食企业是我国粮食和重要农产品产业链供应链延链强链补链的根本抓手，也是构建稳产保供体系的“柱石”。一方面，持续推进国有粮食企业“混改”和内部治理机制优化，推动粮食全产业链布局，并加强对粮食企业用地、用能、税收和金融的扶持力度。另一方面，引导粮食企业横向联合与纵向整合，通过企业间的强强联合、兼并重组、创建粮食企业联合体等方式，打造一批组织衔接能力强、产业链供应链把控能力强，具备一定国际竞争力的新型粮食企业或粮食企业集团。三是推进优质粮食产品品牌建设，打破主粮产品无品牌或品牌弱、溢价水平低的传统思维。打造优质粮食产品品牌，提升品牌溢价。鼓励和支持大中型粮食企业、合作社等，通过向产业链前后延伸、组织模式创新和利益联结机制创新，充分发挥区域资源禀赋优势，选育优良品种，推进绿色生态种植，在持续提高粮食品质的基础上，积极打造具有区域特色的粮食品牌，并通过地理标志品牌、企业品牌、乡土特色品牌的协同推进、一体发展，提升品牌影响力和溢价水平。

3. 通过强基础、紧衔接、促升级，提升保供体系韧性

通过强基础、紧衔接、促升级，推动粮食和重要农产品产业链供应链稳产保供体系的韧性提升。一是完善全产业链供应链的基础设施建设。针对当前我国粮食和重要农产品产业链供应链上仍存在诸多薄弱环节的客观现实，以补弱项、强基础为目标，以政府、企业、金融机构和各类生产经营主体等为主体，多渠道筹措资金，沿着粮食和重要农产品产业链供应链，从头至尾，对农田道路、水利灌溉设施、水土保持设施、气象设施、农业机械相关的设施设备、晾晒烘干场、粮库及低温仓储库、各类专业运输车辆、交通物流设施、加工仓储设施等进行完善升级，加强全产业链供应链的基础设施建设。二是加强全产业链供应链上各主体间的组织衔接。在粮食和重要农产品主产区支持大中型粮食企业和农产品加工企业向前更好地组织衔接家庭农场、合作社、种粮大户、小农户等生产经营主体，通过科学、稳定、合理的契约关系和利益分配机制，稳定粮食和重要农产品的生产和供给。同时，支持各地大型粮食企业之间建立稳定的粮食购销合作，多路径、多渠道畅通粮食销售，畅通跨区域粮食供应链。三是推进全产业链供应链的信息化、数字化和智能化升级。以粮食和重要农产品产业链供应链上的核心企业为主体，按照政府引导、金融支持、多方参与的原则，支持核心企业建立覆盖整个产业链供应链的数字化物联网体系，并借助大数据和云计算技术，加强整个产业链供应链的上下联动并予以协同管控。

（三）引导产业升级与融合发展，增强农业产业发展韧性

提升农业产业韧性，要在做精一次产业、做大二次产业、做优三次产业基础上，持续推动农业产业升级与产业深度融合发展。

1. 持续做精做强现代农业

做精做强现代农业是推进农业产业升级与产业深度融合发展的基础。一是以科技创新赋能现代农业发展。在加强农业生物技术研发和生产技术研发推广的基础上，科学规划、合理布局，在粮食主产区、畜禽养殖聚集区和特色果蔬聚集区设立农业科技小院，加强科研院所与农业生产经营主体的直接对接，并加大选派农业科技特派员的力度，从根本上夯实科技强农。二是倡导绿色发展理念，推进农业可持续发展。在继续减少化肥、农药施用的同时，进一步加强生态有机肥、无抗无残留生态饲料、高效低残留兽药等绿色生产要素的生产、推广和使用。因地制宜地推进种养结合和循环农业发展，实现能量在农业系统中的封闭循环以及废弃物的可持续利用和零排放。三是加强品牌建设，提升现代农业的综合效益和市场竞争力。深入推动实施品牌强农战略，分品类、分区域、分层次推动农业品牌建设，构建同一品类、同一区域内不同品牌的协同共建机制，全面提升品牌合力和市场影响力。充分挖掘各地的特色资源优势，因地制宜地发展乡土特色产业，打造乡土特色品牌，打造一批有较强市场影响力的“土字号”“乡字号”品牌。

2. 着力做大做强精深加工业

做大做强精深加工业是推进农业产业升级与产业深度融合发展的关键。一是推进先进装备的引进、研发。政府通过设立农产品深加工研发创新基金、提供研发创新科研人员补贴和贴息贷款等方式，支持以大中型企业为主体开展先进装备的研发和生产活动。鼓励和支持农产品加工企业、食品加工企业等与高等院校、科研机构的研发合作，通过产学研深度融合，加快先进装备的研发、生产和应用。同时，加强先进生产装备和智能化设备领域的国际合作，通过合资、合作、技术许可等多种方式，引进国际前沿的先进技术和装

备，快速提升国内装备研发和制造水平。二是以先进装备、智能化设备和数字化手段改造提升传统制造业。鼓励和支持大中型农产品加工企业和食品加工企业，采用自动化、智能化的先进装备对原有生产线进行改造升级，并持续优化生产流程和工艺。支持企业应用数字化物联网技术和大数据分析等手段，加强对生产全过程的实时监管和智能化控制。鼓励企业向产业链上下游延伸，并通过工业互联网平台，实现产业主体间的设备互联、数据共享和业务协同，提升产业链上下游协同效率。三是以产品创新引领产业创新和高质量发展。加快预制食品、保健食品、即食食品、高品质婴幼儿食品、高端宠物食品等新产品研发，瞄准市场需求，以产品创新引领产业提质升级。同时，充分发挥各地的资源禀赋优势，打造一批具有国际竞争力的农产品加工企业和食品加工企业。四是推进农产品加工业、食品加工业高质量集群发展和绿色发展。立足县域和区域资源禀赋，在原材料丰富、物流便捷的地区，规划建设现代农业产业园区和食品加工业园区，并以此为抓手，打造集产品研发生产、精深加工、冷链物流、市场销售于一体的高端生态园区。

3. 深入推进农文旅融合发展

深入推进农文旅融合发展是推进农业产业升级与产业深度融合发展的实现路径和重要体现。一方面，推动农文旅深度融合发展。依托绿水青山、田园风光、传统村落、乡土文化等资源优势，通过创建旅游村镇、休闲农业园区、乡村旅游精品线路、特色农文旅综合体等方式，充分发挥农业的多功能性。各地可因地制宜地发挥各自的资源禀赋条件，以满足城乡居民对绿色高品质农副产品、休闲旅游、文化体验等需求为目标，以更具特色、更高品质、更有吸引力为准则，找到融合的最佳切入点，探索融合发展的适宜路径，实现资源互补、优势叠加，持续推进农文旅深度融合发展。另一方面，推动农文旅融合的产品创新和业态创新。充分整合区域内的农业资源、文化资源和旅游资源，不断完善基础设施建设和服务体系配套，深度挖掘区域特色，以农业为载体、以文化为内核、与旅游联动，通过组织模式创新和利益联结机制创新，充分调动各参与主体的积极性和主动性，紧盯市场需求变化，持续推动农文旅融合的产品创新和业态创新。

主要参考文献

[1] 丁存振. 着力提升粮食产业链供应链韧性和安全水平[N]. 农民日报，2023-07-15.

[2] 房雨露. 新时代农业强国建设的生成逻辑、基本内涵与实践路径[J]. 甘肃理论学刊，2023（3）：108-116.

[3] 胡向东，石自忠，袁龙江. 加快建设农业强国的内涵与路径分析[J]. 农业经济问题，2023（6）：4-17.

[4] 李萍，何瑞石，宋晓松. 有效提升我国农业产业链供应链韧性[J]. 宏观经济管理，2024（2）：61-69.

[5] 罗必良. 从农业大国到农业强国如何突破[J]. 中国党政干部论坛，2023（3）：17-21.

[6] 尚旭东，叶云. 联合动机、合作机制与农业产业化联合体创设[J]. 农村经济，2023（11）：135-144.

[7] 尚旭东，朱守银. 家庭农场和专业农户大规模农地的“非家庭经营”：行为逻辑、经营成效与政策偏离[J]. 中国农村经济，2015（12）：4-13+30.

[8] 于海龙，胡凌啸，林晓莉. 小农户和现代农业有机衔接需要何种媒介[J]. 经济学家，2022（9）：108-118.

[9] 于海龙，胡凌啸，林晓莉. 农业产业化发展中利益分配格局的成因与优化对策[J]. 农村经济，2023（6）：84-93.

巩固脱贫攻坚成果的
财政投入绩效评价与增收机制 *

脱贫攻坚与乡村振兴是党中央和国务院对新时代“三农”问题作出的重大战略安排与部署。推进巩固拓展脱贫攻坚成果同乡村振兴有效衔接是当前“三农”工作的重点任务。它不仅是促进我国实现共同富裕的重要举措，而且关系到我国全面建成小康社会的成色和社会主义现代化的质量。2023 年是巩固拓展脱贫攻坚成果同乡村振兴有效衔接 5 年过渡期的深化之年，也是国家“十四五”规划实施的关键之年，回顾过去、梳理成果、反思不足、启迪创新，是颇具理论意义与实践价值的。本报告拟以上述问题为切入点展开深入讨论。

---

* 本报告是清华大学中国农村研究院重点研究课题“巩固脱贫攻坚成果的财政投入绩效评价与增收机制研究”的研究成果，报告观点仅代表课题组的看法。课题负责人：许庆，上海财经大学财经研究所、城乡发展研究院教授。报告执笔人：刘树文、马凯翔、吕滨竹。

一、研究背景

（一）我国精准扶贫

消除绝对贫困、实现共同富裕，一直是中国共产党人的追求。面对农业生产力低下、农村存在大量贫困人口的国情农情，从新中国成立开始，中国共产党就带领全国人民拉开了与贫困抗争的帷幕，扶贫成为贯穿新中国70余年发展历程的一项重要工作。在1977年之前，由于资源有限，这一时期扶贫的主要目标是确保农村居民的基本生存。为了更好地指导贫困地区经济发展，我国政府于1986年成立了国务院贫困地区经济发展领导小组，将331个国家认定的贫困县确定为扶贫对象。此后，在政府和民间社会的支持下，贫困地区的自我发展有了显著改善。美中不足的是，尽管我国政府为脱贫攻坚付出了艰苦的努力，截至2013年，仍有9899万农村贫困人口。对此，党的十八大以来，脱贫攻坚成为重中之重，与全面建成小康社会、实现中国共产党第一个百年奋斗目标相联系。2012年，确定了832个国家指定的贫困县。2013年启动精准扶贫。2015年，党的十八届五中全会提出，到2020年，贫困人口全部脱离当前贫困线。此后，大量财政扶贫资金投入。据统计，2012年至2020年，各级政府为脱贫攻坚投入约1.6万亿元。根据财政部统计数据显示，中央财政扶贫资金从2013年的394.0亿元增加到2020年的1396.4亿元，年均增长率为23.48%。

2016年2月，中共中央办公厅、国务院办公厅印发了《省级党委和政府扶贫开发工作成效考核办法》，从减贫成效、精准识别、精准帮扶、扶贫资金方面对中西部22个省（自治区、直辖市）党委和政府扶贫开发工作成效进行考核，强调依据财政专项扶贫资金绩效考评办法，重点考核各省（自治区、直辖市）扶贫资金安排、使用、监管和成效等。财政部、国务院扶贫办于 2017 年 9 月 8 日发布的《财政专项扶贫资金绩效评价办法》规定，东部省级财政从中央政府获得的扶贫资金需要 200% 以上，中西部省份需要分别提供 40% 和 30%。根据中央政府的政策，贫困县所在省份制定了地方财政扶贫资金绩效评估办法，要求市县级政府额外提供扶贫资金。

2017 年，《中央财政专项扶贫资金管理办法》出台，根据扶贫对象规模和比例、农民人均纯收入、地方人均财力、贫困程度等因素确定中央扶贫资金的分配。还要求地方政府向上级政府拨付一定比例的扶贫资金，作为地方官员的绩效考核指标。因此，地方政府背负着大量扶贫配套资金压力。但是，扶贫任务繁重的地区普遍比其他地区更穷。我国中央政府以项目形式向地方政府转移财政资金时，需要地方政府负担的相关配套资金，严重消耗了市县的其他财政资源。考虑到贫困县的财政能力有限，占用其他财政资源补贴扶贫、实现扶贫政治目标或许是不可避免的。数据显示，我国贫困县的平均公共收入从 2013 年的 3.81 亿元增加到 2020 年的 5.28 亿元，而贫困县的平均公共支出从 18.17 亿元增加到 35.78 亿元。随着时间的推移，财政缺口不断扩大，这意味着我国的贫困县承担了沉重的财政负担。

（二）财政涉农支出

农业农村和农民问题是关系国计民生的根本性问题。2004 年以来，中央一号文件持续聚焦“三农”领域，相继作出了农村税费改革、新农村建设、农业供给侧结构性改革等一系列重大决策部署，财政支农政策力度不断加大。2007—2012 年财政涉农投入规模翻了两番，年均增速高达 28.6%，之后年度虽大幅回落，但仍保持年均 9.7% 的增长态势，至 2019 年财政涉农投入规模达到 2.3 万亿元，庞大的财政支农资金投入，有力保障了我国粮食安全，快速改善了农村落后面貌。

习近平总书记 2013 年 11 月在湖南湘西考察时首次提出“精准扶贫”这

一重要思想[①]。2014 年，中央明确在全国范围内建立精准扶贫工作机制，并要求当年底前通过建档立卡，完成对全国所有农村贫困人口的精准识别。为了支持精准扶贫和精准脱贫，地方财政扶贫支出实现了超高速增长，支出总额在七年内翻了三番，2019 年达到 0.55 万亿元。得益于精准的扶贫工作机制和庞大的财政扶贫资金投入，我国仅用七年时间即实现农村减贫 9348 万人，剩余 551 万农村贫困人口在 2020 年也摆脱了绝对贫困。然而，农民增收依然困难，且收入差距仍未得到有效控制，农村高低收入群体收入比扩大至 9.3、城乡居民收入比在 2.6 以上，农村相对贫困问题仍十分突出并将长期存在。在脱贫攻坚任务完成后，如何有效解决农村相对贫困问题将是未来我国减贫工作的核心内容。

伴随着我国经济发展进入新常态，地方财政收支矛盾不断加剧，地方政府自有财力供给不足和大量财政资金沉淀并存的问题相当普遍，财政资金配置低效问题非常突出。一方面，经济增速放缓，企业效益下滑，以及减税降费力度不断加大，使得地方财政收入增长乏力，而财税体制改革相对滞后，造成了地方自有财力“捉襟见肘”。另一方面，由于预算管理理念和方法的落后，预算编制和执行中普遍存在既得利益部门化、资金使用碎片化等问题，传统的渐进预算模式下形成了大量不合理的“基数”，固化或沉淀的财政资金规模庞大，财政存量资金闲置问题突出。财政涉农支出低效配置，不仅会造成财政资金本身的闲置和浪费，还会影响农业高质量发展和农民收入增长，产生一系列经济效应和社会效应。

① 《习近平总书记提出“精准扶贫”》，新华社，2019年11月28日。

二、巩固脱贫攻坚衔接乡村振兴阶段的财政效果

（一）巩固脱贫攻坚成果的财政投入

表 1 汇总了 2013—2022 年全国财政涉农支出资金情况。由表 1 可知，自精准扶贫以来，财政涉农资金中用于扶贫的部分由 2013 年的 841.0 亿元增长到 2019 年的 5561.5 亿元，资金支出规模增加了 5.61 倍，保障了脱贫攻坚的资金供给。随着脱贫攻坚取得胜利，我国进入巩固脱贫攻坚、衔接乡村振兴阶段，财政涉农支出中的“扶贫”资金也改为“巩固脱贫衔接乡村振兴”，巩固脱贫资金由 2020 年的 5621.6 亿元减少到 2022 年的 4431.0 亿元，同时各级政府也调整了财政支出结构。

表1　全国财政涉农支出资金（2013—2022年）　　（亿元）

年份	农业	林业	水利	扶贫	巩固脱贫	农村综合改革
2013	5561.6	1204.3	3338.9	841.0		1148.0
2014	5816.6	1348.8	3478.7	949.0		1265.7
2015	6436.2	1613.4	4807.9	1227.2		1418.8
2016	6458.6	1696.6	4433.7	2285.9		1508.8
2017	6194.6	1724.9	4424.8	3249.6		1486.9
2018	6156.1	1931.3	4523.0	4863.8		1530.3
2019	6554.7	2007.7	4584.4	5561.5		1644.3
2020	7514.4	2035.1	4543.2		5621.6	1822.4
2021	7363.9	1771.1	4371.6		4310.0	4310.0
2022	7983.5	1788.3	4402.3		4431.0	4431.0

资料来源：《中国农村统计年鉴2023》。

（二）财政衔接资金的投入效果

2021年，为继续巩固农村脱贫攻坚成果、增加农村公共产品供给、保障脱贫攻坚与乡村振兴实现有效衔接，财政部等六部门联合印发《中央财政衔接推进乡村振兴补助资金管理办法》，将原中央财政专项扶贫资金调整优化为中央财政衔接推进乡村振兴补助资金（以下简称财政衔接资金）。

近年来，由于世界政治经济格局正在深刻调整，全球经历了疫情反复、俄乌冲突、能源危机、货币紧缩等从政治到经济的多重冲击，国际经贸形势不稳定性不确定性明显增加，加上我国经济结构调整等因素的多重冲击，各地政府的财政状况受到明显影响。在面对诸多压力的情况下，各地政府如何整合财政资金、调整财政结构，以及财政衔接资金能否起到整体推动我国农业农村发展、改善农民生活水平、促进共同富裕的作用，是当前必须充分关注的问题。

从全国的视角来看，财政衔接资金规模调整和结构优化对宏观经济增长和微观农村居民收入的影响在长期和短期的表现不同。已有研究发现，在宏观经济增长方面，无论在短期还是长期，两项政策均能有效刺激整体经济增长，在短期内刺激程度与资金规模大小、资金投入领域密切相关。财政衔接资金的作用主要通过以下几个渠道来实现：一是农业生产补贴和支持；二是农村基础设施建设；三是农村金融支持；四是农产品流通和营销保障；五是农村社会保障和公共服务。

从地方实践看，四川省以构建全面的防贫网络为基础，建立了综合医保、资金等政策体系，同时还建立了监测预警、精准帮扶、动态管理三位一体的长效机制，以确保贫困问题得到及时发现和有效应对。在现代农业园区建设方面，四川省已成功创建了16个省级星级现代农业园区，其中包括3个五星级园区、4个四星级园区和9个三星级园区。通过培育龙头企业、农民专业合作社以及家庭农场等新型经营主体，四川省不断推动农业现代化进程，帮助贫困地区群众实现持续增收。在巩固脱贫攻坚、衔接乡村振兴的关键时期，财政衔接资金能够对农村教育、医疗和饮水安全方面产生促进作用，改善农民生活质量，从而推动衔接乡村振兴，促进共同富裕。但从规模效率看，至少有42个县未达到最优效率状态，还可以继续扩大投入规模（杨浩、庄天慧，2023）。

又如，陕西省不仅在政策层面上进行了系统部署和具体操作，而且在实施过程中始终把巩固拓展脱贫攻坚成果同乡村振兴有效衔接摆在突出的位置。为持续增加脱贫群众收入，陕西强化以就业促创业带产业“三业联动”，着力壮大县域特色产业。2023年，陕西全力巩固拓展脱贫攻坚成果，接续推进乡村全面振兴，巩固衔接各项工作进展顺利，态势良好。全省脱贫人口人均纯收入达到16445元，较2022年增长15.2%。从“两不愁三保障”角度来分析，全省巩固拓展脱贫攻坚成果综合水平[①]从2013年的0.1830上升至2022年的0.7166，年均增长约29.16%（郭俊华等，2024）。这表明在全面推进乡村振兴进程中，陕西省巩固拓展脱贫攻坚成果取得成效，实现了巩固拓展脱贫攻坚成果同乡村振兴有效衔接。

三、财政专项扶贫资金的经济效果评估

（一）理论框架

本部分首先提出了一个理论框架来探讨财政扶贫资金与地方经济增长之间的关系（见图1）。随着上级政府加大财政扶贫资金的投放力度，地方政府需额外提供扶贫资金，但对于经济上处于不利地位的县来说，有限的财政能力使他们只能通过减少其他财政支出来增加扶贫资金。

---

① 郭俊华等（2024）依据科学性、合理性、可操作性和可得性的原则，结合《中国农村扶贫开发纲要（2011—2020年）》，通过“两不愁三保障”指标来衡量巩固脱贫攻坚成果综合水平。

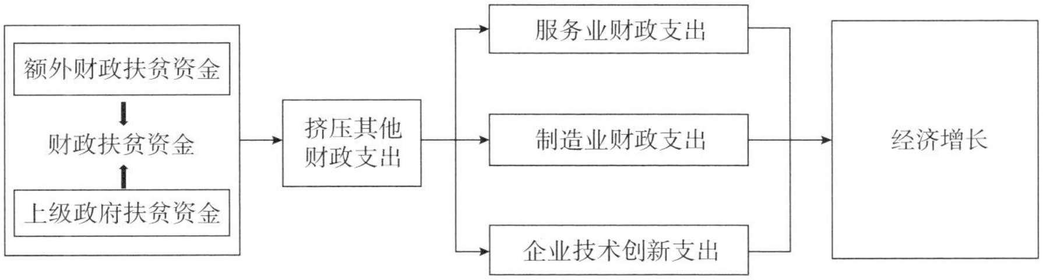

图1 分析框架

资料来源：本研究整理。

为实现精准扶贫目标，我国财政投入了大量资金。调整财政支出结构，是适应扶贫资金增加的必要条件。扶贫资金的增加不可避免地需要削减政府在其他领域的支出，这也加剧了财政赤字，加剧了地方金融风险，阻碍了社会服务、基础设施等方面的公共投资。

（二）数据和变量

1. 数据说明

在这项研究中，我们利用了两个主要数据来源，包括地方政府预算和决算信息的数据库和《中国县域统计年鉴》。其中，地方政府预算和决算数据库由西南财经大学中国家庭金融调查研究中心开发，从地方政府官方网站收集，提供各级地方政府预算和决算的详细信息。目前，它包含2016—2018年的财务数据，并且是准确的官方数据。为了考虑各种因素，本文引入的控制变量包括人口、农村居民收入等。GDP是经济增长的指标。这些数据来源于《中国县域统计年鉴》。

2. 变量说明

（1）被解释变量

本文使用GDP来衡量经济增长。此外，本文用第一、第二、第三产业的GDP表示经济增长结构，其中，三次产业的分类是根据国家统计局2003年颁布的《三次产业划分规定》进行的。在进一步分析中，我们将服务业、制造业、企业发展和技术创新的财政资金作为因变量，讨论财政扶贫资金影响经济增长的作用机制。

（2）核心解释变量

在中国政府预算中，扶贫财政支出被明确列为政府收支分类账中的特殊项目，代表了2013年以来的精准扶贫支出。在机制分析的小节中，我们介绍了扶贫资金，以检验它们是否考虑了财政扶贫资金对地方经济增长的影响。

（3）控制变量

根据《中央财政专项扶贫资金管理办法》，本文介绍了影响财政扶贫资金分配的几个因素，包括贫困人口、贫困人口占比、农民人均纯收入、人均公共收入等。此外，本文在计量模型中控制了年份虚拟变量和县级固定效应，以解释随时间或个人变化的潜在混杂因素。表2显示了变量的定义和描述。

表2　变量的定义和描述

变量名称	变量含义和赋值	均值	标准差
GDP	全县GDP（万元）	2118762	2803321
第一产业GDP	全县第一产业GDP（万元）	268567	203455
第二产业GDP和第三产业GDP	全县第二产业GDP（万元）	174122	260856
财政扶贫资金	全县财政扶贫资金（万元）	38141	1547553
支持扶贫资金	全县扶贫扶持资金（万元）	11261.33	1483321
服务业财政资金	全县服务业财政资金（万元）	19188	812131
制造业财政资金	全县制造业财政资金（万元）	602.179	3062.611
企业发展财政资金	全县企业发展财政资金（万元）	1702.512	20386.167
技术创新财政资金	全县技术创新财政资金（万元）	27.112	842.331
贫困人口	全县贫困人口数（万人）	0.975	3.211
贫困人口比例	贫困人口占全县总人口的比例	0.001	0.001
农民人均纯收入	全县农民人均纯收入（万元）	1.2111	0.327
人均公共收入	全县人均公共收入（万元）	0.304	0.421

资料来源：根据中国地方政府预算和决算信息的数据库和历年《中国县域统计年鉴》整理。

（三）回归结果与分析

1. 财政扶贫资金与地方经济增长的联系

表 3 汇报了基准回归估计结果，结果表明：财政扶贫资金的系数在 1% 的显著水平上为负值。这表明，在短期内，财政扶贫资金阻碍了地方经济增长。自 2013 年以来，我国政府已将大量扶贫资金投入精准扶贫计划，但是扶贫资金的增加意味着地方政府必须调整财政支出结构，调减其他领域的财政资金，如服务业发展和企业支出。

表3　财政扶贫资金对地方经济增长的影响

变量名称	GDP	第一产业GDP	第二产业和第三产业GDP
财政扶贫资金	−0.003*** （0.001）	−0.002* （0.001）	−0.003** （0.001）
控制变量	是	是	是
年份控制	是	是	是
地区固定效应	是	是	是
常数项	12.686*** （0.117）	11.232*** （0.128）	12.857*** （0.144）
观测值	4259	4259	4259
R^2	0.277	0.165	0.326

注：①*、**和***分别表示10%、5%和1%的显著性水平。②括号中显示了城市级别的聚类稳健标准误差。

2. 机制检验Ⅰ：财政扶贫资金对其他领域财政支出的影响

表 4 汇报了机制检验Ⅰ的估计结果，结果表明，财政扶贫资金的系数在 1% 的显著性水平上为负值。这意味着，财政扶贫资金压缩了其他领域的财政支出，在一定程度上体现提供额外的扶贫资金可能会使财政压力大的贫困县陷入发展困境。

表4　机制检验Ⅰ：财政扶贫资金对其他领域财政支出的影响

变量名称	服务业财政资金	制造业财政资金	企业发展财政资金	财政技术创新资金
财政扶贫资金	−0.009*** （0.013）	−0.205*** （0.023）	−0.621*** （0.014）	−0.049*** （0.011）
控制变量	是	是	是	是
年份控制	是	是	是	是
县级固定效应	是	是	是	是
常数项	−0.631（1.682）	−1.393（1.732）	2.426（1.795）	−0.332（0.655）
观测值	4122	4122	4122	4122
R^2	0.214	0.122	0.475	0.072

注：①***表示1%的显著性水平。②括号中显示了城市级别的聚类稳健标准误差。

与农业一样，服务业是劳动密集型行业，在吸收劳动力和减轻贫困方面具有巨大潜力。然而，与农业相比，当今服务业在我国解决就业问题方面的能力更强。扶贫对服务业的挤出效应可能会降低未来减贫的可持续性。同样，制造业是国民经济的基础，特别是对于贫困县来说，经济发展初期通常依赖制造业的发展。因此，制造业财政资金的减少可能会限制当地经济增长。

3. 机制检验Ⅱ：额外提供财政扶贫资金的影响

表 5 列出了机制检验Ⅱ的估计结果，结果表明，扶贫资金的系数在 1% 的统计水平上显著为负值，与表 4 的结果一致。这一证据表明，提供额外的扶贫资金会压缩服务业、制造业、企业发展和技术创新的财政资金。

由于贫困县财政能力有限，他们不得不压缩其他领域的财政支出来提供额外的扶贫资金。换句话说，地方政府为增加扶贫资金而压缩了其他领域的财政支出，对我国当地经济造成了损害。

表5　机制检验Ⅱ：额外提供财政扶贫资金的影响

变量名称	服务业财政资金	制造业财政资金	企业发展财政资金	财政技术创新资金
额外扶贫资金	–0.004*** （0.001）	–0.047*** （0.009）	–0.166*** （0.013）	–0.021*** （0.002）
控制变量	是	是	是	是
年份控制	是	是	是	是
县级固定效应	是	是	是	是
常数项	–1.224（1.278）	–1.412（1.757）	2.093（2.311）	–0.396（0.721）
观测值	4122	4122	4122	4122
R^2	0.149	0.037	0.171	0.031

注：①***表示1%的显著性水平。②括号中显示了城市级别的聚类稳健标准误差。

四、财政涉农支出的投入绩效评估

（一）财政涉农支出的配置情况

2007 年，我国进行了政府收支分类改革，财政支出统计口径发生了较大变化，为了确保各年间统计口径一致，本部分分析使用的数据限定为 2007—2022 年。

1. 全国层面

界定财政涉农资金的范围时具体可划分为农业生产发展、农业综合发展、林业发展、水利发展、农村扶贫开发、农村社会发展等 6 大类，但并未明确财政涉农资金各大类支出的统计口径，本部分定量分析需对此予以明确。为了保持各年份数据统计口径的一致，该部分对财政涉农资金配置情况的分析仅限定在农林水支出科目之内。

全国层面财政涉农支出规模变化情况如表 6 所示，可以发现以下特点：截至 2020 年，全国财政涉农支出总量规模一直保持增长态势，且多数年份要快于财政支出增速，共同经历了高速增长向低速增长的转变。近十几年来，财政涉农支出大部分年份增速均在 5% 以上，最高时达到 47.9%；但从变化趋势上看，财政涉农支出增速呈现较为明显的回落趋势，在 2008—2012 年保持 20% 以上的高速增长，其后迅速下滑至 10% 左右甚至以下（2015 年除外），这一时期我国经济进入新常态，财政收入增长乏力，难以支撑财政涉农支出继续高速增长。随着新冠疫情的发生，2020 年以后财政支出和涉农支出的增速均出现了降低。

表6　2007—2022年全国层面财政涉农支出规模变化情况

年份	总量规模和相对规模（亿元、%）			增长速度（%）		
	财政涉农支出	财政支出	占比	财政涉农支出	财政支出	财政收入
2007	3405	49781	6.84		23.15	32.41
2008	4544	62593	7.26	33.45	25.74	19.50
2009	6720	76300	8.81	47.90	21.90	11.72
2010	8130	89874	9.05	20.97	17.79	21.28
2011	9938	109248	9.10	22.24	21.56	25.00
2012	11974	125953	9.51	20.49	15.29	12.88
2013	13350	140212	9.52	11.49	11.32	10.20
2014	14174	151786	9.34	6.17	8.25	8.64
2015	17380	175878	9.88	22.62	15.87	8.48
2016	18587	187755	9.90	6.94	6.75	4.82
2017	19089	203085	9.40	2.70	8.17	8.14
2018	21086	220904	9.55	10.46	8.77	6.24
2019	22863	238858	9.57	8.43	8.13	3.83
2020	23948	245679	9.75	4.60	2.91	–3.89
2021	22031	245673	9.68	–8.01	–0.01	10.71
2022	22499	260552	8.64	2.01	6.01	0.50

资料来源：数据来源于《中国统计年鉴》和财政部网站，相关数据均为决算数，均为一般公共预算口径；因2007年政府收支分类改革，无法计算2007年农林水事务支出增幅数据。

2. 政府层面

财政涉农资金在政府层面的配置主要体现在涉农领域政府财政事权与支出责任的划分以及转移支付制度的安排，由于前者尚处在改革之中，相关政策尚未出台，本部分主要从转移支付收入视角探究涉农领域我国政府财政关系的态势变化。从 2009 年起，财政部将原财力性转移支付和一般性转移支付分别更名为一般性转移支付和均衡性转移支付，形成了由一般性转移支付和专项转移支付构成的中央对地方转移支付制度。专项转移支付是“中央政府为实现特定的经济和社会发展目标无偿给予地方政府，由接受转移支付的地方政府按照中央政府规定的用途安排使用的预算资金”，简而言之即有规定用途的一类转移支付；而一般性转移支付多数不指定用途，可以由地方统筹使用的一类转移支付，一种流行的观点认为，可以通过提高一般性转移支付占比实现转移支付结构的优化。当然，一般性转移支付也存在被指定用途的项目资金，后文将单独分析，本部分主要利用一般性转移支付和专项转移支付分类指标分析涉农领域转移支付结构变化情况。

涉农领域中央对地方转移支付规模变化情况如表 7 所示，可以发现以下特点。

表7　2011—2022年涉农领域中央对地方转移支付规模变化情况

年份	总量规模和相对规模（亿元、%）			增长速度（%）	
	涉农领域转移支付	全部领域转移支付	占比	涉农领域转移支付	全部领域转移支付
2011	5371	34881	15.40		
2012	6523	40234	16.21	21.45	15.34
2013	6549	42973	15.24	0.40	6.81
2014	7037	46509	15.13	7.45	8.23
2015	7865	50079	15.71	11.77	7.67
2016	8025	52574	15.26	2.03	4.98
2017	8354	57029	14.65	4.10	8.47
2018	8739	61649	14.18	4.62	8.10

续表

年份	总量规模和相对规模（亿元、%）			增长速度（%）	
	涉农领域转移支付	全部领域转移支付	占比	涉农领域转移支付	全部领域转移支付
2019	9129	67846	13.46	4.46	11.61
2020	9666	76318	12.67	5.88	11.10
2021	10228	75152	13.61	5.81	–1.53
2022	10891	89941	12.11	6.48	19.68
均值	8198	57932	14.47	6.77	9.13

资料来源：根据财政部网站历年决算数据整理而得。从2019年起，有关土地指标跨省域调剂收入由地方上缴至中央财政，再通过转移支付安排给地方。由于这部分收入只是在地区间转移，没有实质性增加中央财政收支，为保证口径可比，参照财政部的处理方式，2019年转移支付相关数据均作扣除处理，以下同。

（1）涉农领域中央对地方转移支付总体规模一直保持增长态势，但各年度间波动较大

近十年间，涉农领域中央对地方转移支付总体规模增长了 1 倍，2022 年达到 10891 亿元，年均增速 6.77%，落后全部领域 2.36 个百分点；且各年度间波动较大，波动幅度在 5 个百分点以上的有三个年份，而全部领域仅有两年，涉农领域转移支付增速波动的最大幅度出现在 2013 年，当年仅增长 0.4%，较上年增幅（21.45%）骤降了 21.05 个百分点，在经历两年快速增长后，2016 年增速又回落至 2.03%，较上年增幅（11.77%）又骤降了 9.74 个百分点，表明涉农领域转移支付安排具有一定的随意性。

（2）涉农领域中央对地方转移支付总量规模占全部领域的比重较高，但整体呈现下降趋势

从均值指标来看，涉农领域中央对地方转移支付总量规模年均投入达到 8198 亿元，占全部领域转移支付的比重为 14.47%，应当说这一指标是相当高的，一定程度体现了中央对地方“三农”工作的支持力度。从分年度指标看，2012 年达到峰值 16.21%，之后年度虽有波动但整体处于下降趋势，至 2022

年降至最低点12.11%，这与为了加快基本公共服务均等化进程，中央加大了对教育、社会保障、医疗卫生等基本公共服务领域的转移支付力度有一定关联，但2018年以来仅下降2个百分点，整体而言，中央对地方转移支付在涉农领域的配置份额是相对比较稳定的。

（二）财政涉农支出对农业发展的影响

国务院出台的“十三五”时期全国农业现代化规划，将农业现代化指标体系分为7大类31项，其中农业结构大类方面有畜牧业产值和渔业产值占农业总产值的比重等指标，质量效益大类方面有农业劳动生产率等指标；中国农业科学院开展全国及各省份农业现代化发展水平的监测评价工作，在《全国农业现代化监测评价指标体系方案》中提出由6项一级指标和23项二级指标构成的农业现代化评价指标体系，其中产业体系一级指标下主要有农产品加工业产值与农业总产值之比、养殖业产值占农业总产值比重、农林牧渔服务业增加值占农林牧渔业增加值的比重等二级指标，分别反映农业加工水平和产业结构调整情况；生产体系一级指标下主要有农作物耕种收综合机械化率等二级指标，反映农业机械化发展水平；质量效益一级指标下主要有农业劳动生产率等二级指标。可以看出，实践中反映农业现代化发展水平的指标主要集中在农业劳动生产率（即农业增加值与第一产业就业人数的比值）、农作物耕种收综合机械化率、农业总产值（增加值）及其结构等。因此，本部分首先以农业总产值和农业增加值的实际增幅和分项产值结构等指标，考察农业产出增长和产业结构调整的整体情况；其次，以农业劳动生产率和农作物耕种收综合机械化率指标考察农业质量效益水平和机械化发展水平，同时从农业机械购置投入视角剖析各级财政在总投入中的比重变化情况。

1. 农业产出增长和产业结构调整情况

从图2可以看出，改革开放以来，全国农业总产值和农业增加值的变动趋势是基本一致的，尤其是从2007年以后，除2021年以外二者的实际增速差距均在0.5个百分点以内；在改革开放前30年，农业总产值和农业增加值的实际增速波动较大，其中农业总产值波动更大，最高点（1995年，10.9%）与最低点（2000年，3.6%）相差达到7.3个百分点，近十年来，农业产出水平较为平稳，实际增速基本保持在3.5%至4.5%的区间。

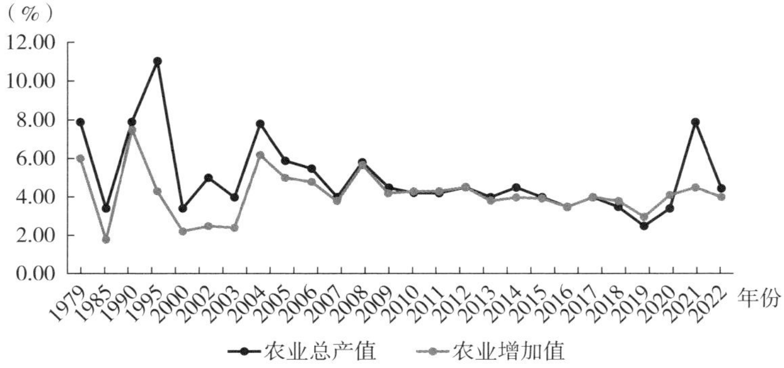

图2 改革开放以来全国农业总产值和增加值实际增速变化情况

资料来源：根据历年《中国统计年鉴》计算整理。

2. 农业劳动生产率增长和机械化发展情况

表8展示了农业劳动生产率的增长变化情况，可以看出农业劳动生产率是在逐年提高的，而且增长速度很快。

表8 2003—2022年全国农业劳动生产率变化情况

年份	第一产业就业人数（万人）	当年价格		可比价格（以2004年为基期）		
		农业增加值（亿元）	农业劳动生产率（元/人）	农业增加值（亿元）	农业劳动生产率（元/人）	增长速度（%）
2003	36204	17380.6	4801	17381	4801	
2004	34830	21411	6147	18476	5305	10.49
2005	33442	22416	6703	19436	5812	9.57
2006	31941	24036	7525	20408	6389	9.93
2007	30731	28484	9269	21163	6887	7.78
2008	29923	33428	11171	22327	7462	8.35

续表

年份	第一产业就业人数（万人）	当年价格		可比价格（以2004年为基期）		
		农业增加值（亿元）	农业劳动生产率（元/人）	农业增加值（亿元）	农业劳动生产率（元/人）	增长速度（%）
2009	28890	34660	11997	23265	8053	7.93
2010	27930	39619	14185	24265	8688	7.88
2011	26594	46123	17343	25309	9517	9.54
2012	25773	50581	19626	26448	10262	7.83
2013	24171	54692	22627	27506	11380	10.89
2014	22790	57472	25218	28661	12576	10.51
2015	21919	59853	27306	29807	13599	8.13
2016	21496	62451	29052	30850	14352	5.54
2017	20944	64660	30873	32115	15334	6.84
2018	20258	67540	33340	33271	16424	7.11
2019	18652	72555	38900	34786	18650	13.55
2020	17715	78748	44453	36217	20444	9.62
2021	17072	86087	50426	37872	22184	8.34
2022	17663	93124	52723	39387	22299	0.52

资料来源：第一产业就业人数数据来源于《中国人口和就业统计年鉴》，农业增加值数据来源于《中国农村统计年鉴》，可比价格根据农业增加值指数进行换算。

以当年价格计算，2003—2022年由4801元/人提升至52723元/人，增长了近10倍之多，年均增速达到10%，但与发达国家（美国和日本1980年农业劳动生产率分别为11358美元/人、12167美元/人，约合78257元/人、83830元/人）相比，我国农业劳动生产率水平仍有一定差距，而且与我国农业现代化全面实现的目标值（6.5万元/人）也存在一定差距。以可比价格计算可以更好反映农业劳动生产率的实际变化情况，从表8中可以看出，农业劳动生产率年均增速在前十年即2004—2013年达到9%以上，随后五年即2014—2018年降至7.6%，2022年更是降至0.52%，20年间实际增长了不到4

倍，年均增速 8.55%，各年增速多数在 5.5% 至 10.9% 波动，总体上处于较快增长趋势。农业劳动生产率能够持续提升，主要得益于第一产业从业人数的持续下降、农业科技的不断进步、农业机械化作业水平的快速提升等，其中农业机械化作业水平的提升是非常明显的，具体情况见表 9。

表9 2003—2021年全国农业机械化作业和农机购置投入情况

年份	农作物耕种收综合机械化率（%）	农业机械购置投入情况（亿元）			中央财政占总投入比重（%）
		农业机械购置总投入	其中：地方财政补贴	中央财政补贴	
2003	32.46	—	—	—	—
2004	34.32	249.18	5.59	0.78	0.31
2005	35.93	292.62	9.85	3.12	1.07
2006	39.29	319.51	10.96	6.57	2.06
2007	42.47	350.60	13.45	20.16	5.75
2008	45.85	409.26	17.21	44.96	10.99
2009	49.13	609.74	19.52	129.24	21.20
2010	52.28	706.21	26.46	160.60	22.74
2011	54.82	744.71	26.51	175.43	23.56
2012	57.17	856.96	29.42	214.82	25.07
2013	59.48	887.02	28.27	217.31	24.50
2014	61.60	868.63	—	237.55	27.35
2015	63.82	834.82	—	237.55	28.45
2016	65.19	819.94	—	237.55	28.97
2017	66.19	702.42	—	186.00	26.48
2018	69.11	663.49	—	174.00	26.24
2019	70.01	643.03	—	184.00	28.62
2020	71.25	834.78	—	277.00	33.21
2021	72.03	674.95	—	210.00	31.11

资料来源：表中数据根据《中国农业机械工业年鉴》相关数据整理而得。

（三）财政涉农支出对农民脱贫增收的影响

1. 对农民脱贫的支持

为了全面了解财政对农民脱贫的支持情况，首先需要清楚农村贫困人口的认定标准，在不同的标准下，农村贫困人口规模和脱贫情况会产生很大差异。贫困标准主要包括两种调整情况。

第一种调整是根据不同时期经济社会发展和生活水平提高而采用更高的贫困标准，以满足基本生活需求，属于不同贫困标准的实质调整。表 10 汇报了改革开放 40 多年来全国农村贫困标准和贫困状况。由表可知，我国农村贫困标准主要经历了 1978 年、2008 年和 2010 年三次实质调整。具体来说，改革开放之初，我国农村贫困标准确定为 100 元 / 年 / 人（1978 年价格水平），其中食物支出占比达到约 85%，在 2000 年以后，这一标准继续沿用至 2007 年，属于农村绝对贫困标准；与此同时，我国于 2000 年开始使用农村低收入标准，即 865 元 / 年 / 人（2000 年价格水平），其中食物支出占比降至 60%，由于农村低收入标准在 2008 年正式与贫困标准统一并作为扶贫标准，因此这一标准也被称为“2008 年标准”；2011 年，我国根据经济社会发展水平调整了农村贫困标准，即 2300 元 / 年 / 人（2010 年价格水平），也是现行农村贫困标准，与此前不同的是，此次贫困标准是结合“两不愁三保障”（即不愁吃、不愁穿，保障其义务教育、基本医疗和住房安全）进行综合测定的，以确保贫困对象能够基本稳定实现温饱。

表10　改革开放40多年来全国农村贫困标准和贫困状况

年份	不同的贫困标准（元/年/人）			现行农村贫困标准下	
	1978年标准	2008年标准	2010年标准	贫困人口规模（万人）	贫困发生率（%）
1978	100	—	366	77039	97.5
1980	130	—	403	76542	96.2
1985	206	—	482	66101	78.3

续表

年份	不同的贫困标准（元/年/人）			现行农村贫困标准下	
	1978年标准	2008年标准	2010年标准	贫困人口规模（万人）	贫困发生率（%）
1990	300	—	807	65849	73.5
1995	530	—	1511	55463	60.5
2000	625	865	1528	46224	49.8
2005	683	944	1742	28662	30.2
2008	—	1196	2172		
2010	—	1274	2300	16567	17.2
2011	—	—	2536	12238	12.7
2012	—	—	2625	9899	10.2
2013	—	—	2736	8249	8.5
2014	—	—	2800	7017	7.2
2015	—	—	2855	5575	5.7
2016	—	—	2952	4335	4.5
2017	—	—	2952	3046	3.1
2018	—	—	2995	1660	1.7
2019	—	—	3218	551	0.6

资料来源：表中2018年及以前年度数据根据《中国农村贫困监测报告（2018—2019）》相关数据整理而得，2019年数据来自国家统计局网站。

第二种调整是用不同年度的物价水平对农村贫困标准进行调整，以保持生活水平不变，属于同一贫困标准的可比调整。如 2010 年每人每年 2300 元和 2014 年的 2800 元，虽然数值不同，但年度间是可比的，也都代表同一生活水平，三种不同贫困标准的各年度可比数据详见表 10。得益于改革开放带来的经济增长以及实施的扶贫开发政策，到 2019 年，我国已经基本消除了“1978 年标准”和“2008 年标准”下的农村贫困人口，但是不同标准下的贫困人口数据不具有可比性，为了考察农村减贫事业取得的历史成就，需要换算为同一标准。以现行农村贫困标准衡量的农村贫困状况，农村贫困人口规模由 1978 年的 7.7 亿人减少到 2010 年的 1.7 亿人，农村贫困发生率相应由 97.5% 下降到 17.2%，随着第二个 10 年农村扶贫开发纲要和脱贫攻坚战的实施，农村贫困状况进一步得到快速改善，2019 年农村贫困人口减少至 551 万人，农村贫困发生率则降至 0.6%，我国农村减贫事业取得了巨大成就，这与扶贫开发类财政涉农资金高速增长密不可分。

2. 农民收入增长情况

从表 11 可以看出，近年来农村居民人均可支配收入实际增加值总体增幅是处于下降趋势的，由 2013 年的 9.3% 逐年下降至 2023 年的 7.6%，农民增收形势不容乐观。

表11　城乡居民人均可支配收入变化情况

年份	收入水平（元）		实际增幅（%）	
	农村居民	城镇居民	农村居民	城镇居民
2013	8896	26955	9.3	7.0
2014	10489	28844	9.2	6.8
2015	11422	31195	7.5	6.6
2016	12363	33616	6.2	5.6
2017	13432	36396	7.3	6.5
2018	14617	39251	6.6	5.6
2019	16021	42359	6.2	5.0
2020	17131	43834	3.8	1.2
2021	17734	47412	9.7	7.1
2022	18931	49283	4.2	1.9
2023	21691	51821	7.6	4.8
1981—1990	—	—	8.4	4.5
1991—2000	—	—	4.6	6.8
2001—2010	—	—	7.5	9.5
2011—2019	—	—	8.3	6.8
2019—2023	—	—	6.3	4

资料来源：数据来源于《中国住户调查主要数据》。其中1981—2012年数据是根据历史数据按照新口径推算获得，收入水平按当年价格计算，实际增幅按可比价格计算，以下同。

但与城镇居民的横向对比发现，这一时期农村居民收入实际增幅均高于城镇居民，若从改革开放以来更大的时间跨度来看，城乡居民收入增幅差异在不同时期是明显不同的。20 世纪 80 年代，农村居民收入年均增幅达到 8.4%，高于城镇居民 3.9 个百分点，这主要得益于这一时期农村土地承包经营等制度改革全面付诸实施，推动农业发展，进而带动农民收入快速增长。但此后 20 年农民收入增速放缓，年均增幅落后于城镇居民 2 个百分点以上，究其原因主要是这一时期我国实施的城市化倾向政策，农业发展所需的基础设施和农民生活所需的公共服务严重不足，农村发展落后，难以形成支撑农民持续稳定增收的乡村产业。

在 2010 年以来实施的农村扶贫开发、农业供给侧结构性改革、城乡基本公共服务均等化政策等一系列改革举措推动下，农民增收的严峻形势得到了一定程度的改善。从 2010 年开始，农村居民人均可支配收入实际增幅连续十年高于城镇居民，但优势在收窄，通过图 3 可以更直观看出，城乡收入实际增幅差距由 2010 年的 3.8 个百分点收窄至 2023 年的 2.8 个百分点。

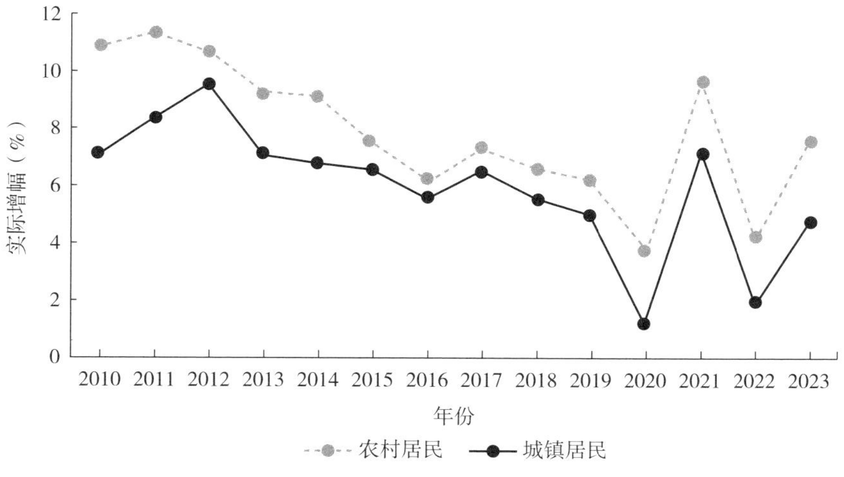

图3　近40年来全国城乡居民收入增长变化情况

资料来源：根据《中国住户调查主要数据》整理。

3. 农民收入结构变化

表 12 和图 4 显示了 2016 年以来农民人均可支配收入结构变化情况，可以看出，财产性收入变化最小，贡献也是最小的，可能的原因是农村产权制度和农村金融市场不健全等；工资性收入为第一大组成收入，比重提高了 1.6 个百分点，达到 42.2%，主要得益于农村第二、第三产业和乡镇企业发展带来的就业收入提高；转移性收入提升幅度最大，比重提高了 1.2 个百分点，达到 21%，主要得益于农村扶贫等各项财政补贴政策；经营性收入降幅最大，比重下降了 3.9 个百分点，降至 34.2%，可能的原因是农业发展质量不高、农村土地改革滞后等。

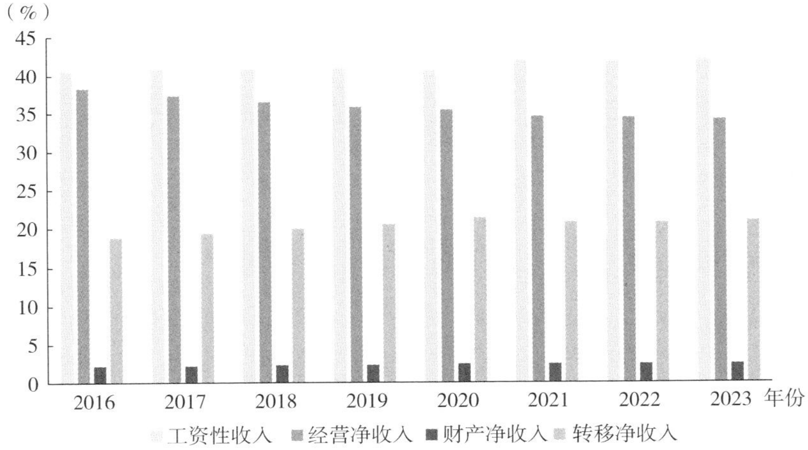

图4　全国农民人均可支配收入结构占比变化（2016—2023年）

资料来源：作者自制。

表12　全国农民人均可支配收入结构变化情况（2016—2023年）

年份	收入水平（元）			
	工资性收入	经营净收入	财产净收入	转移净收入
2016	5022	4741	272	2328
2017	5498	5028	303	2603
2018	5996	5358	342	2920
2019	6583	5762	377	3298
2020	6974	6077	419	3661

续表

年份	收入水平（元）			
	工资性收入	经营净收入	财产净收入	转移净收入
2021	7958	6566	469	3937
2022	8449	6972	509	4203
2023	9163	7431	540	4557

资料来源：作者根据相关资料整理。

五、财政投入增收增效机制的探讨——财政涉农资金整合方案

（一）财政涉农资金整合的地方实践探索——以湖南省洞口县为例

1. 财政涉农资金整合的总体规模和来源渠道情况

从总体规模来看，洞口县财政涉农资金保持逐年下降的态势，绝对规模四年合计达到12.3亿元，除了2020年，每年均在4亿元以下，占一般公共预算支出的比重即相对规模亦表现出下降趋势（见表13）。从来源看，洞口县财政涉农资金整合的渠道主要来源于中央政府。

表13　洞口县财政涉农资金整合的来源渠道情况

年份	绝对规模（万元）					相对规模（%）
	总计	中央	省	市	县	
2020	47472	36846	9595	1020	12	9
2021	24702	14451	8422	360	1470	4.3
2022	29057	19464	9221	360	12	5.1
2023	22006	13190	6744	270	1802	3.7
合计	123237	83951	33982	2010	3296	5.5

资料来源：数据根据洞口县政府网站2020—2023年公开信息整理，为更贴切实际情况，相关数据均为年中调整数据，下同；相对规模指标为财政涉农资金整合总规模占相应年度的一般公共预算支出的比重。

2. 财政涉农资金整合的项目选择依据和绩效考评情况

在上级政府支持下，贫困县获得了相当规模的可统筹使用的财政涉农资金，然而有效推进贫困县财政涉农资金整合工作，需要一个前提条件，便是建立较为科学的项目管理制度，这也是现代预算管理制度的重要内容。为此，中央政府在2016年制定《脱贫攻坚责任制实施办法》时，首次明确要求县级政府应当建立扶贫项目库，国务院扶贫办在2018年部署完善县级脱贫攻坚项目库建设工作，进一步要求“建立完善与贫困县财政涉农资金统筹整合使用和资金项目审批权限下放相适应的项目管理制度，贫困县普遍编制和建立脱贫攻坚项目库，保证资金使用精准安全高效”，同时鼓励贫困县统筹整合使用的财政涉农资金从项目库中选择项目。公开数据显示，洞口县从2018年开始对其脱贫攻坚项目库进行了公开公示，其在脱贫攻坚期即2018—2020年脱贫攻坚项目库建设情况如表14所示。

表14　洞口县2018—2020年脱贫攻坚三年滚动项目库建设情况

项目类别	项目数量（个）			项目金额（万元）		
	总计	其中：2018年	2019年	总计	其中：2018年	2019年
产业发展	400	168	145	42376	17389	14532
基础设施建设	2930	1506	1023	172767	92622	53356
其他	57	33	16	5380	2989	1780
合计	3387	1707	1184	220523	113000	69668

资料来源：根据洞口县政府网站2018年11月20日发布的《洞口县2018—2020年脱贫攻坚项目库汇总表》数据整理而得。

（二）财政涉农支出整合效应的实证分析

1. 模型构建

本文选择用双重差分法对我国财政涉农资金整合效应的相关研究假设进行实证检验。参考郑新业等（2011）、杨莎莉和张平竺（2014）等做法，构建如下双重差分模型（DID）：

$$Y_{it}=\alpha+\beta_1（D_i\times T）+\beta_2D_i+\beta_3T+\beta_4Control+\varepsilon_{it}$$

其中，Y_{it} 为衡量农业发展和农民收入水平的被解释变量，D_i 为处理组虚拟变量（若个体 i 属于处理组，则 D_i=1；若个体 i 属于对照组，则 D_i=0），T 为政策冲击虚拟变量（即整合试点实施年份，T=1；整合试点未实施年份，T=0），$Control$ 代表控制变量，ε_{it} 为随机干扰项。在该模型中，交乘项 $D_i\times T$ 为核心解释变量，其系数 β_i 即是双重差分估计量，也是本文所重点关注的政策效应，它衡量了财政涉农资金统筹整合试点对农业产出和农民收入的影响效应，即财政涉农资金整合的增产效应和增收效应。双重差分模型的关键在于合理确定交乘项中的政策冲击虚拟变量和处理组虚拟变量，下面分别介绍两个虚拟变量的确定结果和具体依据。

2. 变量选取与数据来源

（1）变量选取

①被解释变量的选取。主要参照以下两种指标。

一是农业产出水平指标。考虑数据可得性，本文选择人均农业总产值的增长率（AGR）衡量农业产出水平的变化，其中人均农业总产值为农业总产值与常住人口的比值。

二是农民收入水平指标。衡量农民收入水平的指标一般采用农村居民家庭人均纯收入或农村居民人均可支配收入，但二者的统计口径有所不同，数据不具有可比性，其中前者在2012年及以前年度使用，为老口径数据，后者从2013年开始使用，为新口径数据，本文选择农村居民人均可支配收入的自然对数（lnRHI）衡量农民收入的增长变化情况。

②控制变量的选取。参考肖卫和肖琳子（2013）、王亚芬等（2015）、王艺明和刘志红（2016）等做法，结合本文研究需要和数据可得性，选择以下控制变量：

一是经济控制变量：选择城镇化率（UR）指标，用以控制城镇化发展水平的县域间差异。为准确反映城镇化发展水平，采取常住人口口径。

二是人口控制变量：选择务农人数增长率（GRE）指标，用于控制从事农业生产发展的人员数量变化。

三是技术控制变量：选择单位面积农机总动力（PAM），用以控制农业生产技术水平的县域间差异。具体采取单位粮食作物播种面积的农业机械总动力指标。

四是土地控制变量：反映农业土地状况的指标主要有农用地面积、耕地面积、农作物播种面积、粮食作物播种面积，但前三者指标在本文初始研究样本县难以同时获取，同时鉴于被解释变量为增长率指标，选择粮食作物播种面积增长率（LAU），用以控制当地播种面积的县域差异。

五是地理控制变量：选择山区虚拟变量（MA）、丘陵地区虚拟变量（MC），分别用以控制地势环境等地理条件的县域间差异对被解释变量人均农业总产值的增长率（AGR）等的影响。

表 15 汇总了主要变量指标情况。

表15　变量指标选取情况

变量类别	测度指标	变量代码	指标含义
被解释变量	人均农业总产值增长率（%）	AGR	反映农业产出增长水平
	农民人均可支配收入	lnRHI	反映农民收入增长水平
经济控制变量	城镇化率（%）	UR	控制城镇化水平影响
人口控制变量	务农人数增长率（%）	GRE	控制农业劳动投入变化影响
技术控制变量	单位面积农机总动力（千瓦/公顷）	PAM	控制农业技术水平影响
土地控制变量	粮食作物播种面积增长率（%）	LAU	控制播种面积变化影响
地理控制变量	山区虚拟变量	MA	控制自然地理条件影响
	丘陵地区虚拟变量	MC	反映农业产出增长水平

资料来源：作者根据相关资料整理所得。

（2）数据来源

数据来源为统计年鉴和统计公报，具体为各年度的《中国县域统计年鉴》

《山西统计年鉴》《安徽统计年鉴》《河南统计年鉴》《湖南统计年鉴》《湖南农村统计年鉴》和部分地市统计年鉴。需要说明的是，农村居民人均可支配收入新口径数据从 2013 年开始统计，但除湖南省外，其余三省的统计年鉴未公开县级农村居民人均可支配收入数据，本文根据各县 2014 年统计公报公布的当年数和同比增幅推算出 2013 年数据。同时，为了消除价格波动因素的干扰，本文根据地级市的农业总产值指数（2012 年 =100）将各样本县农业总产值的当年价格换算为可比价格即农业实际总产值，根据地级市的居民消费价格指数（2012 年 =100）将各样本县农村居民人均可支配收入数据统一调整至 2012 年的价格水平。

3. 实证分析

表 16 汇总了分别检验不加入控制变量和剔除不显著的控制变量的计量估计情况，回归结果如表中的列（1）和列（2）所示，可以发现：贫困县财政涉农资金整合对农业发展的影响是显著的，且能够促进农业发展，即产生增产效应。具体而言，加入控制变量前，交乘项系数为 1.2142，意味着相对于未开展贫困县财政涉农资金整合的对照组，处理组的人均农业总产值增长率在试点后大约提高了 1.21 个百分点；加入控制变量后，交乘项系数基本保持不变，处理组的人均农业总产值增长率在试点后约提高 1.21 个百分点。这表明贫困县财政涉农资金整合能够显著推动农业的发展，产生增产效应。

表16 贫困县财政涉农资金整合对农业发展的影响

变量代码	AGR	
	（1）	（2）
$D \times T$	1.2142***	1.2091**
	（0.3844）	（0.2311）
组别固定效应	是	是
时间固定效应	是	是
控制变量	否	是
常数项	3.6455*	3.1798***

续表

变量代码	AGR	
	（1）	（2）
	（0.1233）	（0.5211）
N	1374	1374
R^2	0.023	0.035

注：***、**、*分别表示1%、5%和10%的显著性水平，括号内为稳健标准误差。

六、困境与展望

自脱贫攻坚战略实施以来，政府一直运用积极的财税政策推进相关部署的落实，并取得了明显的成效，但在推进巩固拓展脱贫攻坚成果同乡村振兴有效衔接过程中也面临一系列新问题、新矛盾。

一是资金需求的矛盾。国家对脱贫攻坚县，从脱贫之日起设立5年过渡期，过渡期内帮扶政策总体不变。国家将继续投入资金，地方政府也要配套，但估计仍然难以满足实现巩固拓展脱贫攻坚成果同乡村振兴有效衔接的需要。

二是集中与分散的矛盾。实现巩固拓展脱贫攻坚成果同乡村振兴有效衔接，要精准识别，定向发力，才能形成整体效应。但过去脱贫攻坚实际操作中经常出现资金分散化倾向等突出问题。一方面，相关部门跳不出“平均”“照顾”的桎梏，不自觉地把扶贫资金按地区、部门、单位平均分配，平均使用，造成了扶贫资金的分散化；另一方面，有关单位在脱贫攻坚中争项目、争投资，客观上加大了脱贫资金的分散度。

三是目前与长远的矛盾。在调查中，我们发现在财政资金投向上存在着顾此失彼的现象，出现了一些偏差。目标上有偏差，一些地方发展产业走入了误区，没有牢牢把握农村特色产业根本，而是跑偏了。时限上有偏差，国家着眼于长远利益，但少数乡镇对周期短、见效快的项目热情高、干劲大，而对周期长、见效慢的项目积极性和主动性不高，造成重复投资、同质化竞争现象突出，影响了脱贫攻坚和乡村振兴有效衔接。

四是系统性与碎片化的矛盾。实现巩固拓展脱贫攻坚成果同乡村振兴有效衔接，既涉及农村软硬环境的改善，又涉及各个产业领域和有关部门，需要规划的科学性、实施的连续性、管理的协调性。从调查的情况来看，在一些地区和部门出现了规划缺乏“一盘棋”意识的情况。有的不立项、不论证，项目跟着上级意志走；有的随意立项，实施中随意更改。

面对目前财政资金投入及使用的困境，可以尝试利用资金整合更好地推进乡村振兴的进程，具体可以从以下四个方面进行优化。

第一，加快对涉农领域财政事权和支出责任的合理划分。财政事权的合理划分是现代财政制度有效运转的基础和支撑，是理顺政府间财政关系的逻辑起点和前置条件，有利于正确处理政府与市场、与政府之间的关系，充分发挥市场在资源配置中的决定性作用，更好发挥政府作用。在合理划分财政事权的基础上，按照“谁的财政事权谁承担支出责任”的原则，确定各级政府支出责任，从而实现支出责任与财政事权相适应。

第二，推进财政涉农资金的实质整合。本文的研究显示，贫困县财政涉农资金整合政策具有显著的增产效应，因此，必须常态化、制度化推进财政涉农资金的实质整合。一是结合涉农领域财政权责划分和转移支付制度改革，从预算编制的源头环节上加大对中央各类涉农资金项目的清理、整合力度，最大限度减少交叉重复、多头管理问题。二是将审批权下放范围由贫困县扩大至全国范围，赋予地方政府更大的涉农资金使用自主权，充分发挥其在乡村产业振兴中的实施主体作用。

第三，推动地方涉农部门职责的分工协调。中央政府负责财政事权和支出责任的确认和划分，地方政府需要在中央授权范围内履行相应的财政事权和支出责任，具体则需要地方各级政府部门按照职责分工协作落地执行。一是加快机构改革后部门内部的配套制度建设。二是充分发挥各级党委农业农村委员会或农村工作领导小组的议事协调作用，带动地方各级涉农部门统筹推进“三农”工作。

第四，深化地方各级政府预算管理制度改革。一是全面实施预算绩效管理，为财政涉农资金的合理配置提供可靠的数据支撑。二是积极稳妥有序推进预算信息的过程及结果的全面公开。三是落实财政监督职责，着力强化人大审查监督职能。未来应以合规管理与绩效管理并重，不仅需要发挥人大对预算编制、预算审批和预算执行等环节合规性的强力约束作用，确保预算的法定效力；还需要依托预算绩效的全过程管理，落实好财政监督职责，强化人大对支出预算和政策的审查监督职能，做好重点项目绩效目标和绩效评价结果的部门反馈与应用。

在过渡期结束后，财政扶贫资金应根据乡村振兴的实际需求，科学调整使用方向，从产业发展、基础设施、社会服务、生态保护、农村治理和金融服务等多个方面入手，全面提升农村经济、社会和生态环境水平，实现乡村振兴的总体目标。

①支持产业发展，促进农村经济多元化，增加农民收入。投资发展符合地方优势的特色农业、畜牧业、林业等产业。通过提供技术支持、培训和市场推广，提升产品附加值。支持农产品初加工和深加工项目，延长农业产业链，提高农产品市场竞争力。开发具有地方文化特色的乡村旅游项目，促进旅游业发展，带动当地服务业和手工业发展。

②改善基础设施，提升农村生产生活条件，促进城乡协调发展。加强农村道路建设和维护，改善农村交通条件，便利农产品运输和人员流动。投资建设和维护灌溉系统、防洪工程和饮水安全工程，保障农业生产和居民生活用水安全。夯实农村数字基础设施建设，提升农村信息化水平，促进电商和信息服务业发展。

③提升社会服务能力，提高农村教育、医疗、文化等公共服务水平，增进农民福祉。改善农村学校硬件条件，提升教学质量，开展职业教育和技能培训，培养新型职业农民。加强农村医疗卫生基础设施建设，完善基层医疗

卫生服务体系，提升医疗服务水平。支持乡村文化活动和文化设施建设，丰富农民精神文化生活，传承和弘扬乡村传统文化。

④推动生态保护与绿色发展，促进农村生态环境保护，实现可持续发展。支持退耕还林还草、荒山绿化、水土保持等生态修复工程，改善农村生态环境。发展绿色有机农业，推广生态友好型生产模式，减少农业面源污染，保护生态环境。支持农村废弃物资源化利用和循环经济项目，促进资源节约与环境保护。

⑤加强农村治理与社会保障，提升农村治理能力和农民社会保障水平，维护农村社会和谐稳定。提高村级组织治理能力，推动村务公开和民主决策，加强农村法治建设，构建和谐乡村社会。充分发挥社会保障对共同富裕的兜底支撑作用，加快弥补社会保障的短板，发展养老服务、儿童及妇女福利事业，持续提高社会保障共享份额，统筹发展城乡社会救助制度，推进城乡社会救助服务均等化，合理配置城乡社会救助资源，加强低收入人口常态化救助，缩小城乡收入差距、促进低收入人口共享改革发展成果、实现共同富裕。

⑥推进农村金融服务，提供充足的金融支持，促进农村经济发展。以数字普惠金融为基础，扩大农村地区信贷规模，降低贷款门槛和成本，提升农民金融服务可及性，为农村创业和产业发展提供资金支持。稳步扩大大宗农产品保险覆盖面，加大政策支持力度，继续扩大农业保险标的范围，试点开展“保险+期货”项目；继续加大财政支持力度，扩大中央财政补贴目录，增强产品和服务的吸引力，不断提高农户投保率，更好满足农业现代化的保障需求。

主要参考文献

[1] 陈鹏，李建贵. 财政支农资金的减贫增收效应分析[J]. 西北农林科技大学学报（社会科学版），2018，18（5）：137–145.

[2] 程国强，朱满德. 中国工业化中期阶段的农业补贴制度与政策选择[J]. 管理世界，2012（1）：9–20.

[3] 程俊杰，吕小军，郑江淮. 财政支农资金整合的动因：以江苏省为例[J]. 财政研究，2010（6）：62–64.

[4] 陈刚. 法官异地交流与司法效率来自高院院长的经验证据[J]. 经济学（季刊），2012，11（4）：1171–1192.

[5] 杜辉. 财政涉农资金整合视域下现代农业发展路径探究黑龙江省“两大平原”地区的经验与启示[J]. 学术交流，2019（6）：93–100+192.

[6] 都阳，封永刚. 人口快速老龄化对经济增长的冲击[J]. 经济研究，2021（2）：71–88.

[7] 桂华. 村级“财权”与农村公共治理基于广东清远市农村“资金整合”试点的考察[J]. 求索，2018（4）：45–52.

[8] 黄季焜，王晓兵，智华勇，黄珠容，SCOTT ROZELLE. 粮食直补和农资综合补贴对农业生产的影响[J]. 农业技术经济，2011（1）：4–12.

[9] 王亚芬，周诗星，高铁梅. 中国财政支持“三农”政策的影响效应研究[J]. 财经问题研究，2015（9）：85–92.

[10] 王艺明，刘志红. 大型公共支出项目的政策效果评估以“八七扶贫攻坚计划”为例[J]. 财贸经济，2016，37（1）：33–47.

[11] 肖卫，肖琳子. 二元经济中的农业技术进步、粮食增产与农民增收——来自2001—2010年中国省级面板数据的经验证据[J]. 中国农村经济，2013（6）：4–13+47.

[12] 杨莎莉，张平竺. 企业微观视角下增值税转型的政策效应分析——基于双重差分DID模型的研究[J]. 中国经济问题，2014（4）：3–12.

[13] 尹志超，郭沛瑶，张琳琬. “为有源头活水来”：精准扶贫对农户信贷的影响[J]. 管理世界，2020（2）：59–71+194+218.

[14] 杨浩，庄天慧. 巩固拓展脱贫攻坚成果同乡村振兴衔接质效评价与优化路径[J]. 华南师范大学学报（社会科学版），2023（3）：31–45.

[15] 杨雍哲. 关于《国家八七扶贫攻坚计划》[J]. 管理世界，1995（01）：4–8.

[16] 郑新业，王晗，赵益卓. “省直管县”能促进经济增长吗？双重差分方法[J]. 管理世界，2011（8）：34–44+65.

[17] 郭俊华，王阳，冯雪. 中国式现代化视阈下巩固拓展脱贫攻坚成果同乡村振兴双向嵌入的逻辑及路径研究——以陕西为例[J].西安财经大学学报，2024，37（4）：108–118.

[18] Khan, H. Sectoral growth and poverty alleviation: A multiplier decomposition technique applied to south Africa, 1999.

[19] Mora R, Reggio I..DIDQ:A command for treatment–effect estimation under alternative assumptions [J]. Stata Journal, 2015, 15(3):796–808.

信息技术减贫机制与政策研究*

2021年以来，我国减贫事业迈向了新的历史阶段。尽管在整体上消除了绝对贫困，但是相对贫困和多维贫困的长期存在，依旧制约我国有效巩固拓展脱贫攻坚成果和实现乡村全面振兴战略目标。信息技术作为新质生产力的重要组成部分，被视为提高生产效率和推动生产方式变革的有效手段。因此，如何在全面建成小康社会后通过信息技术助力相对贫困治理，实现乡村全面振兴和共同富裕，成为当前我国“三农”问题研究与实践的重要课题。基于此，本报告旨在探索信息技术在我国农村减贫实践中的成效、机制与不足。

---

* 本报告是清华大学中国农村研究院青年课题“信息技术减贫机制与政策研究”的研究成果，报告观点仅代表课题组的看法。课题负责人：张鹏龙，清华大学公共管理学院副教授。报告执笔人：张鹏龙、胡羽珊、钟建乐、韩天阔。

一、信息贫困一般机理和信息技术减贫的理论分析

（一）信息贫困的一般机理分析

1. 物质贫困导致信息贫困

已有大量研究表明，物质贫困将会提高人们获得信息的难度。在信息时代，物质贫困是导致社会出现信息鸿沟的重要原因之一，主要体现在以下四个方面。

第一，贫困地区的公共信息基础设施可及程度较低。贫困地区通常是根据当地居民的人均纯收入过低或贫困率过高来定义的。这些地区往往经济发展滞后，难以依靠自身力量进行必要的公共信息基础设施建设，这意味着居住在这些地区的人们在获取有效信息时面临着更大的障碍。

第二，贫困人口获取信息的意识或意愿较为匮乏。一方面，贫困人口往往由于经济条件的限制，没有接受过系统的教育且长期生活在“熟人社会”。与非贫困人口相比，他们可能没有意识到信息在当今世界发展中扮演的重要角色，获取和利用信息的意识较为匮乏。另一方面，部分贫困人口在一定程度上存在着“精神贫困”的现象。他们知道获取信息并从信息中寻找机会，可以帮助摆脱贫困陷阱。然而，受到“等靠要”思想的影响，他们缺乏主动脱贫的意愿和动力，因而不愿意主动获取信息。

第三，贫困人口利用信息的能力有待提高。首先，贫困人口的信息获取和处理能力相对较弱，这使得他们在面对海量信息时可能无法有效识别信息的可信度和重要性，从而错失利用一些信息的机会。其次，贫困人口的经济条件薄弱，无法购买更新的通信设备或支付高昂的信息获取成本。最后，生活在少数民族地区的贫困人口，往往处于多元文化和多语言环境中，语言障

碍和文化差异阻碍他们理解和应用信息。

第四，贫困地区应用信息技术存在制度性障碍。首先，尽管国家层面制定了推动农村信息化的政策，但在地方政府执行过程中，由于财政压力、官员的政绩考核机制等种种原因，地方政府可能更倾向于支持能够快速带来经济效益的城市信息化项目。相较于城市而言，农村地区的信息化政策执行力度和资金投入往往有所欠缺，信息化进程缓慢。比如，电信运营商在基础设施建设上更倾向于人口密集、经济回报率高的城市地区，而非地形复杂、人口分散、维护成本高的农村地区。其次，农村信息化的市场潜力巨大，但由于市场化机制不完善，缺乏有效的商业模式和市场需求，企业和社会力量难以获得与投入相匹配的回报，由此导致其参与农村信息化建设的积极性受挫（王亚华、关长坤，2023）。最后，有关信息化的法律法规尚不完善，对于信息技术的推广、应用、保护等方面而言，现行法律规定存在明显不足，权责不清、管理分散等问题较为突出。这影响了信息化进程的规范化发展，制约了信息技术在农村地区的应用。

2. 信息贫困导致物质贫困

反过来说，信息鸿沟也是重要的致贫原因。一方面，无法及时获取有效信息可能会使得贫困人口无法抓住部分跳出贫困陷阱的机会。另一方面，无法及时获取有效信息还可能会使得贫困人口作出一些错误的决策，导致自身发展状况的恶化。

（1）信息鸿沟导致的收入贫困

首先，信息鸿沟影响贫困人口工资性收入的路径如下。第一，信息鸿沟使得贫困人口难以获得工作岗位的招聘信息，导致他们无法高效地进入劳动力市场，难以获取有关劳动力市场和职业发展的动态信息，无法获得均衡有效的工资。第二，信息鸿沟限制了贫困人口获取教育和培训的机会，这使得他们的人力资本普遍偏低，在就业市场上面临更大的竞争压力，难以获得更高的工资收入。

其次，信息鸿沟影响贫困人口农业生产经营性收入的路径如下。第一，信息鸿沟使得贫困人口无法及时获取市场信息，难以了解市场需求和价格趋势，从而限制了他们的销售机会。第二，信息鸿沟会限制贫困人口获得学习先进农业技术和知识的机会，使得他们的农业生产效率持续处于较低水平。第三，信息鸿沟会导致贫困人口无法获得及时的农业贷款金融服务，使他们很难进行前期投入需求大的农业生产经营活动。

再次，信息鸿沟影响贫困人口财产性收入的路径如下。第一，信息鸿沟限制了贫困人口进行创业和投资的能力。贫困人口无法获得市场需求、商业模式和融资渠道等关键信息，也就无法开展创业和投资活动。第二，信息鸿沟也限制了贫困人口获得金融服务的机会，这使得他们无法利用金融工具来增加自己的财产性收入。第三，信息鸿沟使得贫困人口无法在互联网上出租房屋获得租金，也无法与旅游扶贫有效结合。

最后，信息鸿沟影响贫困人口转移性收入的路径如下。由于信息鸿沟可能导致贫困人口的工资性收入、农业生产经营性收入和财产性收入受到负面影响，政府可能会提高对贫困人口的转移支付力度，以保证贫困人口满足正常生活的基本标准。信息鸿沟可能影响贫困人口获取转移性收入的能力。如果贫困人口无法获取到相关的政策信息，他们可能不知道如何申请、获取并合理使用转移性收入。

（2）信息鸿沟导致的多维贫困

首先，信息鸿沟影响贫困人口受教育水平的路径如下。第一，信息鸿沟可能会使得贫困人口无法获得依赖于网络连接和数字设备的教育资源，从而造成了受教育机会的不平等。第二，信息鸿沟会使得贫困学生在接受教育时面临更大的负担。他们可能需要额外的支出来获得必要的教育资源，这种经济负担使得他们无法与其他家庭的孩子在教育资源上竞争，从而影响了他们的受教育水平和未来的发展机会。

其次，信息鸿沟影响贫困人口享受医疗服务的路径如下。第一，信息鸿沟使得贫困人口无法获得有关健康知识和预防措施的信息，他们往往没有机会接受相关的健康教育和培训，无法了解急救知识、疾病预防和控制的方法。

第二，信息鸿沟导致贫困人口的医疗需求得不到及时满足，贫困人口往往因为缺乏信息，对于自己的健康问题难以及时寻求医疗帮助尤其是线上医疗帮助。第三，信息鸿沟使得贫困人口无法获得合理价格的医疗资源，在信息不对称的情况下，贫困人口容易被不法商家或医疗机构侵权，如故意提高价格或提供低质量、虚假的医疗产品和服务。

最后，信息鸿沟影响贫困人口享受安全住房的路径如下。第一，信息鸿沟使得贫困人口无法及时了解到住房市场的变化以及政府推出的住房保障政策，从而错失了很多住房改善的机会。第二，在信息鸿沟的影响下，贫困人口往往无法正确评估住房价格，也缺乏与房东进行有效沟通和协商的能力。由此，他们容易成为不法分子的欺骗对象，其住房权益容易受到侵害。第三，信息鸿沟会导致缺乏金融信息的贫困人口难以获得低息贷款或相应的金融服务，进而使得购房或改善居住条件的机会更加有限（见图 1）。

图1　物质贫困和信息贫困之间的关系

资料来源：作者自制。

需要突出关注的是，因缺乏信息返贫致贫是一个动态的长期性现象。随着科技的快速发展，信息贫困问题日益凸显，对贫困人口的生活和发展产生了深远的影响。不同于针对大多数致贫原因可以对症下药、一步到位的精准扶贫政策，要想解决因缺乏信息而致贫返贫的问题，需要政府、村庄、贫困个体共同努力。然而，回望过去可以发现，人类在过去的一百年中经历了难以想象的技术变革，在飞速发展、不断变革的信息技术背景下，信息生产、传播和获取方式也在不断变化，信息量也随之爆炸性增长，而信息基础设施建设、部分人群的信息获取能力和意识的培养总是落后于技术变革的，这意味着信息贫困可能存在并将长期存在。因此，解决信息贫困问题需要持续努力和创新，不断适应科技发展的趋势，确保贫困人口能够跟上时代的步伐，享受到科技进步带来的红利。

（二）信息技术减贫的理论分析

本报告关注的信息贫困是一种横贯外部致贫因素和内部致贫因素的贫困。这种贫困问题不仅仅是因为外部环境的限制，如经济、社会、文化等因素，还因为贫困人口自身缺乏必要的技能和资源，难以实现自我发展和脱贫（张聪颖等，2021）。为了应对这类贫困问题，政府需要采取综合性的策略。一方面，政府通常通过提供公共服务与公共物品的方式以增加贫困群体摆脱困境的机会。另一方面，政府需要同时培育贫困人口的内生发展动力和内生发展能力，进而使其能应用好政府提供的公共产品。已有研究将信息技术对居民收入影响分为“技术效应”和“信息效应”两个维度。技术效应指的是信息技术聚合生产要素所带来的劳动技能和劳动生产率提升。信息效应指的是信息技术整合碎片化信息资源，有利于个体对市场信息的获得和筛选（王亚华、李星光，2022）。

就“技术效应”而言，信息技术具有辐射效应强的优势，能够起到为贫困人口积累人力资本和加强技能培训的作用，在一定程度上分享市场扩张成果，实现收入增长（何小钢等，2019）。例如，互联网电商扶贫已经逐渐成为一种新型的扶贫方式并被广泛采用。通过互联网电商平台，贫困地区的农产品可以迅速销往全国各地甚至国际市场，拓宽了销售渠道，提高了农产品的附加值。这不仅帮助农民增加了收入，还促进了当地经济的发展。然而，这种模式也存在一些问题，如张磊和韩雷（2017）的研究结果表明，互联网电商扶贫虽然显著提升了城乡居民收入水平，但也扩大了城乡间和地区间的收入差距。这可能是由于互联网电商平台上的竞争更为激烈，贫困地区由于信息不对称和基础设施落后，难以与发达地区竞争，从而导致收入差距的扩大。

就“信息效应”而言，有学者发现农户使用互联网可以有效降低非农劳动力市场中的信息摩擦和搜寻成本，从而增加非农就业（Hu et al.，2022）。在传统劳动力市场中，信息不对称和信息获取成本高是导致劳动力资源配置效率低下的主要原因之一。然而，互联网的使用使得农户能够更加便捷地获取就业信息，了解不同地区的就业需求和薪资水平，从而降低了他们在非农劳动力市场中的信息摩擦和搜寻成本。这有助于农户更好地匹配自己的技能和市场需求，提高就业效率，增加非农就业机会。

尽管信息技术的发展为全球带来了前所未有的经济增长和社会进步，但学术界对于信息技术使用对个人收入的影响仍存在争议（Krueger，1993）。一些学者认为，信息技术能够提高劳动生产率，促进经济增长，从而提高个人的收入水平（刘生龙等，2021）。另一些学者则认为，信息技术的发展可能会加剧收入不平等，因为信息技术对不同群体的影响是异质的，其可能受到包括人力资本、制度环境在内的多种因素影响。

党的二十大报告指出，全面建设社会主义现代化国家，最艰巨最繁重的任务仍然在农村。要拓宽农民增收致富的渠道，巩固拓展脱贫攻坚成果，增强脱贫地区和贫困群众内生发展动力。因此，科学地解构、审视和拓展诸如互联网、人工智能和大数据等新兴信息技术在农村减贫中的功效是其中的关键。但信息技术天然存在“马太效应”，即其在拉动个体收入增长的同时，极有可能会造成整体收入差距的扩大，对相对贫困治理产生负面效果。因此，从“收入和能力”双重视角的研究不仅有利于理解信息技术减少贫困背后的运行逻辑、刻画农村居民减贫增收的内在机理、总结各类信息技术对农村减贫差异化的影响效果、回应国家治理体系和治理能力现代化的战略要求，而且对在“共同富裕”背景下优化信息技术在扶贫中的应用，制定更有针对性的减少农村相对贫困政策具有重要借鉴意义。

二、信息技术减贫的前置条件：信息基础设施建设

（一）建立贫困村通宽带台账，掌握信息基础设施分布现状

第一，通宽带台账是记录和跟踪贫困村宽带网络建设情况的重要工具。该台账使得政府和社会各界能够了解贫困村的宽带接入情况，并为未来发展和改进提供依据。台账中包括的信息如下：贫困村基本信息部分详细记录了贫困村的人口、贫困状况和地理位置等基本信息；宽带网络信息部分记录了提供宽带服务的运营商名称、网络覆盖范围、网络设施接入情况和居民支付方式等关键信息；政策支持信息部分记录了政府为宽带网络建设提供的建设资金量或其他政策信息；网络问题信息部分记录了宽带网络可能存在的问题及问题的发生、持续时间。

第二，建立贫困村通宽带台账的工作流程涉及数据收集和分析、政策制定和持续维护等多个环节。首先是数据收集和分析，政府首先对贫困村通宽带的基本情况进行调查摸底和数据录入，并基于此对贫困村宽带网络建设的现状进行深入分析，为政策制定提供依据。其次是政策制定，政府根据分析结论，制定相应的政策扶持措施。这些政策可能包括资金支持、技术指导、人才培训等，旨在加快贫困村宽带网络的建设，提高网络覆盖率和使用率。最后是台账信息的定期更新、核实和备份。政府需要定期更新并核实备份贫困村通宽带台账，确保信息的准确性和完整性。尤其需要注意的是，政府需特别注意台账相关信息的保密性。

第三，建立贫困村通宽带台账的优势。首先，政府可以对贫困村的宽带网络情况进行详细记录，包括覆盖区域、通信速度、网络设施等关键信息。这些数据有助于政府全面了解贫困村的网络状况和通宽带的需求，为后续的

政策制定和资源配置提供基础。其次，台账中的问题记录可以帮助政府和运营商及时发现宽带网络运行的问题。政府和运营商可以针对这些问题，制定解决方案，提高网络和宽带服务质量。最后，建立台账有助于政府加强对贫困村宽带网络建设和运营的管理监督。政府可以定期检查台账，了解贫困村宽带网络的运行情况，确保政策的有效实施。同时，政府可以利用台账中的数据，对运营商的服务质量进行评估，促进运营商提高服务水平。

（二）推进光纤宽带网络延伸和5G网络覆盖，加快信息基建

有助于推进光纤宽带网络延伸的政策包括：第一，建设光纤骨干网。在贫困村周边建设光纤骨干网，将贫困村与城市及其他地区相连接。这需要政府投入资金和技术力量，包括铺设光纤电缆、架设传输塔和建设传输设备。第二，建设村级接入网络。在贫困村内部建设村级接入网络，将光纤网络延伸到每户家庭。这需要政府在贫困村内部铺设光纤电缆，并建设光分配器和终端设备，使每户家庭都能接入光纤宽带网络。第三，提供宽带套餐。为了促进光纤宽带网络的普及，政府可以提供价格合理、速度稳定、流量充足的宽带套餐，以满足居民的上网需求。第四，设立专项资金。政府通过设立专项资金用于推进建档立卡贫困村光纤网络建设。此外，还优先安排电信普遍服务结余资金用于贫困村网络建设。这些资金的投入，可以确保贫困村光纤网络建设的顺利进行，加快贫困村宽带网络的发展。

有助于推进 5G 网络覆盖进程的政策包括：第一，加大对电信运营商的扶持力度。政府可以通过提供税收优惠、财政补贴、土地使用权等政策，鼓励电信运营商在贫困地区进行 5G 基站建设，进而提升网络覆盖的质量和范围。第二，鼓励多元主体参与。政府可以鼓励私营企业、社会组织等多元主体参与贫困村 5G 网络建设。这些主体可以通过投资、捐赠、志愿服务等方式，与政府共同承担网络建设的成本，加快网络建设的进程。第三，关注基础设施建设的衔接。在加快贫困村 5G 网络覆盖进程中，政府需要关注其与基础设施

建设的衔接。要确保网络供电充足、网络覆盖范围内基站和传输设备的正常运行，以保障 5G 网络的质量和覆盖范围。第四，提供培训和技术支持。政府可以提供培训和技术支持，帮助贫困村居民了解和使用 5G 网络。这包括提供智能手机、流量卡等设备的补贴，以及开展 5G 网络使用的培训课程。第五，加强监管和评估。政府需要加强对贫困村 5G 网络建设的监管和评估，确保网络建设的质量和进度。

三、信息技术减贫的主要内容：网络应用助力摆脱贫困陷阱

（一）信息技术应用提高扶贫工作的精确性和工作效率

以互联网为信息平台、以计算机为信息处理载体的信息技术，为精准扶贫提供了强大的技术支撑。政府可以通过大数据和数据分析、互联网和移动技术、云计算和人工智能等方面的应用，实现对贫困地区和贫困人口的精准识别、精准帮扶、精准评估和精准监管。第一，通过对贫困人口和地区的精准识别，政府可以有针对性地制定扶贫政策。第二，通过对贫困人口的精准帮扶，政府可以确保扶贫政策真正惠及每一个贫困家庭，并为下一步的扶贫工作提供参考。第三，信息技术的应用还可以实现对扶贫措施的精准评估和精准监管，进而提高精准扶贫的效率。

案例 1：贵州云体系

贵州凭借国家政策支持、地理条件优越、气候环境适宜、电力价格低廉等优势条件，成为我国首个国家大数据综合试验区。贵州的“云上贵州”已经形成了“一云统揽”的新体系，承载了贵州省、市、县政府部门的全部应用系统，实现了系统之间的网络通、应用通和数据通。这种高度集成的云计

算平台，极大地提高了政府工作效率，实现了政务信息资源的共享和协同，为贵州省的经济社会发展提供了强有力的技术支撑。在大数据、大扶贫、大生态战略思想的指导下，贵州运用互联网和大数据技术，建立了以“精准扶贫云”为核心的综合支撑平台。这个平台通过收集、分析和利用大量的扶贫数据，实现了对贫困人口的精准识别、精准帮扶和精准管理，为脱贫攻坚提供了基础性数据和技术服务。

围绕“精准扶贫云”，贵州还建立了“教育云”“农业云”“电子商务云”“医疗健康云”等平台，这些平台与“精准扶贫云”相互连接，形成了一个全面、系统的数据生态系统。在这个生态系统中，政府、企业和社会各界可以共享数据资源，共同推动贵州的发展。在不同领域的云平台上，贵州积极发挥大数据和互联网技术的作用，政府的扶贫部门通过精准识别和统计贫困人口、运用大数据协助各类扶贫机制，有效推动脱贫攻坚工作。总体而言，“云上贵州”实现了对贫困人口的精准识别和帮扶，推动了脱贫工作由传统的“输血式”扶贫向“造血式”扶贫的转变。它还提高了脱贫工作的效率和准确性，为相关政策和资源的管理提供了科学依据。“云上贵州”的应用对于贵州省的脱贫攻坚工作具有重要意义，为实现全面脱贫目标提供了有力支持（见图2）。

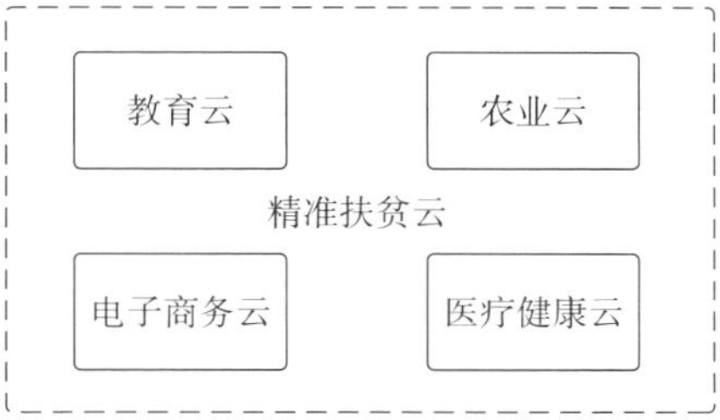

图2　贵州精准扶贫云体系

资料来源：作者自制。

（二）信息技术应用推动农村产业经济发展

农村产业发展是农村地区实现经济增长和助力贫困人口脱贫的重要途径。

传统的农业模式受到资源有限、市场竞争激烈和利润低下等瓶颈制约。信息技术的运用为农村经济发展带来了新的机遇。直播带货是一种通过直播平台推广和销售农产品的模式。农民通过直播平台展示自己的农业产品、生产环境、质量保障等，与消费者进行实时互动，并在直播后进行交易。这种模式既解决了农产品销售渠道有限的问题，还通过实时展示的方式提高了消费者对农产品的信任度（曾亿武等，2021）。

农村旅游业是农村地区实现经济多元化的重要方式之一。信息技术应用为农村旅游业发展带来了新的机遇。首先，互联网平台的宣传和推广使农村旅游服务得到了广泛传播。通过利用好搜索引擎、社交媒体、旅游网站等渠道，农村旅游景点的知名度和吸引力得到了提高，吸引更多游客前来体验。其次，在线预订和支付功能使得消费者可以更加便捷地选择和购买农村旅游服务。消费者可以在家中轻松地预订旅游行程、支付费用，无须亲自前往旅行社或旅游景点进行烦琐的预订和支付流程。最后，直播平台为农村旅游服务者提供了一个与游客实时互动的平台。通过直播，农村旅游服务者可以向游客展示景点的风景特色、乡土气息，回答游客的问题，提供个性化的旅游建议。这种互动方式增强了游客对农村旅游景点的兴趣和信任，提高了游客的参与度和满意度。

案例 2:“十里桃花”淘宝村——解桥村

“淘宝村”作为一种典型的乡村电商发展模式，直接推动了农村产业经济的发展，在城乡发展和治理方面也具有重要意义。淘宝村的发展在一定程度上逆转了城乡之间单向的人口、资金流动，让资金和人口开始由城市向乡村流动，为乡村振兴提供了一种新的可能性。作为淘宝村的典型案例之一，解桥村位于中国花木之乡新河镇，该村从 1999 年开始发展干花产业，在 2006 年建成了全国首家干花产业园，2007 年开始在淘宝网上销售干花产品，在 2014 年获评淘宝村。

解桥村成为“淘宝村”的原因主要包括已有产业的基础支撑和村内致富带头人的示范和引领作用。一方面，解桥村所在的沭阳县作为花木种植的重要基地，拥有丰富的花木资源和成熟的干花制作技术。另一方面，作为干花行业的带头人，致富带头人张展通过观察市场和产品需求，早在20世纪90年代便发现了干花市场的商机，并在2007年开始尝试淘宝电商，开发出了“麦穗花”“桃花树”等一批得到市场广泛认可的产品。不仅如此，淘宝还为解桥村的农民销售干花产品提供了一个线上平台。因此，解桥村干花产品可以对接到全国乃至全球的市场，在拓宽了销售渠道的基础上还提高了产品的品牌知名度和附加值。

案例3：甘孜DOU是好风光

“山里DOU是好风光”项目让更多人通过抖音了解、寻找和体验旅游景点的自然风光和人文环境。该项目成功地利用了信息技术和大数据，有效地宣传了乡村的旅游资源，发展了乡村旅游产业，进而提升了村民收入，最终为乡村减贫和全面振兴工作带来了积极影响。在甘孜州文旅局指导下，字节跳动公益与抖音生活服务联合发起了“甘孜DOU是好风光”项目。该项目聚焦乡村的“人、文、旅”，整合“人、货、场”，与甘孜州合作探索乡村文化和生态资源的创新价值形式，推动甘孜州乡村文旅产业的持续健康发展，助力扶贫事业发展。

一方面，连接海量用户的“KOL+内容+用户+旅游供应商”的旅游产业宣传重心集中于乡村的“人、文、旅”。活动期间，抖音除了派遣专业内容团队去当地采风并生产优质内容，还发起了全民创作活动，加大流量倾斜力度，帮助甘孜增加知名度和曝光度。宣传达人的直播以独特的文旅内容为引导，囊括了周边酒店民宿、特色餐饮等消费场景，通过线上线下的内容场景联动，引导用户进行线下的消费体验，从而实现从流量场到生意场的转变，助力乡村振兴跑出加速度。

另一方面，“人、货、场”的整合工作始于抖音团队对乡村文旅达人的发掘和对商家的宣讲培训。抖音团队在活动预热前协助甘孜乡村文旅从业者掌握抖音平台上的创作技巧和生活服务直播玩法，了解当前文旅行业的发展趋势，并在此基础上建立甘孜本地内容生态，打造一站式游玩攻略，围绕“吃住行游购娱”的核心，展开实地游玩和记录。不仅如此，依托产品地理位置信息功能，抖音帮助甘孜特色商户得到更多用户的关注和选择。抖音还对旅游扶贫目的地进行官方认证，可以让用户更容易找到和选择正规的、值得信赖的旅游目的地和服务，增加用户对当地文旅服务的兴趣。

（三）信息技术应用帮助贫困人口就业并提升内生发展动力

就业难是制约贫困人口发展的重要因素。在传统农村地区，由于就业渠道有限，农村劳动力过剩问题严重，使得许多农村居民难以找到稳定的工作，增加了贫困的发生率。然而，信息技术的应用为农村劳动力创造了更多的就业和创业机会，为解决这一问题提供了新的途径（宁光杰等，2023）。一方面，基于信息技术的在线平台为农村居民提供了多元化和弹性的就业选择，提高了农村就业机会的数量和质量。例如，电子商务平台为农村居民提供了销售农产品和手工艺品的机会，使他们能够直接对接全国乃至全球市场，增加收入来源。同时，远程办公和在线工作也成为可能，农村居民可以通过网络平台找到与自己技能和兴趣相符的工作，实现灵活就业。另一方面，信息技术的普及和应用提高了农村居民的信息获取和沟通能力，有助于他们提升就业竞争力，在劳动力市场上取得更好的就业结果。通过互联网和移动技术，农村居民可以了解最新的就业信息、市场动态和职业技能要求，提升自身的就业竞争力。

然而，尽管信息技术的应用为农村劳动力创造了更多的就业和创业机会，但对于贫困人口劳动生产率的影响尚不明显（张鹏龙等，2024）。这是扶贫政策下一步关注的重点，政府和社会各界应加大对信息技术培训和支持的力度，提高贫困人口的信息技术应用能力，促进他们在就业和创业方面取得更好的成果。同时，还需要加强贫困地区的网络基础设施建设和信息化服务供给，确保贫困人口能够充分享受到信息技术带来的机遇（见图 3）。

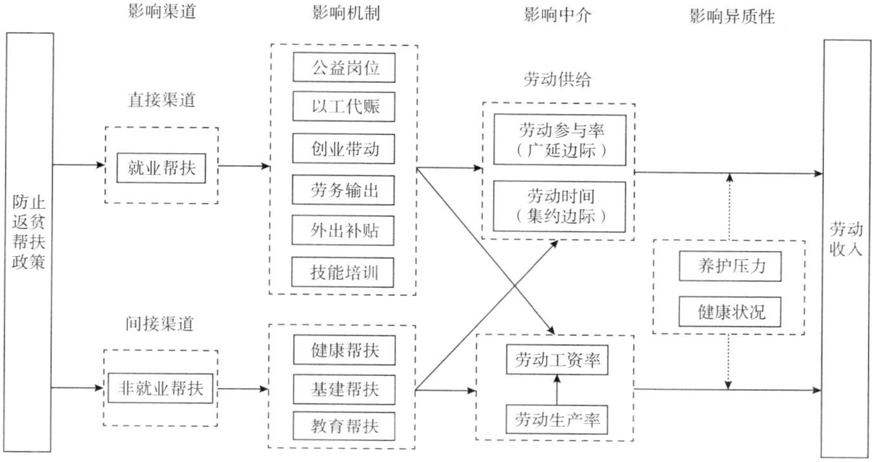

图3　防止返贫帮扶政策对农村易返贫致贫群体内生发展动力的影响分析框架

资料来源：作者自制。

案例 4：快手“快聘”——直播带岗

快聘是中国知名的短视频平台快手旗下的招聘服务平台。作为快手生态系统的一部分，快聘积极响应国家号召，重点关注蓝领劳动者、退役军人、残疾人等群体，为他们搭建起全新的就业渠道，实现更精准的岗位匹配，为招聘方和求职者提供在线招聘和求职工具。快聘具有多样化的招聘渠道和便捷的求职招聘流程。通过将短视频平台和招聘平台的优势相结合，快聘实现了精准的职位推送和广告投放，增大了招聘信息的覆盖范围和准确性。在确保招聘信息真实性和用户安全的前提下，快聘为求职者和雇主提供了便捷、安全和高效的求职招聘环境。

在求职端，相较于以往由政府主导的外输劳动力就业模式，快聘这一直播带岗的新业态降低了贫困人口在求职过程中的成本。一方面，直播带岗使劳动者和招聘者在线上即可取得联系，这降低了劳动者的求职经济成本，提高了就业的灵活性和便利性。另一方面，快聘会根据求职者的用户画像进行各种招聘岗位的精准推送，结合地域、岗位等多种匹配策略，做到公域流量精准推送给目标求职人群，加强招聘匹配度，降低了劳动者求职的时间成本。

在招聘端，快聘开发了便捷的简历管理后台功能。第一，分配简历给多个客服进行简历转化；第二，筛选符合岗位年龄、地区等标签简历；第三，已呼叫简历自动流转到“已沟通”；第四，自动过滤掉手机号“空错停”的简历。这些功能有助于招聘方更好地管理和处理大量的简历，从而提高招聘效率和成功率。

直播带岗的兴起是信息技术与各行各业融合的结果。快聘借助快手这一社区平台的社交属性和超强黏性，建立了一种基于信任关系的招聘环境。本报告认为，这种信任关系是直播带岗模式成功的关键。传统的就业模式由于参与链条长、环节多、成本高，存在大量黑中介和夸大宣传，导致信任关系难以建立，造成了信息不对称的问题。通过短视频和直播，快聘等平台向招聘市场注入了一种全新的信任关系。

（四）信息技术应用助力学龄人口接受教育

教育具有反贫困的基本功能，教育扶贫是阻断贫困代际传递的重要策略。在教育领域，贫困地区的教育资源相对匮乏，学校师资力量不足，教学设施落后等问题严重制约了农村学生的受教育水平。为了改善这一状况，现有的教育扶贫措施主要包括如“两免一补”“特岗计划”等，旨在补充贫困地区的师资力量并降低贫困学龄人口的入学门槛。然而，这些传统的教育扶贫措施仍然存在一定的局限性。

信息技术的引入为教育扶贫提供了全新的途径（陈超凡等，2022）。信息技术促进教育优质均衡发展的四种模式可以被概括如下。首先是双轨制数字学校模式，该模式依托数字学校平台，让中心学校的教师通过网络给教学点学生同步上课，解决农村教学师资短缺问题。其次是城乡互助双师模式，该模式借助信息技术由发达地区向落后地区提供优秀教师的教学视频，实现优质教师资源共享。再次是有组织的 MOOC 模式，该模式指的是学习者在有组织和约束的环境下学习，弥补 MOOC 学习中学习者无组织、无约束的不足。

最后是适切性数字资源全覆盖模式，该模式旨在使用高质量教学资源，帮助农村教师提高教学水平（见图 4）。

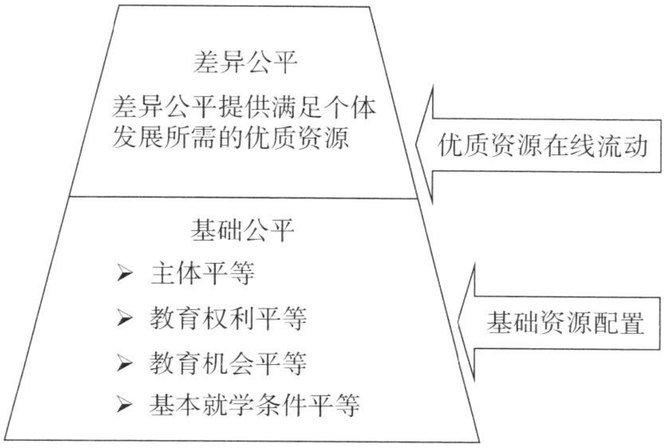

图4　信息化促进教育从基础公平到差异公平发展框架

资料来源：林攀登. 从基础公平到差异公平：信息化促进基础教育公平研究图景透视[J]. 中国教育信息化，2023（2）：101–111。

案例 5：江安中学—成都七中城乡互助双师模式

2000 年 4 月，成都七中和成都东方闻道科技发展有限公司共同发起成立了全国第一所高中学历远程教育学校——四川成都七中东方闻道网校。成都七中作为主持和执行单位，其一线骨干教师担任网校授课教师。网校开发了居于国内先进水平的 WD1.0 版多媒体同步教学系统，网校课程入选国家基础教育资源库，被中央教育科学研究所列为向全国推广的首选资源。网校直播班使用“四同时”的教学实现模式和“四位一体”的教学组织模式，即同时备课、同时授课、同时作业、同时考试，并由授课教师、把关教师、远端教师和技术教师等共同协作完成教学任务，以达到远端学生能够获取名校原汁原味教育资源的目标。

江安中学与成都七中的双师教育合作，本质上就是把传统学习方式的优势和数字化学习的优势结合起来。既要发挥教师引导、启发、监控教学过程的主导作用，又要体现学生作为学习过程主体的主动性、积极性与创造性。只有将这二者结合起来，使其优势互补，才能获得最佳的学习效果。近年来，凭借这样的双师教学模式，成都七中的直播班为江安中学的学子提供了优质的教育资源，许多学生考入了国内顶尖的高校。此外，江安中学也成功通过“外引 + 内生”的策略，最大化利用优质教育资源，通过培养本土教师的方式尝试解决师资缺乏问题。

案例 6：好未来“AI 老师智慧教育”项目

由于地理、历史、文化、民族等原因，少数民族聚居区形成了语言使用情况比较复杂的局面，极大地制约了贫困地区扶贫开发。对于本就缺乏优秀教育资源的少数民族地区而言，不会说普通话成为当地学生与外界交流学习的障碍，也阻碍了劳动力在市场中的流动，在一定程度上导致了代际的贫困传递。作为全国最大的彝族聚居县，四川省凉山彝族自治州昭觉县是国家级扶贫工作的重点县。在昭觉县，学生的普通话学习可能存在以下问题，如彝族人口占比高缺乏普通话环境、学前儿童普通话学习效果较差、教师普通话水平有限、大班授课难以进行个别纠正、教材不符合当地生活实际等。

针对这些问题，好未来集团学而思网校团队进行了调研，并推出了“AI 老师智慧教育”项目，为解决普通话教育问题提供针对性的教学系统和优质课程资源。通过对昭觉县的调研和需求分析，团队开发了针对学前儿童的 AI 普通话教学系统，让 AI 老师能成为当地带不走的普通话老师。根据不同学习场景，教学系统开发了 Windows、iOS、Android 等不同版本。PC 版本部署在幼儿园教学点及学校，手机移动版本部署在教师与家长的手机中。学生无论是在学校还是家庭环境中，都能借助该工具进行普通话的听说训练。

（五）信息技术应用改善农村贸易条件

贸易是农村贫困人口经营产业并创造收入的必要手段，贸易条件的改善将会在相当程度上帮助贫困人口和贫困地区走出贫困陷阱（胡羽珊、张鹏龙，2024）。具体而言，信息技术的应用改善农村贸易条件的路径有以下三条。第一，信息技术应用可以提高农村贸易市场信息的可获取性。首先，信息技术的发展特别是互联网和移动通信技术的普及，为农村地区的人口提供了获取市场信息的便捷途径。其次，通过信息技术，农村地区的生产者能够更容易地获取市场信息，从而作出更有利的生产和销售决策。最后，信息技术还使得农村地区的生产者能够更有效地管理供应链。通过使用 ICT 工具，可以优化库存管理、物流跟踪和订单处理，降低成本，提高生产经营效率。

第二，信息技术的应用可以降低农村贸易的成本，从需求端改善贸易条件。首先，信息技术降低了农村地区的交易成本。移动支付服务为农村商家和消费者提供了更便捷的支付方式。其次，通过电子商务平台，农村商家可以以低成本进行市场推广和销售，接触到更多的潜在客户。最后，信息技术的应用还可以降低农村地区的运输成本。通过使用 GPS 和物流管理软件，可以优化物流路线，减少货物的运输成本。

第三，信息技术的应用可以提高农村生产的效率，从生产端改善贸易条件。首先，信息技术提供了在线教育和培训的机会，帮助农村地区的商家和工人提高技能知识，从而提高产品和服务的质量。其次，使用农业信息技术，可以提高农业生产效率和农产品的质量。最后，信息技术还可以帮助农村地区的企业实现生产过程的智能化，降低生产成本。

（六）信息技术应用改善农村环境质量

环境质量是决定贫困人口生活质量的重要因素，环境质量过低可能会导致贫困人口"因病返贫致贫"（Wu and Zhang，2024）。信息技术的使用可以在以下几个方面改善农村环境质量。首先，信息技术中的物联网技术可以帮助建立农村空气质量监测网络和预警系统。通过安装空气质量和能源消耗传感器，实时监测农村地区的空气质量状况，及时发布空气质量预警信息，提醒农村居民采取相应的防护措施。其次，利用地理信息系统（GIS）和遥感技术，对农村地区的污染源进行定位和追踪。通过分析污染源的位置、排放强度和影响范围，制定有效的污染控制和管理措施，减少污染物的排放。最后，政府可以利用信息技术如互联网和社交媒体，开展农村环境宣传教育活动，提高农村居民的环境保护意识和参与度。通过普及环保知识，引导农村居民采取低碳生活方式，减少空气污染。

（七）信息技术应用引导高素质人才返乡

使用信息技术引导高素质人才返乡，可以发挥人力资本的外溢效应，带动乡村全面振兴。信息技术应用引导高素质人才返乡的具体路径包括：首先，政府可以建立农村地区的人才数据库，了解农村地区的人才资源，有针对性地开展人才引进和培养工作；其次，利用信息技术建立在线招聘平台，为农村地区提供招聘信息，并且通过这个平台，农村地区的高素质人才可以了解家乡的就业机会，选择返乡就业；再次，政府和企业也可以通过这个平台发布招聘信息，吸引更多的高素质人才返乡；最后，政府可以通过互联网和社交媒体等渠道，宣传和推广农村地区的优势和发展机会，提高农村地区的知名度和吸引力。

四、信息技术减贫的坚强后盾：组织保障型政策工具供给

（一）统筹协调型政策工具

政策制定和实施过程中，利益相关者之间往往存在利益冲突。统筹协调型政策工具的作用是在政策制定和实施过程中，提供一种协调不同政策目标、利益关系和利益相关者之间矛盾和冲突的方式。它们可以通过整合各种政策工具和政策资源，提高政策的可接受性和可持续性。对于信息技术减贫工作

而言，工信部下属各有关司局，工信部与其他部委、工信部与地方政府之间均建立了信息技术减贫工作的协调机制，建立了相关的工作台账，还会定期召开联席工作推进调度会议，共同研究和筹划推进信息技术减贫的有关工作。进一步地，为了提高政策的执行效率并克服执行痛点，在联席会议中，政府还会邀请社会各界的代表尤其是基层贫困村的第一书记来阐述自己对信息技术减贫政策的观点。

（二）监测考核型政策工具

监测考核型政策工具指的是政府通过收集和分析相关数据，根据一套完整的绩效指标体系对政策的各项指标进行监测和考核，进而判断政策是否达到了预期的目标和效果。第一，监测考核型政策工具可以帮助政策制定者了解政策的实际影响，及时发现存在的问题并作出相应的调整和改进，确保政策的顺利实施。第二，监测考核型政策工具可以提高政策实施的透明度，让公众和利益相关者了解政策的执行进度和执行效果。第三，通过对政策执行者的绩效考核，可以激励其积极履职，促进问责制的有效实施，提高政策的执行效率和质量。对于信息技术减贫工作而言，宏观上，政府进一步完善了电信普遍服务管理支撑平台，实现了对全国所有贫困村通宽带情况的全面监测，并且会在此基础上定期发布全国贫困村宽带覆盖率省级排名。微观上，政府加大了对网络扶贫实施方案落实进度的要求，将网络扶贫工作推进情况纳入扶贫干部年度述职。

（三）宣传引导型政策工具

宣传引导型政策工具指的是政府通过各种渠道，向公众传递相关政策的信息和理念，帮助公众了解政策的目的和内容，从而引导公众的行为和态度，使其更加认同和支持相关政策，最终推动政策的有效实施。除此之外，宣传引导型政策工具还可以通过沟通和互动，促进公众之间的交流和理解，增强社会共识和协同合作的意识，共同参与和支持相关政策的实施和推进。对于信息技术减贫工作而言，政府可以加大网络扶贫宣传力度，组织新闻媒体广泛宣传网络扶贫各项惠民富民政策措施，宣传先进典型，推广经验做法，形成常态化宣传工作机制。在国家扶贫日、世界电信日等重要时间节点，政府可以通过承办网络扶贫主题论坛、开展网络扶贫媒体行活动、协调三家运营商推送扶贫公益短信等形式，营造良好舆论氛围，擦亮“网络扶贫”名片。

五、信息技术减贫政策干预难点和信息技术减贫政策工具包设计

（一）信息技术减贫政策干预难点

贫困人口较难通过自身努力摆脱信息贫困和物质贫困之间的恶性循环，因此需要通过外部政策的有力干预，帮助扶贫对象摆脱这种困境。但政策干预本身也会面临一些潜在的难点，如果不能处理得当，这些困难会导致政策干预无法有效实施，或在干预过程中偏离预期。具体来说，本报告将信息技术减贫的政策干预难点分为内在因素和外在因素两类。

1. 内在因素

（1）贫困人口获取信息的意识和能力还有待提高

如前所述，与非贫困人口相比，贫困人口获取信息、利用信息的意识和能力相对较弱。这会在很大程度上削弱政府建设公共信息基础设施并提供各类“互联网 +”服务这类信息技术减贫政策的效果。一方面，部分贫困人口因为缺乏自我发展的内生动力，对政府提供的信息及背后的机会视而不见。其使用电子产品的主要目的是为了娱乐放松，而并非是为了寻找更好的发展

机会。另一方面，部分贫困人口尤其是老年贫困人口对新事物的理解能力相对较低，很难仅依靠自己就掌握使用电子产品，这部分群体获取信息的能力还有待提高。

（2）贫困人口的经济能力不足

贫困人口的经济能力不足是影响信息技术减贫政策效果的另一个重要原因。在这种情况下，即使政府已经为贫困地区修建了信息基础设施，但是贫困人口因为自身经济条件原因没有购买相应的电子设备，或是无法负担宽带网络费用，则信息技术减贫政策的作用将在扶助贫困人口的“最后一公里”大打折扣。这是影响信息技术减贫政策干预效果的最大因素之一。

2. 外在因素

（1）政策缺乏持续执行条件

相较于非贫困地区而言，贫困地区的财政资源较少。然而，修建信息基础设施需要政府进行大量投资，这导致的结果是贫困地区的信息基础设施建设仍有很大不足，信息技术在宏观层面的“马太效应”得到了充分体现。

（2）网络服务应用同质化

在贫困地区已建设信息基础设施，并且贫困人口也享受到网络应用信息服务的情况下，网络服务应用同质化带来的资源拥挤现象是政策干预的潜在难点。比如说，在其他条件不变的情况下，大量的贫困人口劳动力去应聘同样的岗位或种植相同的农作物，其可能出现“逐底竞争”和“谷贱伤农”的恶性后果。

（3）监督考核难度大

现有的监督考核标准难以直观地反映信息技术减贫的效果。这是因为，一方面，宏观上将全国贫困村宽带覆盖率分省进行排名，其只能代表政府为贫困村提供公共信息基础设施的力度，但是无法探究贫困人口对信息技术的应用情况。另一方面，微观上将网络扶贫工作推进情况纳入扶贫干部年度述职内容，但是这一工作需要多元集体行动参与，且工作成果难以直接量化。比如说，对于扶贫干部来说，很难在年度述职的时候报告当年帮助多少贫困人口学会了使用电子产品。

（4）制度性障碍

国家近年来更加重视信息技术推广与精准扶贫以及共同富裕之间的关系。然而，如前所述，相关政策执行仍存在部分制度性障碍，这些障碍的本质是中央政府与地方政府之间的委托—代理关系与信息不对称问题。对于地方政府、企业与社会力量而言，农村相对落后的地理条件、社会经济状况和宏观层面的制度缺失削弱了其在这些地区有效开展信息化建设的动力，延缓了信息技术减贫的进度。

（二）信息技术减贫政策工具包设计

政策工具广泛运用于公共管理领域，政策工具的分类方式往往受到研究者的学科研究角度、研究目的等影响。本报告把政策工具类型划分简化为两层，第一层是信息技术减贫政策工具的基本类型，第二层是信息技术减贫的具体政策工具。

1. 信息技术减贫政策工具的基本类型

（1）基础设施建设类政策工具

其旨在为贫困人口获得信息并改善生活提供前置条件，包括精准建立贫困村通宽带台账、推进光纤宽带网络延伸并加快 5G 网络覆盖进程两种具体的政策工具。具体而言，政府为贫困村建立通宽带台账，并在此基础上通过给予财政支持的方式推进相应的信息基础设施建设。

（2）优化工作效率类政策工具

其旨在通过信息技术提高精准扶贫乃至乡村振兴进程中基层政府的工作效率，主要指的是精准扶贫平台开发应用这一政策工具。这一政策工具给扶贫工作带来了新的技术手段，使得政府可以实现对贫困地区和贫困人口的精准识别、精准帮扶和精准监管，提高了扶贫工作的效率。

（3）收入促进类政策工具

其旨在通过利用信息技术带来的新信息及潜在机会，提高贫困人口的收入，包括农产品电商直播带货、“互联网 + 创业就业”两种具体的政策工具。这类政策工具的主要优势是可以将扶贫资源有效整合，通过为贫困人口创造参加工作的机会来提高工资性收入，或者为参与农业生产的贫困人口拓宽线上销售渠道来提高他们的农业生产经营性收入。

（4）能力建设类政策工具

其旨在从更长远的视角出发，提升贫困人口的自我发展能力，培育贫困人口的人力资本，包括数字化教育、“互联网 + 健康扶贫”两种具体的政策工具。这类政策工具将会提高贫困人口的长期发展能力，进而使得在精准扶贫政策退出后脱贫人口不出现规模性返贫现象。

（5）组织保障类政策工具

其旨在保障信息技术减贫政策顺利实施，尽最大可能降低政策失败的可能性，包括统筹协调与加强合作、过程评估与目标考核、政策宣传与公众沟通三种具体的政策工具。这类政策工具的应用将会优化信息技术减贫政策的实施过程，提高政策效率、优化政策资源配置。

2. 信息技术减贫的具体政策工具

（1）精准建立贫困村通宽带台账

建立贫困村通宽带台账，可以使政府掌握贫困村通宽带的具体情况，这将为政府进一步规划信息基础设施建设方案提供有力的决策依据。台账中的问题记录为政府对症下药解决相应的网络问题提供了契机，此外，政府还需要重视台账的维护、更新、总结和分享。

（2）推进光纤宽带网络延伸并加快 5G 网络覆盖进程

贫困地区在信息基础设施建设上的短板主要包括贫困地区缺乏光纤宽带和未被 5G 网络覆盖。一方面，为了补齐光纤宽带网络的建设短板，政府在贫困地区与非贫困地区之间、贫困地区内部都需要铺设光纤电缆、架设传输塔和建设传输设备。另一方面，为了加快 5G 网络覆盖，政府可以通过鼓励多元主体协同参与和给予财政支持的方式，加大运营商在贫困地区建设5G基站的力度。

（3）精准扶贫平台开发应用大数据识别分析

大数据技术和互联网相结合，可以建立“精准扶贫云”，为脱贫攻坚提供基础性数据和技术服务。具体而言，“精准扶贫云”通过统计贫困户享受各类帮扶的基本情况和自身的要素禀赋，可以为贫困户定制个性化、可行性高的精准帮扶计划。不仅如此，精准扶贫平台可以助力各级政府部门、扶贫机构和社会组织之间的信息交流和合作，提高工作效率和协同能力。

（4）农产品电商直播带货

信息技术赋能农村产业经济发展的主要途径是打通销售者和购买者之间的“最后一公里”。直播带货为农村产业经济带来了新的机遇，贫困人口可以在直播平台详细介绍并展示自己的农产品，让消费者可以直观地了解产品的外观、品质和产地等信息，增强购买信心，还能强化消费者与产品的实时互动体验。除此之外，直播电商平台还可以使得交易双方追踪订单的完成进度、有效打破地域限制和线下流通渠道的制约，缓解价格不透明，增强双方的交易信心。

（5）“互联网+创业就业”

信息技术的普及和应用为贫困人口创造了新的就业岗位。一方面，通过互联网和电子商务平台，贫困人口可以低成本地创办自己的小型企业，并相应催生出一些就业岗位，在一定程度上可以缓解失业问题。另一方面，信息技术应用使得就业不再受限于地域，贫困人口可以通过远程工作等方式获得更多就业机会，这种灵活的工作方式可以帮助贫困人口打破地理和交通等限制，实现就业和增收。除此之外，政府应当为贫困人口提供就业技能培训和职业规划，提升他们的就业竞争力，帮助贫困人口在线上就业的潮流中培养一定的专业知识和技能。

（6）数字化教育

信息技术和互联网的引入使得贫困人口获得了更多接受教育的机会。首先，以慕课为代表的新型在线课堂为农村贫困家庭学龄人口提供了更加丰富优质的教育课程，显著缩小了农村和城市之间的“教育鸿沟”。其次，数字图书馆可以将大量的教育资源数字化，有效提高了贫困地区学生获取学习资源的能力。最后，数字化教育培训措施有助于提升农村的师资力量，为农村家长提供线上教育指导和培训，加强农村地区的家庭教育，为农村学生的成长和学习提供良好的环境和氛围。

（7）“互联网 + 健康扶贫”

信息技术提高了贫困人口的就医能力，有利于提升他们的健康水平。具体而言，首先，信息技术使得贫困人口能够获得医疗信息，包括疾病预防、常见病症的自我诊断、药物信息等。这有助于提高贫困人口的健康意识和自我管理能力。其次，信息技术发展促进了远程医疗服务的普及，使贫困人口能够通过互联网获得高水平医生的远程诊疗服务，其可以减少就医的时间和费用，并提供及时有效的医疗帮助。最后，信息技术应用使得贫困人口拥有电子健康档案，方便他们记录和管理个人的健康信息。这些档案可以帮助医生更好地了解患者的病史和健康状况，提供更精确和个性化的医疗服务。

（8）统筹协调与加强合作

在信息技术减贫政策的推进过程中，首先，工信部各有关司局内部、工信部与其他部委、工信部与地方政府之间都建立了工作协调机制，也会邀请政策的利益相关者代表，共同制定信息技术减贫政策。其次，政府还充分利用联合国教科文组织、国际电信联盟（ITU）等平台优势，与它们建立合作项目与伙伴关系，加强扶贫领域国际合作与交流。最后，信息技术减贫政策的推进还依赖于政府、企业、社会组织和民众的多方参与和协作，这需要政府部门发挥引领作用，制定明确的政策文件和指导意见，统筹协调各方资源，推动信息技术减贫政策的实施。

（9）过程评估与目标考核

在信息技术减贫政策的过程评估和目标考核环节，首先需要建立一套完善的数据收集机制，在宏观层面收集与信息技术减贫政策相关的数据，比如，贫困地区数字化覆盖率、信息技术应用情况、农民收入等指标，在微观上加入扶贫干部的年度述职报告和实地抽查调研结果作为后续评估环节的参考。其次，过程评估可以加入对信息技术减贫项目的实时监测，并建立科学合理的监测指标体系来衡量项目的进展和效果。最后，建立健全的监督考核机制，对各级政府和相关部门在信息技术减贫政策实施中的责任落实情况进行考核，确保政策落实到位。

（10）政策宣传与公众沟通

在政策的推广宣传环节，对信息技术减贫政策需要加大宣传力度。首先，政府可以安排扶贫驻村工作人员向贫困人口上门宣讲信息技术的使用方法，并向村民宣传信息技术减贫的成功案例，提高村民对于信息技术的信任度。其次，政府需要采取多渠道和多样化的宣传手段，采取包括文字报道、短视频等形式，通过新闻媒体、电视广播、互联网、社交媒体等方式进行广泛宣传，在全社会营造良好的“信息技术减贫”舆论氛围。最后，政府需要与各利益相关者，尤其是扶贫对象进行积极有效的公共沟通，了解他们的需求和反馈，提高政策的可接受性。

图5概括了本报告的全部研究逻辑。事实上，信息技术减贫涉及多个环节，针对不同的政策干预难点，政府在不同的环节需要不同类型的政策工具组合进行精准施策。例如，面对贫困人口获取信息的意识和能力还有待提高的问题，政府就要加强政策宣传和公众沟通。针对贫困人口经济能力不足，无法负担电子设备或宽带网络费用的问题，政府可以使用收入促进型政策工具和能力建设类政策工具帮助贫困人口跳出贫困陷阱，打破贫困怪圈的恶性循环。针对政策缺乏持续执行条件的问题，政府可以使用基础设施建设类政策工具，加大对信息基础设施建设的财政支持力度。针对网络应用服务同质化的问题，建议加强横向和纵向行政单位的沟通和交流，统筹协调以避免出现资源的“逐底竞争”现象。针对监督考核难度大的问题，建议政府进一步细化考核的指标，并及时关注贫困人口对信息技术减贫政策的后续反馈。

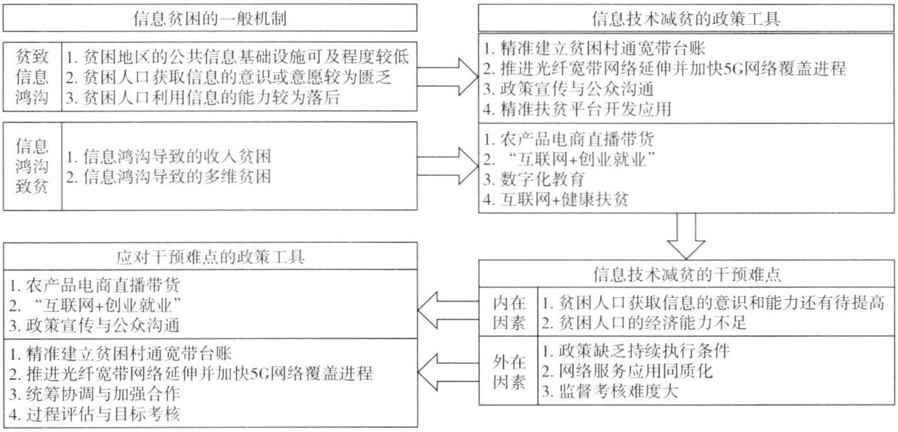

图5　信息技术减贫机制与政策研究报告的研究逻辑

资料来源：作者自制。

最后，需要说明的是，上述分析及其政策工具包的设计是总体性的，针对我国不同地区之间存在的客观差异，此处进一步给出了如下政策建议。第一，基础设施建设先行，突破网络覆盖瓶颈。针对经济条件相对较好的农村，政府应当重点推进 5G 网络建设和应用，打造智慧乡村示范点，积极推动信息技术与农业、旅游、教育等领域的深度融合；针对相对偏远落后的农村，则应当以光纤宽带和 4G 网络建设为重点，优先保障乡镇和重点行政村的信息接入，逐步向自然村延伸，实现网络信号全覆盖。第二，产业融合发展，打造特色数字经济模式。前文已列举了部分信息技术减贫的具体路径，比如，农业优势地区可以推广农产品电商直播带货，打造“一村一品”特色品牌，发展农村电商产业集群，带动农民增收致富；旅游资源丰富的地区可以利用互联网平台宣传推广乡村旅游资源，开发特色旅游产品，发展智慧旅游，提升乡村旅游品质；劳动力资源丰富的地区可以建立农村劳动力信息平台，开展职业技能培训，引导农民参与互联网 + 创业就业，拓宽就业渠道。第三，教育医疗资源均衡配置，缩小城乡公共服务供给差距。针对教育和医疗资源匮乏的地区尤其是少数民族聚集的偏远地区，政府可以创办线上平台，将优质公共资源通过网络平台输送到农村地区，提高农村落后地区的公共服务供给质量。

主要参考文献

[1] 陈超凡，关成华，汤学黎.信息技术辅助教学能提升落后地区学生的学业表现吗？——来自华北某县智慧课堂和双师教学项目的证据[J].教育与经济，2022（4）：60–71.

[2] 何小钢，梁权熙，王善骝.信息技术、劳动力结构与企业生产率——破解“信息技术生产率悖论”之谜[J].管理世界，2019（9）：65–80.

[3] 胡羽珊，张鹏龙.贸易条件冲击与发展中国家经济波动——基于53个国家的SVAR分析[J].国际金融研究，2024（2）：50–60.

[4] 林攀登.从基础公平到差异公平：信息化促进基础教育公平研究图景透视[J].中国教育信息化，2023（2）：101–111.

[5] 刘生龙，张晓明，杨竺松.互联网使用对农村居民收入的影响[J].数量经济技术经济研究，2021（4）：103–119.

[6] 宁光杰，崔慧敏，付伟豪.信息技术发展如何影响劳动力跨行业流动？——基于工作任务与技能类型的实证研究[J].管理世界，2023（8）：1–21.

[7] 王亚华，关长坤.全面推进乡村振兴促进共同富裕中的政府与市场关系[J].中国农业大学学报（社会科学版），2023（3）：48–59.

[8] 王亚华，李星光.数字技术赋能乡村治理的制度分析与理论启示[J].中国农村经济，2022（8）：132–144.

[9] 曾亿武，郭红东，金松青.电子商务有益于农民增收吗？——来自江苏沭阳的证据[J].中国农村经济，2018（2）：49–64.

[10] 张聪颖，畅倩，霍学喜.信息化对区域贫困治理的影响[J].中国人口·资源与环境，2021（6）：124–134.

[11] 张磊，韩雷.电商经济发展扩大了城乡居民收入差距吗？[J].经济与管理研究，2017（5）：3–13.

[12] 张鹏龙，钟建乐，胡羽珊.防止返贫帮扶政策效果评估——基于劳动收入的视角[J].

管理世界，2024（3）：127–146.

[13] Hu Y S, Wang Y H, Zhang P L. Internet access and irrigation adoption in China [J]. China Agricultural Economic Review, 2022, 14(3)：605–630.

[14] Krueger A B. How computers have changed the wage structure: evidence from microdata, 1984–1989 [J]. The Quarterly Journal of Economics, 1993, 108（1）：33–60.

[15] Wu M, Zhang P L. Poverty alleviation and pollution reduction: evidence from the poverty hat removal program in China[J]. Structural Change and Economic Dynamics, 2024, 70: 56–76.

基于“中外减贫案例库”的全球减贫经验分析*

贫困是人类社会的顽疾。几千年来，消除贫困一直是人类社会发展的重要目标。2015 年，联合国成员国一致通过了《变革我们的世界：2030 年可持续发展议程》，并承诺在 2030 年之前实现这些目标。在 2030 年可持续发展议程中，“无贫困”被列为首要目标。直到今日，减贫仍是人类面临的重大挑战。根据联合国发布的《2024 年全球多维贫困指数》，截至 2024 年，全球大约有 11 亿人生活在极端贫困中，其中一半以上是未成年人。按比例来说，全球约 1/8 的人口面临极端贫困。① 实现联合国 2030 可持续发展目标，在全球范围内消除贫困任重道远。

近年来，以中国为代表的新兴国家在减贫领域取得了显著成就。2013 年中国提出了“精准扶贫”战略，2015 年中国提出要打赢脱贫攻坚战。2021 年，中国宣布如期打赢脱贫攻坚战，历史性地消灭了绝对贫困。以中国为代表的一系列新兴国家在减贫领域积极探索，形成了一系列新理论、新思路、新方法，并在实践上取得了令人惊叹的成绩，开辟出了人类减贫的新道路。因此，及时总结相关国家与地区的减贫经验，并对其进行理论化解释，可以为其他国家和地区的减贫提供政策参考。

---

* 本报告是清华大学中国农村研究院重点研究课题“基于‘中外减贫案例库’的全球减贫经验分析”的研究成果，报告观点仅代表课题组的看法。课题负责人：王亚华，清华大学公共管理学院长聘教授，清华大学中国农村研究院执行院长。报告执笔人：王亚华、韩子贤。

① UNDP. Global Multidimensional Poverty Index 2024: Poverty amid Conflict. New York. 2024

围绕全球减贫成功实践，许多学者积极探索，在总结、提炼减贫经验，解释减贫机制上作出了许多尝试。许多研究从经济学、管理学、社会学等角度，对发展中国家的减贫实践作出机理解释。但现有研究多从理论维度演绎减贫过程，或从制度、战略、政策等角度刻画宏观减贫进程，但鲜有研究关注减贫实践，归纳实践中的减贫机理。

减贫案例是减贫研究的生动资源，各类减贫案例从不同角度刻画了减贫的成功实践，对海量减贫案例进行分析、归纳、提炼，或是基于实践揭示减贫机理的有效途径。基于此，本研究基于中国国际扶贫中心等 7 家机构发布的“全球减贫案例集”，采用定性比较分析方法，对 200 余个案例展开研究，以期从实践视角揭示减贫过程的基本要素、关键路径，从而系统总结减贫经验，为相关领域决策者提供参考。

一、文献回顾

人类的历史是一部科学、技术与生产力不断进步的历史，同时也是一部持续与贫困抗争的历史。在与贫困的漫长斗争中，人类社会对贫困的理解也在不断深化。要解决贫困问题，首先需要对贫困的概念有清晰的界定。长期以来，人们普遍将货币收入和消费水平作为定义贫困的主要标准。但以货币衡量的消费或收入水平来定义贫困显然是不全面的。在长期的实践中，学术界与政府机构均认识到需要对贫困进行更为精准的理解与定义。因此，越来越多的标准趋向于以更加全面且精确的方式定义贫困，而这些更细致的标准也为反贫困公共政策的制定与实施提供了重要依据。

根据马斯洛的需求层次理论，食物和住所等基本生理需求是最为基础的人类需求。因此，定义贫困的最基本标准便是个体是否能充分满足其营养需求。长期以来，衡量基本人类生存需求是否得到满足一直是定义贫困的主流方法。在此基础上，逐渐形成了多种不同的定义路径。

最初对贫困的定义关注的是个人的货币收入，“贫困线”的概念在这一阶段被提出。贫困线是通过将维持基本生活标准所需的各种商品成本总额转换为货币，得到能够满足人类基本生存条件的货币数量，并以此作为衡量收入的依据。收入低于这一标准意味着缺乏维持正常生活的经济基础，因此可被定义为贫困。塞博姆·朗特里（Seebohm Rowntree）是最早系统研究人类贫困问题的学者之一，他在1902年提出了贫困的两种类型：绝对贫困和相对贫困。绝对贫困指的是个人或家庭即使在完全高效且节俭的情况下，收入也不足以满足基本需求，这表明收入不足以获取最低限度的生活必需品。“贫困线”这一概念也是他的理论贡献，这一概念为识别贫困提供了重要依据。

20世纪以来，许多经济学家和社会科学家也从收入角度定义了贫困。例如，保罗·萨缪尔森（Paul Samuelson）在1948年提出：“贫困是一种收入不足的状态……它低于维持最低生活水平所需的估算成本。”将收入作为贫困衡量标准对后续贫困研究和反贫困实践产生了深远影响。即使在今天，政府与学界仍然依赖收入标准来定义和评估贫困程度。例如，中国国家统计局1990年发布的报告指出：“贫困通常指的是物质匮乏，指个人或家庭生活标准未达到社会可接受的最低标准，缺乏某些必要的生活物质和服务，生活处于困难状态。”尽管这一定义采用单一指标不免失之偏颇，但在市场经济中，货币收入仍然是评价个体掌握资源能力的重要指标。此方法符合人们对贫困的一般理解，且易于测量和统计分析。尽管其历史悠久，但仍被广泛应用。

一些对贫困的定义关注人类生物学意义上的指标，以反映人类基本生活需求是否得到满足。这一方法的兴起得益于20世纪以来医学和公共卫生领域的快速发展。该方法的基本前提是确定个人所需的最低每日营养摄入量（例如热量摄入），并据此计算对应的最低每日食物消费量。通过分析食物支出在总体消费结构中的占比，以该方法估算个体所需的基本生活费用，从而设定贫困线。奥什斯基（Orshansky，1963）利用美国的食品计划估算家庭在食物上的支出提出了一种贫困线衡量方法。基于研究数据，她通过恩格尔系数计算出整体贫困的最低标准。世界银行（1980）进一步阐明了贫困与营养不良的关系，详细讨论了通过食物消费和热量摄入确定贫困标准的方法。世界银行员工马丁·拉瓦利翁（Martin Ravallion，1998）基于这些原理提出了著名的“马丁方法”，用于贫困评估。马丁方法将支出划分为食品支出和非食品支出，首先基于最低热量需求计算人们的食物消费模式，然后依据食物支出和估算的消费模式计算家庭的总支出。该方法已被国际组织和各国政府广泛采用，用于设计有效的扶贫政策。

随着理论的进步，人们逐渐意识到，仅仅依据收入或其他基本需求满足指标来定义贫困，只是触及了贫困的表面，难以揭示其真正本质。尤其是随着生产力的发展，社会生产力总体不足已不再是贫困的根本原因。此外，特定时空条件下的“人类基本需求”受到社会规范和整体生活水平等因素的影响而动态变化，难以以某一个静态的“标准”去度量。因此，人们开始寻求新的理论，以便有效地揭示贫困的本质。

1990年，世界银行将贫困定义为“缺乏满足基本生活标准的能力”。阿马蒂亚·森（Amartya Sen，1998）从能力的角度详细阐述了这一观点。他主张对贫困的定义应当从基于收入或资源占有量的传统贫困观转向更加综合，更能够触及贫困本质的观点，在评估人们生活质量时加入“能力”参数的视角。根据他的观点，贫困的本质并非收入或财富的不足，而是能力的缺乏。这一观点突破了长期以来使用收入和财富作为贫困衡量标准的观念，指出应对贫困更根本的途径在于增强个体的能力。然而，这一理论聚焦于阐述贫困者的主观因素，将贫困的本质归结于贫困者缺乏自我发展能力，却未能解释贫困者为何缺乏这些相应的能力。该理论未将环境、社会规范等客观因素纳入考量，因此其解释力仍然有限。

阿马蒂亚·森还进一步提出了“权利理论”来解释贫困问题。事实上，自20世纪70年代起，权利缺失对贫困的影响便引起了关注。汤森（1979）指出，贫困是一个权利被剥夺和丧失的过程。阿马蒂亚·森（1981）在此基础上完善了这一理论。他将“权利”描述为个体在特定的制度框架内，通过合法途径（如生产、贸易、交易、继承等）获得其发展所需资源的能力。权利不仅包括个体实际拥有的资源，还包括通过多种合法途径（如交换）可以获得的潜在资源。饥荒和贫困的发生通常不是因为食物和资源的缺乏，而是由于“权利的失效”，即缺乏获取食物和其他资源的权利。森认为，贫困的产生在于个体持续被剥夺其应享有的权利，从而陷入贫困的恶性循环。他的观点为贫困理论的发展带来了颠覆性的启示。历史上，人们通常将贫困归因于生产力不足，而森则敏锐地指出，贫困的本质在于贫困者的权利缺失，实质是一种不平等现象。如果政策制定者只关注经济增长，而忽视了财富在社会中如何分配的问题，贫困状况可能会加剧而非改善。森的理论对学界产生了深远影响，得到了许多国际组织和研究者的认可。世界银行在《世界发展报告 2000/2001》中指出，贫困不仅仅包括低收入和人力发展不足，还包括对外部冲击的脆弱性，权利缺失和社会排斥。此外，也有理论认为文化因素是导致贫困的原因（B.Boxil，1994）。受某些文化影响的贫困人口往往形成一些更易导致贫困的态度和习惯。综上所述，这些理论推进了学者和政策制定者对贫困的理解。人们越来越倾向于从更综合、全面的角度理解贫困及其成因。世界银行（2000）指出，贫困是一种多维度的剥夺。人们认为，贫困不仅指低收入和低消费水平，还包括教育、健康、营养等人类发展领域的低可及性。同时，贫困还意味着无权、无声、脆弱和恐惧。

此外，学者们根据贫困的不同程度提出了绝对贫困和相对贫困的概念。传统意义上对贫困的定义往往是绝对贫困，即个体无法满足维持基本生存所需最低标准的状态。根据中国国家统计局（1990）的定义，绝对贫困是指在特定的社会生活和生产方式下，个人或家庭通过工资和其他合法收入无法维持基本生存需求，导致食物不足和劳动力再生产的困难。在绝对贫困的概念基础上，学者们进一步引入了相对贫困的概念。相对贫困考虑了贫困发生时生产力发展的水平和社会规范，是一种相对社会平均生活水平的贫困状态。它指的是某些个体的生活标准相较于社会其他群体而言较低的情形。在相对贫困的概念下，贫困不仅仅是指无法满足基本生存需求，还包括相对于社会平均水平而言的生活条件落后。一些学者认为，相对贫困的含义包括满足基本的衣食需求、维持简单再生产，但生活水准低于社会公认的最低水平。这类人群缺乏扩展生产的能力，或这种能力极为薄弱。这些概念中常使用“社会平均水平”或“社会最低水平”等术语，表明相对贫困基于特定的社会情境和现实。总体来看，若绝对贫困尚可归因于生产力水平低下的问题，相对贫困则根本上是收入不平等和社会分配问题。

进入21世纪，“贫困脆弱性”的概念应运而生。贫困脆弱性关注的是非贫困人口，或者非绝对贫困人口，这些群体可能因某些风险因素而在未来陷入贫困。这一概念的内涵是，贫困状态是动态变化的，目前处于贫困状态的人可能仅经历短期贫困，也可能长时间维持在贫困状态。实质上，社会不同群体的贫困状态是动态变化的。贫困干预需要具有一定的持续性和前瞻性。因此，理解当前的贫困状态并对未来的贫困趋势作出合理预测至关重要。这正是贫困脆弱性与传统贫困观念的分歧之处。传统贫困观更多是被动的，侧重于在贫困发生后“如何解决贫困”的问题。而贫困脆弱性概念提供了一个主动的视角，强调在贫困发生前“如何预防贫困”的重要性，这一转变体现了从被动救助到预防性干预的进步。

理解脆弱性首先需要理解风险。风险是潜在的、不可预知的事件，可能对人类福祉产生不利影响。人们可能面临各种风险，包括自然灾害、犯罪、暴力、战争等社会风险，个人风险如疾病、伤害和意外事故，以及失业、破产等经济风险。这些风险超出个人的掌控，但却对个人生活具有巨大的破坏性。脆弱性概念基于风险。如果一个家庭高度暴露于风险之中且缺乏应对能力，便极有可能出现经济崩溃。因此，一个家庭的风险暴露程度和应对风险的能力是决定其脆弱性的两个关键维度。世界银行提出了一个用于评估个体脆弱性的框架（见表1）（黄承伟等，2010）。

表1　脆弱性：风险暴露和应对能力

	风险暴露	
应对能力	**高**	**低**
高	低脆弱性	低脆弱性
低	高脆弱性	高脆弱性

资料来源：黄承伟，王小林，徐丽萍. 贫困脆弱性：概念框架和测量方法[J]. 农业技术经济，2010（8）：4–11.

脆弱性概念与贫困不同，但两者在逻辑上相互关联。理解脆弱性为理解人类社会中的贫困提供了一种新视角。首先，脆弱性代表了对贫困的前瞻性分析，提供了一种关于可能导致贫困因素的叙述，而不是对贫困现象的直接描述，这种方式富有创新性。其次，脆弱性将风险与贫困连接起来，揭示了它们之间的关系与互动。这种视角为超越传统收入、权利和能力等贫困度量标准提供了新颖而深刻的理解。最后，脆弱性概念提供了一个涵盖面广泛的框架，不仅包括收入脆弱性，还涉及健康、暴力、社会排斥和自然灾害等相关风险。这种全面的方法为揭示贫困形成过程中的复杂动态提供了宝贵的见解。

综上所述，人类对贫困的认识已从简单、单一、静态维度的视角逐步走向全面、多维、动态的理解，从对贫困表层原因的理解深入到贫困的本质层面。在这个过程中，每一个新学说的提出，无论是收入、权利、能力还是脆弱性，都加深了人们对贫困的认识。如今，这些概念正被灵活地应用于实际工作中，以满足多样化的扶贫需求。例如，1990 年，世界银行引入了基于 1985 年购买力平价（PPP）的一美元贫困线，将全球贫困线设定为每天收入不足 1 美元。至 2022 年，这一标准提高至 2.15 美元，这正是收入定义在贫困度量中的实际应用。作为致力于消除贫困和促进发展的全球机构，世界银行需要一个高度概括且直观的指标，来消除不同国家和地区间的差异性。在此背景下，购买力平价收入是一个充分适用的度量指标。2015 年，中国政府制定了到 2020 年消除贫困的宏伟目标，提出了“消除绝对贫困”的工作目标，并设立了具体的评估标准，即“两不愁三保障”扶贫考核体系（见表2）。这一目标应用了绝对贫困的概念——基于消除饥饿、寒冷和疾病等直接威胁人类生存的状况。

表2　中国“两不愁三保障”扶贫考核体系

两不愁	三保障
不愁吃	义务教育有保障
	基本医疗有保障
不愁穿	住房安全有保障

资料来源：习近平.在解决“两不愁三保障”突出问题座谈会上的讲话[J].求是，2019（16）.

2015年，联合国所有成员国一致通过了《变革我们的世界：2030年可持续发展议程》，将减贫作为实现可持续发展的首要目标。全球新冠疫情的暴发进一步加大了全球贫富差距，为全球减贫工作带来了新的挑战。因此，迫切需要加大对减贫的重视，探索应对这一紧迫问题的新机制和新模式。

二、研究设计

（一）案例来源

南南合作减贫知识分享网站是一个分享国际减贫信息和中国扶贫开发经验的专业平台。该网站由世界银行发起，亚洲开发银行支持，中国国际减贫中心与中国互联网新闻中心旗下的中国发展门户网联合运营，旨在为各国政府部门、科研机构等关注和从事减贫工作的群体及公众提供减贫与包容性增长等方面的最新研究成果、国家概况、减贫新闻、专家意见、研究趋势、减贫信息等信息服务。

2017 年 5 月，南南合作减贫知识分享网站上线“全球减贫案例库”，通过发布减贫案例、相关研究、政策及法规，向世界各地的使用者分享中国和国际成功的减贫模式及创新实践。2018 年起，为推广分享中外减贫成功实践，推动“共建没有贫困、共同发展的人类命运共同体”，中国国际减贫中心、中国互联网新闻中心、世界银行、联合国粮食及农业组织、联合国世界粮食计划署、联合国国际农业发展基金和亚洲开发银行等 7 家机构联合发起了“全球减贫案例征集活动”。本研究使用案例研究方法，选取“全球减贫案例库”第一届和第二届获奖案例。全球减贫案例库中的减贫案例主要具备以下特点：

1. 案例文本可信度高

“全球减贫案例征集活动”由世界银行、中国国际减贫中心等 7 个机构共同发起，获奖案例均是从大量候选案例中经筛选、评比后公布。案例具有权威性，文本可信度较高。

2. 案例来源广泛

“全球减贫案例征集活动”立足中国，面向全球征集相关案例。案例来源十分广泛。案例来源广泛主要体现在：减贫行动涉及区域广泛，在首届与第二届“全球减贫案例征集活动”中征集到的案例来源于全球 38 个国家和地区；减贫行动主体广泛，涉及政府部门、私有企业、非政府组织、国际组织等多种类型；减贫行动覆盖层级广泛，减贫案例覆盖层级包含国际层面、国家与地区层面、省级层面、市级层面、县级层面、村级层面。广泛的案例来源对案例的多样性、综合性有较好保障。

3. 案例数量较多

研究选取“全球减贫案例征集活动”首届与第二届共 216 个减贫案例，其中首届 110 个案例，第二届 106 个案例。216 个案例构成了丰富、翔实的研究数据库，对研究的开展起到了有力支撑作用。

4. 覆盖减贫类型全面

由于上述三点原因，216 个案例中涵盖了产业扶贫、就业扶贫、教育扶贫、医疗扶贫、生态扶贫、金融扶贫等多种减贫类型，减贫类型覆盖全面，利于开展全面、综合的减贫研究。

（二）研究方法

本文采用文本分析方法对案例开展研究。对获奖案例文本的研究已有许多先例（吴建南等，2007；李云新等，2016）。研究者认为，案例可以作为反映相关利益行动者行动情况的“准问卷”（吴建南，2007），即将案例文本作为针对提交者发放的问卷，对案例文本进行分析，归纳各个项目的要点作为“案例答案”。文本分析是社会科学常用的研究方法，研究者通过对各类书面文件（政府文件、报告、出版物等）进行分析，将文本中的碎片化、非结构化的信息转化为系统化、结构化的输出数据。基于此，本文拟采用文本分析方法，对案例文本进行统计、编码，以提炼有效信息，归纳减贫典型路径，总结相关减贫经验，为减贫政策决策者、减贫活动行动者提供参考。

（三）理论基础

随着人类减贫实践的不断深入，人类减贫实践的模式已经由“输血式”向“造血式”转变，减贫的目标已经由增加贫困群体收入转向改善贫困群体生活条件、塑造贫困群体的持续发展能力。因此，针对实践案例的分析框架应当既能反映减贫举措对贫困群体短期收入能力的影响，又能刻画减贫举措对贫困群体长期发展基础、发展能力的塑造，还要精准体现减贫主体与贫困个人的互动过程。基于此，本文以可持续生计理论（Sustainable Livelihoods Approach, SLA）为基础，搭建分析框架并对案例进行分析。

可持续生计理论源于对贫困问题的重新思考和探索，其最早可以追溯到20世纪80年代末90年代初。传统的扶贫发展模式主要依赖于经济增长和项目投资，以期通过提高贫困人口的收入水平来减少贫困。然而，随着实践的深入，人们发现收入增长并不一定能有效改善贫困人口的生活质量，也难以解决结构性贫困的问题。对此，学术界和国际发展组织开始关注更综合、多维度的扶贫方法，强调不仅要关注经济增长，还需关注个人和社区的生计能力、资产以及对外部冲击的适应能力。可持续生计是指个人和家庭为改善长远生产生活状况所获得的谋生能力、所拥有的资产、可借助的外部支撑条件以及以收入创造为核心的行动。这一概念最早出现在上世纪 80 年代末世界环境与发展委员会的报告当中，90 年代初，联合国环境与发展大会将可持续生计概念写入议程，随后，这一概念又出现在数次国际峰会上，国际社会高度关注可持续生计对于减少贫困、实现包容性经济增长和社会平等的作用。

可持续生计理论认为，消除贫困的关键在于发展个体、家庭、社区和社会改善各个层次上生计系统的能力。该理论的核心范畴包括生计资产、生计能力和生计策略三方面。贫困人口在一定的生计资产与生计能力条件下，采取适当的生计策略以维持自身生计。生计资产是指家庭或个体在谋生过程中可以利用的各种资源和资本，是实现生计目标的基础，生计能力是指个体或家庭利用现有生计资产，适应外部环境变化并实现生计目标的能力，生计策略是指个体或家庭基于其生计资产和能力，在特定的脆弱性背景和政策环境下，选择和实施的具体生计活动或行为组合，用于实现生计目标。三者构成相互联系、相互作用的整体，三者间的耦合性、关联性越强，就越能够形成较高的升级效率，产出较好的生计成果。

英国国际发展署（Department for International Development, DFID）基于可持续生计的概念提出了一套可持续生计理论的分析框架，这一框架认为，将贫困人口的生计看作由五种资产（自然资本、人力资本、金融资本、社会资本和物质资本）构成的系统。该框架试图解释个体如何在内外部环境因素（如政策、制度、文化等）影响下，通过各种生计策略来获得更稳定的生计成果（见图 1）。DFID 的框架强调贫困人口的多维需求及其复杂性，贫困人口生计与环境、社会、经济等系统的关系和贫困人口生计的可持续性（包括环境、经济和社会三方面的持续性）。基于可持续生计理论，借鉴 DFID 框架，提出本研究的理论框架（见图 2）。

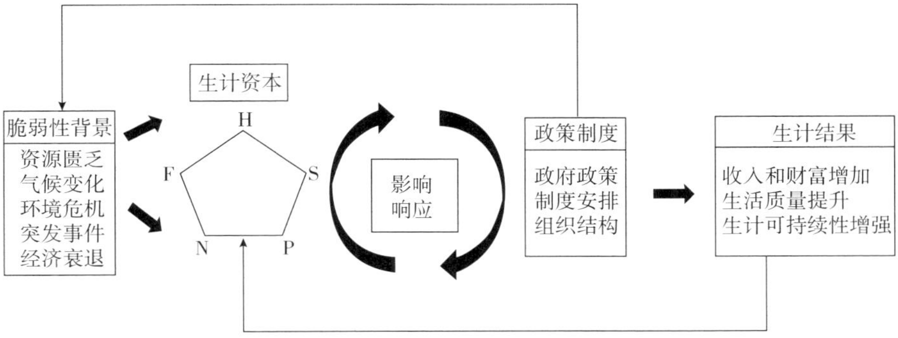

图1 DFID的可持续生计框架

资料来源：赵锋.可持续生计分析框架的理论比较与研究述评[J].兰州财经大学学报，2015.

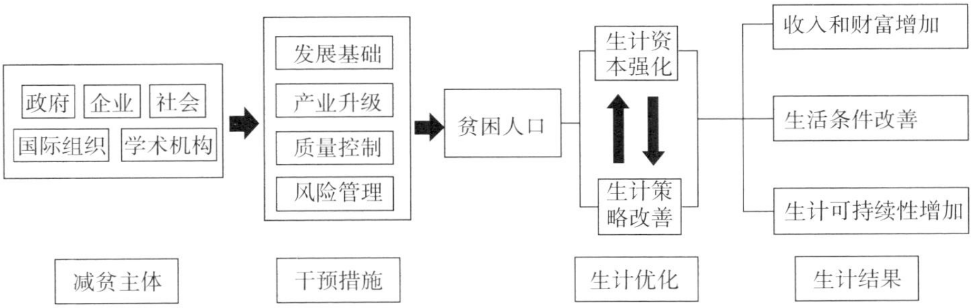

图2 研究理论框架

资料来源：作者自制。

可持续生计理论下，贫困人口所处的外部条件，尤其是政策、制度环境会与农民自身生计条件互动，形成特定的生计结果。减贫策略通过改变农民所处的政策、制度环境影响农民生计条件。研究认为，农民生计条件的改善主要体现在两个方面：生计资本的强化和生计策略的改善。基于此，本研究所涉及的减贫行动是特定减贫主体通过采取一定的减贫策略，帮助某一时刻特定区域内的贫困人口增强可持续生计（生计资本强化、生计策略改善），进而产出更好的生计结果的过程。在研读大量文献与对案例进行分析性阅读之后，本文将减贫策略分为发展基础类、产业升级类、风险管理类、质量控制类等 4 类（见表 3）。

表3 减贫主体的减贫策略

策略类别	二级编码	一级编码
发展基础类	教育减贫	职业教育提升、义务教育提升、学前教育提升、学生资助、学习工具提供、学校环境改善
	医疗减贫	远程医疗、合作医疗、医疗人才输入、慢性病诊疗、设施设备提升
	基础设施	新建基础设施、修缮基础设施
	社区环境	精神文明建设、社区能力建设
产业升级类	生产端优化	产业培育、产业升级、利益联结、科技赋能等
	市场端优化	区域品牌建设、电商销售、结对帮扶等
风险管理类	风险管理	价格保险、农产品期货
质量控制类	减贫效率提升	贫困人口识别、贫困人口信息管理
	减贫结果控制	减贫绩效测量

资料来源：作者自制。

上述减贫策略对可持续生计的增强主要体现在农民生计资产的强化与生计策略的优化上。生计资产主要包括人力资本、物质资本、金融资本、物质资本与社会资本，生计优化策略包括改善生产、非农就业、生计储蓄与风险分散（见表 4）。对生计结果的优化主要体现在贫困群体收入和财富状况的提高、生活条件的改善和生计可持续性的增强。

表4 贫困群体的生计优化策略

策略	内容
改善生产	贫困群体在一定产业帮扶政策、技术升级、生产资本扩大、市场需求提升的刺激下，提升与扩大生产规模，获得更多产品销售收入。
非农就业	贫困群体参与就业，获得劳动性收入。
生计储蓄	贫困群体参与提升个体生计资本的活动，如受教育，接受医疗服务，参与社区建设等。
风险分散	贫困群体采取措施以降低风险。

资料来源：作者自制。

农民生计结果的改善主要体现在三个方面：收入与财富增加、生活条件改善和生计可持续性增加。其中，收入与财富增加是指贫困人口收入的直接增加，是最直观的减贫指标。生活条件改善体现在与贫困人口相关的基本生活、教育、医疗、住房、文化、社会等方面的改善。生计可持续性增加是指贫困人口获得了更加能够支撑其发展的生计资产或选择更可持续的生计策略，持续发展能力得到增强。

三、研究结论

（一）研究结果

1. 减贫案例的主体分布

表5　减贫案例主体分布①

	政府	学术	企业	社会组织	国际组织	合计
第一届	49.5	9	15	23.5	13	110
第二届	39.5	6	27	18.5	15	106
合计	89	15	42	42	28	216

资料来源：作者自制。

由表5可知，研究对两届216个减贫案例的参与主体进行了统计。在两届征集减贫案例当中，政府作为减贫主体的案例数量接近半数，凸显了政府在减贫行动中的中心作用。企业与社会组织各贡献约20%数量的案例，与政府形成“政府－市场－社会”协同推进贫困治理的格局。国际组织在减贫中的作用与社会组织相似，但在减贫国际经验迁移、促进国际减贫合作当中具

① 由两方合作的案例，按照每一方计数0.5来计算。尚不存在三方以上合作的案例。

有独特优势。学术机构案例虽相对较少，但其以科技优势、智力优势在减贫中发挥着十分重要的作用。

政府在减贫过程中居于中心地位。政府对减贫的影响体现在多个方面：通过制定减贫综合政策确保减贫行动的开展；通过制定经济计划和减贫政策实现产业包容性增长；通过制定再分配政策改善社会收入分配格局；通过提供公共服务，改善公共服务可及性增强贫困人口权利与能力；通过投资基础设施建设强化贫困地区发展基础；协调动员各类主体参与减贫行动等。

各类市场机构在减贫当中扮演重要角色。减贫的重点是提高贫困人口的收入能力，直接途径是产业发展。实践证明，面向市场的产业发展是减贫效果最稳定、减贫可持续性最强的举措。市场机构在培育产业、吸纳就业等方面具有独特优势，在贫困地区产业发展过程中起着独特作用。各类市场机构结合自身主营业务与扶贫地实际情况，因地制宜在贫困地发展新产业，拓宽就业渠道，带动贫困户增收。同时，减贫也成为企业履行社会责任的重要体现，企业通过向贫困地区注入教育、医疗、金融等优势资源，夯实贫困地区发展基础，带动贫困区域发展，履行自身社会责任。

社会组织是减贫行动中的重要力量。社会组织在社会治理中具有政府与市场所不具备的优势。在实践中，社会组织发挥自身专业性、公益性、创新性等优势，在贫困地区教育医疗保障、弱势群体扶持、人居环境优化、社区能力建设等方面发挥了重要作用。在社区层面，社会组织因其自发性和对民间组织的自发性，对协助实行自下而上的以社区为本的参与式发展项目最有成效，具有显著优势（陈思堂，2012）。

国际组织在减贫中具有与社会组织相似的作用，不同之处在于国际组织主导的减贫项目往往从跨国的层面推动，在推动减贫经验与实践的国际迁移、减贫要素国际流动、减贫行动国际合作等方面发挥独特作用。

学术机构在人才、教育、科技、文化等方面具有显著优势，其智力资源在减贫中具有很大应用潜力。高校、科研院所等在构建特色产业扶贫模式、教育医疗减贫、强化贫困治理等方面开展实践，取得了良好的减贫效应。

2. 减贫行动的典型路径

（1）产业升级 + 生计资本强化途径 + 生计策略改善途径

对产业的支持是减贫行动最主要的途径。在研究案例中，以产业升级作为减贫策略的案例频率在 0.56 以上，占到研究案例的一半以上。产业减贫的核心是通过发展产业提高农户自主获得收入的能力。贫困人口由于低劳动技能、低生产资本等原因，多从事竞争力较低的产业或无业，而产业发展具有规模效益，贫困户作为产业的参与者接受技能培训、使用公共生产资本参与生产，生产出有更强竞争力的商品，收入得以提高。产业发展可以联结区域内的贫困个体共同参与生产，减贫效应具备规模性，且产业发展是贫困人口实现“以劳动换收入”的直接手段，能够帮助贫困人口实现可持续的收入增长，具备减贫的可持续性。产业发展具有明显的区域性，通常依托区域自然地理或社会文化优势，发展产业多为特色农产品或手工业制品，以实现差异化竞争。

以产业升级推动减贫主要有两种模式。一部分产业升级策略通过引入先进生产要素（包括生产技术、生产设备）鼓励贫困人口扩大生产，通过建立利益联结机制增强贫困人口生产的协调性、一致性。其特征是向贫困人口传授生产技术（如田间管理措施），提供先进生产设备（如田间无人机），提供金融支持（银行贷款等）实现以贫困人口为主体的生产扩大与再生产。该模式通过技术培训指导强化贫困人口人力资本，通过提供生产资料强化贫困人口物质资本，部分案例通过提供低息贷款等强化贫困人口金融资本，引导贫困人口扩大生产，从而促进贫困人口收入增长，增强其发展可持续性。

另一部分产业升级策略以带动就业为导向，设置就业岗位，鼓励贫困人口参与就业。其特征是由政府或企业作为生产主体组织生产，创造就业岗位吸纳贫困人口参与就业，贫困人口通过集中劳动获取劳动收入，实现收入的可持续增长。该模式以技术培训指导强化贫困人口人力资本，并引导贫困人口参与就业，促进贫困人口收入增长。

在需求端上，两种措施都致力于扩大产品需求，采取诸如构建区域性品牌，利用电商等互联网销售方式扩大销路，增强贫困人口的社会资本。

在案例中，两种模式可以同时出现。如浙江宁波对口帮扶吉林省汪清县黑木耳产业，在原有木耳产业基础上，引入先进设备，把控产品质量，提升黑木耳种植产业水平。同时，就地建设木耳包装、仓储、物流等配套设施，带动当地贫困人口就业。也可以某一种模式单独出现，如中国科学院以自身马铃薯绿色丰产技术成果，从良种选育、肥药减施增效等方面帮扶贵州、甘肃、内蒙古等省份多县实现马铃薯种植业高质量发展。

总体而言，产业扶贫政策或分散地促进贫困人口扩大生产，或集中地实现贫困人口就业，较好地实现了贫困人口收入与财富的增长。同时，产业扶贫也具有更加多面的减贫效应。贫困人口在掌握更先进的生产设备与更前沿的生产技术之后，生计可持续性会显著增强，例如，一些案例以生态产业发展推进减贫，不仅能够实现收入增长，还能改善贫困区域自然环境，提升贫困人口生活质量。

（2）发展基础 + 生计资本强化路径

强化发展基础是减贫行动的另一个焦点，相关案例在案例库中占比为42% 左右。强化发展基础策略从软件与硬件两个方面入手，不直接增进贫困人口收入，但强化贫困人口生计资本，影响贫困人口生计策略选择，带来贫困人口生活条件改善、生计可持续性增强等结果。典型的强化发展基础的策略主要包括强化人口教育、医疗、基础设施、社区建设等方面。

教育强化人力资本。教育被视为能够有效阻断贫困代际传递的重要举措，对贫困人口的人力资本有显著提升作用，并能够强化贫困人口生计可持续性。案例通过学前教育、基础教育强化贫困人口发展基础，通过职业教育增强贫困人口职业能力。如中国发展研究基金会整合乡村资源，招募乡村教育志愿者开展山村学前教育，提升儿童的认知能力，为乡村儿童发展奠定基础。再比如中国航空技术国际控股有限公司通过举办非洲职业技能挑战赛（ATC），以赛促训，促进职业教育在非洲发展，提升非洲青年职业技能创收能力。

医疗强化人力资本。健康状况是人力资本的重要内容。疾病除了会减损人力资本，还会导致家庭开销上升，挤占家庭用于投资与其他方面的支出，影响家庭收入能力。因此健康减贫是提升贫困人口生计可持续性的重要途径。案例通过组织贫困人口家庭健康管理、贫困区域疾病普查、网络医院等形式开展健康减贫。河北省唐县人民医院通过设置移动医疗体检站送医上门，为贫困人口开展体检及疾病治疗，有效减缓了因病返贫情况。

基础设施强化物质资本。基础设施是区域发展的重要条件。基础设施作为公共财产，实际上也是贫困人口发展所必需的物质资本，对贫困人口实现稳定、长远脱贫具有重要意义。例如，亚洲开发银行在东南亚地区投资修建农村公路，并雇用当地工人以创造就业机会，建成道路改善了贫困区域与外界的联通状况，农产品得以更高效地运往外界市场，保障了农民收入。

社区建设强化社会资本。社区文化对减贫至关重要。良性的社区治理能够为减贫提供良好的条件，积极的社区文化能够激励贫困人口积极投身生产活动以缓解贫困。因此，构建高效治理、文化包容的社区是减贫的重要基础。例如，河南新乡裴寨村创新建立“情德法治村”新模式，增强社区居民凝聚力，提升居民道德文化修养，为社区整体发展奠定了重要基础。

（3）风险管理 + 生计策略改善途径

风险是潜在的、不可预知的，可能对人类福祉产生不利影响。贫困群体风险暴露水平更高、抵御风险能力更低，易在风险冲击下进一步丧失发展能力。贫困群体集中从事的初级农产品等行业，产出受自然条件变化影响大，价格随市场变化波动大，贫困群体难以获得持久、稳定收入。另外，风险是动态变化的，低收入群体与脱贫群体可能在风险冲击下重新返贫，为长期稳定减贫增加隐患。因此，一定的风险管理措施能够有效帮助贫困人口规避潜在的内外部冲击，获得长期可持续生计能力。

在案例中，减贫主体通过采取一定的风险管理举措，促进贫困群体采取分散风险的生计策略，以降低风险带来的潜在影响。例如，中国建设银行在新疆推动“银行 + 期货 + 保险”扶贫模式，推出棉花期货价格保险项目，帮助棉农抵抗价格波动风险，农民参与到保险项目之中，收益得到保障，生计可持续性得到有效加强。

（4）质量控制途径

质量控制途径指的是在减贫过程中，政府或其他减贫行动主体采取一定行动，对减贫措施的效率、效益进行监测、提升，以确保减贫政策能够有效发挥作用。质量控制的主要举措包含质量监测与质量提升两种。质量监测措施对减贫对象覆盖、减贫资源投入、减贫效果进行动态监测，确保及时纠偏，保证减贫效率。质量提升效率引入先进技术或高效管理方式，对减贫流程环节进行重新设计，以提升减贫效率，扩大减贫效益。质量控制措施的特殊性在于该类措施不直接作用于减贫对象，但对减贫行动，尤其是在规模性减贫行动当中有积极作用。当前，减贫已成为国际共识，各类多样的减贫行动在全球开展，行之有效的质量提升和质量控制措施能够为更多减贫行动提供经验，提升全球减贫效率。

（二）经验归纳

1. 县域是减贫行动的主要承载单元

对案例的编码数据显示，约 40% 的减贫案例以县域为尺度。在以国家、省域为尺度的案例中，县域也是具体推动减贫行动的主要单元。在整体推进减贫的过程中，县域发挥着重要作用。县域是产业的主要承载单元。产业发展需要适度规模，县域人口一般在 10 万级别，具有发展产业所需要的适度规模。因此大部分产业扶贫案例以县域为尺度。此外，县域也是公共服务的主要承载地，教育、医疗等公共服务机构大多依托县域设置，是改善基本公共服务、增强区域发展基础措施的主要承载单元。因此，重视县域在贫困治理中的作用，补强县域一级政府能力，强化县域多元减贫力量注入是贫困治理的重要策略。

2. 政府是减贫行动的主要推动者

经济发展的“涓滴效应”曾被认为是消除贫困的主要机制。涓滴效应理论认为增长是减贫的核心。然而，从广大发展中国家普遍的发展历程来看，“涓滴效应”论并没有得到足够的实证支持。仅靠市场自发秩序无法有效实现减贫，实现减贫需要政府的有力推动。案例中政府参与推动减贫的频率达到0.41，是占比最高的减贫主体，这证实了政府在减贫过程中的重要作用。政府居于多元减贫网络中心，协调各方开展减贫行动。通过制定扶贫综合策略为减贫设置目标与具体路径，制定产业政策引导减贫相关产业发展，增强公共服务供给以提升贫困人口发展基础，是减贫行动的主要推动者。要重视政府在减贫当中的作用，发挥好政府优势，提升减贫效能。

3. 多元主体参与为减贫行动注入活力

减贫是一项具有系统性、综合性的复杂工程。单一主体推动的贫困治理难以满足贫困治理复杂性、动态性要求。政府、市场机构、社会组织、学术机构、国际组织等主体都能参与到减贫当中，凭借自身优势作出相应贡献。案例中，政府、市场、社会、国际组织、学术组织或单独、或协作从不同方面推进减贫并取得了显著成效。不同主体与不同减贫策略之间存在明显相关性，如市场主体多从产业角度谋划减贫，以提升贫困人口收入与收入能力为重点，社会组织侧重于从教育、医疗等公益性、志愿性强的领域介入贫困治理，重视贫困人口拥有平等发展基础的权利。国际组织侧重于国际资源的联动和减贫经验的国际迁移等。多元主体在减贫实践中实现优势互补，探索多元模式，丰富了减贫的理论与实践，拓宽了减贫的路径。要持续促进多元主体发挥自身优势，在减贫领域持续探索，要促成不同主体间各种形式的合作与对话，实现资源联动，优势互补，形成减贫合力。

4. 产业发展是减贫行动的核心，直接目的是增加贫困人口收入与其他财富，本质目的是提升贫困人口生计可持续性

在研究案例中，以产业升级作为减贫策略的案例频率在0.56以上，占到研究案例的一半以上，这说明发展产业已经被广泛视作减贫的主要途径。可持续生计理论认为，减贫不仅要关注贫困人口短期收入的增长，更要着眼贫困人口为改善长远生产生活状况所具备的谋生能力、所拥有的资产、所依靠的外部条件等。产业发展被广泛重视，是因为这是改善贫困人口长远生活状况下的谋生能力的最有效的途径。产业是贫困人口得以将自身拥有的生计资本转换为获取收入的能力的最核心环节，贫困人口通过产业参与社会生产，在改善自身生计的同时获得扩大再生产的资本，逐步建立稳定的收入基础，摆脱贫困局面。因此，要继续重视产业发展在减贫当中的作用，持续提升贫困区域产业竞争力，才能增强贫困人口价值创造能力，使农民真正获得可持续的生计能力。

5. 夯实发展基础是贫困人口可持续脱贫的前提

案例中强化发展基础的相关案例占比为42%。发展基础是能够支撑贫困人口获得可持续发展能力的硬件或软件基础。大量案例并不着眼于直接提升贫困人口收入及财产水平，而是从基础设施、教育医疗、社会保障等方面入手，改善贫困人口生活状况，为贫困人口增强收入能力创造条件。贫困人口持续获得收入需要持续投入生产，而一定的生产投入强度又需要贫困人口稳定占有的人力、物质、金融、社会、生态资本做支撑，因此，贫困人口发展基础的改善是增进贫困人口可持续发展能力的前提。减贫要着眼于夯实贫困人口发展基础，持续从各方面改善贫困人口收入能力。

6. 重视发挥金融资本在贫困人口减贫中的作用

金融是资源配置和宏观调控的重要工具。金融减贫措施直接面向贫困人口，减轻其在融资借贷、消费投资、生产经营等方面的信贷约束，提升其利用金融资本自我发展的能力。在传统的“输血式”“援助式”扶贫日渐式微，可持续性难以为继的情况下，金融资本在增强贫困人口“造血”能力上具有很大潜力。发展产业是减贫的核心，贫困区域要发展产业，贫困人口要扩大生产，需要资本投入，金融资本是解决资本投入问题的最优途径。服务减贫也是金融资本优化资源配置、推进社会发展的重要途径。要大力推动面向贫困人口的普惠金融发展，增强贫困人口金融能力与金融素养，这是增进贫困人口可持续生计能力的重要途径。

7. 风险管理措施是降低贫困脆弱性的重要保障

脆弱性是与贫困相关的重要概念。脆弱性昭示的基本道理是：贫困是动态变化的，着眼于持久消除贫困，既要促进贫困人口收入增加，又要警惕贫困人口受风险冲击状况恶化，还要防止脱贫人口返贫，因此增强贫困、近贫困人口应对风险的能力十分重要。案例采用期货对冲、保险等措施降低贫困人口产业发展与人身财产风险，为贫困人口提供兜底保障，取得了良好的效果。然而风险管理类策略在减贫中的应用仍然较少，要重视贫困人口风险管理，采取更多措施提升贫困人口的风险抵御能力。

8. 质量控制是减贫行动的重要环节

案例中占比最小的减贫策略是质量控制策略。这与质量控制策略本身的属性相关：质量控制措施着眼的是对减贫行动本身的管理，而不着眼于“减贫”这一事项，但质量控制措施对保障减贫行动的效率与效益十分重要。案例中的质量控制措施采取大数据等数字技术，强化对贫困人口的精准识别，加强对减贫政策、行动的过程管理。在消除贫困已经成为国际普遍共识，越来越多资源投入减贫的背景下，探索提升减贫效率具有重要意义。数字技术的发展为降低制度成本，提升减贫的精准性、高效性提供了广阔的空间，要积极利用数字技术创新开展减贫质量控制活动，提升减贫效率，强化减贫成效。

四、政策含义

（一）推动构建多元主体协同的乡村振兴新格局

研究结果证实，多元主体参与对增强农民可持续生计能力具有重要意义。多元主体协同有利于集聚不同领域的资源和优势，共同推动乡村的全面发展。

在巩固拓展脱贫攻坚成果，促进脱贫攻坚与乡村振兴有效衔接的重要阶段，重视多元主体参与仍然有重要的现实意义。要发挥好基层党组织的核心作用，紧密联系、充分协调各方，形成乡村振兴合力。要强化政府在乡村振兴中的作用，引导、推动乡村振兴，通过政策制定，优化资源配置，促进乡村发展。要发挥市场作用，引导更多企业下乡入村，参与乡村振兴，推动乡村产业发展。要动员引导更多社会组织参与乡村振兴，培育服务性、公益性、互助性农村社会组织，积极发展农村社会工作和志愿服务。重视不同主体之间的统筹协作，形成合力，推动构建多元主体协同的乡村振兴新格局。

（二）提升县域产业承载能力

研究结果证实，县域是脱贫攻坚和乡村振兴的主战场。因此要重视县域产业是县域发展的重要根基，有产业才有就业岗位，才能促进人口发展。要从县域的角度统筹考虑城乡产业发展，因地制宜，合理规划乡村产业布局，重点吸纳脱贫人员、弱势群体等参与就业。要在资源投入上向县域与基层倾斜，强化县域发展能力，以区域发展带动人口整体脱贫致富。要完善县域产业服务功能，建设各类基础设施，搭建技术研发、人才培训和产品营销等平台。提升县域承载产业、发展产业的能力。

（三）推动城乡基础设施一体化、基本公共服务均等化

基础设施不完善、基本公共服务不充分是贫困人口发展能力匮乏的重要原因。要积极推动乡村、贫困区域基础设施建设，保障欠发达区域基本公共服务供给，推动县域公共产品配置与常住人口规模相匹配，补齐贫困人口的发展基础短板，这是拉齐贫困人口发展能力差距，保障贫困人口公平参与市场竞争、公平获得发展机会的重要途径。

主要参考文献

[1] 程峥. 我国贫困治理中的政府人力资本投入作用研究[D]. 山东大学，2022.

[2] 黄承伟，王小林，徐丽萍. 贫困脆弱性：概念框架和测量方法[J]. 农业技术经济，2010（8）：4–11.

[3] 谢影，陈栋. 教育公平的三维视角——基于效用、基本善与可行能力的理论解析[J]. 现代教育科学，2023（2）：7–13.

[4] 李小云，徐进，于乐荣. 中国减贫四十年：基于历史与社会学的尝试性解释[J]. 社会学研究，2018，33（6）：35–61+242–243.

[5] 王亚华，舒全峰. 中国精准扶贫的政策过程与实践经验[J]. 清华大学学报（哲学社会科学版），2021，36（1）：141–155+205.

[6] 何媛. 平台经济促进农民增收的影响研究[D]. 四川大学，2023.

[7] 陈思堂. 参与式发展与扶贫——云南永胜县的实践[M]. 北京：商务印书馆，2012.

[8] 苏芳，古梦维，汪三贵. 基于“问题—目标—路径”分析框架的可持续生计研究[J]. 资源开发与市场，2024，40（10）：1441–1449.

[9] 赵锋. 可持续生计分析框架的理论比较与研究述评[J]. 兰州财经大学学报，2015，31（5）：86–93.

[10] 吴建南，马亮，杨宇谦. 中国地方政府创新的动因、特征与绩效——基于“中国地方政府创新奖”的多案例文本分析[J]. 管理界，2007（8）：43–51+171–172.

[11] 李云新，刘然. 中国社会创新的特征、动因与绩效——基于“中国社会创新奖”的多案例文本分析[J]. 公共行政评论，2016，9（4）：147–170+209.

[12] Bahrini, R., & Qaffas, A. A. Impact of information and communication technology on economic growth: Evidence from developing countries. Economies, 2019, 7(1), 21.

[13] Martin, R. Poverty Lines in Theory and Practice. Washington, DC. The World Bank, 1998.

[14] Samuelson, P. A., & Nordhaus, W. D. (1996). Economics (15th ed.). Beijing: Beijing Economic College Press, 658.

[15] Sen, A. (2001). Poverty and famines: An essay on entitlement and deprivation. Beijing: The Commercial Press.

[16] Shepherd, A. (2000). Governance, Good Government and Poverty Reduction. International Review of Administrative Sciences, 66(2), 269–284.

[17] The World Bank. (1980). World development report. Washington, DC: Oxford University Press, 32–33.

共同富裕视角下现代乡村产业体系构建：主要模式与路径优化 *

现代乡村产业体系的构建，离不开产业支撑。乡村产业的发展模式既是乡村产业体系构建的具体形式，也是各地乡村产业体系构建的依据。在实施乡村振兴战略、建设农业强国的背景下，各地结合自身优势，依托产业链、价值链、创新链、科技链、集群链等，基于产业发展、利益联结与分配机制，衍生出先进要素集聚型、多环节合作共赢型、功能复合利益共同体型、党支部引领的一主多元型等多元化模式，与农民或村集体联合起来构建了共富型的利益联结机制以保证农民在链条中可以享受到更多的利益分配，多渠道多途径增加其收入，促进了共富型现代乡村产业体系的可持续发展。

2012 年，党的十八大首次提出，共同富裕是中国特色社会主义的根本原则。同年 12 月，习近平总书记到河北省阜平县看望慰问困难群众时强调消除贫困、改善民生、实现共同富裕，是社会主义的本质要求[①]；2013 年 11 月，《中共中央关于全面深化改革若干重大问题的决定》指出要改革收入分配制度，促进共同富裕，提出了共同富裕的实现路径；2015 年 9 月，国家主席

---

* 本报告是清华大学中国农村研究院青年课题“构建共富型现代乡村产业体系的思路、问题与对策研究”的研究成果，报告观点仅代表课题组的看法。课题负责人：张瑞娟，中国社会科学院农村发展研究所副研究员。报告执笔人：张瑞娟、孟召娣。

① 《习近平到河北阜平看望慰问困难群众时强调 把群众安危冷暖时刻放在心上 把党和政府温暖送到千家万户》，新华社，2012年12月30日。

习近平出席华盛顿州当地政府和美国友好团体联合欢迎宴会并发表演讲时提到，中国执政者的首要使命就是集中力量提高人民生活水平，逐步实现共同富裕①；次年5月，习近平总书记在省部级主要领导干部学习贯彻党的十八届五中全会精神专题研讨班上的讲话中提到“逐步实现共同富裕”“积小胜为大胜”②；2015年12月，《中共中央 国务院关于打赢脱贫攻坚战的决定》指出“强化以企业合作为载体的扶贫协作，鼓励东西部按照当地主体功能定位共建产业园区”；2016年中央一号文件再次提到“通过产业扶持、转移就业、易地搬迁等措施解决5000万左右贫困人口脱贫”，产业扶贫概念的提出进一步完善了共同富裕的实现路径；2017年，习近平总书记参加党的十九大贵州省代表团讨论时强调，要深入贯彻新发展理念，着力解决好发展不平衡不充分问题，更好满足人民多方面日益增长的需要，更好推动人的全面发展、全体人民共同富裕③；同年，党的十九大报告指出，新时代我国社会主要矛盾是人民日益增长的美好生活需要和不平衡不充分的发展之间的矛盾，必须坚持以人民为中心的发展思想，不断促进人的全面发展、全体人民共同富裕，在此前“消除贫困”“改革收入分配制度”基础上提炼为“解决好发展不平衡不充分问题”，实现共同富裕理论研究与实践工作的跨越发展，进一步深化了共同富裕的内涵，并首次提出共同富裕的实现时间为“从二〇二〇年到二〇三五年全体人民共同富裕迈出坚实步伐；从二〇三五年到本世纪中叶，全体人民共同富裕基本实现”；同年12月，习近平总书记在中央农村工作会议上强调，走中国特色社会主义乡村振兴道路，一是必须重塑城乡关系，走城乡融合发展之路。二是必须巩固和完善农村基本经营制度，走共同富裕之路④；2020年，《中共中央关于制定国民经济和社会发展第十四个五年规划和二〇三五年

---

① 习近平：《在华盛顿州当地政府和美国友好团体联合欢迎宴会上的演讲》，新华社，2015年9月22日。

② 《习近平在省部级主要领导干部学习贯彻党的十八届五中全会精神专题研讨班上的讲话》，《人民日报》2016年5月10日。

③ 《习近平在参加党的十九大贵州省代表团讨论时强调 万众一心开拓进取把新时代中国特色社会主义推向前进》，新华社，2017年10月19日。

④ 《中央农村工作会议在北京举行 习近平作重要讲话》，新华社，2017年12月29日。

远景目标的建议》首次将“全体人民共同富裕取得更为明显的实质性进展”纳入2035年远景目标；2021年，《中共中央 国务院关于支持浙江高质量发展建设共同富裕示范区的意见》提到，实现共同富裕不仅是经济问题，而且是关系党的执政基础的重大政治问题；2022年，党的二十大报告指出，实现全体人民共同富裕是中国式现代化的本质要求。党和国家对实现全体人民共同富裕的重视程度逐年上升。党和国家发布了有关共同富裕的政策文件，初步构建了有利于共同富裕的政策体系，在理论和实践方面都形成了系统化的共同富裕思想。2023年，中央一号文件《中共中央 国务院关于做好2023年全面推进乡村振兴重点工作的意见》再次提及“最艰巨最繁重的任务仍然在农村”。2023年9月，习近平总书记在浙江考察时强调，浙江要在推进共同富裕中先行示范，要把缩小城乡差距、地区差距、收入差距作为主攻方向，进一步健全城乡融合发展体制机制[①]；同年12月，习近平总书记在广西考察时指出，要让广大农民共享农村改革和发展成果[②]，共同富裕的重点在农村，难点在农民。2024年，党的二十届三中全会在“全体人民共同富裕取得更为明显的实质性进展”远景目标前增加了“要聚焦提高人民生活品质、推动人的全面发展”，解决了“实质性进展”的评价标准问题。

一、共富型现代乡村产业体系概念的界定及特点

（一）共富型现代乡村产业体系概念的界定

习近平总书记指出，乡村振兴要推动乡村产业振兴，紧紧围绕发展现代

① 《习近平在浙江考察时强调 始终干在实处走在前列勇立潮头 奋力谱写中国式现代化浙江新篇章 返京途中在山东枣庄考察》，新华社，2023年9月25日。

② 《习近平在广西考察时强调 解放思想创新求变向海图强开放发展 奋力谱写中国式现代化广西篇章》，新华社，2023年12月15日。

农业，围绕农村一二三产业融合发展，构建乡村产业体系，实现产业兴旺，把产业发展落到促进农民增收上来，全力以赴消除农村贫困，推动乡村生活富裕[①]。总的来说，共富型现代乡村产业体系就是要围绕乡村振兴战略的根本要求，立足我国基本国情农情，充分发挥推进中国式农业农村现代化的比较优势，以促进农业高质量发展、保障农产品有效供给、提高农民收入水平为根本目标，以现代农业产业体系、生产经营体系为基础支撑，通过农村改革和科技创新，以及农村一二三产业融合发展，促进农村新产业新业态发展，形成专业化分工明确、利益机制紧密联结、整体运行高效的多元化产业形态和多功能产业体系，通过农企契约、利益分红、股份合作等利益联结的多元模式，形成具有中国特色的现代乡村产业体系，最终实现农民的共同富裕（张瑞娟，2024）。

（二）共富型现代乡村产业体系的产业特点

以农民为主体，实现共同富裕。区别于一般的乡村产业，共富型现代乡村产业把农民充分组织起来，积极调动农民的主动性和创造性。农民转变旁观者角色，成为产业体系中的参与主体、经营主体和受益主体。通过科学合理的利益联结机制确保农民可以从乡村产业发展中获得更多收益，实现收入的快速增长，着力推动实现农民农村共同富裕目标。

以农村三产融合为路径，增强发展新动能。共富型现代乡村产业体系以农业为中心，向产前产后环节延伸，拓展产业链长度，提升产业链价值，在产业融合上做好衔接（麦迪娜·吐逊江等，2023）；推动农业与休闲旅游业、服务业、科学教育等不同行业交叉渗透，使农业突破单一生产功能，具备多功能性，挖掘乡村的多重价值。农村第一产业与第二、第三产业的融合，有效吸引城市先进生产要素在农村汇聚，激发新业态、新模式、新动能。

---

① 《习近平李克强王沪宁赵乐际韩正分别参加全国人大会议一些代表团审议》，新华社，2018年3月8日。

以乡村特色优势资源为依托，立足资源优势，加强科学规划，激活内生发展动力。共富型现代乡村产业强调因地制宜，根植于县域，要科学规划空间布局，做好产业空间结构分析，更好地进行分区引导和统筹规划，充分挖掘丰富的乡村地域、文化资源，认真做好土特产文章，着力培育优势特色鲜明、带动力强劲、可持续发展的主导产业，增强乡村内生发展动力（吴瑶，2024）。

二、共同富裕视角下现代乡村产业体系的构建：主要模式

相较于传统乡村产业体系，现代乡村产业体系的构建更多依托区域内的特色资源和优势资源的整合，深度挖掘农业农村的多重价值，不断拓宽乡村产业的功能边界。在推进乡村全面振兴、从农业大国向农业强国转变过程中，各地衍生出产业集群多环节合作共赢型、先进生产要素集聚型、种养加功能复合利益共同体型、党支部引领的一主多元型等多元化模式，创新了联农带农利益联结机制，农民更多分享产业增值收益，有力推动了农民农村的共同富裕，并实现了乡村产业的提档升级。

（一）产业集群多环节合作共赢型：京山案例

产业集群多环节合作共赢型模式是指同一乡村产业中上游、中游和下游的相关农业市场主体结成紧密型战略合作伙伴关系，共同抵御市场风险以实现产业的发展壮大。同时，这些相关的农业市场主体在产业链条中不同环节与农民形成细分产业链的上下游关系，在农户和市场之间建立了桥梁，实现合作共赢。

京山市位于湖北省中部，养鸡已经有7000多年的历史。为改变传统的、

小规模的家庭养殖，近年来，京山市进行农业产业结构调整，将禽蛋产业作为该市的主导产业，推进农业产业化经营。为进一步提升禽蛋产业的竞争力，2021 年湖北神地牵头，与湖北宇祥（荆州）、湖北民大（宜昌）、湖北欣华（孝感）等 7 家家禽及蛋制品领军企业签约成立联合体。2022 年，湖北神地牵头申报的湖北省禽蛋产业集群又入选国家农业产业融合发展项目优势特色产业集群建设名单。该优势产业集群项目助力湖北神地生物科技有限公司、京山旺远牧业饲料科技有限公司、京山神地蛋鸡养殖专业合作社、京山市家禽业协会等十几家农业企业（合作经济组织）抱团发展、优势互补、互利共赢，已初步形成集种鸡、养殖、饲料兽药、家禽屠宰及加工、蛋品销售、蛋品精深加工于一体的产业链条。京山市成为中南地区最大的蛋品加工基地，蛋鸡养殖规模、标准化养殖程度在湖北省排名前列。产业集群项目还成功申报了“京山鸡蛋”地理标志，打造区域公共品牌的优质形象。同时，产业集群项目的联农带农作用进一步增强，禽蛋产业成为京山市农民增收的支柱性产业。据统计，京山市农村人口 36.6 万人，家禽产业可为年人均收入贡献 1274.05 元。京山市家禽行业从业者 9984 人，年人均可支配收入 35261 元，比该市农村常住居民人均可支配收入（23941 元）高 11320 元。

1. 京山禽蛋产业利益联结与分配机制

京山禽蛋产业集群中，京山旺远牧业饲料科技有限公司作为饲料生产企业，直接收购当地农民生产的高品质玉米作为饲料原料来源，一方面，由于收购当地玉米，运输成本节约而收购价格高于外地玉米收购商，增加了农民的收入。另一方面，企业大量收购高品质玉米直接提高了当地农民种植高品质玉米的积极性。湖北金种生态禽业发展有限公司（以下简称金种公司）生产经营范围主要集中在种鸡饲养、孵化、种鸡配套系统开发，为产业集群项目的其他企业和普通养殖户提供种蛋或种鸡。与传统的鸡苗相比，金种公司生产的鸡苗鸡瘟发生率大大降低，使普通养殖户减少疫病防控费用、提高蛋鸡出栏率，养殖收入提升。湖北神地生物科技有限公司发挥龙头企业的带动作用，采用“企业 + 科研院所 + 专业合作社 + 基地 + 农户”的经营模式，依托专业合作社与农户实行订单管理，向农户提供种苗、饲料、科技等产前、产中、产后全过程服务，形成了龙头企业和普通养殖户的良性互动关系。京山市家禽业协会是京山市家禽行业的非营利性社会团体，对内为农户提供技术服务，协调龙头企业与小农户之间的关系；对外加强区域公共品牌“京山鸡蛋”的打造。可以看出，禽蛋优势特色产业集群在不同农业市场主体之间建立了利益联结机制，与普通种植养殖户之间也形成了差异化的利益分配机制（见图 1）。

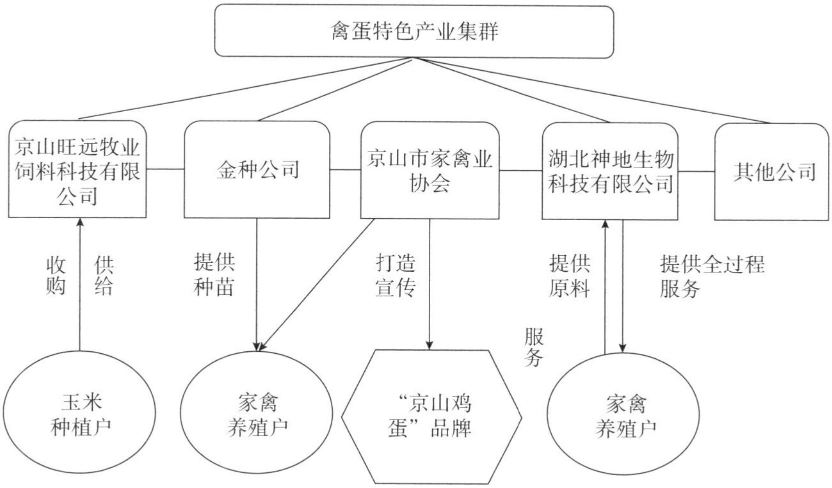

图1　京山市禽蛋产业的利益分配与联结机制

资料来源：作者根据实地调研资料整合而成。

2. 模式特点

该模式的一个突出特点是从横向和纵向两个方面助推产业发展和农民增收。产业集群通过组织链使相关禽蛋产业市场主体形成利益共同体，改变单打独斗闯市场的局面，产业的综合竞争力提升。不同的禽蛋产业市场主体在不同的产业链条环节上与农户建立了紧密联系，扩大了联农带农覆盖面。该模式的另一个突出特点是发挥了非营利性社会团体的作用，注重区域性品牌建设。

（二）先进生产要素集聚型：秭归案例

先进生产要素集聚型模式是指充分发挥当地特色资源优势，推动技术、资本、数据、电商物流、人才等先进生产要素向乡村产业集聚，助力“一县一业”做大做强，形成带动县域经济发展和农民增收致富的大产业。

秭归县是典型的农业大县，是世界四大文化名人之一屈原的故乡，也是著名的“中国脐橙之乡”。秭归脐橙先后获得“中国知名品牌”“中国名牌农产品”“国家地理标志保护产品”等称号。秭归脐橙的优良品质离不开良好的生态环境，脐橙产业体系的壮大也离不开各类先进要素的赋能。一是科技要素赋能。近年来，秭归县政府与华中农业大学加强合作，通过引种、选育、改良，形成了“春有伦晚、夏有蜜奈、秋有九月红、冬有纽荷尔”的四季有鲜橙的产业格局，全县 90% 的乡镇、80% 以上的村、70% 以上的人口从事脐橙相关产业。二是资本要素赋能。2022 年以来，秭归县借助中央专项彩票公益金支持欠发达革命老区乡村振兴项目，围绕脐橙主导产业，建设脐橙产业基地、智慧采摘园等一批重点项目。充分发挥公益金的“虹吸效应”，吸引社会资本下乡进村新建民宿、商业街。三是数据要素赋能。县委、县政府将数据作为促进脐橙产业发展的关键要素，开展三峡柑橘产业大脑建设。充分借助数据采集技术手段，摸清脐橙种植分布、耕地资源评价等信息。基于农户需求设计 App 和小程序，及时将政府公告、灾害预警、天气预报等信息传达给农户及企业，便于脐橙种植过程中水肥灌溉、病虫防治、产品营销等方面的管理，实现节本增效。四是电商物流要素赋能。秭归脐橙产业探索电子商务进农村、人才孵化基地。2016 年建设综合性电商物流园区——宜昌华维电商物流园，打造“快递 + 电商 + 农特产品 + 农户”融合发展模式，助力秭归脐橙的销售。五是人才要素赋能。秭归县的返乡入乡创业创新人员成立脐橙行业龙头企业、专业合作社、家庭农场等，覆盖脐橙产业的精深加工、销售、流通环节，带动小农户生产种植的脐橙可以“卖得出去”“卖个好价钱”，着力推动了小农户与现代农业发展有机衔接。

1. 产业利益联结与分配机制

先进生产要素向脐橙产业的集聚，壮大了村集体经济，增加了农民的经营净收入和工资性收入。中央专项彩票公益金项目创新“市场主体 + 集体经济 + 产业链建设”的财政衔接资金投入模式，建成经营性项目 3 个。提供就业岗位 20 余个，实现户均增收 2000 元以上。项目区村集体经济收入增加 15 万元，带动 30 多户平均增收 6000 元以上。项目还带动了市场主体和社会化服务发展。通过市场主体连基地、基地带农户的利益联结机制使脐橙销售价格提高；组建的劳务服务队、技术服务队等 9 支社会化服务组织，参与农户 307 户，获取劳务和技术报酬，户均创收 1 万元。三峡柑橘产业大脑建设项目覆盖 12 个乡镇 167 个村 5.9 万户 18 万人种植的 40 万亩柑橘，使柑橘年产量增加 10% 以上，年综合产值增加 25%。助力脐橙深加工龙头企业、家庭农场等 4000 多家主体的经营效率平均提高 20% 以上，降低产业经营成本 10% 以上，提高 5% 以上的产业经营利润。电商物流发展一方面打造从产地到消费者的一站式服务，简化全销售流程，可以留存产业利益空间增加农民实际收入，另一方面可以带动当地农民就业。目前秭归县大力推进电商产业集群的发展，产业集群相关企业多达 3000 余家，直接带动 8000 多个就业岗位，产业集群间接辐射的产业，如物流、快递、生产加工等，为秭归县创造了 5000 余个就业岗位（见图 2）。

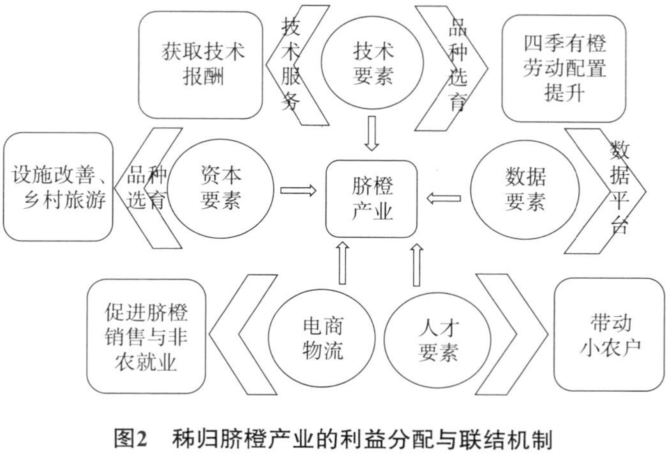

图2　秭归脐橙产业的利益分配与联结机制

资料来源：作者根据实地调研资料整合而成。

2. 模式特点

该模式以乡村特色产业为载体，引导先进资源要素更多地向乡村汇聚，激活了要素、市场和主体潜力。产业兴旺是促进乡村全面振兴的关键，而乡村产业振兴离不开各类先进生产要素的配置。在县域范围内以主导产业为纽带，激活农村内部生产要素活力的同时，吸引城市先进要素流动至乡村，助力乡村产业高质量发展。

（三）种养加功能复合利益共同体型：凌云案例

种养加功能复合利益共同体型是指以种植业、养殖业、加工业三种业态为核心的复合循环农业经济模式。种植业、养殖业和加工业相辅相成，以种带养、以养促种，并实现与加工业的高效对接。该产业模式中的三大主体，即政府、服务主体和生产主体之间形成利益共同体。

凌云县将蚕桑产业作为特色产业列入“十三五”规划，围绕“蚕”和“桑”做足文章。县政府通过多方渠道筹集 8500 余万元资金，用于支持凌云县蚕桑产业的基础设施建设，累计建设成片高标准桑园 19000 余亩，建成标准化蚕业基地 10000 余亩，并大力支持蚕桑产业的科技创新，为县域产业发展创造了良好的发展氛围。凌云县改变传统的种桑养蚕模式，创立“栽桑不唯养蚕、养蚕不唯结茧”的思路，提高蚕桑综合利用率，创新产业延伸发展新模式。一是重点抓好桑果酒生产。为提高桑果附加值，引进广西嘉桂农业科技有限公司在下甲镇平怀村建设果酒加工厂，开发生产“百色红”桑果酒产品。二是重点抓好桑枝食用菌生产。凌云县充分利用桑园产生的桑枝这一可再生资源，引进广西嘉桂农业科技有限公司生产桑枝食用菌（黄金菇、桑黄等）菌包等特色产品。三是重点抓好桑枝、蚕沙等有机生物肥生产。为解决桑枝、蚕沙乱堆放、丢弃问题，变废为宝，改善农村生态环境，引进广西嘉桂农业科技有限公司，利用蚕沙、菌沙、桑枝和畜禽粪便，年产 20000 吨生物有机肥，可直接带动农民 300 人增收，农户年均增收 500 元以上，进一步提高蚕桑产业综合利用水平，放大蚕桑比较优势。此外，凌云县还积极探索“农业 + 旅游 + 文化”“农业 + 旅游 + 康养”等以乡村新产业、新业态、新模式为特质的模式，赋能乡村产业振兴（吕锡月，2024）。凌云县乡村旅游业年接待游客 1 万余人，人均旅游消费 100 余元，单此一项为凌云县每年创收 100 余万元，并有进一步增长的趋势。凌云县还积极探索“互联网 + 农业”模式下的蚕桑产业，利用物联网技术对蚕的培育过程进行更加科学化的管理，控制蚕生活场景的温度和湿度，实现标准化的蚕饲养模式，既提高蚕茧的质量，又节约了生产成本，并应用电商为蚕桑产业赋能，年销售收入突破 100 万元，扩充了销售渠道，改变了蚕桑资源的流通模式。

1. 凌云案例的利益联结模式与分配机制

凌云县的蚕桑产业建立了“政府主导 + 服务主体 + 生产主体”利益联结机制。政府主导栽桑养蚕，通过为蚕桑种植养殖户建设高标准的桑园、蚕棚和蚕台，以及集中采购机械化设备，逐渐在全县范围内形成了标准化的蚕桑设施管理。在此基础上，县政府推行小蚕专业化共育，让共育户指导蚕桑种植养殖户按照统一技术规程和质量标准生产进行“商品小蚕”的饲养工作，同时政府还构建了覆盖全县乡镇、村社的基层蚕业技术服务网，为蚕桑种植养殖户提供 24 小时上门服务，从而有力保障了产前、产中的技术服务。政府还 100% 出资，将蚕业生产纳入政策性农特产品保险试点提供充分的产后市场保障，减少生产风险，调动农户积极性。此外，科研院所作为服务主体之一，积极研发实用型的新技术、新产品，开发的省力化养蚕设备自动升降簇架、轨道喂叶车，提升了养蚕、上簇的利用空间，节省养蚕劳动成本，达到了节本、节地、节力的良好效果，大幅度增加蚕农养蚕的收入。凌云县还推广技术人员“一对一”帮扶蚕桑种植养殖户，其帮扶对象的蚕茧产量、质量、蚕茧统收率与技术人员的考核成绩挂钩，同时技术人员的收入与其帮扶对象的收入也相关联，从而将服务主体与生产主体结成利益共同体，促使双方精诚合作。同时，企业也会对凌云县的鲜正茧实行保护价收购，从而实现多方互利共赢、县蚕桑产业良性发展（见图 3）。

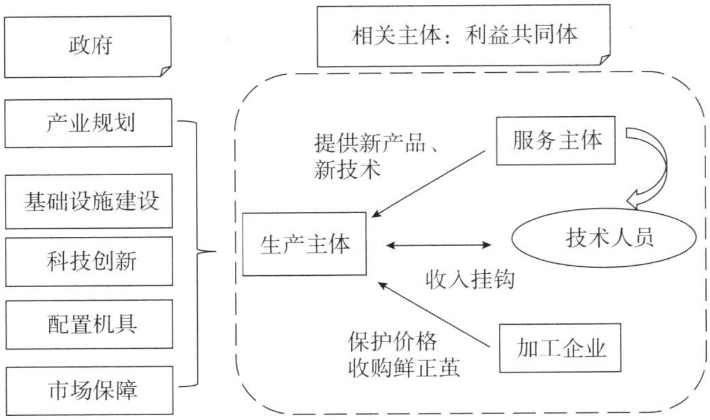

图3　凌云蚕桑产业的利益分配与联结机制

资料来源：作者根据实地调研资料整合而成。

2. 模式特点

该模式改变了种植业和养殖业相分离的局面，真正做到种植业、养殖业和加工业相互促进，推进农业循环经济发展。该模式中政府发挥了主导作用，从特色产业的规划、全产业链条服务的提供，到实行蚕业生产保险的试点，有利于乡村产业的加快发展和提质增效。“将生产主体收入与技术人员收入挂钩”也是该模式的亮点和特色之一，既提高了技术人员服务农户的积极性和主动性，又使农户在生产过程中及时、有效地获得技术指导，提高蚕茧生产的数量和质量。

（四）党支部引领的一主多元型：镇雄案例

党支部引领的一主多元型模式是指在发展县域主导产业的同时，行政村以党支部为引领，以市场需求为导向，充分发挥本区域的资源优势，建设市场潜力大、区域特色明显、附加值高的村级或乡镇级主导产业，从而在县域范围内形成“一主多元”的乡村产业发展格局。

镇雄县立足于当地的自然资源禀赋和产业发展的现实基础，提出

“1+3+N”的产业发展布局：将竹产业确定为“一县一业”的主导产业，推进竹产业高质量发展；马铃薯、生猪、蔬菜三大支柱产业不断发展壮大；各个村落在主导产业的基础上，实行“一村一品”或“多村一品”，因地制宜发展辣椒、肉牛、魔芋等高原特色产业，不断扩充“N”的数量和质量。“1+3+N”的产业布局推动了镇雄县产业实力的提升和村级集体经济的发展壮大，有效拓展了农民的增收路径。

以果珠乡为例，目前全乡建成竹子、生猪、板栗、桃形李、蛋鸡五大产业，累计种植金佛山方竹 25969 亩、桃形李 4210 亩、板栗 10832 亩，养殖生猪 12 万头、标准化蛋鸡养殖 2.5 万羽，形成了“山上竹海、山下果园、组组有产业、处处皆风景”的立体产业布局。金佛山方竹、板栗、桃形李三大产业覆盖农户数量分别为农户 2596 户 10387 人、农户 1101 户 4044 人、农户 843 户 3372 人。2022 年生猪和蛋鸡产业开始增收，预计到 2024 年，果珠乡的林产业可贡献收入 5000 万元，方竹、板栗、桃形李分别贡献收入 3000 万元、1000 万元、1000 万元。

1. 镇雄案例的利益联结模式与分配机制

镇雄县在发展产业过程中，注重发挥村党支部的带头作用，以行政村为单位，建立以党支部为引领的村集体经济公司。形成“村党支部 + 村集体经济公司 + 竹子种植户”“村党支部 + 村集体经济公司 + 合作社 + 竹子种植户”以及“龙头企业 + 村党支部 + 村集体经济公司 + 竹子种植户”等多种运营管理模式及利益联结机制。县、乡镇政府聘请林业方面的专业技术人员对幼林抚育、成林经营、病虫害防治等进行技术指导，选派有一定基础的技术人员外出培训学习，提高林农管理的科学化水平。村党支部成立的村集体经济公司统一采购农业生产资料，并统一管理和收购。引进的龙头企业业务经营范围集中于竹笋深加工、销售、品牌打造等方面，推动竹子产业的规模化、标准化和品牌化。普通的竹子种植户负责竹子的种植、生产管理和采收，在农闲时节，农户可在产业基地和竹笋加工厂务工，每天收入可达到 120 元左右，实现了就地就近就业，增加了劳动收入（见图 4）。

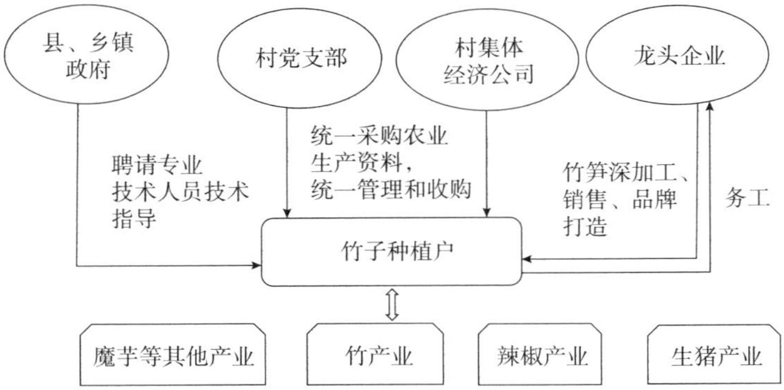

图4　镇雄竹产业的利益分配与联结机制

资料来源：作者根据相关资料整理。

2. 模式特点

该模式有两个鲜明特点，一是对县域主导产业改造升级，充分发挥资源、区位、群众、组织等优势，将以往的“大资源、小产业、低收益”改成“大资源、大品牌、大市场”。二是以产业振兴为牵引，推动生态振兴、文化振兴、组织振兴、人才振兴这五大振兴的相互促进和有机融合。竹产业发展与当地生态环境保护相结合，减少了流域的水土流失，实现“绿水青山”就是竹农的“金山银山”的目标。在竹产品品牌打造过程中，充分挖掘镇雄县的红色文化与品牌建设相结合，深入探索红色文化 + 竹康旅融合发展，有效推动了文化振兴。以党支部为引领建立村集体经济公司，形成的“村党支部 + 村集体经济公司 + 合作社 + 农户”的运营管理及利益联结机制，增强了党支部的组织力和凝聚力，强化了组织振兴。竹产业振兴的同时，镇雄县建立竹产业人才培养体系，加快本土人才技术提升，为产业的发展提供了充实的人才支撑，也为乡村的人才振兴凝聚力量。镇雄县以竹产业为主线，使五大振兴多向联动，有力推动产业升级、农村发展和农民致富。

（五）共富型产业模式的评价与推广

四种不同产业模式特点差异明显，产业集群多环节合作共赢型、种养加功能复合利益共同体型仍然基于传统农业产业，以农业产出为基础，在产业链条上纵向发展；先进生产要素集聚型和党支部引领的一主多元型两种模式具有综合属性，既关注传统农业产业的发展，又注重通过农业产业带动整个区域经济社会的高质量发展。在不同的产业模式下，由于农村生产要素参与度不同，其利益联结和分配表现出一定的差异。政府作为公共产品提供者、农民和企业的沟通桥梁，在不同乡村产业模式下其具体的服务内容有所侧重。四个不同案例在当前我国现代乡村产业发展中是较为典型的模式，其在利益联结与分配机制、政府作用、土地产权等方面各有特点。在土地产权方面，除秭归脐橙案例中有龙头企业、家庭农场等新型农业经营主体通过土地流转直接介入土地经营外，其他案例中土地经营权仍然归属于农户。在利益联结和分配方面，除镇雄案例存在村集体经济组织—市场主体—农户三方利益联结，农户只获得农业生产收益以外，其他案例中都以市场主体—农户利益联结为主，在不同市场主体参与的情况下，农户获取的收益有所不同，但主要可分为生产资料、技术指导、非农就业和农业生产收益四个部分。四个案例中值得注意的是，除京山禽蛋案例中，县政府只通过税收扶持以外，其他三个案例中县政府层面起到的主导作用不容忽视。政府往往通过产业扶持、技术服务和基础设施建设支持乡村产业体系的发展。秭归案例中，县政府虽然未直接指导乡村产业经营工作，但是依然提供了完善的技术服务和基础设施建设。详细分类如表 1 所示。

表1　不同共富型现代乡村产业模式比较

	模式特点	利益联结	利益分配	政府作用	土地产权
产业集群多环节合作共赢型：京山案例	乡村产业链条中不同环节的市场主体形成产业联合体，以提升产业的综合竞争力	不同市场主体在多个环节与不同生产类型的农户形成利益联结。如农户为加工类龙头企业提供原料、种鸡生产企业为农户提供种苗、技术服务等	农民获得生产原料、技术指导或销售产品获得报酬	主导产业的培育者，通过政策扶持，税收优惠等措施扶持企业建设，助力产业做大做强	土地承包权、经营权归属于农民
先进生产要素集聚型：秭归案例	充分引导各类先进生产要素向乡村产业集聚，以壮大乡村产业，激活要素活力，促进农民增收	依靠各类先进生产要素，农户与龙头企业、电商公司、社会化服务组织等形成利益联结机制	作为劳动和技术供给者，农民获得劳务和技术报酬；作为农产品生产者，获得经营性收入	先进生产要素的引导者，建设大数据平台、完善基础设施等服务乡村产业	土地承包权归属于农民，经营权一部分归农民，一部分归新型经营主体
种养加功能复合利益共同体型：凌云案例	采取循环农业经济模式，将种植业与养殖业相结合，并通过加工业延长产业链条，拓展乡村产业新形态	农户向企业提供农产品和劳动力形成第一条利益链，生产主体收入与技术人员收入挂钩的机制使生产主体和服务主体形成另一个利益共同体	农户获得技术标准指导和产品销售利润	作为主导者，构建技术服务网，提供产前、产中、产后服务和市场保障	土地承包权、经营权归属于农民
党支部引领的一主多元型：镇雄案例	在大力发展县域主导产业的基础上，行政村在党支部的引领下因地制宜发展当地特色产业，以产业振兴为主线带动了乡村振兴进程	村党支部、村集体经济公司、合作社、龙头企业与农户形成利益联结机制	农户获得生产种植环节的收益	乡村产业的扶持者和培育者	土地承包权、经营权归属于农民

资料来源：作者根据实地调研资料整合而成。

四种共富型现代乡村产业模式各具特色，是在依靠和充分挖掘当地各类资源的基础上发展起来的。我国地域辽阔，各地自然资源、生态环境和风土人情、产业发展的实际情况差异巨大，但四种模式在政府作用的发挥、农业品牌的打造、不同主体利益联结和分配等方面具有较强的推广意义，为其他地区发展共富型特色优势产业提供了有益借鉴。

三、共同富裕视角下现代乡村产业体系构建的路径优化

（一）制定科学合理、因地制宜的乡村产业发展规划

我国地域辽阔，农业地理位置、生态环境、自然资源、产业基础等特征差异明显，应制定科学合理、因地制宜、具有联农带农属性的乡村产业发展规划（和军等，2022）。首先，应做好地区基础资源条件调研。实施乡村振兴战略是一篇大文章，要统筹谋划，科学推进。因此，要科学考量当地的资源禀赋、区位条件等实际情况，对当地产业资源进行整合和优化。其次，做好产品市场需求调研，以市场需求为导向，坚持错位发展原则，把握差异性，依托当地农业、资源和文化等禀赋，合理布局产业。最后，在制定乡村产业发展规划过程中，注重发挥大数据优势，做好产业发展和市场监测；注重引入第三方机构专业规划和评估，在深入分析当地优劣势基础上作出科学明晰的评价；注重将地域特色文化和历史文化融入乡村产业发展和品牌建设中，彰显地域特色、承载和传播乡村价值、体现乡土气息，做到“人无我有、人有我优、人优我特”。

（二）促进乡村产业有效融合并合理分配农民利益

促进乡村产业融合发展要对旧的农业产业链条进行拓宽延长，并在此基

础上创新开发新产品新业态，嵌入应用现代农业技术和服务，吸引高素质劳动力进入农业领域（唐华俊等，2023），形成具有一定特色的农业生产流通、乡村康养、生态文明、休闲文化、体育教育等新业态新模式，开发农业农村多种功能，实现多元价值（林万龙，2024）。乡村产业融合会给农民带来社会、经济及生态上的多重效益，创新出不同的利益联结机制，使农民享受到产业融合所产生的附加值。同时，在现代乡村产业融合发展过程中，融合方式和主体的不同，会带来各主体存在差异性的多种利益联结机制，比如，以农业产业链延伸带动农民增收、农民从事非农工作获得打工收入、以土地或宅基地流转取得租地收入、通过村集体经济成立股份合作社取得入股分红、全程参与农业社会化服务获得节本增效、以奖代补等。实践中要以市场主体和农民双方利益共赢为出发点，最大化保障农民利益；要强化农民组织，增强农民话语权；要减少行政手段对分配机制的直接干预，将工作重心聚焦到完善惠农性利益保障机制、构建差异化利益联结机制上来，由此实现各方共享共赢、维护农村产业发展，并最终带动农民共同富裕。

（三）深化要素市场改革，激活农村市场活力

中国农产品市场化程度逐渐提高，但要素市场化改革仍落后于产品市场化改革步伐，土地、劳动和资本三种生产要素的优化配置不足，农村的要素资源没有得到充分利用，限制了我国乡村经济的活力（李实等，2021）。要促进集体经济组织发展，吸引社会资本投资农村，需要以多元方式多种手段进行农村土地、劳动力、资本、技术等要素的市场化改革，破除影响和限制共富型乡村产业发展的制度藩篱，在合理范围内充分发挥农业农村资源在共富型乡村产业发展中的首要作用（孔立、陈琼，2023）。首先，通过农村土地制度改革，激活更多市场活力，发展土地流转、农业生产托管等适宜当地农情人情特色的多种形式适度规模经营或农业社会化服务，通过生产体系、产业体系、经营体系三个体系的不断完善，促进现代乡村产业发展。其次，充分

发挥农业新质生产力的作用，将更多先进的农机、农技、农艺带入乡村产业，推动农村地区技术与资本大变革，以信息化、智能化、数字化实现农民的可持续性增收。最后，坚持制度引人，促进本土乡村人才回流，要尊重农民主体地位，鼓励农民首创精神，增强农民的内生发展动力，让农民深度参与乡村发展、建设、治理，以此调动农民的能动性、积极性与创造性（黄承伟，2024）；加强农村劳动力专业技术和经营能力培训，不断提升农村人力资本水平，在保障劳动要素数量的前提下通过提升劳动力质量增效益、促发展。

（四）打好组合拳，用金融和财政政策保障乡村产业发展

共富型现代乡村产业的发展壮大离不开大量的资金支持，利用财政政策对金融机构涉农贷款增长量进行奖励，能够有效对金融机构的涉农贷款产生直接的激励效应，增加金融机构对农业领域的资金支持和农业主体获得贷款的预期，从而激励更多社会主体、社会资本进入农业领域。因此，政策层面利用这种财政支农放大作用，通过提高对农业财政支持力度，撬动金融机构放贷资金，缓解农业经营主体的信贷约束，达到新型农业经营主体的培育目的（洪炜杰，2024）。同时，为满足乡村产业经营主体对金融服务快速增长的需求，需要积极推动金融产品和服务创新。针对产业经营主体缺乏有效抵押物的融资短板，鼓励金融机构可以适度扩大农村资产可抵质押物范围，提高金融信贷产品期限与不同类型乡村产业生产周期的匹配性。针对金融支农中面临的信息不对称问题，发展农村数字普惠金融，加强数据要素和技术要素在农村金融上的创新应用。通过人工智能、大数据等手段，挖掘不同类型乡村产业经营者的金融需求，打破农村地区的信用信息壁垒，充分调动金融机构为农民提供金融服务的积极性，提高农村金融服务的覆盖率。财政政策对共富型现代乡村产业发展意义同样重大，增强财政政策的基础保障功能，可以多角度为共富型乡村产业体系建设提供支撑。着力加强农村基础设施建设和农村人居环境改善的财政投入，实施农村公路升级改造项目、农村安全饮

水工程，打造美丽乡村升级版。着力加大对乡村产业经营主体教育培训的财政投入，激发创新创业活力，为共富型乡村产业体系培养高质量人才队伍。着力加强对财政涉农资金的监管，促进中央和各级财政涉农资金的统筹整合使用，提高涉农资金绩效，并发挥好财政资金杠杆撬动作用，引导更多的社会资金助力共富型乡村产业体系的壮大和完善。

主要参考文献

[1] 鲍旦颖. 乡村振兴背景下党组织引领乡村振兴实践与经验探索[J]. 农业技术经济，2022（10）：144.

[2] 孔立，陈琼. 从反贫困向共同富裕：建党百年的实践探索与演进脉络[J]. 农业经济问题，2023（5）：114–132.

[3] 唐华俊，吴永常，陈学渊. 中国式农业农村现代化：演进特征、问题挑战与政策建议[J]. 农业经济问题，2023（4）：4–13.

[4] 张瑞娟. 共同富裕视角下现代乡村产业体系构建：主要模式与路径优化[J]. 农业经济问题，2024（5）：109–121.

[5] 和军，张依，张勇之. 我国共同富裕水平测度与时空演化特征[J]. 当代经济研究，2023（3）：77–89.

[6] 林万龙. 有效推进乡村全面振兴的几个问题[J]. 农业经济问题，2024（7）：13–19.

[7] 王进文. 新型农村集体经济如何影响乡村共同富裕——基于D村和S村的双案例研究[J]. 南京农业大学学报（社会科学版），2024，24（4）：39–51.

[8] 黄承伟. 推进乡村全面振兴：理论逻辑、科学方法与实践路径[J]. 农业经济问题，2024（7）：4–12.

[9] 罗必良，耿鹏鹏. 农村集体经济：农民共同富裕的实践逻辑[J]. 社会科学战线，2024（6）：54–73+281.

[10] 李实，陈基平，滕阳川. 共同富裕路上的乡村振兴：问题、挑战与建议[J]. 兰州大学学报（社会科学版），2021，49（3）：37–46.

[11] 周振，陈锐，钟真，等. 村企混合经营：农村集体经济发展新路径——基于浙江省

奉化区滕头村的个案研究[J]. 农业经济问题，2024（6）：28-44.

[12] 麦迪娜·吐逊江，杨瑶. “目标—行动—反馈”框架下Z县脱贫攻坚到乡村振兴的衔接路径——基于产业发展的视角[J]. 新疆大学学报（哲学社会科学版），2024，52（4）：93-102.

[13] 吴瑶. 乡村振兴视域下少数民族聚居区文旅产业发展对策研究——以梅里斯达斡尔族区为例[J]. 黑龙江民族丛刊，2024（3）：75-81.

[14] 洪炜杰. 正规金融支农有助于培育新型农业经营主体吗——以涉农贷款增量奖励试点为例[J]. 金融经济学研究，2024，39（4）：105-120.

县域城乡融合问题研究——基于四川省的调查分析*

2022年，中共中央办公厅、国务院办公厅发布的《关于推进以县城为重要载体的城镇化建设的意见》强调，县城是我国城镇体系的重要组成部分，是城乡融合发展的关键支撑，对促进新型城镇化建设、构建新型工农城乡关系具有重要意义。党的二十大报告强调，要坚持农业农村优先发展，坚持城乡融合发展，推进以人为核心的新型城镇化，推进以县城为重要载体的城镇化建设。习近平总书记在2022年中央农村工作会议上强调，要率先在县域内破除城乡二元结构①。

在四川处于工业化由中期向中后期转型推进期、城镇化加快推进期、农业现代化提质增效期以及信息化动能释放期的背景下，加快破除城乡二元结构是全面推进乡村振兴、构建新型工农城乡关系以及实现城乡共同富裕的必然要求，是解决新时代社会主要矛盾的重要举措。四川省地理条件多样、经济社会差异性较强，加之农村人口众多、农业产值占比较高，因此更加需要探索以县域为基本单元推进城乡融合发展的现实路径。

---

* 本报告是清华大学中国农村研究院重点研究课题“县域城乡融合问题研究——基于四川省的调查分析”的研究成果，报告观点仅代表课题组的看法。课题负责人：郭晓鸣，四川省社会科学院研究员。报告执笔人：高杰、骆希、丁延武。

① 《习近平在中央农村工作会议上强调 锚定建设农业强国目标 切实抓好农业农村工作》，新华社，2022年12月24日。

一、县域城乡融合发展的理论意蕴

城乡融合发展主要包含城乡要素的融合、城乡空间的融合、城乡产业的融合、城乡基础设施一体化、城乡公共服务均等化、城乡生态建设保护统筹化。因此，可以将县域城乡融合发展界定为：以县域空间为基本单元，以乡村全面振兴和城乡共同富裕为指向，以农业农村优先发展和城乡经济社会有机联结为原则，以县域为中心、以乡镇为纽带、以村庄为腹地，以县域内城乡空间优化、要素自由流动、产业协同发展、基础设施和公共服务科学供给为主要内容的中国特色城乡发展道路。换言之，县域城乡融合就是在县域范围内，依托域内城镇体系，推动人口、产业、资源、信息等在城乡之间合理配置，实现县域空间内的城乡要素、空间、产业、基础设施和公共服务的协调发展。县域作为城乡融合发展的空间载体具有明显的优势，相对于其他层级行政区域，更易于在经济社会发展上联结成一个有机整体，因此，县域城乡融合发展也具有更加显著的发展特征。

一是区域空间发展的系统协调性。县域城乡融合发展是区域空间关系的优化和提升，是以县域为单位的“向内”和“向外”两个维度的区域协同协调发展：“向内”是县域范围内城市与乡村的协同发展，“向外”则是县域与大城市的协同发展。因此，县域城乡融合发展不仅是城乡关系的协调融合发展，也是以县域为载体和以县域发展为着力点的区域系统性发展战略。

二是城乡要素交换的双向自由性。城乡融合发展是指城乡系统中各要素相互作用、相互融合的过程。城镇要素包括公共服务、人才、资本、现代文明和信息等，乡村要素包括土地、劳动力、乡土文化、农副产品和生态环境等，由于城镇与乡村是两个异质空间，城乡要素禀赋既具排斥性又具互补性。县域具有空间网状布局和城乡双重要素禀赋，是城乡要素双向流动的重要载体和城乡融合发展的重要枢纽。构建县域内城乡要素双向流动机制，就要树立县域城乡发展“一盘棋”理念，以县城、建制镇、特色小镇为依托，以共建共治共享为导向，在政府统筹下充分发挥市场对要素流动的调节作用，在城镇和乡村之间搭建要素双向流动的载体和桥梁，将各类生产要素、制度要素、文化要素进行高效整合和利用，在推动新型城镇化与乡村振兴的良性互动中，构建布局合理、形态多样的小城镇体系，为县域城乡资源整合、要素双向流动创造空间条件和配置平台。

三是不同区域城乡融合路径的多样性。受自然地理条件和发展历史等因素影响，我国不同县域发展条件和资源禀赋不同，推进县域城乡融合方式、路径也应该存在差异性。县域城乡融合的推进要根据县城功能差异确定不同县域发展目标和发展路径，在准确把握不同县域发展类型的基础上，适应县域资源禀赋结构变化，顺应人口流动趋势，有差别、有重点地确立建设优先顺序，破除户籍、土地、资本、公共服务等方面的体制机制弊端，形成“一县一策”的县域城乡融合发展道路。

四是县域城乡融合发展的阶段性和渐进性。推进县域范围内城乡融合发展是一个阶段渐进的过程。一方面，县城建设和乡村振兴需要逐步推进。县域城乡融合发展是一项长期而复杂的系统工程，涵盖产业发展、市政建设、人居环境、公共服务等多个方面。以县城为载体推进新型城镇化涉及面广、难度大，应根据不同地区的发展实际，充分考虑县域经济发展的阶段性特征，稳妥把握县城城镇化的节奏、步骤及相关政策的实施，做到有序、逐步和梯次推进。另一方面，农民城镇化不能一蹴而就，是一个渐进的过程。与进入大城市相比，农民在县域定居的成本较低，更加符合现阶段老一代农民“半工半农”的生产生活特征和新一代农民“体面进城”的现实需求。但是，即使在县城内定居，仍需要获得稳定的就业、居住、社保和公共服务支持，现有条件下，大部分农民仍不急于完全进城，而是根据家计安排渐进融入城镇，这实际上更有利于保证城镇化的稳定推进和城乡融合的高质量发展。

二、四川县域城乡融合发展的现状评价[①]

2022年，四川省常住人口8371万人，城镇人口规模为4923万人，城镇化率为58.8%，与2010年相比，城镇人口增加1633万人，城镇人口比重上升18.62个百分点。从横向来看，四川省城镇化率低于全国6.42个百分点，但是与全国的差距进一步缩小；从纵向来看，2010年以来，四川城镇化水平持续提高，由40.18%提高至58.8%，十年间保持了相对稳定的增长速度。从变化速度来看，2010—2015年，城镇化率增速为1.6个百分点左右，2016—2019年，全省城镇化进程进一步加快，连续五年增速超过1.7个百分点，2020年则降低至1.37个百分点。在全省新型城镇化水平不断提高的同时，县域城乡关系总体呈现以下特征。

（一）县域城镇化进程持续推进

从县域城镇化发展现状来看，全省128个县（市）平均城镇化率为38.98%，低于全省城镇化水平17.75个百分点，说明全省常住人口以向市辖区流入为主，县城及镇区常住人口占比较低。从四川县域城镇化总体进程来看，显著低于全省平均水平，说明四川的城镇化进程仍以城市的市辖区为主，各县域城镇化率较低且差异较大，标准差为11.91，城镇化水平最高的泸县城镇化率接近80%，而最低的美姑县仅为5.12%（见图1）。

① 受统计数据来源限制，本报告中县域相关统计数据均为2020年底数据。

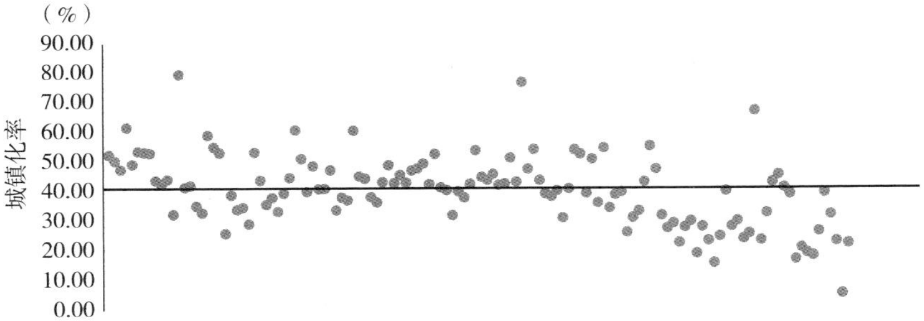

图1 四川省各县域城镇化率分布散点图

资料来源：《四川省统计年鉴（2021）》以及四川省发展改革委数据。

（二）县域城乡融合发展水平与经济发展程度呈正相关

从全省各地县域城乡融合发展情况来看，呈现地区经济发展水平与县域城乡融合发展水平一致的总体趋势。从城镇化率来看，全省 128 个县域城镇化率与人均 GDP 高度正相关，经济较发达地区的县域城镇化水平较高，城乡基础设施和基本公共服务一体化程度也较高。

从全省五个经济区发展情况来看，成都平原经济区县域平均城镇化率最高，达到 60.28%，川南经济区为 52.27%，川东北经济区为 40.56%，而攀西经济区和川西北经济区分别为 34.04% 和 34.03%（见图 2）。在各经济区内部，城乡融合发展也存在不均衡现象，如在成都平原经济区中，成都市和德阳市的县域城镇化水平明显高于其他地区；在川南经济区中，泸州市各县的城镇化水平普遍高于其他城市。

从全省各县域内常住人口数量来看，规模在 20 万 ~ 50 万人的县有 41 个，占县域总量的 32%；规模在 50 万 ~ 100 万人的县有 34 个，占县域总量的 27%；超过 100 万人的县有 2 个；在 10 万人以下的县有 31 个，其中 5 万 ~ 10 万人的县有 19 个，3 万 ~ 5 万人的县有 11 个，少于 3 万人的县有 1 个（见图 3）。

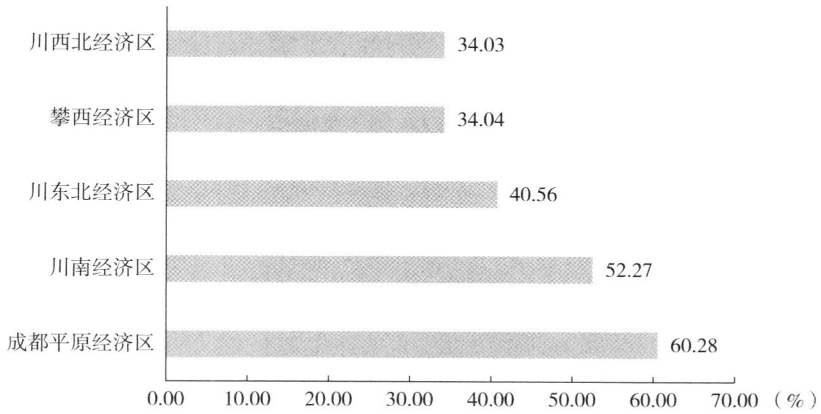

图2　四川省五大经济区城镇化率比较

资料来源：《四川省统计年鉴（2021）》以及四川省发展改革委数据。

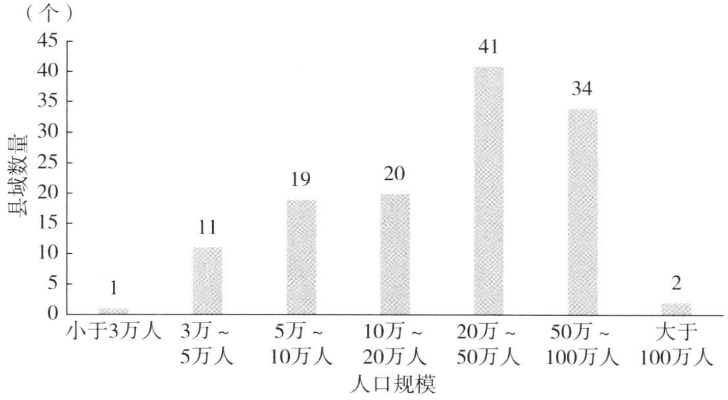

图3　四川省按常住人口分规模县域数量分布

资料来源：《四川省统计年鉴（2021）》以及四川省发展改革委数据。

从城镇化水平来看，有103个县域的城镇化率低于50%，其中97个县域处于20%～50%区间；25个县域城镇化率超过50%，其中23个县域处于50%～70%区间，2个县域城镇化率超过70%（见图4）。

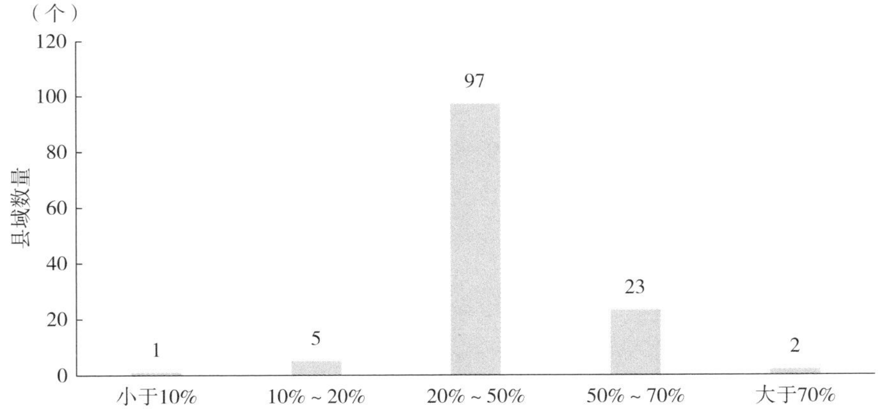

图4 四川省不同城镇化水平的县域数量统计

资料来源：《四川省统计年鉴（2021）》以及四川省发展改革委数据。

（三）县域“半城镇化”态势仍较为显著

四川省县域城乡融合发展持续推进，常住人口县域城镇化率逐年提升，县域范围内城乡产业也呈现较为显著的融合发展趋势，特别是乡村振兴战略实施以来，随着农村产业、治理、文化和农民生活水平的全面发展与提升，城乡间发展差距不断缩小。2020年，全省128个县域城乡居民收入比平均值为2.19，低于全省2.4的平均水平。

但是，全省县域常住人口城镇化率为26.93%，低于全国常住人口城镇化率13个百分点。从各县域情况看，仅绵竹市、邛崃市、屏山县、汉源县、芦山县5个县域的户籍人口城镇化率高于常住人口城镇化率，剩余123个县域均表现为户籍人口城镇化率偏低的态势。

通过对全省128个县域常住人口城镇化率和户籍人口城镇化率的对比研究发现，绝大部分县域的户籍人口城镇化率都显著滞后于常住人口城镇化率。特别是近年来，农村户口迁出数量持续减少，除少数因就业、购房等迁出户籍外，绝大多数转移劳动力并未转变其户籍性质。调研发现，农业转移人口缺乏在县城内迁户、落户动力的主要原因在于，外出农村居民对原村集体组织成员的权益有较高的预期。随着新型城镇化战略和乡村振兴战略的全面推进，农村的资源要素禀赋的现实价值或潜在价值显著提升，尽管农村居民落户城镇可以保留所有村集体组织成员的权益，外出的农民仍然不愿意放弃农村户籍。部分原因还在于集体经济组织成员的权属界定不清楚，缺乏法律支撑，价值难以体现。农村居民面对这种不确定性，更愿意持观望态度，因而不会轻易放弃承包经营权和宅基地相关权益。

（四）形成了一系列促进县域城乡融合发展的制度成果

四川是全国较早探索以县域为单位推进城乡融合发展的地区。2018 年 5 月，四川省农业和农村体制改革专项小组印发《关于开展城乡融合发展综合改革试点的指导意见》，以县作为城乡融合发展的基本单元，确定崇州市、郫都区、广汉市等 30 个县（市、区）作为城乡融合发展综合试点单位。2019 年，成都市西部 8 个县（市、区）被确定为全国城乡融合发展试验区，承担建立城乡有序流动的人口迁徙制度、建立农村集体经营性建设用地入市制度、完善农村产权抵押担保权能、搭建城乡产业协同发展平台、建立生态产品价值实现机制五项改革任务。经过实践探索，全省各地在土地、人才、投入、新型集体经济发展、城乡民生共享机制、乡村治理机制等方面形成了一系列创新经验，如大邑县创新集体经营性建设用地入市与城乡产业协同发展机制；崇州市以“五个重构”① 和“五个一体化”②，打破乡镇壁垒、区划分割，构建以主体功能区为基本单元的管理体制；泸县以宅基地制度改革推动农村传统散居向新型聚居转变，缩小城乡居住条件和公共服务差距；荣县通过城乡人才管理体制机制改革，吸引人才向农村流动，优化合理配置农村人力资源；大

① 指组织架构、空间布局、要素供给、产业生态、社区治理五个方面的制度创新。

② 指行政管理体制、规划管理体制、要素配置体制、产业发展体制、社区发展治理体制五个方面的一体化。

竹县创新实施“双靠近，三融合”模式，将农村易地搬迁安置点靠近场镇和靠近企业，构建了以县城和重点镇为载体的城乡产业融合平台。

三、四川县域城乡融合的空间发展水平测度与分析

目前，尚未形成关于测度县域城乡融合的统一指标体系，学者们根据研究需要以及不同地区的实际特征构建了不同的测度指标，并对江苏、江西等省各县域城乡融合发展水平进行了测度和分析。但是，关于四川省各县域城乡融合发展的测度、评价等实证研究相对较少，目前仅有少数学者对郫都区等个别县域进行了评价，缺少对全省各县域空间的系统性评价。

（一）测度范围

将县域作为城乡融合的空间载体和基本单元，是为了发挥县级行政区作为“村头城尾”的重要连接作用。为体现县域城乡融合的特殊性质，本研究所选取的县级行政区不包含市辖区，仅以县和县级市为测度对象（见表 1）。

表1　四川省县级行政区（不含市辖区）汇总

地级市	县域个数	县域名称
成都市	8个	金堂县、大邑县、蒲江县、都江堰市、彭州市、邛崃市、崇州市、简阳市
自贡市	2个	荣县、富顺县
攀枝花市	2个	米易县、盐边县
泸州市	4个	泸县、合江县、叙永县、古蔺县
德阳市	4个	中江县、广汉市、什邡市、绵竹市
绵阳市	6个	三台县、盐亭县、梓潼县、北川县、平武县、江油市
广元市	4个	旺苍县、青川县、剑阁县、苍溪县

续表

地级市	县域个数	县域名称
遂宁市	4个	蓬溪县、大英县、射洪市、威远县
内江市	2个	资中县、隆昌市
乐山市	7个	犍为县、井研县、夹江县、沐川县 峨边彝族自治县、马边县、峨眉山市
南充市	6个	南部县、营山县、蓬安县、仪陇县、西充市、阆中市
眉山市	4个	仁寿县、洪雅县、丹棱县、青神县
宜宾市	7个	江安县、长宁县、高县、珙县、筠连县、兴文县、屏山县
广安市	4个	岳池县、武胜县、邻水县、华蓥市
达州市	5个	宣汉县、开江县、大足区、渠县、万源市
雅安市	6个	荥经县、汉源县、石棉县、天全县、芦山县、宝兴县
巴中市	3个	通江县、南江县、平昌县
资阳市	2个	安岳县、乐至县
阿坝州	13个	马尔康市、汶川县、理县、茂县、松潘县、九寨沟县、金川县、小金县、黑水县、壤塘县、阿坝县、若尔盖县、红原县
甘孜州	18个	康定市、泸定县、丹巴县、九龙县、雅江县、道孚县、炉霍县、甘孜县、新龙县、德格县、白玉县、石渠县、色达县、理塘县、巴塘县、乡城县、稻城县、得荣县
凉山州	17个	西昌市、木里藏族自治县、盐源县、德昌县、会理县、会东县、宁南县、普格县、布拖县、金阳县、昭觉县、喜德县、冕宁县、越西县、甘洛县、美姑县、雷波县

（二）指标体系

为了客观把握四川各地县域城乡融合发展的基本情况和空间差异，为相关支持政策的制定提供实践基础，本研究结合国家政策、四川实践和已有研究成果，构建了县域城乡融合发展的测度指标体系，为测度评价各县城乡融合发展实践提供依据。

根据城镇化发展影响因素，基于四川各县域数据，依据科学性、系统性和数据的可获取性原则，从人口集聚水平、经济发展水平、城乡差异水平、产业协同水平、农村生活水平五个方面构建县域城镇化发展潜力评价指标体系。

1. 人口集聚水平

人口集聚水平是反映一个区域城乡人口流动趋势的重要指标，也是评价城乡融合发展水平的重要内容。城乡融合发展是城镇化进程发展到一定阶段后城乡关系的演进趋势，县域城乡融合发展要以农村人口向县城、城镇等非农区域集聚为前提。根据城市规模效益的定量理论，小城镇常住人口集聚水平过低则将无法满足基础设施、公共服务设施的投资门槛，难以发挥投资效益。因此，人口集聚达到一定水平是县城发挥规模效益、带动农村发展的重要前提。本研究选择户籍人口城镇化（X_1）和常住人口城镇化（X_2）两个指标衡量人口集聚水平，反映县域人口集聚水平。

2. 经济发展水平

县域经济发展是城乡融合发展的前提条件。世界经济发展历史证明，只有经济发展到工业化中后期阶段，城乡关系才能够从分割、对立走向统一、融合，对于县域空间而言，只有经济发展到一定阶段，县城才能具备吸纳农业转移人口的产业空间，才能通过更高效率的城乡要素配置为农村资源价值实现提供市场，同时，具备提供城乡统一公共服务的财政实力。同时，经济发展水平也是城乡融合发展的结果，在一定程度上体现了城乡融合发展所释放的制度创新收益。为体现新阶段经济发展总体水平，选择人均 GDP（X_3）、单位 GDP 能耗（X_4）和非农产业增加值比重（X_5）作为衡量县域经济发展水平的指标。

3. 城乡差异水平

缩小城乡差距是城乡融合发展的核心要义。新中国成立初期，为了尽快实现工业化，我国采取了城市优先发展战略，加之工农业劳动生产率的自然差异，导致我国城乡差距持续扩大。进入新发展阶段，中央在准确把握我国经济发展阶段和发展矛盾变化的基础上提出城乡融合发展要求，通过发挥城市对乡村的带动作用和乡村自身的全面振兴缩小城乡间发展差距，形成城乡互促互补、融合共生的协同发展格局。因此，城乡差异水平是衡量城乡融合发展水平的重要指标，本研究选择城乡居民收入比（X_6）、农村义务教育专任教师本科及以上学历比例（X_7）、义务教育综合均衡差异系数（X_8）、农业贷款余额占比（X_9），分别代表城乡收入差距、城乡人才差距、城乡教育差距和城乡资本差异。

4. 产业协同水平

产业发展是区域经济持续发展的根本支撑，城乡产业协同发展则是城乡融合发展的重要基础。县域内城乡产业融合就是要通过产业链的延伸、产业间的融合实现城乡产业体系的转型升级和高质量发展。随着生产方式的变迁，农业与非农业间的联结越来越密切，各类新型产业的出现也使产业边界不断模糊，作为农业产业发展空间载体的农村区域和作为工商业发展空间载体的城市区域也在产业结构的转型升级中实现融合发展。随着城乡融合发展水平的提高，农业生产经营效率不断提高，机械化水平持续提升，同时农业产业链不断延伸，农产品加工、销售等农业环节在县域内集聚，以涉农产业园为载体的现代农业生产经营空间不断增多，农产品加工能力不断提升。因此，选择农业机械总动力（X_{10}）、涉农产业园区数量（X_{11}）、农产品加工业产值（X_{12}）作为衡量县域内城乡产业协同水平的指标。

5. 农村生活水平

城乡融合发展的根本目的是实现城乡居民共同富裕。因此，农村生活水平是衡量城乡融合发展水平的重要指标。农村生活水平的提升主要表现为消费能力提高、生活环境的优化和公共服务的可获得性增强。因此，研究选择农村消费零售额占比（X_{13}）衡量农民的消费能力，使用“三污”综合处理率（X_{14}）表示农村生产生活条件的改善，使用基本养老保险参保比例（X_{15}）和基本医疗保险参保比例（X_{16}）表示农村公共服务的可获得性（见表 2）。

表2　四川省县域城乡融合评价指标体系

一级指标	二级指标	指标说明	指标属性
人口集聚水平	户籍人口城镇化（X_1）	县域城镇户籍人口数占户籍人口总数的比例	正向指标
	常住人口城镇化（X_2）	县域城镇常住人口数占常住人口总数的比例	正向指标

续表

一级指标	二级指标	指标说明	指标属性
经济发展水平	人均GDP（X_3）	县域GDP除以户籍人口总数	正向指标
	单位GDP能耗（X_4）	县域GDP除以能耗总量	负向指标
	非农产业增加值比重（X_5）	县域第二、三产业增加值占地区产业增加值的比重	正向指标
城乡差异水平	城乡居民收入比（X_6）	县域城镇居民人均可支配收入与农村居民可支配收入之比	负向指标
	农村义务教育专任教师本科及以上学历比例（X_7）	农村中小学本科及以上学历专职教师数量占所有专职教师数量的比例	正向指标
	义务教育综合均衡差异系数（X_8）	县域内所有中小学发展均衡度	负向指标
	农业贷款余额占比（X_9）	涉农业务贷款占地区贷款总量的比例	正向指标
产业协同水平	农业机械总动力（X_{10}）	县域用于农、林、牧、渔业的动力机械的动力总和	正向指标
	涉农产业园区数量（X_{11}）	县域与农产品生产、加工等相关的产业园区数量	正向指标
	农产品加工业产值（X_{12}）	县域农产品加工业总产值	正向指标
农村生活水平	农村消费零售额占比（X_{13}）	县域农村地区消费零售额占总消费零售额的比例	正向指标
	“三污”综合处理率（X_{14}）	污水、废气、固体垃圾无害化处理比例	正向指标
	基本养老保险参保比例（X_{15}）	县域内参加基本养老保险的人口比例	正向指标
	基本医疗保险参保比例（X_{16}）	县域内参加基本医疗保险的人口比例	正向指标

资料来源：课题组根据相关文献设计。

（三）评价结果

本研究采用熵值法计算各指标权重，通过计算得到各指标权重（见表3）。

表3　县域城乡融合发展指标权重

指标	权重
户籍人口城镇化（X_1）	0.040687063
常住人口城镇化（X_2）	0.037928979
人均GDP（X_3）	0.036246182
单位GDP能耗（X_4）	0.051167688
非农产业增加值比重（X_5）	0.053121959
城乡居民收入比（X_6）	0.040443702
农村义务教育专任教师本科及以上学历比例（X_7）	0.057935206
义务教育综合均衡差异系数（X_8）	0.051130326
农业贷款余额占比（X_9）	0.049430018
农业机械总动力（X_{10}）	0.087138432
涉农产业园区数量（X_{11}）	0.125785849
农产品加工业产值（X_{12}）	0.158827535
农村消费零售额占比（X_{13}）	0.047573668
“三污”综合处理率（X_{14}）	0.044543717
基本养老保险参保比例（X_{15}）	0.044698773
基本医疗保险参保比例（X_{16}）	0.073340904

资料来源：课题组根据相关数据计算所得。

使用2020年四川省128个县域相关数据，根据加权平均法计算各县域得分及排名情况如下（见表4）。

表4　四川128个县域城乡融合得分及排名

县域	得分（分）	排名	县域	得分（分）	排名
邛崃市	0.6076	1	开江县	0.4088	65
仪陇县	0.5700	2	梓潼县	0.4074	66
彭州市	0.5586	3	蓬溪县	0.4056	67
崇州市	0.5438	4	洪雅县	0.4052	68
古蔺县	0.5194	5	天全县	0.4046	69
大邑县	0.5137	6	白玉县	0.4008	70

续表

县域	得分（分）	排名	县域	得分（分）	排名
绵竹市	0.5106	7	宁南县	0.3985	71
都江堰市	0.5031	8	泸定县	0.3983	72
隆昌市	0.5016	9	旺苍县	0.3982	73
金堂县	0.5007	10	会东县	0.3974	74
蓬安县	0.4977	11	大英县	0.3968	75
西昌市	0.4970	12	万源市	0.3962	76
兴文县	0.4882	13	邻水县	0.3962	77
合江县	0.4838	14	盐源县	0.3947	78
蒲江县	0.4830	15	剑阁县	0.3942	79
夹江县	0.4768	16	宝兴县	0.3910	80
青神县	0.4755	17	南江县	0.3891	81
武胜县	0.4733	18	德昌县	0.3887	82
富顺县	0.4706	19	南部县	0.3881	83
峨眉山市	0.4686	20	小金县	0.3879	84
大足区	0.4645	21	简阳市	0.3869	85
阆中市	0.4634	22	盐亭县	0.3867	86
江油市	0.4626	23	北川县	0.3854	87
会理县	0.4598	24	普格县	0.3837	88
泸县	0.4594	25	乡城县	0.3834	89
渠县	0.4592	26	理塘县	0.3821	90
石棉县	0.4583	27	冕宁县	0.3811	91
射洪市	0.4579	28	丹巴县	0.3769	92
长宁县	0.4561	29	平武县	0.3767	93
康定市	0.4438	30	理县	0.3728	94
丹棱县	0.4430	31	安岳县	0.3710	95
广汉市	0.4405	32	巴塘县	0.3689	96
米易县	0.4391	33	营山县	0.3633	97
马尔康市	0.4380	34	雅江县	0.3624	98
通江县	0.4376	35	松潘县	0.3617	99

续表

县域	得分（分）	排名	县域	得分（分）	排名
西充市	0.4365	36	九龙县	0.3600	100
筠连县	0.4360	37	马边彝族自治县	0.3568	101
乐至县	0.4347	38	木里县	0.3557	102
珙县	0.4345	39	德格县	0.3529	103
叙永县	0.4343	40	青川县	0.3528	104
荣县	0.4335	41	茂县	0.3511	105
苍溪县	0.4308	42	稻城县	0.3506	106
沐川县	0.4303	43	峨边彝族自治县	0.3501	107
屏山县	0.4296	44	金阳县	0.3501	108
华蓥市	0.4295	45	炉霍县	0.3484	109
威远县	0.4285	46	甘孜县	0.3459	110
仁寿县	0.4276	47	九寨沟县	0.3451	111
井研县	0.4263	48	资中县	0.3420	112
越西县	0.4252	49	雷波县	0.3391	113
三台县	0.4209	50	道孚县	0.3379	114
岳池县	0.4191	51	金川县	0.3282	115
芦山县	0.4183	52	黑水县	0.3236	116
犍为县	0.4179	53	石渠县	0.3145	117
荥经县	0.4176	54	喜德县	0.3123	118
高县	0.4167	55	红原县	0.3073	119
汉源县	0.4163	56	新龙县	0.3072	120
盐边县	0.4159	57	甘洛县	0.3057	121
得荣县	0.4129	58	若尔盖县	0.2969	122
宣汉县	0.4128	59	美姑县	0.2857	123
平昌县	0.4116	60	布拖县	0.2846	124
江安县	0.4116	61	壤塘县	0.2732	125
什邡市	0.4114	62	色达县	0.2649	126
中江县	0.4114	63	阿坝县	0.2473	127
汶川县	0.4095	64	昭觉县	0.2209	128

资料来源：课题组根据各地市州数据计算。

从四川各县域城乡融合得分及排名结果看，成都市县域城乡融合发展水平最高，除代管的简阳市得分较低外，成都市下辖县域排名均较靠前，邛崃市得分最高，彭州市、崇州市、大邑县、都江堰市、金堂县得分均进入前10名，蒲江县为第15名；地处阿坝州、甘孜州和凉山州三州的县域城乡融合发展水平总体较低，在48个县域中，有36个县域排名在80位以后，且区域内各县域发展差异较大，城乡融合发展水平最高的西昌市为第12名，其次为会理县第24名、康定市第30名、马尔康市第34名，其余县城乡融合发展水平均较低。

从各市州总体排名来看（见表5），成都市城乡融合发展水平最高，各县域平均得分为0.5122分，其次为泸州市和南充市，得分分别为0.4594分和0.4532分，广元市和三州的县域城乡融合发展水平平均得分较低，分别为0.3940分、0.3636分、0.3618分和0.3418分。

表5　四川21个地区县域城乡融合发展平均得分及排名

地区	得分（分）	排名	地区	得分（分）	排名
成都市	0.5122	1	乐山市	0.4181	12
泸州市	0.4594	2	雅安市	0.4177	13
南充市	0.4532	3	攀枝花市	0.4159	14
自贡市	0.4520	4	巴中市	0.4128	15
德阳市	0.4435	5	绵阳市	0.4066	16
宜宾市	0.4389	6	资阳市	0.4029	17
眉山市	0.4378	7	广元市	0.3940	18
广安市	0.4295	8	凉山州	0.3636	19
达州市	0.4283	9	甘孜州	0.3618	20
遂宁市	0.4222	10	阿坝州	0.3418	21
内江市	0.4218	11			

资料来源：课题组根据各地市州数据计算。

从全省五大经济区县域融合发展水平来看（见表6、图5），川南经济区县域城乡融合平均水平最高，其次为成都平原经济区和川东北经济区，攀西经济区和川西北经济区的县域城乡融合发展水平较低。

表6　四川省五大经济区县域城乡融合发展水平平均得分

经济区	区域范围	平均得分（分）
成都平原经济区	成都市、德阳市、绵阳市、遂宁市、乐山市、眉山市、资阳市、雅安市	0.4326
川南经济区	内江市、自贡市、宜宾市、泸州市	0.4431
攀西经济区	攀枝花市、凉山州	0.3897
川东北经济区	南充市、达州市、广安市、广元市、巴中市	0.4236
川西北经济区	甘孜州、阿坝州	0.3518

图5　四川省五大经济区县域城乡融合发展水平排名

资料来源：课题组根据各经济区数据计算。

四、四川县域城乡融合发展面临的问题与挑战

随着新型城镇化进程的推进，四川省县域经济发展取得了显著成效，县域内城乡关系也由二元分割逐步向融合发展转变。但是，作为农业大省和人口大省，四川省县域经济发展基础较弱，在大城市虹吸效应和农村发展严重滞后的双重阻滞下，全省县域城乡融合发展仍存在制度和实践层面的阻碍与

问题。

（一）城乡产业部门失衡与县域产业转型升级发展的矛盾

四川具备发展县域特色经济的自然条件和产业基础，但是除若干位于大城市圈周边县以及少数资源型县外，大多数县域经济发展仍以土地、资源、劳动力等自然要素投入驱动为主，城乡产业链延伸不充分，农产品以粗加工和简单加工为主，后端副产物综合加工利用能力和利用水平低，产业环节间收益率差异较大，农产品附加值低、应对市场风险能力弱，严重制约了城乡优势产业链的发展。如全省 128 个县（市）有 78 个省级及以上开发区，仅有 13 个产值超 500 亿元，全省水果、蔬菜产地初加工和商品化处理率仅为 40% 左右，农产品精深加工及综合利用不足。如泸州白酒产业，除古蔺县拥有郎酒品牌以外，其他县多以原酒生产为主，城乡酒旅融合发展业态尚处于起步阶段；青神竹产业发展较为迅速，但是产业龙头少、组织化程度低，对农民收入具有直接带动作用的竹产品生产加工环节缺少具有带动能力的经济主体，仅有 10% 左右的农村居民能够参与竹产业发展。

（二）城乡资源协同利用要求与要素城乡分割的矛盾

理想的城乡关系需要城乡要素能够在更大的空间范围内得到优化配置和合理利用，通过土地、资本、劳动力等多元要素的协同激发城乡内生动力。四川已经在城乡要素领域推进了诸多改革措施，其中以户籍制度改革为主要内容的城乡劳动力市场化建设成效最为显著，资本下乡和农村金融体制改革也在持续推进，但是农村土地市场改革则仍以封闭试点为主。改革推进的不均衡使城乡要素配置分割进行，如城乡劳动力流动推动乡村产业发展，增加了乡村投资机会进而引致资本下乡，但是在现行土地制度安排下，进入乡村的劳动力和资本利用集体土地面临产权十分分散的困境，抑制了城市劳动力和资本下乡的动力，进而抑制了乡村资源价值的实现和城乡产业的融合发展。

（三）城乡人口自由流动与财产权利实现困难的矛盾

与新发展阶段相适应的理想城乡关系要求城乡人口不仅能够双向自由流动，而且能够充分“在地化”，人口进入流入地后具备长期稳定从事生产生活的意愿、能力和条件。但是，从流动人口基本情况看，进城农民的“半城市化”和入乡居民的“半乡村化”同时存在，造成这一问题的重要原因在于传统城乡关系中“人”“财”分离式的管理制度。在工业化初期，为在迅速完成工业体系建设和发展积累的同时维持社会稳定，我国不仅设立了严格的城乡户籍制度，而且制定了严格的财产分割管理制度。在改革进程中，城乡产权市场化程度是不一样的，城市产权市场化持续推进，但为防止集体资产流失、农民权益被侵害，农村产权流转改革一直较为审慎。处置权和收益权的差异决定了城乡财产缺少统一的价值评估标准和实现机制，导致财产的流动性不同，当产权主体发生变化时，产权客体价值无法有效实现，形成了城乡人口流动与财产流动分离的问题：一方面，进城农民即使能够以退出等方式实现宅基地、房屋等财产价值，但是由于缺少衡量标准，无法形成合理预期，导致农民“不愿放弃财产权”以及与财产权直接关联的户籍身份；另一方面，由于严格限定了农村财产交易范围，入乡群体只能获得附带各类限制性条件的集体资产使用权，身份性缺失使其无法真正作为产权主体融入乡村、参与乡村事务。

（四）要素外流趋势与县域高质量发展保障支撑需求的矛盾

作为增长极的大城市在工业化前期发挥了重要作用，但是大城市对生产要素的强大吸附能力也造成了县域发展机会的缺失和发展要素的外流，导致县域发展基础薄弱，难以发挥对新型城镇化和乡村振兴战略的统筹作用。在城市虹吸效应下，四川省绝大多数县域都存在人口、资金等要素流失问题。人口方面，2022 年，128 个县中仅有 49 个县人口正增长，65 个县人口负增长，14 个县人口保持不变，如青神县 2016 年以来每年流出人口占全县总人口的 10% 左右。人口流出加剧了县域人口结构老龄化问题。第七次人口普查数据显示，青神全县 60 岁及以上人口为 45713 人，占 27.21%，其中 65 岁及以上人口为 36668 人，占 21.83%。土地要素方面，为支持成都等大城市建设，各县域分担了基本农田保护任务，建设用地指标受到限制，调研中射洪、青神等地均反映，城镇范围内建设用地指标不足的同时，农村集体建设用地管理过于严格，导致城乡产业项目缺少土地支撑。资金方面，由于很难在招商引资方面与大城市竞争，大部分县域资金呈净流出趋势。要素净流出导致县域发展缺少基础支撑，严重制约了县域高质量发展。

（五）城乡功能互补叠加要求与城乡空间割裂的矛盾

随着生产力的发展，县域城乡空间相对位置和功能发生了变化，乡村既继续承担着农产品等原材料的供给功能，也有通过农产品加工、生态资源利用、休闲旅游开发等满足人的多维需求、获得更多价值增值的需要。而生产技术的进步，特别是道路运输条件的提升和信息技术的运用，则为城乡功能优化提供了可行条件。随着规划理念和技术的进步，以城与乡功能分离为导向的传统规划正在被城乡一体的现代规划所取代。

但从四川县域城乡空间利用实践来看，全省存在县城载体作用不足、城乡空间功能不协调的问题。在县城载体作用方面，县城人口集聚度不高、县城建成区面积较小、市政设施水平较低。全省 128 个县（市）县城常住人口仅为 1300 万人，占县域常住人口的 29%，不足县域总人口的 1/3。全省县城建成区面积约 1330 平方千米、每县平均面积为 10.4 平方千米，低于全国平均水平（12.8 平方千米），吸纳农业转移人口空间有限。在城乡功能协同方面，随着城市人口的集聚和功能的拓展，绝大多数地区都实施了新城区建设项目，以物理扩张的方式扩大城市空间，而乡村人口和功能变化所带来的空间调整需求往往需要依靠为城市腾退建设用地指标等方式换取。在城乡建设用地增减挂钩政策收窄的背景下，乡村规划布局与城乡融合发展格局之间的矛盾将进一步突出。随着农业生产方式的变革和产业结构的变化，农业生产空间与非农空间之间必然要求重新调整，同时，生态安全和粮食安全目标也要求城市改变传统的空间扩张式发展思路，转而以更加集约的理念探索城市空间高效利用的规划思路。

（六）县域城乡福利趋同化要求与公共产品供给失准的矛盾

随着城乡关系的变迁，城乡居民福利一体化、趋同化要求不断加大，但自上而下的均等化公共产品供给机制导致县域城乡公共产品出现了供需多重矛盾：一方面，公共财力有限性与公共产品投入持续性的矛盾。目前，全省城乡公共产品主要由财政投入，原来由社区以自治方式解决的供给、管护等职能也出现了向政府财政转移的趋势。农村公共产品分布范围广、后续管护环节多且成本高，且相对于社区内生性供给机制，自上而下的外部依赖性供给交易成本较高。

另一方面，农村公共产品供应存在过剩与不足并存的矛盾。在城乡公共产品均等化的要求下，部分地区、部门将“均等”解读为“同等”，采取了把城市公共产品复制到乡村的方式，导致部分公共产品供给相对过剩，如对村图书馆、部分示范园（村）道路等设施叠加投入，但同时部分农村实际需要的公共产品供给不足，如新型农村社区对公共活动空间、老幼照料中心、文化服务等需求仍未得到有效满足，对田间道路、农田水利设施等生产性基础设施的持续投入不足等。

（七）财政项目竞争性投入与县域协同发展目标的矛盾

虽然四川在财政二次分配时将大部分财力都下沉到县，并出台了健全县级基本财力保障奖补机制和进步县财政奖励政策，为县域发展提供了重要财力保障，但在财政项目投入方面，需要以竞争性方式争取，在一定程度上加剧了县域间和县域内部的发展差距。在项目投入考核压力和多重政策目标的约束下，项目往往优先安排在发展基础较好的市辖区和近郊县，在县域内也倾向于选择条件好的镇村，客观上加剧了地区发展不均衡的问题，如射洪市涪江沿线 9 个镇发展较快，经济总量占全市 80% 以上；全市近七成规模以上企业集中在 3 个镇（街道），10 个镇至今未培育出规模以上企业。为了在项目竞争中具备优势，各地采用了“造盆景”等方式吸引项目投入。调研中有基层干部提出，不少财政性项目投入是“锦上添花”而非“雪中送炭”，对本级财政配套资金的要求也让部分县不愿争取项目。另外，由于大部分项目资金是直接投放到各个条线部门，资金的安排、拨付、使用等由部门负责，部门权力的自主空间比较大，而地方政府以县域为单位对项目资源进行整合与在地化配置的空间有限，导致专项转移支付项目设置交叉重复、资金投入零星分散，部分地方多头申请、重复要钱；部分项目计划与地方实际需要脱节，地方政府又无法结合实际作必要调整和统筹安排，造成转移支付效率不高和资金损失。

五、四川省县域城乡融合发展的实现路径

当前，四川省县域城乡融合的推进虽然已有重大进展，但总体上仍然面临城乡二元结构的体制性矛盾、城乡生产要素自由流动仍有明显阻滞、城乡收入和公共服务的差距依然存在等因素制约。因此，要通过构建激励相容的

城乡融合发展机制，以系统性深化改革为基本路径，聚焦关键领域和重要环节，着力解决阻碍县域城乡关系发展的桎梏。

（一）空间规划指引的分类推进机制

城乡地域空间的系统性决定了生产、生活、生态空间并非孤立存在，而是紧密关联和相互作用的整体，因此，应当通过优化空间规划与用途管制体系，建立分区分类型的县域城乡融合推进机制。一是以乡村所在中心城市为依托，构建城乡一体、“多规合一”的规划体系，形成“中心强、县域特、城镇精、乡村美”的梯度地域结构。二是应根据各地区资源禀赋、发展水平等基础条件，分区、分类、分期选择差异化的以城带乡的发展模式，重塑既联动互促又各具特色的地域空间系统。三是将空间规划和用途管制体系与自然资源产权制度、农村地区的“农用地”“农村集体经营性建设用地”“宅基地”制度改革相衔接，统筹安排农田保护、生态涵养、城镇建设、村落分布等空间布局，鼓励有条件的地区因地制宜编制全覆盖的村庄规划。

（二）产权价值显化的利益分享机制

以土地为主的农村资源大量闲置和低水平利用是推进城乡融合必须率先突破的关键难点，应以农村土地制度改革为突破口，以农村产权价值有效显化为基础，构建完善的市场化机制，建立农民利益分享机制。一是落实好第二轮土地承包到期后再延长 30 年政策，不断完善农村承包地“三权分置”制度，在依法保护集体所有权和农户承包权前提下，保护好发展好农民的土地权益。二是稳慎推进农村宅基地制度改革，完善农村闲置宅基地和闲置农房收储机制，鼓励农村集体经济组织及其成员多元化盘活利用闲置宅基地和闲置房屋。三是进一步完善集体经营性建设用地入市制度，有序推进农村集体经营性建设用地就地入市或异地调整入市制度建设，支持村集体在农民自愿前提下依法将有偿收回的闲置宅基地、废弃集体公益性建设用地转变为集体经营性建设用地入市，有效提升村集体的发展和带动能力。

（三）公共资源激活的赋能支撑机制

进一步强化城市赋能农村至关重要，应通过城市发展要素整合性输入来推进乡村要素配置的高质化和高效化。一是把农业农村作为财政支出的优先保障领域，在公共财政预算中确保“三农”投入保持合理增长幅度，不断完善涉农资金统筹整合长效机制，同时调整土地出让收入使用范围，提高农业农村投入比例。二是大力推动县域城乡基本公共服务均等化，推动建立城乡一体、同等水平的医疗和教育体系，推进乡村农田水利、公共交通、文化教育等领域快速发展，着力推动社会保障政策在县域或市域范围内走向统一。三是优化现有县域城乡要素流通渠道，推动城市的人才、技术、资金、信息等要素持续注入和赋能乡村，通过县域城乡协同促进区域经济整体良性发展。

（四）集体行动强化的合作互助机制

在农村仍以小农户为主和集体行动能力依然薄弱的背景下，逐步实现城乡之间技术、资金、生产资料、劳动力等社会经济要素顺畅交流的“城乡通开”和改革深化，有效盘活农村内部的大量闲置资源，将是实现集体经济再增长和农民合作社质量提升，进而有效提升小农户集体行动能力的重要支撑。因此，一方面，应当探索创新农村集体经济发展的多元路径，鼓励集体经济组织与农业企业、合作社、家庭农场等经营主体深度合作，通过自主经营、租赁经营、入股经营、合作经营等形式参与农产品加工、休闲农业、乡村旅游等，引导集体经济组织积极参与农业生产性服务业，激励集体经济组织参与农业基础设施项目建设和后续管护；另一方面，应大力推进合作社质量提升工程，积极探索土地经营权入股从事农业产业化经营的有效实现机制，规范农民合作社管理制度和提升经营能力，完善“合作社 + 农户”的利益联结机制，通过合作互助强化集体行动能力，带动农民持续增收。

（五）生态价值实现的利益升级机制

农村的综合功能与承载能力是推动县域城乡融合发展的重要因素，应牢固树立“绿水青山就是金山银山”的理念，建立政府主导、企业和社会各界参与、市场化运作、可持续的城乡生态产品价值实现机制。积极推广农业生态循环技术，加大污染治理力度，切实保护农村生态环境。开展生态产品价值核算，通过政府对公共生态产品采购、生产者对自然资源约束性有偿使用、消费者对生态环境附加值付费，构建更多运用经济杠杆进行生态保护和环境治理的市场体系。完善自然资源价格形成机制，确立以生态环境要素为标的等价交换机制，建立自然资源政府公示价格体系，推进自然资源资产抵押融资，多元化增强市场活力。

六、四川省推进县域城乡融合发展的对策建议

以习近平新时代中国特色社会主义思想为指导，深入贯彻习近平总书记对四川工作系列重要指示精神，以缩小城乡发展差距和居民生活水平差距为目标，以城乡融合发展的难点和关键环节为重要突破口，以促进城乡生产要素双向自由流动和公共资源合理配置为关键，坚持因地制宜、循序渐进、协同推进，探索形成城乡融合发展的治理融合、要素融合、产业融合、服务融合、改革融合。

（一）深入推进县域城乡土地要素市场化改革

一是减少对城乡土地市场的行政干预，真正发挥市场机制在土地资源配置中的作用。改变传统工业化思维，纠正对规模化工业项目的惯性偏好，立足县域城乡产业发展需求制定科学公正的用地价格标准。建立符合县域产业发展的土地使用效率评价指标体系，将项目建设中的财政配套投入资金分类纳入考核。健全互联互通的产业项目信息平台，建立产业准入评价体系和常态化的产业发展评估机制，跟踪把握城乡产业发展实际情况，提出产业同质化预警及机会清单，为项目用地审批提供依据。

二是积极推进集体经营性建设用地入市改革。在总结提炼各地已有实践做法和经验成果的基础上，遵循城乡融合发展中土地要素配置的客观规律，根据新的《中华人民共和国土地管理法》《中华人民共和国土地管理法实施条例》总体要求，帮助各县研究制定农村集体经营性建设用地入市实施细则。对入市主体、入市条件、入市范围、交易平台、交易规则等作出统一规定，对入市方式、收益分配等作出指导性规定，特别要明确宅基地等转为集体经营性建设用地的规范流程，探索建立集体建设用地年度指标管理机制，同时结合征地制度改革，明确城镇规划区、建成区范围内集体建设用地直接入市与转为国有土地的不同条件、范围和方式。

三是构建县域城乡产业发展与土地有效利用的协同机制。建立土地使用的事前审核与事后监管并重的全过程管理制度，特别要在集体建设用地使用的跟踪、监管等环节取得突破，完善土地供后管理制度。强化建设用地供后开发利用的全程监管和效率评价，建立全省各县互联互通的城乡产业信息平台，引导产业项目差异化发展，提高土地利用效率。充分利用县域生态、文化等资源优势，在土地入市、产业开发中有机植入乡村特色资源，将土地入市与生态文化资源保护与价值转化相结合。

（二）全面推进县域城乡人口管理制度改革

一是建立农业转移人口县城“市民化”权益保障体系。界定农村土地等资源的保障性功能、生产性功能与财产性功能，重点明确保障性功能的可替代性。探索更加灵活的土地承包权、宅基地资格权和集体收益分配权“三权”保障与实现机制，构建农民财产权价值评估与实现体系。探索以农村财产权转换为社会保障的可行有效方式，真正打通城乡社保衔接的制度通道。

二是创新入乡群体的村民身份权实现制度。明确不同人才进入乡村的现实需求，灵活运用乡村特有优势，精准设置激励政策。构建人才进入乡村并长期服务乡村的长效激励机制，试点集体经济组织成员权有条件放开，尝试构建“以产定人”“以产定权”的农村常住人口管理制度。

三是建立以平等财产权利为基础的城乡流动人口权利体系。优化“租购同权”实施办法，进一步简化相关证明材料。

（三）继续优化县域城乡产业融合发展支持政策

一是以农业产业链和价值链延伸需求为导向，构建县域城乡互补的特色优势农业产业体系。统筹城乡产业规划，在继续培育特色优势农产品的基础上，高度重视农产品仓储、加工、品牌培育等环节发展需要，合理利用城乡空间布局产业环节。

二是以比较优势和特色资源为基础，协同推进县域城乡产业转型升级。把握城乡发展总体趋势和产业自我演进规律，协同利用城乡资源，推进城乡产业业态持续迭代和产业能级显著提升。将乡村生态资源、特色农产品、乡土文化等植入城市工商业，开发乡村市场，形成新产业增长点。将城市经营理念、技术手段等应用于乡村产业发展，推动“农商文旅体”由浅层叠加朝着深度跨界融合转变。

三是以产业园区为重要载体，推动县域城乡要素与产业融合。增强产业园区支持政策的协同性，以协同思维出台相关产业政策、区域政策等，减少因政策差异造成的利益冲突与施策困境。探索平台建设机制的创新，改变传统的项目建设推进方式，摒弃设立过于机械的推进速度指标方式，在产业建设方面循序渐进，尚未明确或条件不成熟的建设项目可以将空间留出，待条件成熟后再实施建设。

（四）有效推进县域城乡空间功能体系完善

一是完善县域城乡规划体系。加快制定出台国土空间总体规划，坚持以规划引领城乡融合发展。科学编制市县发展规划，统筹规划产业发展、基础建设、公共服务等，更好发挥规划对城乡发展的指导约束作用，逐步打破城乡功能区域分割藩篱，推动形成主体功能明确、资源配置优化、整体效能提升的新型城乡形态。

二是加强城乡规划衔接。解决规划城乡脱节和制度的区域分割，以规划融合促进发展融合。明确县级政府统筹城乡规划编制的责任，着力发挥市县规划在规划体系中的重要基础性作用，科学安排县域乡村布局、资源利用、设施配置和村庄整治等，将总体发展战略和各领域具体任务落实到空间布局上。

三是补齐村庄规划短板。加快实现村庄规划管理全覆盖，将空间规划和用途管制体系与自然资源产权制度、农村地区的“农用地”“农村集体经营性建设用地”“宅基地”制度改革相衔接，统筹安排农田保护、生态涵养、城镇建设、村落分布等空间布局。

（五）推动县域城乡公共产品供给均衡化

一是加快补短板提升县城综合承载能力。探索部分由县级承担的基本公共服务职能上移，适当加大省、市级政府的支出责任。提升县城宜居环境品质，改善居民住房条件，以教育和医疗设施为重点提升公共服务水平，以实际服务人口确定县城公共设施供给总量，加强污水和垃圾处理设施建设，系统性推进城市环境整治。开展完整社区建设，健全社区服务体系。

二是允许各县域因地制宜地探索农村公共产品供给机制创新。在确保补齐农村基础设施和公共服务短板的基础上，允许各县根据农村人口流动规律、农民生产生活方式变化探索创新公共产品供给新内容、新方式和新途径。改变过去一刀切的公共产品供给标准，根据各村实际情况和现实需要提供公共产品，对使用率低、维护成本较高的公共产品进行整理归并，增加对农村养老、托幼、村民文娱活动等领域的服务投入。

三是切实推进基于常住人口的城市公共服务均等化。进一步清理附着在户籍上的公共服务功能，剥离隐形障碍，建立城镇教育、医疗、文化、就业、社保等基本公共服务与常住人口挂钩机制，推动公共资源按常住人口规模配置。

（六）优化财政项目投入方式

一是深入推进扩权强县和乡镇赋能改革。总结改革试点经验，切实运用改革成果，清理和调整赋权目录，出台推进扩权强县的具体措施及实施意见，厘清事权的下放范围和程序，理顺财权与事权、地方政府与职能部门的关系，探索提升县级政府对区域经济社会发展的统筹协调、自主科学决策和公共服务能力的有效途径。

二是构建财政项目“竞争性适配”运行模式。借鉴扶贫资金“四到县”经验，继续探索以县域为统筹单位、以竞争机制为核心、以项目资源与县域发展需求精准匹配为目标的“竞争性适配”运行模式。进一步细化财政项目竞争指标，增强中省财政等部门对县域自下而上需求的回应能力，根据不同县域发展差异和实际需求设立财政项目类别及竞争规则。

三是增强项目投入的协同性和延续性。优化财政项目投入之间、财政项目与县域招商引资项目等的协同性，破解同质项目重复投入与县域实际需要无法满足的矛盾。建立县—镇—村三级协同的财政项目运行组织，明确县域内各级政府、社区、集体经济组织、城乡居民的职能作用，形成覆盖项目争取到管理使用的全过程主体参与机制。

主要参考文献

[1] 杜润生.中国农村体制变革重大决策纪实[M].北京：人民出版社，2005.

[2] 费孝通.乡土中国·生育制度·乡土重建[M].北京：商务印书馆，2011.

[3] 规划实施协调推进机制办公室.乡村振兴战略规划实施报告（2018—2022年）[M].北京：中国农业出版社，2022.

[4] 刘守英，程国强，等. 中国乡村振兴之路——理论、制度与政策[M]. 北京：科学出版社/龙门书局，2021.

[5] 刘华清.人民公社化运动纪实[M].北京：东方出版社，2014.

[6] 马克思，恩格斯.马克思恩格斯选集（第1卷）[M].北京：人民出版社，1995.

[7] 马歇尔.经济学原理（上卷）[M].北京：商务印书馆，1983.

[8] 十八大以来重要文献选编（上）[M].北京：中央文献出版社，2014.

[9] 苏星.我国农业社会主义改造[M].北京：人民出版社，1980.

[10] 王贵宸.中国农村合作经济史[M].太原：山西经济出版社，2006.

[11] 王登山，张鸣鸣.中国农村人居环境发展报告（2022）[M].北京：社会科学文献出版社，2022.

[12] 辛宝英，安娜，庞嘉萍. 人才振兴：构建满足乡村振兴需要的人才体系[M]. 郑州：中原农民出版社，2019.

[13] 张德林，张海瑜，张鹏，等. 中国乡村振兴——产业发展促进战略实施模式及实践案例[M].北京：中国农业大学出版社，2021.

[14] 王雪锋，彭勃，王希.缩小城乡收入差距 推动农民农村共同富裕[J].四川省情，2022（12）：35-36.

[15] 王玉海，李顺强，张琦.共同富裕目标下的乡村振兴战略：内在机理与路径选择[J].北京师范大学学报（社会科学版），2022（6）：107-115.

［16］王政武，郭雅玲，陈春潮.以乡村振兴促进共同富裕：逻辑内涵、现实困境与政策框架[J].南宁师范大学学报（哲学社会科学版），2022，43（2）：12–25.

［17］魏后凯，刘长全.中国农村改革的基本脉络、经验与展望[J].中国农村经济，2019（2）：2–18.

［18］谢斌，杨晓军."后扶贫时代"相对贫困治理与乡村振兴的协同逻辑及政策选择[J].理论导刊，2023（1）：82–87+119.

全面推进乡村振兴
实现农民农村共同富裕研究 *

党的二十大报告明确指出，实现全体人民共同富裕是中国式现代化的本质要求。纵览全局，中国实现共同富裕的最大短板在于农民农村，实现共同富裕的重要政策着力点在于全面推进乡村振兴战略，以提高农民收入、改善农村“三生”空间、缩小城乡差距。习近平总书记2021年10月在《扎实推动共同富裕》一文中指出，农村共同富裕工作要抓紧，要全面推进乡村振兴，加快农业产业化，盘活农村资产，增加农民财产性收入，使更多农村居民勤劳致富[①]。这一论述深刻阐明了农村共同富裕与乡村振兴之间的密切关联。因此，要深入研究乡村振兴与农民农村共同富裕的理论和实践关系，充分发挥政府、市场和社会力量，打通乡村振兴促进共同富裕的理论机制和现实途径，助力实现中国式现代化。

---

* 本报告是清华大学中国农村研究院重点研究课题“农民农村共同富裕问题研究”及国家社科基金重点项目“数字时代背景下推进农业农村现代化的战略、机制与政策研究”（编号：22AZD050）的研究成果，报告观点仅代表课题组的看法。课题负责人：王亚华，清华大学公共管理学院长聘教授，清华大学中国农村研究院执行院长。报告执笔人：王亚华、关长坤。本报告部分内容已在《中国农业大学学报（社会科学版）》《农村经济》发表。

① 习近平：《扎实推动共同富裕》，《求是》2021年第20期。

一、全面推进乡村振兴与共同富裕的内在逻辑关系

我国已从绝对贫困治理和实现全面小康阶段转向相对贫困治理和实现共同富裕新阶段。从全局来看，当前我国共同富裕的最大短板在于农民农村，推动农民农村共同富裕对实现全体人民共同富裕意义重大。实施乡村振兴战略是解决农村发展不充分、不均衡问题的重要战略途径。准确定位乡村振兴与共同富裕的内在关系，是统领推进乡村振兴实现共同富裕研究的基础。

（一）中国特色共同富裕的内涵

明确中国特色共同富裕是理解乡村振兴与共同富裕理论关系的前提。中国特色共同富裕是在社会大分工的背景下，全体中国人民合作利用各类资源生产和分配，解决城乡发展不平衡、地区发展不平衡，缩小城乡收入差异，追求物质和精神福利最大化和分配公平的结果。

韦伯提出了“经济—政治—价值”的政治社会学理解框架。汪丁丁在中国场景下扩展该框架，形成了“物质生活、社会生活、精神生活”框架：物质生活是韦伯经济维度的扩展，该维度的核心要求是提高经济效率，社会生活是韦伯政治维度的扩展，其核心要求是实现分配正义，精神生活是韦伯价值维度的扩展，其核心要求是达到精神自由（汪丁丁，2013）。基于此，本文构建中国式共同富裕的“经济效率—社会正义—精神自由”三维认知框架，以期指导认知乡村振兴与共同富裕的理论关系。

1. 经济层面的共同富裕内涵

经济生活关注如何配置稀缺资源以追求经济增长，最大化经济效率，是实现物质福利最大化的重要活动。新古典经济学和制度经济学认为经济增长

的关键要素是土地（自然资源）、资金、劳动力、技术进步、制度。从宏观来看，当前中国经济的增长依托于产业结构以及制度的帕累托改进。产业结构调整处理的是在宏观层面上如何调整自然资源、资金和劳动力的配置问题，而制度改进着眼于提高制度对各类资源配置的引领和优化整合能力。从中观来看，中国经济增长的原动力来自各行业中的技术创新。从微观来看，中国经济增长的微观基础是劳动力职业能力的不断提升。因此，中国共同富裕之路在经济效率维度上的内涵是国家通过调整产业结构，改善制度环境，鼓励各行业技术创新，加强培养劳动力职业能力，以提高经济效率。

2. 社会层面的共同富裕内涵

社会生活是实现分配正义的主要领域。拉斐尔认为，分配正义是国家基于政治性（而非仁爱），无偏地认定和落实每人应得的基本需求和应得的奖惩。实现分配正义的关键在于无偏性的理解和应得之物的界定。斯密认为无偏是在充分知情和完全同情判断的基础上实现（以下简称斯密无偏）。但斯密无偏是基于熟人社会提出，而对于现代社会，斯密无偏的适用性将会受到限制。现代社会基于规则运行。规则功利主义认为无偏是依据社会全体成员一致赞同的规则或原则作出的判断。罗尔斯在此基础上认为社会是人们之间合作形成的体系，分配正义是一项在权利义务对等的情况下公平合理地协调解决利益冲突的原则，用以指导政治经济社会制度的安排。罗尔斯进一步将经济应得主要分为机会、收入、财富等（胡军方，2019）。制度和天资、出身是影响应得之物的主要因素。实际上，分配正义在承认天资和出身等差异的基础上，以一种合理正义的方式利用该差异，以实现每个社会成员都改善了生活状况（徐向东，2022）。因此，中国共同富裕之路在分配正义维度上内涵是国家提供正义的制度，通过该制度解决人们在经济活动中存在的利益冲突，对那些切实履行正义制度所给予的责任义务的人们，提供该制度所指定的机会、收入、财富等物质利益。

3. 精神层面的共同富裕内涵

精神自由是精神生活的核心要义。马克思主义学派认为精神生活由心理生活、文化生活和信仰生活三方面构成。心理生活折射出的是社会成员对社会现实的认知态度、情感感受和价值取向上的群体选择。文化生活是由于精神材料生产交换消费从物质材料生产交换消费中逐渐分离出来，逐渐形成阅读、文娱、体育以及其他艺术形式的文化活动（柏路，2022）。信仰生活是关于思考精神价值、人类共同体价值、未来人类个体和生活价值的活动（童世骏等，2019）。罗兰认为精神自由表现了对人的生存和精神构建的关注（周颖，2012）。基于此，中国特色共同富裕之路在精神层面包括三个方面：一是在心理生活上实现人们对中国文化、制度实践的尊重，对社会现象、改革进程、风险挑战等有理性的思考和平和的情绪，对生活抱有积极向上的心态。二是在文化生活上追求“文明典雅与包容开放”的文化内核和“丰富多样与雅俗共赏”的文化底蕴。三是在信仰生活上实现中华民族伟大复兴的中国梦的精神价值、人类共同体价值、人与自然和谐共生的追求，并实现社会成员经历自我否定到自我觉醒再到自我超越的精神成长。

（二）乡村振兴与共同富裕的理论关系

构建中国式共同富裕的“经济效率—社会正义—精神自由”三维认知框架的意义在于指导形成一份旨在实现共同富裕的乡村振兴战略行动纲要。第一，中国式共同富裕之路要求乡村经济实现高质量发展，并提出实现高质量发展的四个核心要素：产业结构、科技创新、制度环境、劳动者职业能力。因此，乡村振兴在经济维度上与共同富裕的理论关系可为：乡村振兴从改善农村产业政策、基础设施和投资结构，以促进产业结构良性发展和科技创新，到打破农村资源产权制度壁垒，以保障农村资源更好地支撑乡村产业发展和农村资源更多更持续的增值，再到提升农村居民各类职业能力，以夯实农村经济高质量发展的人力基础。第二，中国式共同富裕之路要求社会分配在城乡间、城市内部和农村内部是正义的，并提出社会正义的两个核心要素：无偏性和经济应得。因此，乡村振兴在社会维度上与共同富裕的理论关系可为：

乡村振兴从改善收入和财产在城乡间和农村内部分配的无偏性，到改善要素在城乡间流通的制度机会无偏性，最后到改善农村获得基本公共服务的无偏性。第三，中国式共同富裕之路要求乡村人民的精神是自由的，并提出精神自由源于三种生活：心理生活、文化生活和信仰生活。因此，乡村振兴在精神维度上与共同富裕的理论关系可为：乡村振兴从培育乡村群众积极的社会心态，到丰富和提高乡村文化活动形式和质量，再到改善乡村群众精神文明，进而提高人类精神自由度，最后加强生态整治和保护，提高生态文明的精神领悟和传播，进而增强农村人与自然和谐度（见图1）。

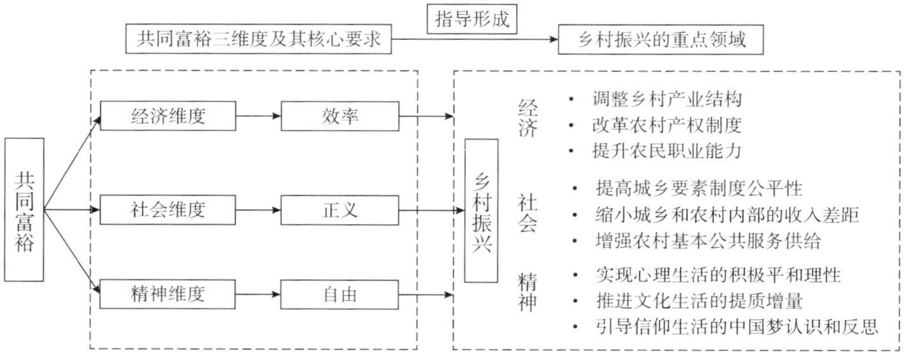

图1　共同富裕三维认知框架下的共同富裕与乡村振兴的理论关系

资料来源：作者自制。

二、全面推进乡村振兴实现共同富裕的理论机制

共同富裕与乡村振兴的理论关系的实践意义在于，指明了乡村振兴促进共同富裕的实践方向。如何推动乡村振兴实现共同富裕的“经济效率、社会正义和精神自由”成为关键问题。本文从经济效率、社会正义、精神自由和综合提升四个维度归纳了9条理论机制（见图2）。

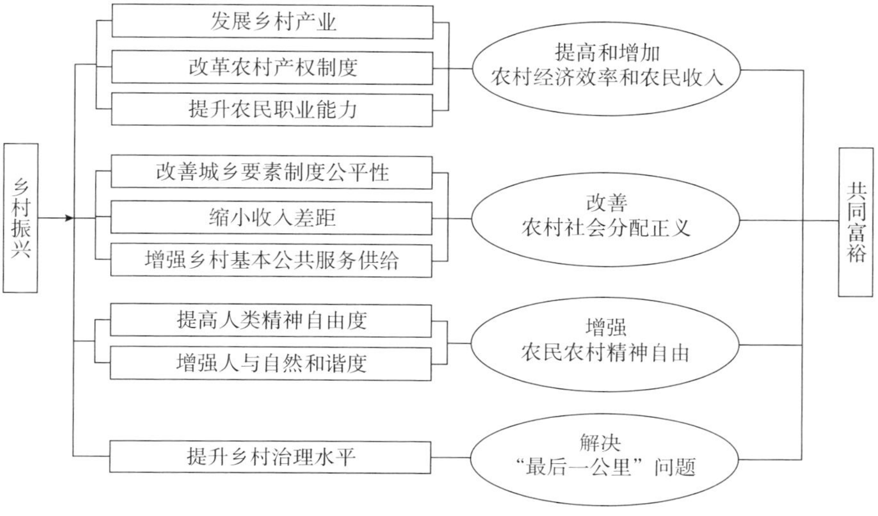

图2　乡村振兴促进共同富裕的机制框架

资料来源：作者自制。

（一）经济效率：乡村振兴通过发展乡村产业促进共同富裕

乡村产业发展是乡村经济活动的重要内容。乡村振兴利用市场机制和产业政策，改善产业结构和促进科技创新，提升乡村产品和服务的附加值，提高农村经济效率。一方面，利用市场机制调配资源自发进入乡村各类产业发展，以利益最大化为主要动力完成产业选择和产业聚集等，进而促进产业良性调整。另一方面，利用产业政策手段，包括选择性产业政策和功能性产业政策，通过扭曲市场价格的方式（如补贴、贴息、税费优惠等），选定优先发展的产业类型和产业融合发展方式，来改善各类产业发展的基础设施，提升政策友好程度来助推乡村产业结构优化和升级，引导社会资本投资和科技创新，拓展乡村经济发展的高价值性、多样性和可持续性，最终夯实农村物质富裕基础，推动农民农村共同富裕的实现。此外，乡村振兴要建立政府、社会资本和农民的良性合作方式和利益共赢机制，加强政府、行业和社会监管，来优化和管理产业利益分配结构，进而促进农户在各类产业中的组织化、规模化、专业化生产，提高农民收入，最终丰富农民物质富裕基础，推动农民农村共同富裕的实现。

（二）经济效率：乡村振兴通过改革农村产权制度促进共同富裕

农村土地资源和集体资产为乡村经济活动提供了场所、生产投入品等重要经济功能。具体而言，农地是农业产业发展的基础生产资料；农村集体经营性建设用地是乡村第二、第三产业发展用地的根本来源；宅基地为乡村第二、第三产业发展提供了潜在储备；集体资产，如集体林地、草原、荒山荒地、固定资产（如厂房、办公楼、广场、设备等），也是乡村经济活动的重要投入品。农村土地产权制度和集体产权制度规定了各类土地以及集体资产是否有权进入市场，如何参与市场交易，所有权、用益物权等权利归属和权利义务等问题。这些制度直接影响农村各类资源是否和如何参与乡村经济活动以及经济效益如何分配，这直接关系到乡村经济效率和增长。可见，农村产权制度是乡村经济活动的坚实制度基础。乡村振兴通过明晰产权构成以及产权权能，打破农村各类资源市场化流通的法律约束，建立农村各类资产的收益分配机制、金融风险和信用分担机制，加强农村资源资产产权流转市场化规范化建设以及综合性服务供给与监管，深化改革集体经营性资产的股份化和股份合作制，进而保障乡村产业用地落地和高效利用，鼓励乡村产业可持续发展、三产融合与新产业新业态发育，促进农村资源资产增值并可持续分配增值部分，切实保障农民的各项资源产权权利，最终促进乡村经济增长、提高农民财产性收入，助推农民农村共同富裕。

（三）经济效率：乡村振兴通过提升农民职业能力促进共同富裕

农民的职业能力是乡村经济高质量发展和农民收入可持续增加的微观基

础。总体来看，乡村振兴通过人才振兴战略加快农村农民职业培训的立法，整合优化农村义务教育和职业培训体系与资源，提高农村办学和培训条件、教学质量，更新教育教学管理理念，加强教育和职业培训设施数字化建设，促进城乡间教育和职业培训资源流动，加快农村人力资本的积累和转型，进而促进乡村经济和农民收入长久发展和增长，实现农村农民共同富裕。农民的职业能力主要涉及农业和非农职业能力。具体而言，乡村振兴可通过加强农村普惠性学前教育和义务教育、农民职业教育、新型农民培育工程、改善涉农高校等办学条件和教学质量、适当放宽招生条件，用好龙头企业、农业各类专业合作社等新型经营主体，运用其贴近小农、服务小农的优势将先进适用的品种、技术、装备和组织形式等现代生产要素有效导入小农户生产，提高农民的农业职业知识、技能、素养和个人能力。另外，乡村振兴通过加大非农职业教育培训的财政投资，充分发挥财政投资的资金撬动作用，吸引工商资本积极向农民工提供专业技能培训，推广适应新时代发展的新职业新业态培训，促进农民非农职业能力积累和转型。

（四）社会正义：乡村振兴通过改善城乡要素制度公平性促进共同富裕

我国土地、资本、劳动力等生产要素制度存在城乡不平等问题，导致城乡资源在城乡间流通机会不平等。乡村振兴首先通过建立健全城乡统一的建设用地市场，落实同权同价；建立城乡基础设施一体化规划、建设和日常管护机制，进而缓解城乡土地用益物权以及要素流动等政策不公平性。其次，通过改革价格、投资、财政和金融政策，改善资本分配制度的不公平性。具体而言，乡村振兴通过提供农产品价格补贴、农业生产补贴，改善城乡价格政策公平性；通过建立涉农资金统筹整合长效机制，加大了财政资源向农村农业项目支出的比例，改善城乡财政政策公平性；乡村振兴提出完善乡村金融服务体系，加快完善农业保险制度、完善农村金融风险防范处置机制，改善城乡金融政策公平性。最后，乡村振兴要加强建设城乡统一的公共服务体系，健全农业转移人口市民化机制和建立城市人才入乡激励机制，进而改善劳动力流动制度的公平性。

（五）社会正义：乡村振兴通过缩小收入差距促进共同富裕

乡村振兴首先通过大力发展乡村经济促使农村居民收入增长速率高于城镇居民收入增长速率，来缩小城乡间收入差距；然后通过建立农村低收入人口常态化帮扶机制、加大乡村教育等公共服务供给、发展集体经济，缩小农村内部贫富差距，进而改善收入分配正义，促进农村农民共同富裕。在缩小城乡差距方面，加快农民收入增长速度是关键，而乡村产业快速发展是加快该速度的核心动力，乡村振兴在此方面的作用机制详见上文“经济效率”部分。在缩小农村内部收入差距方面，学界认为，农村贫富差距扩大原因主要是农村不同收入人群的人力资本、资源禀赋、社会资本、金融资本等差异及社会性公共支出和公益性支出对农村高收入群体的收入效应高于低收入群体（万海远等，2015；李成明等，2019；宋文飞、韩先锋，2020）。因此，针对上述原因，乡村振兴促进共同富裕的理论机制有三个方面。第一，乡村振兴通过农村低收入人口常态化帮扶机制，丰富低收入人群生计策略，建立基于生命周期的风险应对和保障机制，来增加农村低收入人群的总收入和应对各类风险的能力。第二，通过提高低收入人群各阶段的受教育水平，开展农业或非农培训，加强低收入人群的家庭资产建设，来增加低收入人群的教育、社会资本和家庭禀赋积累，进而提升低收入人群的家庭禀赋、教育、社会资本的收入效应，使得该效应与农村高收入人群的收入效应持平甚至反超。第三，通过壮大集体经济，充分发挥集体经济收入再分配的作用，促进收入分配公平性。

（六）社会正义：乡村振兴通过增强乡村基本公共服务供给促进共同富裕

城乡在基本公共服务供给上存在明显差异。乡村振兴通过四种途径加强建设乡村基本公共服务，进而缩小基本公共服务在城乡间的分配差异。具体而言，一是通过城乡统一的乡村建设规划引领建设市政类公共基础设施和清洁能源、提升农房质量，继续开展农村人居环境整治五年行动，进而提升乡村基础设施水平。二是通过加强普惠性学前教育、特殊教育、寄宿教育、初高中、农民职业教育、涉农高校等办学条件，也通过县域内义务教育的“县管校聘”及校长和老师交流轮岗等，保障乡村教师工资收入和住房条件，教师职称评聘向乡村倾斜等方式支持乡村教师队伍的建设，进而提高乡村基础教育质量。三是通过完善城乡居民基本医疗保障制度，健全重大疾病医疗保险和救助制度，来逐步提高城乡居民在医疗服务上的机会公平性；在农村内部，通过建设三级县域医疗卫生共同体，推进农村医疗机构信息化和标准化，来提高农村基础医疗服务设施水平；通过推进乡村医生向执业医生转变、适当简化乡村全科医生招聘程序，派驻医护队伍下乡，来提高农村医疗服务供给能力；通过增强农村重点人群健康服务，来提高农村医疗和医保的精准性。四是通过完善落实城乡居民基本养老保险待遇和基础养老金调整机制，健全县乡村衔接的三级养老服务网络，推动村级养老服务设施建设，发展农村普惠型养老服务和互助性养老等方式提高农村基本养老公共服务水平。

（七）精神自由：乡村振兴通过提高人类精神自由度促进共同富裕

乡村振兴通过培育乡村社会积极心态、推进乡村文化事业与产业、强化精神信仰建设，来改善农村农民的精神面貌，提高农村农民的精神自由度，进而促进农民农村精神共同富裕的实现。具体而言，一是通过加强乡村党组织在农村精神文明建设中的领导作用，即发挥农村党组织和党员自身对国家政策变革、社会主义核心价值观以及当地村规民约的深刻理解、以身作则的示范效应、贴近群众的沟通优势，增强农民对社会主义核心价值观以及优良的村规民约的理解和认同，促进农村居民对社会现象、改革进程、风险挑战等有理性的思考和平和的情绪，培养积极向上的乡村社会心态。二是通过移风易俗、常态化开展法治宣传教育和扫黑除恶行动，培育自信自尊、正义友善的乡村社会心态。三是通过建设乡村公共文化基础设施，大力发展文化产业，丰富多样化乡村文化活动和文化作品，来丰富农村居民精神文化生活；通过提高文化活动、作品艺术价值和亲民度，促进多种文化交流碰撞与互鉴，来培养对文化产品的鉴赏能力和高品质、高品位的艺术追求。四是通过生态文明建设，增强农民人与自然和谐发展的精神价值追求，通过乡村社会健康向上心态建设、文化生活的提质增效，促进农民获得心灵滋养，最终促进农民找寻、反思、升华和坚守人生的积极意义，实现自我觉醒，加深对中国梦和人类命运共同体的理解与认同。

（八）精神自由：乡村振兴通过增强人与自然和谐度促进共同富裕

人与自然、经济与环境、人与社会和谐发展是中国式精神共同富裕的崇高追求。乡村是中国生态文明建设的薄弱场域，面临着环境污染重但治污防污能力弱的两难处境。对此，乡村振兴应通过以下四个机制落实乡村生态文明建设，促进人与自然和谐共生，助推精神层面农村共同富裕。第一，乡村振兴通过继续秉承质量兴农绿色兴农理念、大力推广绿色农业、生态循环农业、清洁的可再生资源使用、绿色农村生活方式，来减少农村环境污染。第二，通过强化乡村生态保护和环境治理的法律地位，加强农业农村治污防污基础设施建设，强化人居环境整治行动，推进农村光伏、生物质能等清洁能源建设，来提高农村治污防污能力。第三，通过加强国土综合整治和生态修复，耕地养护、修复、休耕，草原森林河流湖泊休养，地质灾害治理，来增强农村生态修复能力。第四，通过推广市场化多元化生态补偿机制，健全生态产品的生产与供给机制，落实生态产品和服务价值显化和增值机制，创建生态转化价值的共享机制，为乡村生态文明建设注入经济动力。另外，乡村振兴通过落实上述生态文明建设的四项行动，以行动来充分回应人民对美好生活环境的渴望、绿色安全食品的需要、生态公共产品的需求，进而促进农民对“两山”理念的理解、反思与价值认同，过好信仰生活，实现生态文明的精神自由。

（九）综合提升：乡村振兴通过提升乡村治理水平促进共同富裕

上述 8 条机制均需要考虑落实问题，即如何落到最末端实施者（村干部和村民）。乡村治理为解决此类问题提供坚实后盾。具体而言，第一，乡村治理通过捋顺国家、市场和公司逻辑，可因时因地调整乡村产业发展规划，改进和落实集体资产的利益分配、规范集体经济管理（李东建、余劲，2022），助力乡村经济高质量发展，进而促进实现经济维度上的共同富裕；第二，通过发挥自身熟悉当地民情的优势，打开“干群”沟通渠道，因地制宜地开办各种组织和开展各类活动、加强公共利益内在联结，做好村内的机会、收入和公共服务再分配（郭忠华、王榕，2020；丁波，2020；张立、王亚华，2021），进而增进社会维度上的共同富裕；第三，通过民主决策制定和执行乡规民约，引进外来优质文化团队丰富乡村文化活动，举办议事会、党员联席会等活动推动村民交流各类观点，通过建言献策实现价值互鉴并提升农民个人价值感（卢云峰、陈红宇，2022），进而助推精神维度上的共同富裕。

乡村振兴促进乡村治理的机制有三个。第一，通过继续深化“第一书记”“驻村工作组”工作，开展思想教育、干部职业技能、电子政务等培训，改善基层干部的公共服务动机、数字化素养等乡村治理的领导力；通过继续践行群众路线，培育农民的乡村公共意识、主人翁意识和自治决策和执行能力；通过推动乡村政治、自治、德治、法治和智治的多治融合，综合提升乡村治理能力。第二，通过推进清单化管理、数字乡村建设，如推广村级台账电子化，建立统一的综合管理服务平台，搭建乡村治理的数字化交流平台，来增强乡村治理方式的数据化和现代化，进而从治理敏捷性和简约性上赋能乡村治理。第三，通过健全包含法律法规、村规民约、集体选择的规则供给体系，构建多元多层次的涵盖监督、惩罚、冲突解决的规则执行体系，强化乡村治理组织嵌入性，搭建治理意见交流空间、支持乡村治理运行设施建设和资金投入，改善规则维护能力，进而提升乡村治理水平。

三、乡村振兴促进共同富裕中的政府与市场关系

实现上述乡村振兴的共富效应，需要处理好政府与市场的关系。乡村振兴是一场规模浩大、结构复杂的资源配置行动。由于其具有国家战略性、公益性、外部性较强等特征，乡村振兴是长期由政府发挥主导作用的领域。但是，市场机制是一种高效的资源配置手段。在乡村振兴中农业数智化、低碳化、产业化建设，三产融合，绿色金融，乡村建设与管护，生产生活废弃物清洁和资源化处理，文化、生态产业发展等领域引入市场机制，将吸引广大社会力量参与，有利于资源配置效率提升，缩小城乡差距，助推乡村振兴实现共同富裕。

（一）乡村振兴促进共同富裕中的市场作用

1. 市场机制的财富效应

市场机制可从微观、中观和宏观三个层面发挥强化乡村共同富裕物质基

础的作用。从微观来看，是通过价值机制和利益机制，增加乡村要素的价值，并将增加值分配给农民，实现农民增收，缩小城乡收入差距；从中观来看，市场追求更高的资源利用效率和投资回报率，通过价格机制和供需机制，引导城市以及乡村的各类要素流向乡村振兴中投资效益好的产业和领域，使得某类产业和领域得到了快速发展，延长产业链，聚集相关产业，优化产业布局和各类要素配置结构，提升资源配置效率，缩小城乡发展差距；从宏观来看，市场机制通过微观和中观层面，不断让城乡、乡村产业、农户从分工效应中获得收益，提升了城乡间、乡村间、乡村内、农户间的资源要素流动效率和配置效益，促进了经济发展，强化了农民农村共同富裕的物质基础，有利于缩小城乡发展和收入差距，最终促进共同富裕的实现。

例如，乡村振兴中很多地方依靠田园综合体和旅游产业发展乡村经济。从微观来看，由于旅游产业附加值相较于农业高，农用地、林地、宅基地、经营性建设用地会流动到旅游产业，用以建设观光农业、民宿、游客服务中心等旅游相关配套设施用地；农村劳动力涌向旅游产业，从事餐饮、司机、导游、演员、特产农产品生产与经营、经营民宿等职业。实现劳动力、土地、资金等要素的边际生产率提高。从中观来看，旅游业快速发展带来了自我发展能力的提高，不断积聚有利条件，使得其他产业活动配合乡村旅游产业发展，以获得边际生产率的提升，进而引发规模效应和网络效应，吸纳更多的土地、资本、劳动力参与到分工更加细化的旅游产业，围绕旅游产业，也发展了大量相关产业，形成产业集群。因此，市场机制延长了旅游产业链，改善了资源配置结构和效率，促进了新兴或主导产业的产生与完善以及落后或边缘性产业的淘汰，优化了乡村产业结构。从宏观来看，市场机制盘活乡村闲置资产，提升乡村资产价值，延长产业链，优化产业布局，夯实了乡村发展基础，发挥了乡村在观光旅游和文化体验等方面的比较优势，有利于缩小城乡发展差距，促进共同富裕。

2. 市场机制的涓滴效应

市场机制通过要素价格机制、产业链条机制、市场竞争机制推动技术和知识溢出效应、产业关联效应实现涓滴效应，可在一定程度上缩小城乡间、村庄间发展差距以及农户间收入差距，促进共同富裕。城市经济或发展良好的乡村经济发展到后期，其劳动力、土地、资本等要素逐渐趋于饱和，要素使用成本增高、竞争白热化，土地稀缺、交通拥堵等一系列问题，导致经营成本逐渐逼近聚集效应带来的规模经济。结果是促使那些丧失比较优势或过度集聚而不经济的产业、资本、劳动力、技术向周边地区扩散，即实现技术和知识溢出效应，进而促进周边地区经济发展，增加农民收入。此为第一种涓滴效应。除此之外，由于城乡间、乡村间的比较优势不同，通过要素价格机制、产业链条机制，促使城乡间或乡村间形成优势互补的产业关联。如乡村为城市提供农产品供应功能、田园观光功能、乡村文化功能，实现乡村可以挣城市的钱。同时城市为乡村提供技术、管理、制度、非农就业机会等，实现城市帮乡村赚钱。最终实现要素在城乡间、乡村间流动，提高了要素配置效率，提升了农民收入，缩小城乡间、乡村间发展和收入差距。此为第二种涓滴效应。

3. 市场机制具有极化效应

市场机制通过价格机制和竞争机制，也因市场机制的盲目性推动极化效应，即富的更富，穷的更穷，不利于共同富裕的实现。一方面，城市部门或发展良好的乡村实现资本积累，不断自我发展，要素流动成本不断下降，要素边际收益逐步提高，根据价格机制和竞争机制，这些地区对各类要素产生虹吸效应，城市经济或发展良好的村庄经济得到快速发展。但是，虹吸效应加重了乡村部门或发展落后的乡村人才流失、资本积累困难、土地闲置等问题，产生区域发展的“灯下黑”现象，进一步加大了城乡间或乡村间的经济发展和收入差距。另一方面，市场机制具有盲目性，例如，文旅示范项目在一个村庄发展好了，周围村庄盲目复制模式，仿照旅游项目内容和形式，同质化程度高，不具有竞争优势（孙九霞等，2023）。又如，农家乐具有土特产属性，是农民创收的重要途径。但是一个村庄中一条几公里的村道两旁有几十家餐食和建筑特色一样的农家乐餐馆，同质性过强（雷明、王钰晴，

2022）。在竞争机制下，仿制项目或同质的农家乐将被市场冷落或淘汰，这些村庄或农户的经济效益并未提高，造成资源浪费，村庄间的发展差距加大。

4. 市场机制的综合效应

实际上，上述三种效应互相交织在经济发展的过程中，共同促进区域内和区域间的经济发展。三种效应在经济发展的不同阶段占据主导，使得在乡村振兴的不同时期不同地区市场机制促进共同富裕程度有所不同。在经济发展初期，极化效应是不可避免的，并且只有经济发展到一定程度，才可能出现涓滴效应。在实现涓滴效应过程中，市场在要素价格和竞争机制下，仍然优先选择交通条件、产业基础、区位条件、人力资本等优越和丰富的地区进行扩散，因为这些地区的要素边际使用成本低，边际报酬率高。因此，对于极度贫困或者发展基础薄弱的乡村通过涓滴效应实现经济增长、收入增加，需要工业化和市场发育程度极高。也就是说，乡村振兴发挥市场机制的财富效应和涓滴效应促进共同富裕，需要漫长的时间用来发展工业化和发育市场，最终结果是城乡间、乡村间的发展与收入水平是存在梯度的，并且存在部分地区经济发展仍然薄弱、人民收入仍然较低的风险。加之市场不能有效解决极化效应，因此，乡村振兴促进共同富裕不能仅依靠市场机制的三个效应。

（二）乡村振兴中的市场失灵与困境

西方经济学理论指出：市场机制发生作用需要一定前提条件，例如，需要产权和契约关系治理等基础性制度等前提条件。同时，市场不是万能药，存在市场失灵。例如，市场机制不能解决宏观经济失衡问题，不能解决国民经济发展的长期问题，难以优化和调整产业结构，不能有效供给公共物品、防治垄断、处理分配不均问题（陈振明，1996）。通过上述理论观点，可以发现，在乡村振兴中存在市场失灵和前提条件不足问题。

1. 乡村振兴中的市场失灵与不正当行为

在乡村振兴中市场机制可能失灵或出现不正当行为，有碍于共同富裕的进程。在乡村振兴中市场失灵和不正当行为主要有四种。第一，在分配公平上存在市场失灵，如产业振兴项目中出现精英俘获，使得微小企业无法贡献振兴力量、弱势的村庄或农民无法获得项目，拉大乡村间的贫富差距（修兴高，2018）。第二，在公共物品供给领域存在市场失灵，如农村环境治理存在市场缺失（陈叶兰，2009）。PPP 模式是公共服务市场化的主流模式，但至今其仍是农村环境治理的新事物（杜焱强等，2018）。第三，在调整产业结构上存在市场失灵。如农产品加工业是接一产连三产的重要产业环节，壮大农产品加工业是优化乡村产业结构和促进一二三产业融合的重要途径（白丽等，2020）。可是，我国 2020 年农产品加工业产值与农业总产值比达 2.4∶1，远低于发达国家水平。市场机制在乡村发展中运行多年，农产品加工业恰恰是乡村产业结构中的薄弱环节。第四，存在市场不正当行为，如有些工商资本下乡是为了套取政府的土地、税收等优惠或其他项目利益，并不进行实质性投资，并未对乡村和农民产生实效，多地发生工商资本跑马圈地、涉农项目烂尾、土地撂荒、土地流转纠纷频发等现象，给农民带来大量损失（冯娟，2021；李云新、王晓璇，2015）。

2. 乡村振兴中的市场发展困境

当在乡村振兴中市场发挥作用的前提条件不足时，财富效应和涓滴效应有限，不利于缩小城乡差距和农民内部基尼系数，最终减慢了共同富裕进程。当前乡村振兴主要缺乏以下前提条件。第一，市场基建薄弱。乡村产业基础较为薄弱，各类生产要素从城市向农村流动成本较大且时间较长（叶兴庆，2022），使得农业农村低集约化、低产业化、低市场化运作模式较为明显并在短期内难以有突破性的改变。第二，乡村市场意识薄弱。工商资本追求长效性收益的动机与农民保障短期现实收益的诉求之间存在冲突，农民利益诉求的多元性与工商资本的“纯理性”也难以兼容（张灿强、林煜，2022；袁威，2020）。第三，乡村市场投资基础差。工商资本参与农村基建项目周期长且回报率偏低，导致短期内市场整体可能会面临疲软、投资建设动力不足、社会资金参与的可持续性不高。第四，市场化运作成本高。以农业废弃物等生物质为例，此类资源面临种类复杂，地域性、季节性、分散性、松散性强，生物质回收组织化程度不高，导致生物质回收仓储成本高。第五，乡村市场产权不清与治理不良。农村资源权属不清，责任主体不明，易产生产权纠纷与利益矛盾，市场交易所需的资源价值测算方法，监管体系尚有缺乏（孙九霞等，2023），如人居环境整治责任主体不明（黄祖辉等，2021），缺乏生态产品价值测算，农村资源碳汇交易规则和监管体系等。

总体而言，市场机制在乡村振兴中面临上述发展困境，限制其发挥财富效应和涓滴效应，加之市场机制存在失灵风险和极化效应，因此，在乡村振兴中仅靠市场机制实现共同富裕是不够的，必须发挥政府在乡村振兴中的积极作用。

（三）乡村振兴促进共同富裕中的政府作用

由于市场机制有效地发挥共富效应需要一定前提条件，同时市场机制存在市场失灵和极化效应，因此，乡村振兴需要政府干预。政府在乡村振兴促进共同富裕中具有不可或缺的作用，作用至少有三方面：一是服务市场，即解决市场在乡村振兴中的发展困境，增强财富效应和涓滴效应；二是监督市场，即维护市场秩序，增进财富效应和涓滴效应；三是补充市场，即弥补市场失灵，防止极化效应，增强涓滴效应。

1. 服务市场：解决市场发展困境，增进财富效应和涓滴效应

服务市场方面，要做好基础制度建设以及政策引导工作，以使得市场机制更好地发挥财富效应和涓滴效应。同时避免政府过度干预，造成市场扭曲。针对市场在乡村振兴中面临的困境，一方面，政府要以清晰要素产权和基础设施建设、深化政府统筹为主线进行基础制度改革；另一方面，以激活要素、激活主体、激活市场为主线进行广泛的政策引导。具体而言，一是要加强政府信息化管理手段建设，促进政府准确全面了解乡村振兴中的市场信息和智能化服务能力，以更敏捷准确地服务市场主体。二是要建立健全农村资源产权以及生态产权制度和规制制度、明晰投资建设主体的责任边界，供给碳汇测算方法、评价标准、监管等基础制度，以期加快生产要素从城市向农村流通。三是要着重通过事后捆绑式奖励或 PPP 项目方式发挥政府资金撬动和政策引导功能，激励奖励工商资本参与农业智能低碳化、乡村消费、人居环境整治、乡村旅游、生态产业等具有较大市场潜力的领域，以缓解市场短期内投资乡村产业的疲软现象。四是要加快各类农村组织市场化建设，培养乡村市场意识，提高农村组织市场化能力，以期降低市场交易成本。五是要加快乡村产业基础建设，加大普惠型基础设施建设力度，考虑适当引进 PPP 模式，开发建设具有一定市场价值的基础设施，如物流、仓储、冷链、互联网等基建。

2. 监督市场：维护市场秩序，增进财富效应和涓滴效应

市场秩序混乱制约市场机制发挥财富效应和涓滴效应。本文围绕市场主体类型，针对不同主体的个性，提出监管市场秩序，矫治不正当行为，促进财富效应和涓滴效应的三个途径。

一是加强合规监管，降低监管大型企业成本的同时确保大型企业稳健运行。大型涉农企业是乡村振兴的重要主体。大型涉农企业涉及业务范围广，业务种类多，管理架构复杂，关联企业多，带领的农户多，技术研发内容复杂、具有保密性，农产品市场期货价格变化快。因此，确保大型涉农企业稳健运行对乡村振兴促进共同富裕有重要意义，但这些特点使得监管部门很难对每次的交易进行主动审查，依法监管的成本较高。合规管理是企业识别、防范和处理合规风险的自我管理规则体系，是企业综合实力的表现，也是有效市场竞争的重要标识（江小涓、黄颖轩，2021）。因此，政府应要求大型涉农企业建立合规管理体系，并由政府对该体系的设立、运行和绩效进行合规监管，是一种监管效益较好的制度安排。同时，对合规监管标准建立、执行手段和施行效果进行常态化动态化监管。

二是实行市场主体分类监管，矫治不正当行为。乡村振兴过程中的市场主体类型较多，不正当行为既具有共性也具有个性，这对监管提出个性化的要求。对于企业，其主要的诉求有两个。其一是通过规模化标准化降低管理成本提高收益，对农户种植和养殖等行为标准化有较高要求，或者通过多种农业和非农业产业组合保持收益的稳定性（高晓燕、赵宏倩，2021）。因此，应监管其农户歧视、农地短视化使用、农地非农化等企业不正当行为。其二是由于农产品生产有周期且具有一定生产风险（麻吉亮等，2020）、农产品交易量较大，需要巨大的流动资金链支持，可能存在一定的金融风险，同时乡村振兴补贴是其重要的资金来源，因此，要着重监管资金流动情况、补贴获取和利用去向以及绩效，预警和监管企业跑路、政企利益共谋等行为，降低对农户的可能损失。对于合作社，合作社处于初期发展阶段，提高市场主体地位认可程度和内部运作规范性是当前合作社有效参与市场的核心诉求。对此，要继续执行合作社市场主体登记、组织运行规则规范性，与农户利益链接合法合规性建设和动态监管。

三是维护市场公平竞争，保持多方利益平衡。为了避免风险，保证乡村振兴短期效果显著，不少政府部门优先与大型企业、国有企业合作，对小型企业、私人企业、合作社吸纳不足。这种选择机制会产生另一种形态的垄断或不公平竞争。因此，应将该政府行为纳入市场监管范畴，对政府文件的合法性审查中，应明确保障各类所有制不同规模的企业公平竞争、平等监管、平等保护的基本原则得以实施。处于不同阶段、不同类型的市场主体有着不同需求，农民多元化利益诉求与工商资本纯理性化利益最大化之间易产生矛盾。因此，监管中要关注各方诉求，选择恰当的监管方式，创造相对宽松的监管环境，平衡好创新高效、农户利益保护和公平竞争间的关系。

3. 补充市场：弥补市场失灵，防治极化效应，增强涓滴效应

治理极化效应，市场是失灵的。因此，乡村振兴需要政府发挥关键作用。政府利用财政等公共资本带动不发达乡村经济的可持续发展和低收入农民可持续增收，以防止极化作用，增强涓滴效应。在乡村振兴中，常见的综合防治极化效应的政府干预手段有：择优式的乡村建设项目制资金、激励农业转型和保障粮食安全生态安全的补贴资金、普惠性的公共服务拨款。

第一，政府希望通过择优建设示范项目，带动示范村的经济发展，同时发挥示范效应带动周边乡村发展，起到政策引导、带动产业集聚和资金撬动以减缓极化效应的作用。但是，由于示范项目集聚了政府大量资金和关注度、社会资本、自然地理优势，难以复刻，在现实中示范效应并未如期而至，反而拉大了示范村与周边村庄的发展差距（叶兴庆，2022）。针对此问题，需要从优化项目制策略入手，提高资金的使用效率和公平性。一是要继续保持各地乡村振兴示范项目的多点开花，保持持续自主创新的态势，注重示范项目与乡土社会与当地自然情况的连接性（李琳，2022），同时要明确各类乡村振兴项目优先序，考虑示范项目的集聚半径，统筹安排示范项目布局。二是要找准示范资金使用的切入点。政府主导存在对市场信息不敏感问题，应积极吸纳企业参与，发挥大型企业整合资源集聚产业的作用，同时注重中小企业在技术专攻和灵活应用方面的优势。三是要优化资金使用方式，在建设示范项目的同时，也要关注周边村庄建设，扶上马，送一程。在示范项目建设任务中配备一定比例的用于周边村庄建设发展的资金，鼓励周边村庄“借船出海”或因地制宜。四是要积极推进乡村振兴实现共同富裕改革试点，鼓励创新，积累经验。

第二，政府希望通过粮食直补、价补合一、农机购置补贴等方式，保证粮食供给、提高生产率，实现农民增收。但是已有研究发现，农业补贴对粮食生产并没有直接影响，甚至导致资源损失和效率低下（黄季焜，2010；杜辉、陈池波，2010；张晖、张雨萌，2022）。长期来看，土地托管补贴导致了托管服务质量下降和托管体系的瓦解（余粮红等，2022）。对于农业补贴方式，有学者认为，粮食直补并不如对农地长期租赁补贴对农业生产的激励作用强，价补合一扭曲了粮食市场供求关系（杨芷晴、孔东民，2020）。另外，生态补偿资金使用效率和精准度低，综合效益低，可持续能力有待加强，生态转移支付项目的管理使用科学性不高，对生态补偿效益的动态监测薄弱。针对激励性补贴资金的使用，仍然要把握好政府与市场的关系。一是粮食与生态产品市场价格应由市场决定，补贴应采取价外筹资和给付。二是农业与生态补贴应与自然资源、农民直接操作行为挂钩，并不与产品或商品挂钩，有助于实现补贴精准作用于农业生产和生态保护行为决策（杨芷晴、孔东民，2020）。三是提供政府补贴补偿等资金管理能力，对补偿标准、补偿人群、补偿效果实施动态数据采集、处理和智能改进决策，进而提高政府对市场信息的敏感度，辅助政府制定科学及时的激励性农业生态资金分配策略，提高治理能力。

第三，普惠性公共服务拨款用以解决乡村教育、养老、医疗、救助等公共服务供给不充分、不均衡的问题。当前主要存在资金不足、资金使用精准性差、效率低下等问题。解决普惠性公共资源总量和分配问题，一是持续增加普惠性公共服务多元化供给来源，加大中央财政转移支付力度的同时，注重发挥转移支付对地方政府提供公共服务的激励效应，积极引导社会资本参与，发挥集体经济在公共服务供给中的积极作用。二是持续推进普惠性公共服务供给方式创新，优化普惠性公共服务供给优先序，把握好整体推进和重点突破的关系。三是创新低成本动态瞄准机制，建立“地方审批权—村庄自由裁量权—农户监督上访权”三权制衡的瞄准机制，以提高资金使用的精准度。

（四）科学认识市场与政府关系

在乡村振兴促进共同富裕中，政府与市场是互补协作的（见图3）。乡村振兴所处的初级阶段，决定了市场与政府的关系要更加紧密，要分工明确，各司其职，互相依赖。乡村振兴通过市场机制的财富效应和涓滴效应在一定程度上促进共同富裕，但是需要漫长的时间用于发展工业化和发育市场，才能实现财富效应和涓滴效应的积极作用。当前乡村振兴处于初级阶段，乡村工业化和市场化程度仍然不高，导致市场机制的财富效应和涓滴效应有限。加之市场机制本身存在的极化效应、市场失灵和市场不正当行为，均会阻碍乡村振兴促进共同富裕。因此，乡村振兴需要政府服务、监管和补充市场，以在乡村振兴中促进市场机制对实现共同富裕的积极作用，缓解市场机制的负面影响。

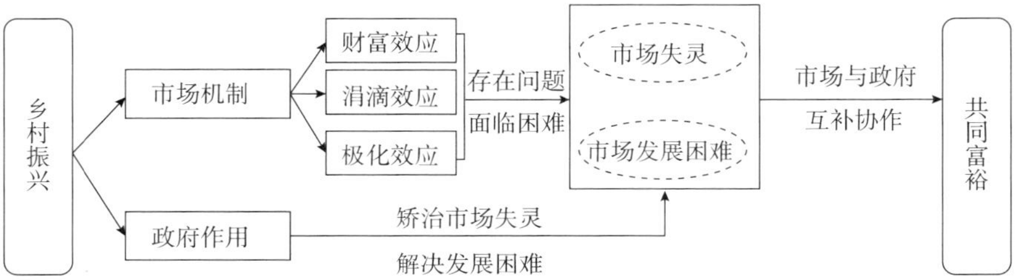

图3　乡村振兴中旨在促进共同富裕的市场与政府关系

资料来源：作者自制。

在乡村振兴促进共同富裕中，政府与市场是相互依赖的。市场需要政府明确乡村振兴宏观发展方向的政策指引，对抗市场不确定性的宏观政策支持，以及基础设施配套建设，培育市场发展条件，以获得更多、更稳定、更有利于盈利的赛道，促进企业转型发展，培育可持续的发展潜力；政府通过税收的方式需要市场提供治理外部性问题、分配不公平、公共服务供给等问题的财政资本，政府通过购买服务或 PPP 模式需要市场参与就业培训，养老服务，教育、医疗等公共服务供给。同时，政府也需要通过市场机制为其补充、监管和服务市场过程中提供低成本的调查、技术研发、法律咨询等支持。

四、乡村振兴实现共同富裕面临的资源问题

实际上，推进乡村振兴实现共同富裕离不开理论机制的指导作用，在乡村振兴实现共同富裕实践中捋顺政府与市场关系，都需要“人—地—钱—技—制”五种资源协同配置，但五种资源配置均面临不同程度的配置问题，

这有碍于乡村振兴战略在基层实践中发挥共富效应。

（一）乡村人才总量短缺和结构失衡问题

人才是推进乡村振兴实现共同富裕的第一资源。乡村中青年、优质人才持续外流，人才总量不足、结构失衡、素质偏低、老龄化严重等问题较为突出，乡村人才总体发展水平与乡村振兴的要求之间还存在较大差距，不能满足乡村振兴实现共同富裕对各类人才数量和质量的要求。解决总量短缺、结构失衡问题，需要乡村人才政策在人才引进、使用和激励方面下足功夫。但乡村人才政策和管理较为分散，对全国各地区以及不同类型的乡村人才资源尚需统筹部署协调、合力推进的工作机制，尚未打通区域间、乡村间人才引进和流动渠道、公共服务配套福利联动机制，尚未发挥区域发展和城乡融合战略对乡村人才的赋能效应。

（二）乡村土地制度不公与用地难问题

城乡互动融合缩小城乡差距是建立在同地同权同价的土地制度公平性之上的，但乡村外部面临“同地不同权和同权不同价”的制度不公平。由于土地撂荒严重与城市开发带来的耕地占补平衡需求与产业用地需求同步扩张并存，乡村内部面临土地结构性错配双重压力。加之，产业用地制度创新慢于乡村产业模式和业态的发展速度，导致产业用地供地紧张，集体经营性建设用地入市受限、收益分配不够合理，宅基地用途转变受限、闲置严重，农村集体资产面临权属虚设、利益联结不紧密、监管薄弱等问题，导致城乡互动融合发展无地可落，有地难落，落地难管，限制城乡融合发展发挥共富效应。

（三）乡村振兴资金缺口大和融资难问题

资金是推动乡村振兴促进共同富裕的重要因素。但是乡村振兴面临着多层次、多样化、差异性强的资金需求，使用资金时面临整合与分散、效率和公平的平衡难题。乡村振兴在落实基本公共服务均等化、强化共同富裕的基础保障时，资金缺口大，资本市场化参与度较低，市场化投资机制及监管机制有待完善和开发。

（四）农业农村科技供给不足问题

科技创新是乡村高质量经济发展的重要手段。但科技创新供给在乡村产业发展和乡村基础设施建设中驱动力不足，较难支撑乡村经济高质量发展，夯实共富的物质基础有限。具体问题如下：在乡村产业发展中科技创新供给和需求匹配度不高，创新能力产业分布不均匀、转化率不高；数字乡村建设面临数字技术的基础设施薄弱，涉及领域繁多，地域差异大，亟须研制数字乡村建设各领域标准、资金筹措、建设方案、统筹协调工作安排等。

（五）乡村振兴制度激励低效有偏问题

推进乡村振兴促进共同富裕需要将国家力量与乡村农民群众和基层党组织的主体性和创造力相结合，用以发挥和巩固乡村振兴的共富效应。但是现实中，乡村振兴战略落实和推进过于依赖政治义务性激励和“命令”方式事权下移的方式，导致地方政府乡村振兴行动被动、难以自我持续，村庄出现公共性瓦解、精英捕获、治理悬浮、村庄建设内卷、短期化等治理效率低下问题。同时，偏远地区乡村基层干部电子政务素质以及村民数字素质较差，基层治理的便利性和敏捷性有待提高。

五、乡村振兴促进共同富裕的政策途径

综上，全面推进乡村振兴实现共同富裕是一项系统工程。国家应及时出台有关公共政策，以充分发挥政府和市场积极的共富效应，助力全面推进乡村振兴实现共同富裕。在设计公共政策途径时，一方面，要科学理解乡村振兴与共同富裕的逻辑关系、乡村振兴促进共同富裕的理论机制；另一方面，要全面认识乡村振兴促进共同富裕中的政府与市场两大实践主体关系；同时，在理论指导实践时要兼顾当前乡村振兴面临的资源配置问题。具体而言，本研究提出六大政策途径。

（一）构建健康互促的政府与市场关系

第一，政府要服务市场，要解决市场机制在促进共同富裕时所面临的发展困境。例如，提高政府敏捷治理能力，实时服务企业解决难点痛点问题，提供更加清晰可行的农村产权的建立、调节和保护的基础性制度，通过事后捆绑式奖励或 PPP 项目方式发挥政府资金撬动和政策引导功能以完善激励奖励工商资本参与乡村振兴，提高农村农民组织化程度、培育农村农民市场意识和思维，降低市场机制在乡村振兴中的交易成本，加强农村基础设施建设，夯实乡村振兴市场良好发展的产业基础。第二，政府要监管市场，加强合规监管，降低监管大型企业成本的同时确保大型企业稳健运行，实行主体企业和合作社分类监管，矫治农户歧视、农地短视化使用、农地非农化、企业跑路、政企利益共谋等不正当行为，要继续执行合作社市场主体登记、组织运行规则规范性监管，动态监管企业与农户利益链接的合法合规性；维护市场公平竞争，保持多方利益平衡。第三，政府要补充市场，有效供给公共物品，解决好择优式的乡村建设项目制资金的公平与效率问题，加强政府补贴补偿等资金管理能力，促进农业转型和“粮食—生态”双安全，提高普惠性的公共服务拨款的供给总量并解决瞄准效率问题，带动不发达乡村经济的可持续发展和低收入农民可持续增收。

（二）推动乡村经济高质量发展，促进农民持续增收

多渠道推动乡村产业振兴。乡村产业政策改革方面，继续坚持三产融合和产业链“延链补链强链”、推进现代农业经营体系建设，构建现代化乡村产业体系，全力促进小农户与现代农业有机衔接。在壮大集体经济方面，坚持因地制宜地创新集体经济发展模式。大力发展融合经济和混合所有制经济，发展探索建设村域综合性服务平台，支持集体经济组织提供生产、工程项目、物业等服务，加快发展服务经济，探索共建园区，创新发展“飞地”经济。

全面实施人才振兴战略。坚持“外部引进”与“内部激活”相结合的人才振兴策略，探索外部各类科技和治理人才“引得进”“留得久”的可持续智力服务模式，积极吸引外出务工人员、有志青年返乡创业，探索基于“互联网+”的新型乡村实体创业形式。探索内部人才激活方式，继续推广乡村行政减负行动，探索“有时间学”“学得进去”“用得出来”的治理人才培训模式，鼓励乡村企业提供“出得去”“回得来”的技术培训和服务模式。

健全农村资源资产管理制度。加快乡村产业用地供给和交易机制改革，健全土地经营权流转服务体系，规范开展集体经营性建设用地入市交易机制试点，探索宅基地三权分置的有效实现形式。完善农村集体土地征收制度，保障进城落户农民的各类土地收益权。完善集体林地流转退出制度，探索新型林业经营体系、集体林业社会化服务体系。继续完善集体产权制度，探索集体资产股权质押、探索股权流转和有偿退出、探索集体经济投资融资机制。继续深入推进水价综合改革，探索灵活水价机制及利用“智慧水网”提高农业用水效率。

全面加强资金支持。创新财政供给方式，探索财政资金的社会资本撬动模式，有序引导社会资本下乡，切实解决资本下乡中的企业困难和保障农户利益。大力发展农村普惠金融，加快发展农业产业链金融；拓展涉农信贷增信方式；推动完善农业保险运行机制，扩大农业保险覆盖面和保障率。

积极实施科技兴农绿色兴农战略。大力实施现代种业提升工程，全面推进育种、栽培、种植、加工、销售等科技研发与应用；推进“互联网+”和现代农业结合，对农业产业进行个性化、网络化、智能化改造升级。鼓励企业、高校等科技创新主体贴近农业生产现实研发各项技术，制定行业标准，提高科技转化率。

（三）积极发展农村社会事业，增进农村社会正义

畅通城乡要素双向流动，加快城乡融合发展。创新落实《要素市场化配置综合改革试点总体方案》，探索各地区个性化落实方案。探索促进进城务工人员稳定就业和城市融入的户籍政策、社会保障政策，依法保障进城落户农民的农村财产权利，推进“三权”市场化退出机制和配套政策改革。

巩固拓展脱贫攻坚成果同乡村振兴有效衔接。抓好东西部协作、中央单位定点帮扶和社会力量帮扶。应用数字技术助推易返贫致贫人口监测平台建设，分层分类及时将其纳入帮扶政策范围。推动乡村从行政主导型发展向内源式发展转变，加强产业融合度、利益联结度、风险防控能力，提高帮扶资产的运作和管护能力。加强对农民培训的与时俱进程度，以应对产业升级带来的“低技能—低价值”的就业低质量循环问题。

改革农村收入再分配制度，用好集体经济组织，发挥其对农村共享发展、缩小农村内部贫富差距的积极作用。强化农村集体经济组织在农村经济社会网络中心位置，加强组织的产权联结和服务联结，完善组织的经营性和公益性资产结构以及组织成员的利益保障机制，探索东中西部集体经济的经营性资产和公益性资产互促增长模式。探索建立普惠性农民收入补贴长效机制，

完善农村社会福利体系，建立健全社会救助、福利补贴和政策性惠农生产生活补贴体系，完善农村社保政策体系，提高精准度和保障水平。

建立健全农村低收入人口常态化帮扶机制，开展农村低收入人口的动态监测，健全分层分类的社会救助体系。完善农村公共服务体系，扩大农村公共服务的覆盖面并提高精准度。健全人类全生命周期的基本公共服务和社会保障体系、成本共担机制、民主机制以及审计、民主监督和招投标等方面的配套制度。加快优质教育医疗养老资源扩容提质和区域均衡布局，加强优质教育资源统筹，继续加大远程教育医疗协作网覆盖面，探索教育、健康管理服务“互联网+”模式，互助养老模式。继续推进人居环境整治行动，探索“国家—社会—农民”成本共担和收益共享机制。

（四）加强精神生态文明建设，助力农民农村共同富裕

激发乡村文明活力，共创精神文明家园。坚持党的领导，以社会主义核心价值观为引领，紧紧围绕人民福祉增进这一核心需求，开展精神生态双文明建设行动。深入挖掘优秀传统农耕文化和乡村文化蕴含的思想观念、人文精神和道德规范。大力发展乡村文化产业，加大贴近生活、多元文化、雅俗共赏的文艺作品的制作和传播力度，加强“互联网+”和新媒体建设，推动乡村文化共同体和文化基础设施建设，搭建农民艺术、文化、人生感悟交流平台，加强回流人才的组织重建和价值文化重构。

激活农村生态资产，共创共享“两山”财富。激活农村价值庞大的生态资产，应健全自然资源资产产权制度、资源环境承载能力监测预警机制和生态环境损害责任终身追究制，建立和完善污染环境的水和气体等污染物排放监管制度；建立生态产业化运营和交易市场体系，探索生态系统生产总值核算应用体系；探索生态化设计、价值量化和市场交易机制，探索碳汇交易促进生态产品价值实现机制，深化生态补偿制度多元化和市场化改革。

（五）推进治理现代化建设，夯实农村共富根基

建立“中央—地方—村—村民”的合作治理激励制度体系。在中央层面，搭建地方政府参与讨论合作治理构建和运行机制的平台，提供多元的合作治理激励。打通“中央—地方—村—村民”的乡村振兴建设需求通道，做好合作治理关系退出机制设计、监督、奖惩规则设计等。在地方层面，建立乡村振兴资源的公平竞争平台，同时保有一定资源分配给发展潜质较弱的村庄，因地制宜制定适合不同村庄发展阶段和应对关键挑战的援建规则，容许地方政府与村庄之间非正式裁决和灵活实施。在乡村和村民层面，提高乡村基层工作者的领导沟通能力、电子政务素养，发展多种形式的数字公共交流平台，推广村级基础台账电子化，建立统一的“智慧村庄”综合管理服务平台，提高乡村自治便捷度和敏捷度。践行群众路线，鼓励乡村治理规则的自主供给、执行和维护，建立健全基层工作者心理咨询和压力疏导服务机制。培育农民的主人翁意识和自治能力。

（六）鼓励更多地区先行先试，创设各类试点区域

浙江作为富裕程度较高、发展均衡性较好的地区代表，成为中国首个共同富裕的先行示范区。但全面推进乡村振兴实现共同富裕具有长期性、艰巨性和复杂性，要坚持因地制宜，循序渐进。兼顾东中西部区域发展特征，依据富裕程度、发展均衡性、农村发展阶段等指标，鼓励设立不同类型的试点区，探索全面推进乡村振兴实现共同富裕的多样化路径和经验。

主要参考文献

［1］江小涓，黄颖轩. 数字时代的市场秩序、市场监管与平台治理[J]. 经济研究，2021，56（12）：20–41.

［2］刘欢，韩广富.中国共产党推进农村精神文明建设的百年历程、经验与展望[J].兰州学刊，2022（1）.

［3］柏路.精神生活共同富裕的时代意涵与价值遵循[J].马克思主义研究，2022（2）.

［4］徐凤增，袭威，徐月华.乡村走向共同富裕过程中的治理机制及其作用——一项双案例研究[J].管理世界，2021，37（12）.

［5］张立，王亚华.集体经济如何影响村庄集体行动——以农户参与灌溉设施供给为例[J].中国农村经济，2021（7）.

［6］卢云峰，陈红宇.乡村文化振兴与共同体重建：基于浙江省诸暨市的案例分析[J].清华大学学报（哲学社会科学版），2022，37（3）.

［7］杜焱强，刘平养，吴娜伟.政府和社会资本合作会成为中国农村环境治理的新模式吗？——基于全国若干案例的现实检验[J].中国农村经济，2018，408（12）：67–82.

［8］刘彦随.中国新时代城乡融合与乡村振兴[J].地理学报，2018，73（4）：637–650.

［9］万海远，田志磊，徐琰超.中国农村财政与村庄收入分配[J].管理世界，2015（11）：95–105.

［10］李实，陈基平，滕阳川. 共同富裕路上的乡村振兴：问题、挑战与建议[J]. 兰州大学学报（社会科学版），2021，49（3）：37–46.

［11］孙九霞，明庆忠，许春晓，等. 共同富裕目标下乡村旅游资源创造性传承与开发[J]. 自然资源学报，2023，38（2）：271–285.

［12］韩俊. 以习近平总书记“三农”思想为根本遵循实施好乡村振兴战略[J]. 管理世界，2018，34（8）：1–10.

［13］叶兴庆. 以提高乡村振兴的包容性促进农民农村共同富裕[J]. 中国农村经济，2022（2）：2–14.

［14］黄祖辉，李懿芸，马彦丽. 论市场在乡村振兴中的地位与作用[J]. 农业经济问题，2021（10）：4–10.

［15］黄季焜. 乡村振兴：农村转型、结构转型和政府职能[J]. 农业经济问题，2020

（1）：4-16.

［16］汪丁丁. 新政治经济学讲义[B]. 上海：上海人民出版社，2013.

［17］Luo C, Li S, Sicular T. The long-term evolution of national income inequality and rural poverty in China[J]. China Economic Review, 2020, (62).

［18］Zhu S, Yu C, He C. Export structures, income inequality and urban-rural divide in China[J]. Applied Geography, 2020(115): 102-150.

后　记

党的二十大擘画了全面建设社会主义现代化国家的宏伟蓝图，明确提出加快建设农业强国的战略任务。这一任务的提出，体现了党中央对“三农”问题的高度重视，也指明了新时代农业农村发展的方向和目标。在当今世界，农业不仅是国家经济的基础，更是国家安全的重要组成部分。随着全球人口的增长和资源的日益紧张，加快建设农业强国已成为各国共同的目标。

本书是清华大学中国农村研究院最新科研成果的汇集。重点围绕农业强国战略、农业农村现代化、粮食安全、农业经营体系、乡村产业、农业科技、智慧农业、乡村建设、城乡融合发展、减贫与共同富裕等方面，为加快建设农业强国、推进农业农村现代化、推进乡村全面振兴、促进全民共同富裕，提供了具有重要决策参考价值的政策建议。

本书出版之际，我们衷心感谢本书编委会和各专题研究团队倾注的大量心血。全书的统稿和汇编整理工作由清华大学中国农村研究院工作团队完成。中国发展出版社对本书出版给予了大力支持，高质量完成了本书的编辑出版工作，保证了本书如期与读者见面。